地圖的歷史

從石刻地圖到Google Maps
重新看待世界的方式

ON THE
MAP

WHY THE WORLD LOOKS
THE WAY IT DOES

賽門·加菲爾 鄭郁欣———譯
SIMON GARFIELD

推薦序

天堂般美好的科學

謝哲青

「……我還是小伙子時,對地圖懷抱著無比的熱情。我時常目不轉睛地盯著南美洲、非洲,或者是澳洲看上好幾個鐘頭,沉浸在探險的榮耀之中。那個時候,我們的世界還有許多未知的空白,而且每個空白都如此的誘人。當我看到地圖這塊迷人的未知時,我就會用手指著它說:『等我長大了,我要去那裡!』」

——康拉德(Joseph Conrad),《黑暗之心》(*Heart of Darkness*)

二〇一三年暮春,我動身前往奧地利,拜訪這座由哈布斯王朝打造的巴洛克之都維也納。位於市中心舊城區的國家圖書館(Österreichische Nationalbibliothek),是全世界最雄偉瑰麗的圖書館建築。歷經千年蒐羅,從托勒密王朝亞歷山大圖書館莎草紙祭祀儀式目錄,七世紀拜占庭皇室御用日禱金頁書,九世紀巴格達阿拔斯王朝手工製作的緻密畫捲軸、日本江戶時代浮世繪師歌川廣重(うたがわ ひろしげ)仙鶴堂版《東海道五十三次》版畫,到最新一期《費加洛報》社論的Snapshot影像檔案……應有盡有。手稿、古本和珍本、樂譜、繪畫、圖表、照片、簽名和海報,以及世界語和

其他語言的著作，這些收藏品是為了科學研究。擁有七百四十萬件文物及典籍收藏，賦予奧地利國家圖書館強烈且無可言喻的存在感。

我拜訪奧地利國家圖書館，為的是在中央大廳（Prunksaal）所展出的一張極其特殊的地理文獻：長六‧七五公尺，寬三十四公分，由十一張羊皮所拼接而成的《普丁格地圖》（*Tabula Peutingeriana*）。《普丁格地圖》是已知現存最古老的羅馬帝國地圖，最西從大西洋岸的海克力斯之柱——也就是今天伊比利半島南端直布羅陀巨巖（Rock of Gibraltar），一直到最東端的印度河流域及斯里蘭卡，是當時西方文明所認識的世界全貌。

不過，由於《普丁格地圖》並不是根據嚴謹的工程測量數據來繪製，因此在空間比例上有嚴重失真，羅馬人所熟悉的地中海世界就佔去地圖的百分之七十九，其他像是阿拉伯半島、印度次大陸與中國只佔地圖百分之二十左右。儘管如此，它仍是文明史上最重要的地理文獻之一。《普丁格地圖》用黑色來書寫城市與地名，聚落與聚落之間以紅線聯結，代表陸地交通。黃色描摹陸地，海洋河川與湖泊則使用群青與孔雀石綠來表示。重要的地方與場所，則利用特殊的符號來標示，例如帝國首都羅馬、君士坦丁堡與安提阿，即使是第一次閱讀《普丁格地圖》，也可以迅速在密密麻麻的記號書寫中找出它們的所在。

《普丁格地圖》之所以重要，並不是因為它的精確性，因此，旅行者是不使用它來進行實務操作，《普丁格地圖》反映了羅馬人的世界觀。通過地圖的勾勒，我們看見了帝國疆域與霸權中心的圖像論述，簡單幾筆，就界定了羅馬人與外邦人的區別。四通八達的交通網絡，印證了「條條大路通羅馬」這句古諺的真實性。二○○七年，聯合國教科文組織將《普丁格地圖》登錄為《世界記憶計劃》（*Memory of the World Programme*）的保存名單。

我被《普丁格地圖》的簡單與美好深深地吸引，實際上，人類

運用圖像來紀錄空間資料的歷史相當久遠，早在世界還沒有名字，人們還需要用手來指的年代，地圖就出現在生活之中。俄羅斯西伯利亞出土的海豹皮，透露出楚科奇人一萬八千年前遷徙捕獵的踪跡；位於阿爾及利亞的撒哈拉岩畫，隱藏了北非游牧先民跋涉取水的足跡，在南太平洋用植物編織的不規則藤網，是波里尼西亞人標識潮汐洋流與方位的航海圖。地圖（Map）這個字源自於拉丁文Mappa mundi，意思是「將世界繪在布上」，地圖以獨特的方式，描繪了世界與人的關係，並且教我們如何在浩瀚無垠的宇宙中自我定位。

十八世紀愛爾蘭的思想家愛德蒙·伯克（Edmund Burke, 1729-1797）曾經說過：「地理是關於塵世的學科，卻是如天堂般美好的科學」。當我們凝視地圖時，它也以獨特的方式形塑我們對世界的理解與觀點。對於喜歡探險的人們，地圖上的未知永遠提供我們無限的想望與追求，哪裡有空白，就是我們出發的理由。

推薦序

地圖指引的是夢想

張國立

　　一四九二年八月三日，當哥倫布帶著三艘帆船從西班牙南部的帕洛斯港出發往西尋找通往印度的航道時，他主要依賴的是西元二世紀羅馬帝國科學家托勒密所著的《地理學》，這本書裡包括了一幅傳奇性的世界地圖。

　　在相信地球是平的時代裡，托勒密地圖顯示出弧狀的球形世界，對歐洲、地中海與北非有詳細的說明，也將大部分空間留給空曠的亞洲。在歐洲的西邊是細長的大西洋，然後，地球的另一面便消失了。

　　因此哥倫布拿著張完全沒有指引的地圖往西前進，他不怕途中遇到水怪，或掉進傳說中地球邊緣的深淵？

　　很多年前我見到托勒密的地圖，忽然間明白了，哥倫布在地圖上看到的不是航線、目的地，他看到的是似乎就在眼前的未知世界與夢想。

　　我養成看地圖的習慣始於高中，地理課本一冊冊，讀起來不知所云，可是配上地圖頓時發現其中的訣竅。從此一張張地圖，可以組成讀圖者的人生，例如我從日本JR火車上撕下來的北海道地圖，看著宗谷本線上的每一站，嗯，天鹽川溫泉，若是泡一下湯，

能融化低溫裡早凍僵的四肢；音威子府有車站蕎麥麵，碗面冒出的熱氣能使殘酷的冰雪變得可愛；還有稚內，毛蟹與港口旁倉庫內堆滿了的鯡魚，因而宗谷本線的終點不是稚內，是彈跳於口中的海鮮。這張地圖使我胃腸蠕動、胃液泛濫，所指引的絕非單絕的路線而已。

翻開另一張，《哈比人》小說最後面是折了四折的地圖，我瞪大眼蒐索，北方有堆滿寶藏的孤山，中間是精靈的森林，不需要電影，我已經能跟著比爾博無聲的腳步，走進托爾金想像中豐富的中土世界。

已故的詩人林燿德在他寫的希臘旅行散文裡配了手繪的地圖，愛琴海不再是夾於經緯線間的小座座小山，而是奧狄賽流浪的路線、海神波賽登舉著三叉戟冒出於海面、唱歌使水手變成化石的女海妖。一下子，這幅引領我進入希臘神話的世界。

在威尼斯總督府的地圖室內，看著不同年代繪製的世界地圖，原來在那個時代，即使人們能去的地方有限，但他們儘可能地蒐集旅人口述的情報，運用想像把世界組合成真實與幻想、線條與浪漫的空間。

對，這才是地圖的真正價值。

《地圖的歷史》不僅藉著史料述說地圖如何成為今天的模樣，也沒忘記中世紀地圖的生動程度，因為地圖的某個角落竟然畫著一隻龍，配上警語：「注意，這裡有龍。」

地圖有生命，製圖人和他未來的讀者透過簡單的圖形交換對世界的期盼──這裡得說說我的一張地圖，那是父親留下一張手繪的地圖，他用毛筆畫出有山有水有些地名的小小地圖，夾在被蛀蟲啃去好幾個角的《國富論》內。我一直不明白畫的是什麼地方，但心裡已經設定那個打「X」的點，或許是父親留給我的寶藏地點？

十多年前回到他的故鄉，將地圖給當地的朋友看，大家都不明白，直到一位坐在樓前蹺腳抽菸的大爺點著頭說：

「哪塊？這是城外的茅山。」

父親來自江蘇省的金壇市，原是茅山下的小鎮，據母親說，小時候他被送進這座道教名山當了幾年小道士。我坐了車再鼓足氣力拿著圖攀上山，當然沒有寶藏，不過我透過那張圖和早過世多年的父親做了深刻的交談，地圖上畫的是感情。

現在，每個人利用手機或GPS把起點和終點打上，幾條幾何曲線領著我們的汽車以最短捷徑去目的地，地圖就如此被科技給歷史化了嗎？

不，GPS表現出的充其量是路線，無法跟地圖的永恆性與故事性相比，在《地圖的歷史》裡，重新找回夢想的力量，尤其是憑藉著這本書，說不定能找回幾千幾百年前失落的空間，不管它地理性或故事性的存在。

希望你以輕鬆的態度進入地圖的世界，閱讀其中隱藏的秘密，說不定你會比我成功，找到躲在角落裡的寶藏，也請留意，「這裡有龍」。

獻給賈斯汀

CONTENTS | 目錄

序

致地圖之愛

戴瓦・梭貝爾（Dava Sobel）

　　賽門・加菲爾為他這本令人欣喜的地圖頌歌，選了一個語帶雙關的貼切書名：置身「在地圖上」（編按：原書名為 On the Map）是指已經抵達，而論述「在地圖上」則是深思貫穿歷史以及文化環境的製圖進程。他向這本書的所有讀者發出邀請──讓自己忘情投入於地圖閱讀中──我欣然接受，樂意之至。

　　我熱愛地圖。我不收集地圖，除非你將我書桌底下那個盒子裡的地圖也算進去，我把這些地圖留下來作為紀念品，它們伴我走過各個城市，或是在跨國旅行中引導我。我垂涎的那些地圖──在新世界曝光之前的已知世界詮釋、水手們畫有風向玫瑰以及海洋怪物的中世紀航海圖──不管怎麼說，全都非我力所能及。它們屬於它們所在的地方，在博物館與圖書館裡，而不應受限在我家牆壁上（或遭受我家的濕氣凌遲）。

　　我經常思索地圖。每次寫書的時候，我一定會在手邊準備一幅當地地圖，好讓角色人物們能找到他們的根。即使是在一些零碎時間裡，比如說清理電子信箱垃圾信件夾裡的垃圾郵件，垃圾郵件（spam）一詞讓我聯想到它是反過來拼字的地圖（maps），而與垃圾郵件恰恰相反的地圖，從不會不請自來，只會被召喚來。

地圖能領你來到未知之境的邊緣，將你留在那裡，或者傳遞一種知悉的撫慰，「你在這裡」。

地圖的視線向下，一如我仔細留意腳下。這種向下的視角如此明顯，如此熟悉，以致讓人忘記它們必須立基於多少的向上仰視。托勒密（Ptolemy）的製圖原則，寫於第二世紀，承襲自他早先對於天文學的研究。他召喚了月亮與星星，幫助他為這世界八千個已知的地點作校準。因此他在行星直接通過頭頂的地方，畫下了穿過其中的回歸線與赤道，藉由月蝕的光線，推算出最佳的東西向距離。而且正是托勒密設定北方置於地圖上端，在那裡，極點指向一顆整夜靜止不動的孤星。

我與其他現代人一樣，仰賴那些電腦快速產出的地圖作為開車指引，也經常在步行或是搭乘大眾交通工具時，利用智慧型手機的地圖應用程式來找路。不過如果是要正經地籌劃旅途，我需要地圖。只有地圖能讓我感受到我正要前往某處。如果我無法在出發前，看見我要前往的目的地形狀是像隻靴子或一條魚尾或一張動物皮革，就算我到了那裡，我也無法感受到當地。事先能看見當地的街道遵循著網格排列──或是圍繞一個軸心，或是依循無可辨識的設計規劃──能讓我想像出在那裡漫步的風景。

若是我並非真的要前往哪裡，那麼利用地圖旅行當然能提供唯一可能的路線──通往所有地方，通往無名之處，通往人類層疊的基因組，通往聖母峰的頂峰，通往三千年後能夠登上金星的未來運輸通道。甚至是藏寶、失落的大陸以及幽靈島嶼，全都可以經由地圖抵達。

當最受讚譽的舊時地圖製作者都足不出戶的時候，如果我永遠無法到達我在地圖上的夢想終點，那又如何呢？我想起弗拉・毛羅（Fra Mauro），他在威尼斯的修道院閉門不出，將那些旅人不可靠的冒險故事，細細織進了他那燦爛的地理學作品裡。

我著迷於地圖的視覺華美。所謂的地圖四色猜想（conjecture），

定義了構築一幅世界地圖所需的最少顏料數，使其藝術性得以無限發揮。

地圖的語言對我來說，聽來也是同樣的豐富多彩。輕啟雙唇，從嘴裡吐出「緯度」和「格線」這類詞彙時，就像在全世界罩上了一張網。而「漩渦裝飾」，地圖上裝飾性的標題欄或是說明框，則是舌尖輕捲，帶來一陣微息。有些地名在真假音轉換之間吟詠，有些則清脆俐落或宛如歌唱。我樂意沿著象牙海岸從大巴薩姆（Grand-Bassam）前往泰柏（Tabou），只為了一一朗聲念出。

地圖負有變形失真之罪，確實如此，但是我願意寬恕。如何有人能夠將這個圓形的世界扭擰成書頁上的平面圖像，卻毋須犧牲某些比例呢？各式各樣的地圖投影法，從以麥卡托（Mercator）為名的投影法到正射切面投影、球心切面投影或是方位投影，都會導致一、兩塊大陸產生變形。我成長的年代正好看見格陵蘭與非洲同樣人小，這並不表示我相信事實即是如此，就像我見到格陵蘭（Greenland）這個靠近冰島的皚皚白雪之地，被誤給了一個林茂草盛的名稱而感到憂慮。畢竟，地圖只是人類的產物。

每幅地圖都有一則故事。如詩如畫般的骨董地圖訴說著追尋與征服、地埋發現、宣言與榮耀，更還有剝削當地居民的可怕傳說。在自然與人為特徵的混亂波濤裡，現代地圖裡的故事情節也許模糊了，然而最新的地圖為新故事提供優異的模板：掃除了地形學的細節，加載了各式各樣的資料，地圖能清晰聲明，例如，最新一場選舉的投票模式，或是第一波流行病威脅的擴散情況。

唯一勝過地圖的東西是地圖集。地圖集這個名字本身，即是曾以雙肩支天的泰坦神，他將自己的名字借給了一系列的火箭以及厚如書本的地圖手冊。我擁有幾本不辱其名的地圖集，需要強壯的臂力才能將它們從書架扛到桌子上。

我也對地球儀充滿熱情，尤其是過往那些成對打造與銷售的地球儀，一個是地球，另外一個是天體（同時也是從**上方**作為描繪視

角，保留所有反向星座的幾何學）。雖然，地球儀只是一幅轉生而成的充氣地圖。一開始時是平面的，以一連串手繪或印刷的三角形圖塊，接著必須服貼在一個球體表面，使頭尾兩端相接。如果地圖是漫遊之欲的燃料，那麼請接著讀下去吧。

引言

自己形成的地圖

　　二〇一〇年十二月，臉書（Facebook）發表了一幅新的世界地圖，既美麗又震撼。人們一眼就能認出這是世界地圖——採用傑拉德・麥卡托[1]於十六世紀發明的標準投影法——但同時卻又耐人尋味地令人感到陌生。螢藍色光芒的薄透細線，像絲網般籠罩整張地圖。這幅地圖有什麼奇怪的地方？中國與亞洲幾乎不存在，而東非看起來像是沒入海裡了，有些國家的位置也不太正確。這不是一張標記臉書全球使用者的地圖，而是臉書網絡所產生的地圖。這是一張同時由五億名製圖師所繪製的世界地圖。

　　臉書的實習工程師保羅・巴特勒（Paul Butler），運用臉書的使用者中央資料庫，將使用者所在的經緯度與他們人際網絡地區的經緯度連結起來。巴特勒在他的部落格解釋道：「每一條線也許代表了旅行中結識的友人、旅居國外的家人，或是因為現實生活種種因素而久未聯繫的大學老同學。」臉書當時有將近五億的使用者，因此他原先以為這會是一幅雜亂的地圖，紛亂的網線（就像早期電腦

1　傑拉德・麥卡托（Gerard Mercator），十六世紀的比利時地圖學家，發明麥卡托投影法，以此投影法繪製的地圖，經緯線皆為直線並垂直相交，方位正確，利於航海使用，缺點為高緯度地區面積會被放大。

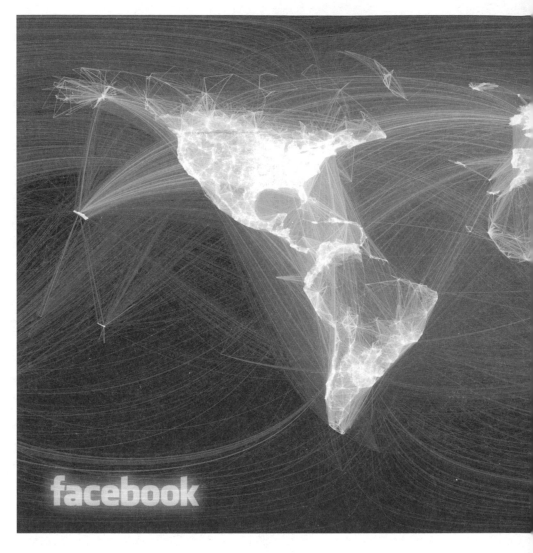

後方的樣子）最終會糾結成一團。巴特勒回憶道：「結果地圖開始
繪製幾分鐘後，新的樣貌現身了，我有點訝異。預期中的一團亂轉
變成一張詳細的世界地圖。不只可以看見幾個大陸，一些國界也非
常清楚。不過，真正讓我詫異的是這些線條所代表的不是海岸，不
是河流或是政治邊界，而是人們真實的關係。」

在巴特勒創造出這幅地圖的前一年，我採訪過臉書的創始人馬

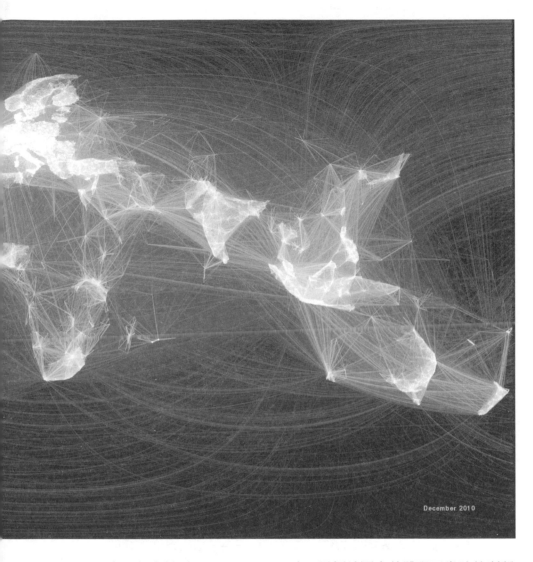

December 2010

克‧祖克柏（Mark Zuckerberg），這幅地圖完美體現了當時他所說
的話：「臉書不是一個新的社群，而是將世界上所有既存的不同社
群描繪出來。」

　　數位革命——如此精準地以臉書地圖的形式展現出來——對於
地圖製圖的改變，遠超過各個時代以來所有地圖學的創新發明。
手機裡有地圖，電腦上有 Google Earth，我們越來越難記起以前

沒有這些東西時我們是怎麼過的了。我大概記得以前我們都會買那種摺疊地圖，或是那種只在新品時摺起來、之後再也沒摺起過的地圖。或者我們會從架子上拖下重得可以讓人肩膀脫臼的地圖集，迅速翻閱索引，納悶著在美國到底有幾個地方叫斯普林菲爾德（Springfield）。

這些單純的愉悅變成了遙遠的記憶，這樣的轉變影響不小。自從人類開始狩獵採集，在非洲平原找尋食物與遮蔽處，實體地圖一直是我們這個世界裡至關重要的一環。的確，理查·道金斯[2]推測，最早的地圖是習於追蹤獸跡的狩獵者在塵土上畫出來的，而西班牙考古學家近來發現的一份古物，確認是穴居人在大約一萬四千年前刻畫在石頭上的粗略地圖。道金斯更進一步推論，是否地圖的產生——以及地圖的尺度及空間概念——甚至啟動了人類大腦的擴張與發展。

換句話說，地圖掌握了我們之所以為人的線索。地圖確實描述並重塑了我們的歷史，反映出我們最好及最壞的特質——發現與好奇，衝突與毀滅——並且也標記出權力的更迭。即使是個人，我們也需要描繪路線及追蹤行進，去想像探險及逃亡的可能性。地圖的語彙也是我們生活中不可或缺的一部分。如果我們將自己（或是我們的城鎮）置於地圖之中，即表示我們達到某種成就[3]。有條理的人能像繪製地圖那般周詳地作出計畫。沒有羅盤上的方位我們就失去方向，不知所措。我們為自己尋找定位[4]（以前的地圖會將東方擺在上方）。我們給予他人一度的緯度去漫遊——給予他人自由發揮的空間。

地圖會說故事，所以令人著迷。這本書裡介紹的地圖，會告訴

2 理查·道金斯（Richard Dawkins），二十世紀英國知名的演化生物學家與科普作家，著有《自私的基因》等暢銷書。
3 原文為 put on the map，英文中的譬喻用法。
4 原文為 orient，為東方、朝向東方之意。

我們地圖如何產生、製圖師是誰、製圖師當時的想法，以及我們如何使用地圖。當然。就如同任何一幅地圖一樣，本書蒐羅的資料也都是精挑細選，因為一本關於地圖的書，事實上即是一本世界演變史：十五世紀堅實的船艦、十六世紀晚期的三角測量、十八世紀的經度確立、二十世紀的飛航與空中觀測。而在這個世紀，網際網路、全球定位系統、衛星導航系統——透過這些發明，也許會讓我們本身的空間能力產生第二次蛻變。

網際網路已經帶來不同凡響、意義非凡的轉變。早在天文學家若提出其他說法就得站上絞刑台的時代之前，我們的地球一直穩居於宇宙的中心；在不那麼久以前，我們還將耶路撒冷置於地圖的中央；或者如果我們住在中國，則是放在幽州。之後可能是英國或法國，帝國的中心即是地圖的中心。然而現在，我們各自單獨屹立，站在我們自己地圖世界的中央。在電腦上、手機上或足車上，我們規劃的路線不是從甲地到乙地，而是從我們自己出發（選擇現在位置），去到任何所選的地點；所有距離的起測點都是我們的所在之處，當我們前進時，即是描繪我們自己的地圖，不論是自願的或是被動的。

今年早些時候，我的一個朋友注意到他的黑莓機有點奇怪。他走在義大利阿爾卑斯山區，想確認一下當時的等高線與海拔高度，打開手機發現倫敦交通局的單車租借服務應用程式（app）已經開啟，這個應用程式是個非常便利的工具，只要輸入任何一個倫敦的地點，就會顯示各個租借站可供利用的單車數量。這個應用程式在義大利沒有什麼用處，或者至少他是這麼以為的。然而，事實上，這個應用程式依然在運作，倫敦交通局所提供的單車資訊地圖其實涵蓋了全世界，單車只是個起點，這個應用程式可以規劃路線至義大利的拉維羅（Ravello）、南非的開普敦或是紐西蘭的奧克蘭。不論我朋友走到哪裡，他就是地圖，他就是這個世界孜孜不倦繞著旋轉的樞紐。毫無疑問，這個應用程式也追蹤著他的行跡，所以某個

人會知道他正在哪一座義大利山頭，也知道他前一天歸還的單車現在正由誰騎著。

究竟我們是如何走到這一步的？這本書的目的就是要回答這個問題，不過讀者也可以將這本書視為一趟參訪展覽之旅。它必然是一場想像大展，包含了絕對不可能齊聚一堂的東西：古希臘損毀已久的世界圖像，世界各地大學的馳名珍藏，來自大英圖書館與美國國會圖書館令人讚嘆不絕的珍品，來自德國、威尼斯以及加州的稀世文物。種類包括手稿、航海圖、地圖集、螢幕截圖以及手機應用程式。有些展示品的重要性高於其他，有些只是僅供娛樂。羅列的資料無所不包：窮困與財富地圖，電影地圖與藏寶地圖，獵捕章魚用的地圖，非洲、南極洲還有那些烏有之地的地圖。有些地圖說明了世界的形狀，而有些則特別針對某條街道或是飛機飛往摩洛哥卡薩布蘭加的航道。

我們需要留給我們的嚮導很多空間：自吹自擂的商人、吹毛求疵的測量員、天馬行空的哲學家、一擲千金的收藏家、不可輕信的航海家、輕鬆愜意的漫遊者、初出茅廬的地球儀匠、緊張兮兮的館長、炙手可熱的神經科學家以及貪得無厭的征服者。有些人的名字如雷貫耳：托勒密（Claudius Ptolemy）、馬可波羅（Marco Polo）、邱吉爾（Winston Churchill）、印第安納瓊斯（Indiana Jones），也有些人比較鮮為人知：梵蒂岡修道士、紐約商人、倫敦腦部圖譜專家、荷蘭企業家、非洲部落領袖。

你手中握有的正是這場展覽的目錄，起點是埃及海岸的一座圖書館。

第一章

天才知道的事

　　地圖起初是對我們想像力的一大挑戰，而至今它們仍扮演這樣的角色。想像一下你在自己的房間裡，你能把房間描繪到什麼程度呢？若是給你一枝鉛筆和一本素描簿，你是否能畫出一幅足以讓從沒到過這房間的人也能一目瞭然的地圖？床的大小是否跟門和床頭桌成比例？面積與天花板的高度是否比例相符？畫廚房地圖會比較容易還是比較困難？

　　畫這些地圖應該不是件難事，因為這些都是你熟知的地方。不過，如果是畫朋友家的客廳呢？這就有點考驗記憶力了，你能順利畫出來或是苦思半天難以下筆？那麼，要是畫你的第一所學校呢？你會記得你的教室與其他教室的相對位置嗎？或是請你畫這個世界呢？畫得出來嗎？你能否畫出蒙古與瑞士的相對大小還有地理上的相對位置？你是否能畫對至少一半南半球的海洋？如果你從未看過任何一張地圖或是地球儀，也未曾到過這些地方的話呢？你是否能完全只依據人們告訴你的內容以及人們書寫下來的筆記，繪製出一幅世界地圖？要是你真的能夠就此畫出地圖，你是否會因為你所畫的地圖，在一千三百五十多年後仍被當成主要的世界地圖來使用而高興呢？

我想像了一下，除非，你的名字是托勒密（Claudius Ptolemy）。

思索一下他對這個世界造成的影響，除了我們知道念他的姓氏時，那個P應該是無聲的，意外地我們對他不怎麼了解。不過我們知道他在哪裡工作，就在古埃及最雄偉的建築之一，位於地中海沿岸，稍微內陸一點的一個看上去像件斗篷的小港口。

〡〢〣〤〥〦〧〨〩〩〩

亞歷山大圖書館（Great Library of Alexandria）的消失，是古世界最富浪漫色彩的故事之一，部分原因在於我們無法想像出有哪個現代機構能與之媲美。現今的大英圖書館是個收藏記錄的圖書館，每一本以英文書寫的新書都會在這裡留下一份，但大英圖書館並沒有抱負要收藏全世界所有的手稿，也沒有打算囊括所有的人類智慧。牛津大學的包德廉圖書館（Bodleian）以及紐約市立圖書館亦是如此。不過，亞歷山大圖書館確實有這樣的宏願，並且也存在於一個能達成如此雄心壯志的時代。

亞歷山大圖書館始於西元前三百三十年左右，設立的目的為收納任何一絲有用的資訊。以共同利益為由，其他私人圖書館皆遭到強制徵收：經由海路抵達亞歷山卓（Alexandria）的手稿將由專人謄寫或翻譯，只有部分手稿能物歸原處；載著這些原稿而來的船隻，經常是載著副本而回。當時，亞歷山卓也成為歐洲主要的紙莎草供應處，亞歷山大圖書館大部分的卷軸都是以此原料製成的。突然之間，紙莎草的出口供應乾涸了：部分人士聲稱所有的紙莎草全都拿去供應亞歷山大圖書館了，不過有人覺察到這是企圖遏止競爭對手增加收藏——一種菁英主義，一種熱忱與追求，所有癡迷於收藏書籍與地圖的收藏家都能看出此中端倪。

亞歷山大圖書館，正如同亞歷山卓這座城市本身，是亞歷山大大帝（Alexander the Great）留給後世的重要遺產。根據羅馬歷史學家阿利安（Arrian）所述，亞歷山大大帝在旅途中行經尼羅河三角

洲的西邊流域，偶遇一處他認為是「建立城市的最佳之地」。後續的建設則標記了政權與文化霸權自雅典的轉移。

亞歷山大大帝曾在亞里斯多德（Aristotle）的指導下學習道德學、詩歌、生物學、戲劇、邏輯學與美學，也是在亞里斯多德的薰陶之下，他推崇荷馬（Homer），戰爭時會帶著一本荷馬的史詩《伊里亞德》（*Iliad*），平時的生活也遵從書裡的教誨。他征服了波斯帝國，摧毀了腓尼基的泰爾城（Tyre），埃及迅速投降，他也因此苦惱於流芳百世的雄心壯志：他希望他的豐功偉業能象徵學習，而非代表毀滅，他希望希臘文化的世界觀能從這裡遍及整個帝國，甚至流傳至更遠的地方。因此他計畫打造一座以學術風氣、崇高理想以及良好治理聞名的城市，浩瀚的亞歷山大圖書館便是城中的萬神殿。

亞歷山大大帝卒於西元前三二三年，圖書館於其後的數十年竣工，是世界上最早的大學，研究與學術討論充盈其中，學者包括了數學家阿基米德（Archimedes）與詩人阿波羅尼奧斯（Apollonius）。學者們探討科學及醫學原理，也談論哲學、文學與政治管理，同時負責繪製史上最初的世界地圖：身處在這樣一個位於東西方貿易樞紐的港都，旅人與水手隨時能提供第一手見聞，這些學者享有極佳的地利之便。

〽〽〽〽〽〽〽〽〽〽

如果我們在今日偶然看見一幅古亞歷山卓城的地圖，我們會看見一座井井有條的城市，大街與幹道呈現整齊的方格狀。人口稠密的猶太人區位於東方，圖書館與博物館則位於中央的皇城區。城市四面環水，北方的小島建有皇家港口，為皇宮的所在地。城市北邊的港口，矗立著世界七大奇觀之一的法洛斯燈塔（Pharos lighthouse），高度超過一百公尺，燈塔頂端以鏡子反射火光，使船隻在海上三十多哩外亦能看見。要看不懂這個譬喻很難：亞歷山卓是個指引的光明之城，一個獲得自由也解放他人的地標，就位於這

個脈動著啟蒙思維的城市。

但在亞歷山卓之外的世界——在西元前三世紀的開端時又是什麼樣子呢？

儘管亞歷山大圖書館在科學與數學上成就斐然，地理學的研究仍在懵懂未知的時期。第一批的地理學學者以希臘歷史學家希羅多德（Herodotus）的著作為大部分的基礎，建構了重要的世界地圖原型。雖然希羅多德的九冊巨作《歷史》（Researches）於一個半世紀前完成，但其中對於波斯帝國的興衰更迭以及波希戰爭的描述，依然是對這個已知世界最詳細記錄的文獻。荷馬也被視為一個重要的地理知識來源，尤其是他在《奧德賽》（Odyssey）裡記敘的旅程。

一般認為亞歷山卓的地圖將世界畫成圓形，或至少是偏圓的，這點在西元前四世紀以前普遍受到認可。希羅多德可能也同意這個看法，不過他也可能本來就將世界視為一個漂浮在水上的扁平圓盤。荷馬的確是將地球視為扁平的，早在西元前八世紀，他相信如果你持續往地球的盡頭航行，最終就會從邊緣掉下去。不過到了西元前五世紀，畢達哥拉斯（Pythagoras）提出令人信服的論調，認為地球是球形。（人們一直有個奇怪的迷思，認為直到哥倫布的時代才打破地球是平的這種認知。這怎麼可能呢？普遍的無知加上人們喜歡有趣的故事，於是形成這樣一個令人神往的畫面：哥倫布返回故土，帶回來的消息是他的艦隊並沒有落入萬丈深淵。）

希羅多德贊成這個世界被分成三個區塊的普世看法——歐洲、亞洲及非洲——但是他不認同普遍認為的這三區是相同大小且構成了整個世界。大不列顛與斯堪地納維亞皆不在他的論述裡，而尼羅河則流經非洲至摩洛哥的阿特拉斯山脈。只有一小塊被印度統治的亞洲有所著墨。希羅多德承認無法確定歐洲是否四面環海，但他認為非洲可能是如此。他也將裏海——準確無誤地——視為一個廣大的水灣，不同於許多後繼學者。

隨著亞歷山大圖書館逐步建立館藏，其多元且可靠的資料來源

也帶來了數量龐大但零碎的世界資訊，以及繪製出反映這些資訊的地圖的可能性。來自昔蘭尼（Cyrene，位於現今的利比亞）的埃拉托斯特尼（Eratosthenes），是首批能將亞歷山卓新的地理知識應用於地圖學這門藝術的學者之一。埃拉托斯特尼生於西元前二七六年，在雅典學習數學及天文學，貫通這兩種學科，造出第一個渾天儀（或稱星盤），由一組金屬環構成球型，用來表示天體的位置，而地球則位於其中央。

　　埃拉托斯特尼四十歲的時候成為亞歷山大圖書館的第三任館長，隨後不久即開始動筆書寫他偉大的專著《地理學》（*Geographica*）。當時，地理學並不像醫學或哲學那般是一門專門的學問（確實，埃拉托斯特尼被認為是創造出地理學〔geography〕一詞的人，將希臘文中的 Geo〔地球〕及 graphien〔書寫〕結合起來），不過他一定在亞歷山大圖書館裡看過一幅西元前六世紀的抽象地圖，是由米利都（Miletus）的阿納克西曼德（Anaximander）於其專論《論自然》（*On Nature*）所繪製的作品。這幅失傳已久的地圖將世界呈現為一個圓盤，地中海、義大利及西西里等地標有地名。埃拉托斯特尼也許也從國家及部落的館藏目錄中獲得啟發——一趟「地球巡禮」，但實際上比較是地中海巡禮——同樣是由前六世紀這個時期米利都的赫卡泰奧斯（Hecataeus）所提供。（米利都，位於現今的土耳其，可說是古典地理學誕生的搖籃。這裡也是西元前五世紀時希波丹姆斯〔Hippodamus〕的家鄉，他是都市規劃的老祖宗，繪製了一些史上最早的都市地圖。）

　　不過埃拉托斯特尼本身的地理學研究規模更大，徹底運用了亞歷山大圖書館收藏的資料，包括於先前世紀橫掃歐洲及波斯的論述，以及當代頂尖的歷史學家及天文學家的相關論點。他的世界地圖約繪製於西元前一九四年，沒有任何當時的版本留存下來，不過曾有人了為了一名維多利亞時期的讀者而重新詮釋了埃拉托斯特尼的敘述，這也成為普遍接受且廣泛使用的重製圖。埃拉托斯特尼的

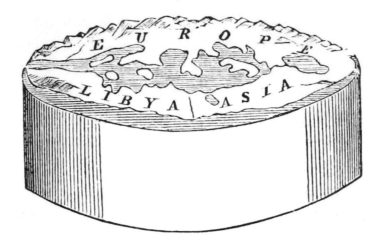

噴泉上的三塊大陸：西元前六世紀，阿納克西曼德將地球想像成一個由水包圍的圓盤。

地圖看起來像個恐龍的頭蓋骨，有三塊可辨的大陸──東北方是歐洲，非洲（標記成利比亞及阿拉伯）在下方，亞洲則盤踞了地圖的東半部。亞洲北方遼闊的地區稱為塞西亞（Scythia），這個區域在現代橫跨了東歐、烏克蘭以及南俄羅斯。

　　這幅地圖看起來東西不多但很精細，值得注意的是很早就使用了經緯線的網格系統。埃拉托斯特尼畫了一條穿越羅德島（Rhodes）東西向的主要緯線，一條穿越南北向的主要經線，同樣是以羅德島作為中心。他的地圖因此被劃分成不相等的長方形及正方形，以現在的眼光來看像是座標系統，不過對這名希臘地理學家來說，這些網格主要是用來輔助畫出精確的比例。這些線條證實了一般所認為的地球東西向長度比南北向長度長兩倍以上。

　　埃拉托斯特尼對地球的看法與當代一致：地球是個位於宇宙中心的球體，行星以二十四小時為週期圍繞著地球轉。在他的觀念裡，修改、描繪這個世界有兩種截然不同的方式：一個是懸於宇

宙中的這個行星地球，另一個則是存在於學者、航海家以及商人觀念裡的已知世界。這個居住世界（羅馬人之後稱之為「文明世界」）被認為佔據了北半球三分之一左右的大小，並且完全位於北半球。極北的端點是一個名叫圖勒（Thule）的島嶼（可能是昔德蘭群島或冰島），是最北方的落腳處，再往更北邊走便是難以忍受的酷寒之地；而最南方的端點則誘人地標記為肉桂之國（Cinnamon Country，衣索比亞或是索馬利蘭），若是從這裡更往南走，高溫將灼傷你的皮膚。

在埃拉托斯特尼的地圖裡，海洋是接連在一起的，北海（Northern Ocean）覆蓋了歐洲與塞西亞的上方，大西洋沿著利比亞、阿拉伯、波斯帝國以及正方形印度的海岸。還有巨人的海灣裏海及波斯灣，兩者皆錯誤地流入了海洋。不列顛尼亞（Brettania）[1]形狀依稀正確，但面積過大，位於遙遠的西北方，與愛爾蘭及歐洲的相對比例極佳。這三個地方給人一種鬆散相連的感覺，只被可航行的內陸水域或是山脈分隔開而已。不過這三個地方又像是被刻意擺在一起，彷彿那遼闊的、包羅百川的海洋，跟廣闊的未知世界地帶團結起來，與之相互對抗一般。當然，這幅地圖裡沒有新世界，沒有中國，只有一小塊的俄羅斯。

不過，這幅地圖憑仗科學原則，它在方法學上做出了超越前者的偉大進步。而且，儘管埃拉托斯特尼刻意拉長了這些大陸以符合他的研究，他也為新的目標設立了模板——繪製出精準且原則一致的世界地圖。

如果只是因為他那幅記述性地圖，埃拉托斯特尼現在會被視為古代地圖學的次要角色（他的同事確實稱他為 B 級天才，相較於

1　Brettania 為拉丁文，即大不列顛。

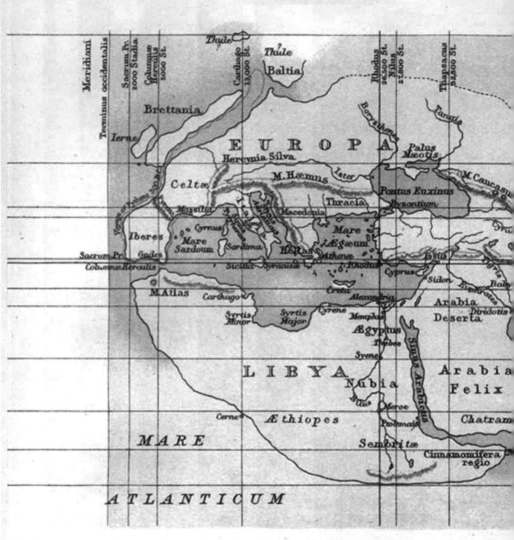

THE WORLD
according to
ERATOSTHENES

埃拉托斯特尼眼中的頭骨狀世界，在這幅維多利亞時期的重製圖裡，赤道穿過羅德島，肉桂之國點綴在非洲最南端。

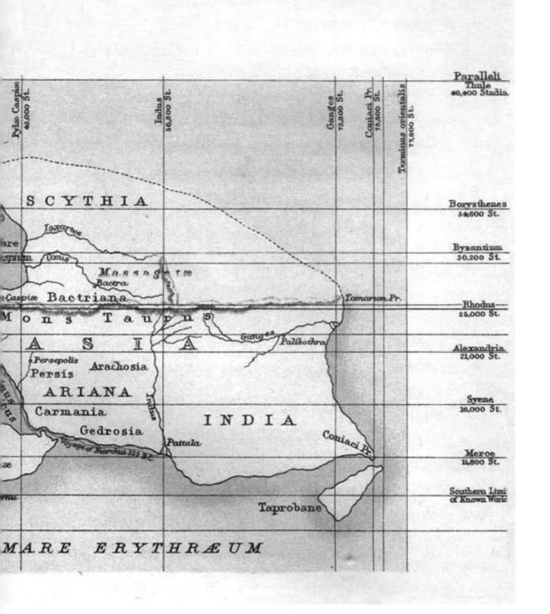

A級的亞里斯多德或是阿基米德）。不過，這樣的評價應該獲得修正，因為他做了一件超越製圖的偉大成就：他發明了開創性的計算方式用以測量地球的規模，他以被稱為指時針（gnomon，經典的垂直式日晷的前身）的大型巴比倫柱為計算基礎，確實被視為是超越時間且人人都能學會的技術，儘管略顯笨拙。

　　埃拉托斯特尼發明這些計算方式的那一刻，由後來的希臘科學家克萊門德（Cleomedes）記述下來，現在被認為具有像牛頓蘋果一樣的神話分量，不過卻可能是真實發生的事情。他觀察到在夏至這一天，太陽會在正好直接照耀著賽印（Syene）的尼羅河聚落正上方，從正午水井深處的倒影可以看出這個事實。他知道，藉由騎著駱駝在兩個城鎮間行進所花的時間，賽印（現今的亞斯文〔Aswan〕）約在亞歷山卓（位於本初子午線，線上他也畫了羅德島）正南方的五千視距（stades）處（約五百哩）。同時他也測量出當時太陽與亞歷山大圖書館之間的角度為七度，因此他能計算出地球的圓周。假設地球是球型且為三百六十度，那麼七度之間差五百哩，計算下來是整個地球的五十分之一。埃拉托斯特尼據此宣稱地球圓周為二十五萬視距（約二萬五千哩），後來他將數字增加為二十五萬二千，使其能漂亮地為六十整除。

　　埃拉托斯特尼非常接近真實數字，令人驚艷。我們現在所認可的地球圓周為兩萬四千九百零一點五五哩（四萬零七十五點一六公里）。據某些估算，他的數字只超過百分之二，不過這有很大一部分取決於我們對視距的定義，亦即他所使用的度量單位，而視距同時有雅典人的及埃及人的兩種算法。不過，要是考量到埃拉托斯特尼使用的是如此原始的估算方式（賽印並非位於正南方，地球也非完美的球型，而是在赤道處有些微凸起），我們可能會不只讚嘆於他的精確程度，也會驚異於他如何用這些偉大的數字來描述世界的大小，這個在他周邊而他未曾探險過的世界。讓探險家及地理學家去勘測尚且未知的世界，還有比這個更棒的邀請嗎？

⊡⊡⊡⊡⊡⊡⊡⊡⊡⊡⊡

　　西元前四十八年，亞歷山大圖書館毀於祝融（可以想像得到這是起意外事故，當時凱撒大帝〔Julius Caesar〕的軍隊點燃自己的船艦，以求阻撓克麗奧佩特拉〔Cleopatra〕的弟弟托勒密十四世〔Ptolemy XIV〕的進攻），這只是第一次痛苦的開始。亞歷山大圖書館遭毀壞或是被掠奪至少還有三次以上，不過每一次都能成功重建，不論是在原址或是移至城市的西南方。馬克·安東尼（Mark Antony）於西元前三十七年充實了圖書館館藏，靠的是劫掠帕加馬圖書館（Library of Pergamum）[2]，捐贈其館藏二十多萬冊圖書，作為送給克麗奧佩特拉的結婚禮物。

　　第一次火災後數年，關於我們對世界的認知，有件值得注目的事情發生了．全十七卷的《地理學》（*Geographica*）問世了，一部史無前例、最為全面詳盡的世界論述。這部專著的作者為歷史學家及哲學家斯特拉博（Strabo），西元前六十三年生於黑海旁的阿馬西亞（Amasia），長壽地活到了公元（Common Era）之後。

　　斯特拉博的第一卷《地理學》完成於西元前七年左右，在此之前，他就已經將近六十歲了；最後一卷完成於他八十五歲逝世的前一年。他是世界上最早期、最偉大的旅行者之一，而《地理學》的價值，主要來自於他對那些親身到過的地方所做的記述。他對於自己的旅程並不謙虛：在《地理學》的第二卷裡，他誇耀自己曾向西一路從亞美尼亞直到義大利的薩丁尼亞島，向南從黑海直到衣索比亞的邊界。「在這東西南北的端點之間，那些書寫地理學的人當中，或許沒有誰比我造訪過的地方還要多。」

　　斯特拉博的《地理學》只有一卷沒有留存下來，這部書的宗旨

2　帕加馬（Pergamum）是個古希臘城邦，位於現今的土耳其境內，帕加馬圖書館為古代時期最重要的圖書館之一。

闡明要呈現關於這個居住世界的知識，是如何與羅馬帝國及帕提亞帝國[3]的擴張並進。而這部《地理學》（以地理區域分卷）之所以是無價之寶，不僅僅是因為它增進我們對地圖學的了解，更讓我們能夠一窺在凱撒大帝以及基督誕生的時期，這個文明世界是如何看待自身。雖然沒有實體地圖留存下來，不過斯特拉博很可能是面前放著一幅巨大的手稿地圖一邊書寫，或者是看著一堆地圖，在腦中拼湊出他自己的畫面。

有意思的是，斯特拉博的世界比起早兩世紀的前輩埃拉托斯特尼所描述的要來得小。地球的寬度減少至三萬視距（埃拉托斯特尼的是三萬八千），而長度是七萬視距，埃拉托斯特尼則是七萬八千。或者這個大小所指的只是居住的世界，斯特拉博將其描述為「一個島嶼」，漂浮在北半球的海洋上。他認為這個他所知悉並描述的世界，佔據了地球將近四分之一的大小。

斯特拉博不是數學家，也不信任埃拉托斯特尼在測量以及地圖投影方面的科學進展。所以，他以最如實的方式記錄，近似於占星學的奇想比喻。整體來說，這個居住的世界形似**克拉米斯**（chlamys），一種希臘士兵及獵人穿的上寬下窄短斗篷。不列顛及西西里島是三角形，而印度是菱形。他將亞洲北部比喻成一把廚房菜刀，伊比利半島是一張牛皮，伯羅奔尼撒半島是懸鈴木上的一片葉子，而美索不達米亞則是一艘船的輪廓，幼發拉底河是船的龍骨，底格里斯河則是甲板。

我們現在讀斯特拉博的《地理學》，會帶著一種混合了敬畏以及困惑的心情：敬畏於這部書的規模之大，困惑於其中的一些假想。不列顛被認為是不值得去征服的地方，被描述成一個因為當地氣候而不適人居的不幸之地（斯特拉博指出不列顛很少出太陽，尤其是我們現在稱作蘇格蘭的這個地區）。愛爾蘭充斥著食人族。距

3　帕提亞帝國（Parthian Empire），公元前二四七年至二二四年的古波斯文化帝國。

離印度約七天航程的島嶼錫蘭[4]則有一種不尋常的作物：「這裡生產大象。」

雖然斯特拉博是個地理學家而不是製圖師，但是他承認他的描述有其侷限，指示他的文章應該放在平面上具體顯現。針對這一點，他提出一種簡化版的經緯線網格，畫在長七呎寬三呎的羊皮紙上。不過他也設想出一種更能完美呈現他研究的方法：地球儀。

他提到前一個世紀，馬魯斯[5]的哲學家克拉特斯（Crates）製造了一個直徑十呎的球體，將世界劃分成清楚的四區，皆是島嶼，且大小大致相同，「熱帶」區隔出北半球及南半球，兩座島嶼在熱帶的上方，另外兩座則在下方[6]。四座島嶼裡只有一座——他所在的那一座——是絕對有人居住的，他的資料來源大多取材自埃拉托斯特尼及荷馬，他相信另外三座島嶼也可能是氣候宜人且有人居，至少赤道下方海洋上的島嶼之一有「衣索比亞人」在那裡耕種，他們與肉桂之國的其他衣索比亞人沒有關聯。

斯特拉博認為他自己的地球儀，直徑至少要有十呎，才能放入充足的詳細資訊。不過他也欣慰地表示，他的大部分讀者將會發現這樣的一個物體並不能容納所有的知識。

〰〰〰〰〰〰〰〰〰〰〰

亞歷山大圖書館對於地圖學的歷史還有另外一項決定性的貢獻，雖然是以埃拉托斯特尼及斯特拉博的研究為基礎，它仍是一項獨立學術的重要傑作，為歐洲及阿拉伯世界隨後幾百年的地圖繪製定下基調與雛形。現在所談的不是地圖本身，而是敘述性的地圖

4　錫蘭，即現今的斯里蘭卡。

5　馬魯斯（Mallus），位於現今土耳其東方地中海地區的一座古城。

6　〔作者注〕這是我們所知的第一個地球儀，雖然並沒有留存下來。馬魯斯的克拉特斯是個重要的文學批評家，一般相信他是帕加馬圖書館的館長，而該館是亞歷山大圖書館最大的競爭對手。不過史籍裡關於他的短暫記載還提到了另外一件事——他在羅馬視察下水道時跌斷了腿。

集，其原創者可以說是世界上第一位現代地圖學家。這是一本以希臘文寫成的指示說明書，徹底改變了我們看待世界的眼光——幾乎是一千三百五十年之後——以修正後的姿態，成為哥倫布一四九二年啟航前往日本時所攜帶的主要航海工具之一。

這本地圖集是托勒密的傑作，他生於西元九十年，卒於西元一百七十年，大部分的人生（如果不是終其一生的話）都在亞歷山卓做研究，更早些便完成一部對希臘天文學極具影響力的論述，《天文學大成》（*Almagest*）。書裡包含了詳盡的星圖，以及一個標示出地球於宇宙中位置的多層模型，地球穩居於中央，作為星體每日運行的中心——以由近到遠的距離來標示，即是月球、水星、金星、太陽、火星、木星及土星，以及在外圍閃爍發光的一群固定星球。托勒密也針對光學進行科學研究，檢視了人們視物的過程，以及光、顏色所扮演的角色。

不過，我們有興趣的是托勒密所著的《地理學》（*Geographia*）。這部書對於世界的詮釋分成兩部分，第一部分是他的方法論，第二部分則是一張龐大的清單，羅列了城市名稱以及其他地點，皆標有座標。如果現代地圖集裡的地圖是以描述而非繪製的形式，那麼這些地圖看起來就會像是托勒密的作品，一件耗時費力的工作，但是以我們現在認為盲目簡化過的格網系統為基礎。在《地理學》的第七卷裡（共有八卷），托勒密所提供的詳盡描述，不只是為了建構一張世界地圖，而是建構了二十六個較小的區域資訊。沒有任何原始檔案留存下來，我們所能得到最接近的資料是十世紀時對一幅彩色地圖的阿拉伯文描述——不過這是否是原始的資料，亦或僅僅是受到托勒密的啟發而寫下的，我們不得而知，而且不管怎麼說，這份文稿也並未留存下來。

我們可以看出，托勒密所看見的世界是歪曲的。不過，雖然非洲與印度極度扭曲失真，地中海也過於廣大，但是希臘羅馬帝國境內的城市及國家，它們的相對位置則精準許多。托勒密提供讀者兩

現代的改變風潮：托勒密的經典世界地圖，由德國阿爾姆斯海姆（Armsheim）的雕刻家約翰尼斯・斯尼采爾（Johannes Schnitzer）於一四八二年所做的精美詮釋。

種可能的圓柱投影法——將立體球形上的資訊投影到平面上的嘗試——一種「較差且較簡單」，另外一種「較好且較麻煩」。他將泰爾的馬里納斯（Marinus）應有的功勞歸於他，馬里納斯是他重要的參考資訊來源。馬里納斯在托勒密數十年前改良了地名詞典的表列方式，不只將地點標注經緯度，還列出地點之間的估算距離。（馬里納斯還有另外一項主張：他的地圖資訊是第一個將中國及南極列入的。）

托勒密誇耀他為地圖學家大幅增加了城市清單（約八千），同時也貶抑馬里納斯所做的測量並不準確。不過托勒密也有自己的缺失。地圖歷史學家圖里（R. V. Tooley）認為，托勒密之所以特出於他的前輩們，不只因為他自身的卓越才華，還在於他對科學的漠視。先前的地圖學家願意在地圖上自己不曉得的地方留白，但托勒密卻無法讓自己不將這些空白填上假想與推論。「如果是一個比較不重要的人物，這樣的缺點其實影響不大。」圖里如此強調。但正是因為他的偉大名聲，「使得他的臆測與他無庸置疑的事實記錄，取得了相同的可信度。」如同我們接下來會看到的，托勒密的推論具有一種奇異的魔力，使得雄心壯志的水手們，包括哥倫布，因此造訪了那些他們未曾預料過的地方。

在亞歷山卓的這些成就之前，就已經有世界地圖——這裡有一塊泥板，那裡有一張紙莎草布——但這些只是唯一且隨機的物件罷了[7]。相較之下，埃拉托斯特尼、斯特拉博及托勒密在亞歷山大圖書館孕育出來的地圖，是具有邏輯及學術背景的。這座圖書館之所以被譽為世界上最重要的圖書館，我們由此窺見一些基礎——而且它也因為數世紀以來不幸遭遇的種種毀損，更增添浪漫傳奇色彩。

亞歷山大圖書館最後一次的毀壞發生於西元六四一年，接近托勒密死後的五百年左右，當時亞歷山卓落入了阿拉伯人手裡。在那

時候，亞歷山大圖書館再次充盈了館藏，雖然它不再是昔日的知識樞紐，仍然收藏了數以千萬計的書籍。但是書本對它的新主人來說顯然沒什麼用途。當時的哈里發奧馬（Caliph Omar）被問及該如何處置這座圖書館，據說他是這麼回答的：「如果這些書的內容與真主阿拉之書一致，我們便不需要它們，因為真主阿拉之書所供給的已多於我們所需。但要是這些書的內容與真主阿拉之書不相符，那麼就沒有保存它們的必要。前進吧，然後，毀掉這些書。」

不過還有一件不太可能的事。我們已經知道托勒密的《地理學》問世於西元一五〇年，而且可以依據邏輯預見當時的地圖學正穩定進步著。托勒密使用的座標與投影法是一種全球通用系統，作為人們對於這個世界本身的知識，能夠隨著時代推進而持續為人使用並精進。就像一張巨大的網，能夠容納新的資訊，並相應地擴張。不過這件事卻沒有發生。預期中的地圖學穩定進展並沒有成

---

7 〔作者注〕這塊驕傲端坐於大英博物館的巴比倫泥板（同時也是許多圖文地圖史的第一張），被認為可以上溯至波斯時期西元前六百至五百五十年之間，這塊泥板是件神祕的古物，展現出令人讚嘆的想像力，激發了各種陰謀論及暢銷小說。我們現在只有一塊毀損的殘骸，整體大小推測不會超過長十二點五公分、寬八公分。這塊泥板的目的不明，不過它確實符合古代世界地圖的普遍原則，其創造者將自身所在的世界置於中心。所以巴比倫座落於海洋中，海洋周圍圍繞著七個無名的圓圈，可能是城市或國家。最外圍繞著名叫苦河（Bitter River）的海洋，幼發拉底河流入其中，而在邊緣則有七個三角形的島嶼。我們從泥板的地圖上方殘缺不全的文字以及泥板的背面細細搜索資訊：這些島嶼距離巴比倫人的世界僅有七哩，相關的敘述皆與光亮有關。其中一個島嶼位於正北方，處於完全的黑暗之中，可能有悖於我們對極地區域的認知，而其他的島嶼則位於「早晨拂曉之處」或是在比繁星更為光明的地方。還有另外一個島嶼有一隻有角的公牛，它會「攻擊外來者」。泥板上的文字也描述了一座天堂之海（Heavenly Ocean），由一群動物所環繞，有些我們能辨識出是現在的獅子座、仙女座及仙后座。

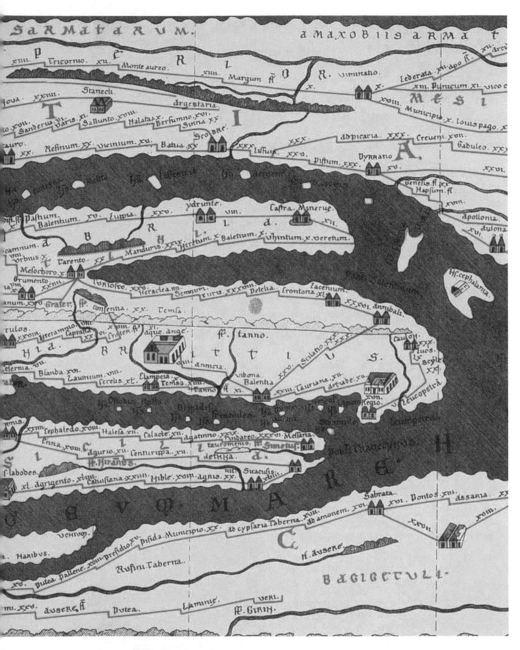

又長又蜿蜒的帝國：取自波伊庭格地圖的部分細節，這是西元五世紀的羅馬道路地圖，從亞得里亞海東邊的達爾馬提亞海岸（Dalmatian Coast），一路延伸至非洲的地中海邊緣。

真。四世紀或是五世紀的托勒密在哪裡呢？我們為什麼不知道當哈羅德國王（Harold）於一〇六六年騎馬踏上哈斯丁（Hastings）[8]時，對於這個世界的形狀有什麼想法？或是薩拉丁[9]對中東的看法？因為我們沒有地圖能從中得知。

不管是羅馬人還是拜占庭人，都沒有繼續發揚托勒密的研究。是有一些很精美的當地作品——五世紀的波伊庭格地圖（Peutinger Table，一張概要的長形道路圖，呈現出羅馬帝國主要的聚落），還有六世紀的馬達巴地圖（Madaba map，馬賽克地磚形式的聖地地圖，保存於約旦的一座教堂裡，地圖中包含了耶路撒冷及其他城市的街道規劃）。但是這些作品沒有好奇心去探索自身世界以外的地區，也沒有使地圖製作這門學問有所精進。

不僅沒有進步，地圖學似乎還落入了長達千年的黑暗期。難道我們對探險與征服的雄心壯志，以及對財富的追求，都像蠟燭的灰煙一般瞬間消失？地球儀呢？它們也向後倒轉了。經緯度的概念，分度線及本初子午線的出現，全都被放回了盒子裡，直到約一四五〇年才又於熱鬧的威尼斯及紐倫堡重見天日。

而在文藝復興時期的高峰時究竟出現了什麼呢？一些新的偉大的世界地圖？發現了新大陸？與美洲有關的事物？以上皆非。當時發生的事是一卷原以為自亞歷山卓榮光時代便已失落的書籍，從希臘文被翻譯成拉丁文。那是托勒密的「地圖集」，而這個地圖集的再發現——與歐洲印刷蓬勃發展的時期相符——宣告了現代世界的誕生。

不過，讓我們在黑暗時代暫時先待一會兒。或者，更精確地說，是一九八八年冬天的赫里福德[10]。

8　英格蘭國王哈羅德（1022-1066），死於與征服者威廉所率領的諾曼第軍隊於西元一〇六六年交戰的哈斯丁之役。

9　薩拉丁（Saladin，約1138-1193），十二世紀時埃及與敘利亞的第一位蘇丹，同時也是阿尤布王朝（Ayyubid dynasty）的創立者，率領回教世界擊退十字軍。

10　赫里福德（Hereford），位於英格蘭中西部的一座城市。

第二章

出賣世界的人

　　一九八八年十一月十六日，星期三，赫里福德（Hereford）的總鐸彼得·海恩斯（Peter Haynes）以及前藝術部長、現任蘇富比的總裁高瑞勳爵（Lord Gowrie），西裝畢挺地站在赫里福德大教堂（Hereford Cathedral）外，拿著一幅鑲框的大型褐色地圖複製品讓攝影師拍照。地圖與拿著它的這兩人幾乎齊高，預計將於該年六月拍賣，蘇富比也已經同意這幅地圖的起標價是三百五十萬英鎊，使得它成為世界上最值錢的地圖。當天稍晚，蘇富比的中世紀手稿專家克里斯多夫·哈梅爾博士（Christopher de Hamel）將其形容為「無與倫比，是中世紀任何形式的地圖中最重要也最馳名的一幅」。

　　對於這樣一項重要文物可能很快就要離開英國，去到出價最高的競標者手裡，高瑞伯爵十分悔憾，但是他也表示，為了將它留在國內所做的一切努力均告失敗。他為了將這幅地圖留在英國，已經奔走了將近一年，但是現在有更迫切的需要。彼得·海恩斯解釋赫里福德這座十一世紀至今的教堂，同時也是英格蘭最令人難忘的諾曼建築之一，現在急需七百萬英鎊使它免於崩毀碎落在磚地上，而拋售這幅地圖是唯一的前進辦法。兩人結束上述的宣布後，便將地圖交給教堂工作人員然後離開，高瑞將返回倫敦，而總鐸則回到他

那前途堪慮的教堂裡。

諸多令人不快的事件隨之而來。

❦　　❦　　❦

上述所言的地圖，正是赫里福德的中世紀世界地圖（Mappa Mundi），約繪製於西元一二九〇年，並不是件非常賞心悅目的作品。使用了一大張堅硬獸皮的小腿部分——長一六三公分，寬一三七公分——上頭描繪的世界晦暗不清，乍看那些褪色的色彩及模糊的字跡，讓人很難辨識這張地圖。如果你是從托勒密時期的亞歷山大圖書館出來，看到這張地圖你會相當訝異。座標與網格系統、經度與緯度，這些細緻的科學符號全都從地圖上消失了。取而代之的，就本質上來說，是一幅道德畫，一幅揭示當時恐慌與憂懼的世界地圖。耶路撒冷位於其中心，天堂與煉獄分居極端，而傳說中的生物及怪物則居於遙遠的地帶。

這正是這張地圖的中心概念。這張地圖（mappa，在中世紀這個字指的是布料或是餐巾，而非地圖）有著形上學意義的崇高野心：為一個絕大多數民眾文智未開的社會提供一個指引地圖，導引他們走向基督教的生活。圖裡恣意融合塵世的地理學與死後世界的意識型態。地圖所繪的頂點把世界的終點化為具象，最後的審判（Last Judgement）展現在我們眼前，在一邊，基督與天使們召喚我們前往天堂，而另外一邊，惡魔與龍呼喚我們走向另外一個地方。

不過，在十三世紀末初次看到這幅地圖的人，很可能會像我們現在一樣想找到「您現在的位置」的指示標記。如此一來，他們會發現自己位在這個巨大圓圈的西南區域，赫里福德是英格蘭被提到的寥寥數個地方之一，而英格蘭本身則是這張世界地圖裡不怎麼重要的一個部分。圍繞他們的這個世界充滿城市、河流、國家，人類活動頻繁，奇異的怪獸隨處可見。取代古代那些傑出地圖學理論的是：地圖即故事，地圖即生命。

醜聞進行式：赫里福德大教堂的總鐸彼得‧海恩斯（左）以及蘇富比總裁高瑞勳爵，宣布將拍賣這張中世紀世界地圖。

　　以前這樣一件文物從不需要在拍賣型錄裡標出底價。不過現在，根據上帝現時在人間的代表們所言，必須做出裁決。我們可以精確地將時間回溯到一九八六年二月，一位來自蘇富比的中世紀文物專家抵達教堂，來為這座教堂一些最有價值的收藏估價。當時這幅地圖並不在赫里福德的拍賣清單上。一般認為赫里福德大教堂最

珍稀的寶藏是其鎖鏈圖書館（Chained Library）的卷籍與手稿，在鎖鏈圖書館中的神學館藏都以鎖鏈連接在架上，人們只能取來閱讀而不會被竊賊偷走。這名專家沿著通往圖書館的迴旋石階向上爬，看見下方打著朦朧燈光的這幅中世紀地圖，詢問了教堂為其投保的金額。他聽到答案時非常震驚：五千英鎊。他表示可能還值多一點。

地圖將要拍賣的消息一公布，隨之而來的騷動讓教堂大感意外。英國的國家遺產紀念基金（National Heritage Memeorial Fund）對於「居然要將世界上最重要的文物之一送進拍賣場感到震怒」；大英圖書館則表達了他們的不滿，認為是否出售這幅地圖應先經過商議（不過高瑞伯爵聲稱這些都是「空話」）。《泰晤士報》發表了一篇社論，歸納道：「這幅地圖應該留在英國，並且公開展示，最好是在赫里福德。這幅地圖與這座城市之間所存在的原始古老連結，正是它本身存在的一部分。作為一件藝術品，留在赫里福德才是對它有益。我們可以這麼說，留在赫里福德才是唯一適合它的鑲框。」

隔日，在來自赫里福德大教堂募款委員的辭呈中，有些人提出了私下購買的意願，並且已經達到起標價的三百五十萬英鎊。不過教士約翰・提勒（John Tiller），教堂的祕書長，宣稱為了取得更好的售價，拍賣將如期進行：「我們的第一要務是守護這座教堂的未來。」

其他的募款也陸續發起，但是都沒有成果。數個月後出現了拍板定案的結果：保羅・蓋蒂[1]捐款一百萬英鎊，國家遺產紀念基金捐款兩百萬英鎊，成立了世界地圖信託，附屬於建設新建築來收藏這幅地圖的規劃案裡，屆時參觀者將須購買門票。如此一來，為了英國，這幅地圖留下來了。當這些規劃案還在仔細籌畫的階段，倫敦的大英圖書館借展了這幅地圖，成千上萬的參觀者都是不久前才

1　保羅・蓋蒂（Paul Getty，1932-2003）為美國石油大王吉恩・保羅・蓋蒂（Jean Paul Getty）之長子，贊助諸多藝文機構，例如大英博物館、倫敦國家美術館、赫里福德大教堂等。

剛知道這幅地圖存在的人。

❧　　❧　　❧

　　來到大英圖書館的參觀者究竟會看到什麼呢？他們看到的東西，就如同一二九○年左右抵達赫里福德的朝聖者會看到的，不過現代能看到的地圖顏色較不鮮明，有更清楚的注解，還有更嚴密的防護系統。這幅地圖展現了技巧純熟的地圖學見解，讓我們能一窺中世紀人的認知與期盼。乍見這幅地圖時，會以為它呈現了異常天真的世界觀，但再仔細端詳，便會發現其中包含了非比尋常的歷史、神話以及哲學厚度，矗立在羅馬帝國的終點，只添加了一點點中世紀的元素。

　　這幅地圖是狂亂的——因其活躍與成就而富有生命力。只要你適應了它，就很難將自己抽離。圖上有將近一千一百個地名、象徵性圖像以及題詞，取自聖經、古典文獻或是基督教典籍，來自老普林尼[2]、斯特拉博、索利努斯[3]、聖耶柔米[4]、聖伊西多羅[5]。這幅地圖萃取地理、歷史及宗教知識，作為一幅路線圖、一份地名詞典、一則聖經寓言、一段動物寓言，以及一項教育輔助工具。的確，所有的歷史都濃縮在這裡，並且同時發生：巴別塔（Towel of Babel）、停泊在乾涸土地的諾亞方舟、金羊毛（Golden Fleece）、牛頭人身的米諾陶（Minotaur）所居住的克里特迷宮（Labyrinth in Crete）。這幅地圖當然是給當時的人們看的——當地人與朝聖者——一定包含了最引人注目的畸形秀。糞便燃燒著火的動物、狗頭或蝙蝠耳朵的

2　老普林尼（the elder Pliny，23-79），古羅馬學者，著有全三十七卷的《博物誌》（*Naturalis Historia*），為後世百科全書的書寫典範。

3　索利努斯（Solinus），推估為三世紀時的拉丁文法家、編纂家。

4　聖耶柔米（St Jerome，約342-420），修士、聖經學者，所翻譯的拉丁文聖經為通俗譯本，並經教會認可為法定本聖經，仍沿用至今。

5　聖伊西多羅（Isidore of Seville，約560-636），西班牙塞維亞的大主教、神學家，著作類型廣泛，以百科全書《詞源學》（*Etymologiae*）最為知名。

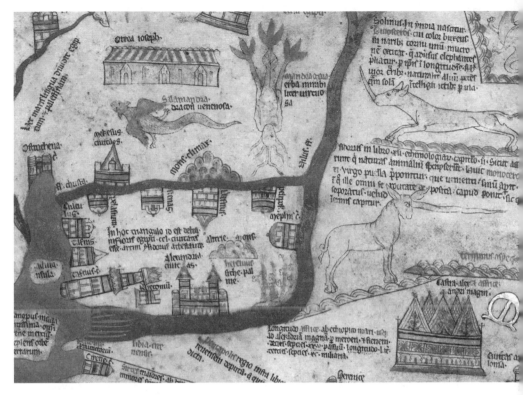

如果在現代就會被送去進行科學檢測：尼羅河三角洲把一個魔幻世界分為兩部分，裡頭有獨角獸、城堡和奇異的曼陀羅人。

人類、有著年輕女性臉龐且長著翅膀的獅身怪，這一字排開的陣容，讓這張地圖看起來比較像是希羅尼穆斯·博斯[6]的作品，而不是希臘製圖師有憑有據的科學之作。

　　此時約是喬叟[7]之後九十年，雖然地圖上有許多清楚書寫的中古世紀拉丁文及法文，不過大多數前往赫里福德的參訪者還是從圖片來獲取資訊。當時距離印刷業崛起還有一個半世紀，這些圖畫儘

6　希羅尼穆斯·博斯（Hieronymus Bosch，1450-1516），荷蘭畫家，擅長以幻想風格、融合豐富的想像力、象徵與符號來描繪道德與宗教概念。
7　喬叟（Chaucer，1343-1400），中世紀英國詩人，被稱為英語文學之父。當時英國的文學皆以法文及拉丁文寫成，而喬叟被認為是第一個以英語來寫作的作家，最知名的作品為《坎特伯里故事集》（The Canterbury Tales）。

管原始，缺乏透視技巧，每座角塔形建築幾乎看起來都一模一樣，但這幅地圖仍然是這些朝聖者前所未見的巨大故事板，上頭的圖像肯定會在他們的夢裡糾纏不去。

若以現代人的眼光來觀察，它也是一幅非常壯觀的拼圖。事物所在的位置可能與我們預期的不太一樣。我們以為的北方其實在左邊，而東方則在上面，這種配置方式帶給我們「定向」（orientation）[8]一詞。地圖上沒有大片的海洋，不過整張地圖被水狀的外框包圍，到處可見居住著奇形怪狀生物的島嶼漂浮著。

地圖上也有令人沮喪的謄寫錯誤，例如歐洲被標記為非洲，非洲被標記為歐洲。選擇城市與代表性建築的標準令人玩味，似乎是綜合考量其重要性、傳聞、話題性以及一點心血來潮：羅德島被標示在錯誤的位置，而位於島上的太陽神銅像（Colossus of Rhodes）所佔據的空間，卻多於更具貿易或學術重要性的城市，例如威尼斯。挪威與瑞典都出現在地圖上，不過只有挪威被標記出來。

不列顛群島（British Isles）位於地圖的西北角落，剛好填滿空間。英格蘭的東北標記了許多名字，不過西南方幾乎乏人問津。英格蘭國王愛德華一世（Edward I）位於卡納芬（Caernarfon）的新城堡在地圖上登場了——距開始建造只不過數年——不僅能幫助我們推斷地圖的年代，同時也確認了新的當地地標被視為與古蹟同等重要。

地圖上還有許多更奇特的現象。摩西（Moses）長角，這是中世紀常見的用字混淆，原本意指「優秀的」（cornutus）變成了「角」（cornu）。海妖斯庫拉（Scylla，地圖上標記為 Svilla）出現了兩次，一次是以我們熟悉的方式與大漩渦卡律布狄斯（Charybdis）[9]

8　orientation 的動詞形式為 orientate，意指向東、定位。

9　斯庫拉為希臘神話中吞食水手的女海妖，傳聞她守在墨西拿海峽（Strait of Messina）的一邊，另外一邊即是稱為卡律布狄斯的漩渦，船隻若想避開漩渦就會面臨斯庫拉的威脅。

一起出現，一次則是出現在錫利群島（Scilly Isles）的所在地，可能是抄寫時的聽誤造成的。而這幅地圖還述說著另外一件事，就像其他許多的中世紀世界地圖一樣。圖上的荒野——那些可怕的東西、未知的陸地——向觀看者傳達了一個訊息：關於文明、秩序及（自我）控制的光榮。對當時的人們來說，這幅地圖即是另外一條基督教教義：跟隨既定

的道路。不過，對於現在的觀看者來說，地圖裡的怪異正是最迷人之處：各式各樣惡魔般的滑稽生物，例如獨腳人（sciapod），他是一個舉著腫大的獨腳使自己免於日曬的男子。

　　對地圖歷史學家來說，赫里福德的中世紀世界地圖是屬於TO（T在O裡面）地圖。這種地圖形式是於羅馬君王阿格里帕（Agrippa）時期發展起來的（西元前十二年之後），是一種將地球簡單劃分為三部分的地圖類型。已知的古老世界大陸——亞洲、歐洲及非洲——由橫向的當河（Don）與多瑙河（Danube）、左邊的愛琴海及右邊的尼羅河，從中間將這三塊大陸分隔開來，河流則流進廣大、垂直的地中海。

　　不過赫里福德的這張地圖不只是一個圓圈而已。這幅地圖彷彿決心要善用獸皮的每一吋空間，在圓圈的上方與下方都圍繞著重要場景。所以地圖上的世界以最後的審判作頂，而底部左邊描繪了羅馬帝國的開國君王奧古斯都（Augustus），正在指示他的勘測員們去「走進這整個世界，向元老院報告每一塊大陸」。右邊置底的場面比較不明顯——而且在這幅地圖上的功用可能等同於一則新聞快

TO 地圖的基本形式，粗略地劃分出亞洲、歐洲及非洲。這張地圖取自一份十二世紀的西班牙手稿。

報；一名騎著馬的男子正與一名獵人在談話，上頭書寫的訊息是「去吧」（用法文而非該地圖慣用的拉丁文）。這兩個人是什麼身分我們並不清楚，有一種說法是這兩人在赫里福德因為狩獵權產生糾紛而走上法庭，當時剛好是這幅地圖正在繪製的時候。

在英國期刊《釋疑》（*Notes and Queries*）的一九五五年一月號，一位名叫馬爾肯·列茲（Malcolm Letts）的學者分析了這幅地圖裡比較生動的圖像，並推測出它們的意義。這幅地圖很輕易地就讓列茲感到震驚，不過他那一氣呵成的行文只傳達出純粹的驚嘆。他詳盡地描述了掘金蟻[10]的功績，還花了整整一節談論蠑螈。他讚

---

10 掘金蟻是中世紀動物寓言中的生物，大小約與狗或狐狸相當，會在沙地裡掘金。

美了恆河人[11]的圖像,「他們忙著從樹上採集水果,傳聞這些生物依靠蘋果的氣味維生,所以他們總是隨身攜帶蘋果,否則的話……就會立刻死亡。」結尾則是「一隻山貓,牠的尿液會自行凝結,變得堅硬如石(是製圖師所呈現出來最為栩栩如生的部分)」。接著,在這幅地圖的中央,靠近弗利吉亞(Phrygia)的地方,他看到亞洲的神話動物本納康(Bonacon),「牠的防禦方式是將排泄物布滿三英畝的土地,在這個範圍裡放火燒掉一切。這頭生物在畫裡呈現出牠平常的防禦性姿態……」列茲觀察了地圖最右邊的圖像:「兩名男子互相擁抱」。他們是索利努斯的加拉曼特人(Garamantes of Solinus),我們對他們知之甚少,「只知道他們戒絕戰爭,而且討厭陌生人。」

這樣一件不可思議的非凡之物,怎麼可能因為要修繕漏水的屋頂就被拿去拍賣呢?

要去見這位幾乎要賣掉這幅地圖的人,你必須先從赫里福德的市中心開車上一座山丘,經過葡萄園、蛇麻草地還有許多穀倉,最終才能抵達總鐸彼得·海恩斯帶有桁樑結構的住家,他於一九九二年自教會退休,現在則傾注他的時間與熱情在模型火車上。我在二〇一一年的夏季進行了這趟朝聖之旅,接受奉茶、檸檬蛋糕以及一本薄薄剪報集的招待。剪報集包含了報紙文章、一份新聞稿以及一份沒有實行的赫里福德世界地圖公共有限公司的創辦計畫書。

海恩斯已經八十七歲了,不過依然是赫里福德大教堂的榮譽總鐸,每週日他來到教堂時,許多人仍然稱呼他總鐸先生。戰時他服役於英國皇家空軍,於牛津神學院畢業後獲得授職,在一九七〇年

---

11 恆河人(Gangines)或稱艾斯多美人(Astomi),為傳說中居住在恆河口的人種,不需要進食,只要依靠蘋果與花朵的香氣即可生存。

首次的格拉斯登伯里音樂節（Glastonbury Festival），成為格拉斯登伯里的教區牧師，一九七四年以副主教的身分搬到韋斯（Wells），之後接受柴契爾夫人的私人請託，於一九八二年接下赫里福德總鐸的重任。

他說他做的第一件事，就是將教堂帳目的副本祕密寄給一位會計師老友——英國知名鞋類品牌克拉克（Clarks）的財務主管。「他幾乎可說是憂煩至極，他把副本送回給我，然後說：『你有大麻煩了。』」教堂持續多年營運赤字，還向銀行透支超過十五萬英鎊。「我突然理解教堂會眾每年所募集的款項，大約一萬七千英鎊，他們天真地以為這筆錢是用來支付神職人員的薪水，事實上卻是送進駿懋銀行去填補透支。」

前景更加堪慮：教堂工作人員的退休金系統資金不足，建物報告書顯示有嚴重且具危險性的裂縫，唱詩班需要捐贈，而教堂擁有的歷史珍藏欠缺妥善照顧，而且展示方式欠佳。一九八五年四月，威爾斯親王與王妃[12]提出呼籲，不過設定一百萬英鎊的目標用來整修建物結構，很快就被認為不足。根據估算，赫里福德大教堂需要七百萬英鎊的資金挹注，才能確保長期的安全及基金捐贈，因此這幅中世紀世界地圖必須要離開（也才能保證鎖鏈圖書館不會崩毀）。當時，海恩斯相信不會失去太多。「訪客來到教堂的時候，我經常招呼他們，善盡我的職責。我會告訴他們：『噢，在北面的唱詩班側廊掛有一幅古老的地圖，如果你們想看的話可以過去瞧瞧』，但是沒人有興趣。」

海恩斯自己一人檢視這幅地圖的時候，發現周邊已經受潮。因此他聯繫了大英博物館的亞瑟・大衛・貝尼斯寇伯（Arthur David Baynes-Cope），「他是黴菌的世界級權威，」海恩斯告訴我，雖然貝尼斯寇伯博士是個化學家，但同時也是紙類與書籍保存的專

---

12 即查爾斯王子及黛安娜王妃。

家。在他於二○○二年逝世前不久，他還特別自豪地說，他所做的調查揭露了皮爾當人[13]是偽造的。海恩斯繼續說：「我帶他來到這裡，他看了看這幅地圖，然後他說：『噢，我想我知道我們能怎麼做了。』」兩星期後他再次來到這裡，拿出繩索圍著地圖周邊繞，我問：『這是什麼？』他答道：『噢，這是睡衣的繩子，我在狄肯斯與瓊斯百貨公司買的。』」

海恩斯表示他在赫里福德大教堂監督了非常多的工作，但是他知道後人將會因為這幅地圖而記住他。他看起來似乎並非全然不樂見此事發生，他告訴我他們想募款的念頭時，他的雙眼閃閃發亮：「一開始的時候，我們必須全部保密，這很重要，所以我們用調換字母順序的方式起了一個代號：壁上的女士[14]。」

現在每個人都可以買一幅有質感的、屬於自己的赫里福德中世紀世界地圖。與彼得‧海恩及高瑞伯爵一同於一九八八年在大教堂外入鏡的那幅地圖，是一八六九年的平版印刷品，為當時所能取得的最佳摹本。不過二○一○年時，出版商佛里歐出版社（Folio Society）出了一個壯觀的版本，幾乎是一比一的尺寸，不僅得歸功於數位重製（這個詞太常被視為藝術之死），同時也仰賴二十一世紀專家們的想像力及研究，包括彼得‧巴勃（Peter Barber）在內，他是大英圖書館的地圖收藏部主任兼赫里福德中世紀世界地圖的託管人。這幅數位重製的地圖不僅能看見圖面的紋路，鮮明的色彩也被認為很接近原版——帶光澤感的紅色、藍色、綠色及金色。印刷使用的材質為合成纖維紙，很類似羊皮紙，裱在帆布上，卷軸的上

---

13 皮爾當人（Piltdown Man）為一塊偽造於二十世紀初的遠古人類顱骨化石，發現於英國東南部的一座村莊皮爾當，因其發現地點而得名，四十年後被證實為由猩猩及現代人的骨頭組合而成。

14 赫里福德中世紀世界地圖的原文為 Mappa Mundi，經過字母調動後成為 Madam Pin-Up。

你大概不想住這裡：神話動物本納康在散布牠的排泄物。

下支桿由赫里福德橡木製成，還附帶博大精深的論文；限量發行一千幅，價格是令人卻步的七百四十五英鎊。

　　近來對於這幅地圖的學術研究有復甦跡象——這是拍賣未果帶來的良性後果之一——並且是以調查及勘驗的方式，而非詮釋的方式進行。不過許多根本性的問題仍然沒有答案，比如究竟是誰製作了這幅地圖。

　　左邊的角落揭露了最主要的線索。上頭寫著一個請求，希望所有「聽到、讀到、看到」這幅地圖的人，可以為「侯丁翰及拉弗德的李察」（Richard de Haldingham e Lafford）祈禱，他是「製作並展示這幅地圖的人」。這兩個地名稍微更動一下拼法，可以得出是林肯郡（Lincolnshire）的侯丁翰（Holdingham）及司里弗德（Sleaford），可是這個男人是誰？他究竟「製作」了什麼？一九九

九年，一場於赫里福德舉辦的座談會，聚集了眾多指標性的中世紀世界地圖研究學者，他們大多數人都同意這名叫作「巴托的李察」（Richard of Battle，拉丁文為 Richard de Bello）的男子，可能住在侯丁翰，是林肯（Lincoln）與索爾茲伯里（Salisbury）的教士、司里弗德的受俸牧師，但他們不能肯定這指的是一個人，或是還有他的其他親族或是不相關的人。

　　四年後，地圖歷史學家丹·特克拉（Dan Terkla）在哈佛大學舉行的第二十屆國際地圖學歷史研討會上，提出了一份討論這幅地圖的論文。根據他的推論，分別有四名男性直接參與這幅地圖的設計，其中三人都叫作李察──分別是侯丁翰及拉弗德的李察、巴托的李察、李察·史溫菲德（Richard Swinfield）──剩下的那位則是康蒂盧普的湯瑪士（Thomas de Cantilupe）。他認為第二位李察是第一位的年輕親戚，從林肯搬到赫里福德後開始進行這幅地圖；第三位李察則是他們的友人，是教堂的財務管理者及主教；而湯瑪士則是史溫菲德的前輩，可能也是地圖邊上那名騎馬的獵人。

　　特克拉斷言這幅地圖是他稱之為康蒂盧普朝聖輯（Cantilupe Pilgrimage Complex）的一部分，該輯是關於一位一三二〇年被封為聖徒的主教之所有物及遺跡。位於北邊翼廊的康蒂盧普聖壇，於相關的不可思議奇蹟傳開來後，甚至在他被封為聖徒之前，就已經是一條知名的朝聖之途。一二八七年至一三一二年間，這裡的看守人記錄下將近五百則神奇事蹟，單單於一二八七年四月之間便有七十一則，那一年正好是皇室家族造訪的年份。

　　二〇〇〇年時，有一名略為與眾不同的赫里福德中世紀世界地圖學者史考特·韋斯翠（Scott D. Westrem）從美國過來，不隔著玻璃來檢視這幅地圖，他的鑑識報告呈現出福爾摩斯的偵查風格。「這幅地圖使用的皮紙是來自單一頭小牛的獸皮，可能在屠宰的時候還不到一歲。」他如此推測道。他觀察到地圖是繪製在牛皮的內面，因為可以看到略帶銀色光澤的肉膜。他描述了這張獸皮是如何

仔細地刮除了毛髮及殘餘的油脂，並且認為剝皮工人只持刀劃過一次，在將近尾巴尾端的地方切斷牛皮，很可能是遇到了疤痕。「這張獸皮的品質非常好，顯然它的厚度很均勻；幾乎沒有來自胸腔或是其他骨頭擠壓造成的紋路，顯示出這頭小牛持續受到良好的餵養。」

二○一一年五月，赫里福德大教堂的業務主管多明尼克‧哈博（Dominic Harbour）正帶領著兩名訪客參觀這幅中世紀世界地圖，我是其中之一。兩週前，地圖裝上了新框，使它在牆上能離地約一呎高，因此地圖上的耶路撒冷能與大多數訪客的視線等高。「之前，這幅地圖在空間裡的展示方式是比較建築式的，」哈博解釋道：「不過人們是以人體工學的角度來欣賞它，所以它必須要符合觀賞者的高度，符合觀賞者的視野及觸手可及的距離感。」

能夠碰觸是很重要的一件事。雖然教堂並不會主動鼓勵，不過如果參訪者自然而然地舉起手指放在玻璃罩上也不會受到斥責，這是一種探索地圖的原始方式。每天結束參觀的時候，會拭去玻璃上的指紋，不過在耶路撒冷還有歐洲上頭仍有一些痕跡，反映出當天參訪者的出身地。美洲來的參訪者則沒有伸出手指。不過地圖玻璃罩殘留最多污痕的地點是赫里福德。哈博表示：「這些指紋所傳達的，正如同這幅地圖仍嶄新時人們所做的事情。有很長一段時間，人們以為『赫里福德』是在地圖完成之後才添加上去的，認為這幅地圖其實存在於別的地方。現在一般的看法是赫里福德確實是之後才加的，不過那是在最初的赫里福德刻印文字在人們的觸摸之下磨掉了以後，才又補回去的。」

哈博年齡約近四十，從二十二歲開始，他的工作就一直與這幅地圖息息相關。一九九一年自藝術學院畢業後就來到這裡，協助設計了一本附有英文翻譯的說明手冊及地圖複製品，很快他就意識到

他的六個月合約可能要延長了。他開始思索這幅地圖如何能以更有凝聚力、更有效果的方式展示，然後協助策劃了目前在教堂迴廊裡這個令人印象深刻的新展示空間，讓地圖與鎖鏈圖書館置於同一個展區。這個展示空間完成於一九九六年，是個美化的單坡簷屋，雖然是一面十五世紀的石牆毗鄰著另一面十一世紀的石牆。

　　哈博引導訪客前往數世紀以來這幅地圖曾經展示過或是藏匿起來的地點——聖母堂（Lady Chapel）、不同的翼廊，還有祭具室，在那裡地圖被放在地板底下。哈博說他曾經畫過這幅地圖的遷移路線，「最後發現大教堂各處都有它的蹤影。」他回憶起第一次被帶著去看這幅地圖的時候，當時他八歲，他看見的是「非常奇怪的棕色束西放在盒子裡，超凡脫俗，充滿奇幻，像是玻璃罐裡的科學試驗品。我認為它的說明什麼也沒有解釋到，或者至少不是以我能懂的方式。那只是單純一句『這是赫里福德的中世紀世界地圖，它非常重要。』」

　　我們一起欣賞這幅地圖的時候，哈博說：「它仍然在傳遞新的訊息。」我發現自己一邊聽著一邊點頭。沒有任何現代的旅行者看到它會感受不到任何的渴望。它是最有魅力的大型地圖之一，尤其是在世界地圖這個類別裡，所有的旅行都是可以實現的。在這幅地圖上，除了天堂以外的每個地方，看起來都可以乘著堅固的船隻前往，就連最兇猛的野獸看起來都是可以馴服的。然後我想到：在一二九〇年，不像是現在，當時似乎沒有什麼地方是未有人探險過的，也沒有什麼遼闊的荒野或是海洋能阻留你良久。深不可測的海上怪物以及廣闊寂靜的白色極地都是在那之後的事。這幅地圖傳達的簡單訊息是：在這個地方我們已經完成我們的工作了，不適宜人居的世界就在這頭小牛的背上。還有什麼留給我們區區凡人的呢？只有奇蹟，更崇高的呼喚，以及我們永遠無法企及的東西。將這些話語傳遞出去吧，朝聖者們。

地圖大小事

時值一二五〇年，
你知道自己身在何處嗎？

　　現在我們將「路線圖」當成政治詞彙，用來表示進展的前景。某個狀況也許令人絕望，但至少我們還有計畫：如果我們抵達了中途站A，我們就有機會抵達中途站B。當然，有些哪裡也不打算去的人們偶爾也會使用這個詞彙，典型者如二〇〇二年的美國總統小布希、英國首相布萊爾以及其他與中東和平進程相關的人士。

　　讓我們回到十三世紀，在赫里福德中世紀世界地圖誕生的數十年前，一名叫作馬修‧帕里斯（Matthew Paris，約1200-1259）的修道士參與打造一幅通往中東的可靠路線圖——事實上是一張終點位於耶路撒冷的地圖，在相對來說較為仁慈的穆斯林教條下，吸引了大量的基督教朝聖者。

　　帕里斯身為修道士的職務之一，即是在倫敦北邊的聖奧爾本斯（St Albans）[1]大教堂，擔任手稿釋義者及歷史學家。這座大教堂擁有一所早期大學的屬性，帕里斯熱切地想要用圖文兼備的形式呈現

1　聖奧爾本斯是位於英格蘭赫特福德郡南部的一個城鎮。

耶路撒冷往這邊（或者是
往那邊……）。馬修・帕
里斯的互動式路線圖提供
了數條救贖之道。

地圖大小事　時值一二五〇年，你知道自己身在何處嗎？

他的學識精髓。成果即是這本《大編年史》（*Chronica Majora*），一部從創世紀至當代、企圖恢宏的世界史。帕里斯以古法文及拉丁文寫作，綜合了他在聖奧爾本斯的前輩羅傑·溫多福（Roger Wendover）的工作成果，以及他自己的親身經歷所寫成，包括了他在歐洲的大規模旅行及參訪亨利三世宮廷的經驗，同時也涵蓋了從那些來到聖奧爾本斯大教堂院的參訪者身上所聽取到的各種故事。

他這幅從倫敦到耶路撒冷的地帶地圖（strip map），佔據了《大編年史》開卷的七頁羊皮紙，這份迷人的手稿充滿了讓讀者不無聊的細小岔路及側條，黏上去的立體頁面，使得旅途路線或說明文字得以延伸至書頁的上方或周邊。其中一頁關於西西里島及埃特納火山（Mount Etna）的頁面上方，有一塊可翻式黏貼頁，被描述為地獄口（Mouth of Hell）。這本書的互動性還不僅於此，讀者經常可以自行選擇前進的路線，從不同的角度穿越法國及義大利。這是否是第一幅具有可移動組件的地圖？這絕對是我們所知第一幅對於真實路線採取如此自由放任態度的路線圖。

帕里斯的讀者，或許對於擺在他們眼前任他們選擇的前進路線沒有太大興趣（很可能還恰恰相反），但他們肯定沉醉於這場想像出來的精神之旅——一場虛擬的十字軍東征。並且，他們也一定深受地圖上圖像式的路線說明所吸引，一如我們現在依然如此。

不過這幅地圖之所以如此重要，是因為其他理由。帕里斯稱其為「行程」（itinerary），這也是英文journey（旅程）一詞的起源，來自古法文的jornee或是jurnee，意指騎著騾子可進行的合理一日旅行範圍。行程一詞出現在帕里斯地圖上的許多目的地之間，有一次在路線中沒有任何其他重點，於是便拉長字距，寫成了「ju-r-r-r-n-ee」，來表現行進的動態。

每一頁皆有兩欄，行進順序由下至上、由左至右，包含了為期一週的旅程內容。我們的出發點是倫敦，這座城市被畫成四周圍繞著城牆，泰晤士河、阿爾德門（Aldgate）及比林斯門（Billingesgate）

列名其中，周遭是許多城牆般的建築及尖塔，其中最高的即是聖保羅大教堂（St Paul's Cathedral）。從倫敦出發，一天可到羅徹斯特[2]，再一天到坎特伯里[3]，再一天到多佛爾（Dover）及北法國，接著是蘭斯[4]、尚貝里[5]和羅馬。隨著帕里斯離開巴黎，地圖開始越來越不精確，不過若是以弗勒黎[6]出現在尚索[7]之後而非巴黎之後這一點來加以批評，便誤判了這幅地圖的意圖；顯然，以故事的敘事性來說，它是要讓保存聖本篤（St Benedict）遺骨[8]的地方再晚一點才出現。

在另外一張黏貼頁上的條目裡，我們可以看出製作這份地圖帶給製作者一定程度的疲憊，帕里斯如此寫道：「在這海岸上，面向威尼斯海及君士坦丁堡[9]的這些城市是如此遙遠。」但是這張地帶地圖最終通往的是耶路撒冷這個最終目的地，帕里斯在此繪出圓頂清真寺[10]及聖墓教室[11]，還有一條合埋連貫的海岸線，從門戶的阿卡港[12]延伸到較為內陸的伯利恆（Bethlehem）。

帕里斯似乎為了比例尺感到困擾。在他所繪的四幅大不列顛地圖其中之一，他懊悔地（在倫敦的圖像上）寫道：「如果頁面夠大的話，這整座島將會更長一些。」對於那些容易受到影響的讀者來說，這可不見得是理想的地圖學訓誡。儘管尺寸受到擠壓，蘇格蘭

---

2 羅徹斯特（Rochester）位於英國東南部，是英格蘭第二古老的主教轄區。

3 坎特伯里（Canterbury）位於英國東南部肯特郡，是英國著名的宗教古城。

4 蘭斯（Reims）位於法國東北部，市內的蘭斯大教堂是法國君主政體時代法國國王舉行加冕儀式的地方。

5 尚貝里（Chambery）為法國東南部薩瓦省（Savoie）的首府。

6 弗勒黎（Fleury）位於法國中北部盧瓦雷省（Loiret）。

7 尚索（Chanceaux）位於法國東部科多爾省（Côte-d'Or）。

8 聖本篤的遺骸保存於弗勒黎修道院中。

9 君士坦丁堡（Constantinople）是土耳其伊斯坦堡的著名。

10 圓頂清真寺（Dome of Rock）位於耶路撒冷舊城區，穆斯林相信這裡是穆罕默德夜行登霄、前往拜見真主之處。

11 聖墓教堂（church of the Holy Sepulchre）坐落於耶路撒冷舊城內，許多基督徒認為這裡即是《新約》裡耶穌基督被釘在十字架上的地方。

12 阿卡港（port of Acre）位於以色列北部。

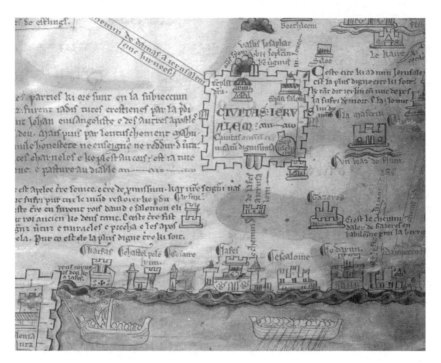

我們到了嗎？當我們接近旅程終點時，耶路撒冷終於在望。

還是獲得了大方的球根狀圖像展示，這在當時是很罕見的事。不過帕里斯也曾畫過另外一幅地圖，大不列顛的比例超乎尋常地精準，特別是威爾斯及西南英格蘭，大英圖書館宣稱具有如此高度細節準確度的這幅地圖，是英國保存之地圖中最早的一幅，關於這點，我們很難加以抗辯。

　　帕里斯還有一幅重要的地帶地圖保存了下來，起自倫敦，終至義大利南部的普利亞（Apulia），不過這幅地圖的內容不如耶路撒冷那份來得豐富，被塞在《增益集》（*Book of Additions*）一頁的篇幅裡，這是他的《大編年史》的附件，裡頭收錄了各種奇異的資料，比如一幅描繪了羅馬主要幹道的地圖，但是英國的地名鄧斯特布爾（Dunstable）卻赫然矗立於中央；又或者是一幅描繪了世界主導風向的地圖（而地球在正中央）。

帕里斯繪製的這些地圖，讓他達到另一個成就，但是在鉅細靡遺的地圖分析中很容易就被忽略了：在赫里福德中世紀世界地圖誕生的五十多年前，帕里斯所繪製的地圖提供了極具吸引力且獨樹一格的觀看體驗，他同時也是少數獨具慧眼的製圖師，懂得以地圖的美麗及神祕詭譎來取悅觀眾。他的地圖滋養了想像力的生長，促進了互動性，提高觀眾投入的程度。這些地圖與我們孩提時代所畫的地圖，不可思議地相似。

地圖大小事　時值一二五○年，你知道自己身在何處嗎？

第三章

成形中的世界

　　赫里福德的中世紀世界地圖獨一無二，不過它同時也是某個類別的一部分。十二到十五世紀之間，西方及阿拉伯世界經常繪製「中世紀世界地圖」，而留存下來的地圖提供了可觀的證據，闡述了中世紀世界是如何看待自身。這些地圖採用了許多不同的形式，有些比較容易辨識，也有許多特別怪誕的例子。然而，大多數地圖的目標一致：它們不是要拿來使用的，至少不是供旅行用；它們其實是哲學的、政治的、宗教的、百科全書式的以及觀念方面的陳述。

　　這些特質適用於歐洲的製圖師，比如赫里福德這幅地圖的創作者。不過這些特質同樣適用於以文化漩渦巴格達為基地的阿拉伯學者——位居阿拉伯帝國的心臟地帶——他們繼承了亞歷山卓那種想要囤積世界上所有知識的渴望，運用了托勒密的成果，同時也收集其他來自阿拉伯水手以及中國探險家的第一手情報。

　　然而，奇怪的是，所有中世紀製圖師當中最優秀也最具現代水準的，卻是一名住在歐洲的阿拉伯地理學家——穆罕默德·伊德里西（Muhammad al-Idrisi）。伊德里西的家族可以追溯至伊斯蘭教的先知穆罕默德，是阿拉伯名門之後，來自穆斯林統治時期的西班牙安達魯西亞。伊德里西年少時，旅遊足跡廣布，到過西班牙、北

非、小亞細亞（Anatolia），之後進入西西里王國諾曼君王羅傑二世（Roger II）的宮廷裡任職。在這裡，大約是一一五〇年的時候，他完成了他最優秀的作品，製作了可說是早期的地圖集，結合了眾多區域地圖進而拼湊出世界的全貌。也許因為他的身分是一名侍奉基督教國王的穆斯林，他的地圖有一項特點，那就是缺少宗教的象徵符號與寓言。他在繪製地圖時採用了伊斯蘭的地圖以及伊斯蘭旅行者和諾曼水手的口述內容，地圖展現出地理學的精準原則。與之後

取自《前往遠方的愉快旅程》（*The Book of Pleasant Journeys to Faraway Lands*）：一名阿拉伯地理學家所繪製的北非及歐洲。

數百年的大多數地圖相比，他的世界觀與我們今日的概念接近多了。他所繪製的尼羅河以及形成尼羅河的湖泊，一直到七百年後史丹利[1]的探險時才獲得了修正。

一三六〇年代，一名日本佛教僧侶所繪製的一幅世界地圖，展現出截然不同的生命優先順序觀念。這也是一幅為了朝聖者所做的地圖，只是目的地不是耶路撒冷，而是另有他處。這名年長的製圖師題了一段簡潔明瞭的說明：「我心祈禱佛教於後世繁盛，投此身於繪製此圖，拂拭我因衰老而昏花的雙眼，彷若親身漫步於印度。」

他的地圖看起來像是一盞燈籠漂浮於海洋之上。須彌山（Sumeru）[2]矗立於正中央，一連串標注了名字的寺廟沿著絲路分布，這些寺廟多數之所以能標記出來，要歸功於中國佛教學者玄奘於七世紀所著的地誌《大唐西域記》（*A Record to the Regions of the West of China*），裡頭記載了他前往印度費時十五年的遊歷。地圖上以紅色細線標記的這些遊歷，花了七百年才能以如此豐富的製圖形式呈現，並且還要再花三百五十年左右，才開始對西方世界造成衝擊。

當時的基督教意識形態也創造了非常重要且美麗的地圖。某些最為抽象的神學地理學例子，以跨頁的形式記載於中世紀的書籍裡，而最值得注意的是，圖上所記錄最驚險刺激的地方，實際上數百年來都未曾有探險家涉足過。貝亞杜斯地圖（Beatus Map）即是這類地圖中最值得注目的，這幅地圖是以西班牙本篤會會修士貝亞杜斯（Beatus of Liebana）的文字紀錄為基礎所繪製，完成時間

---

1 亨利‧莫頓‧史丹利（Henry Morton Stanley），十九世紀的美籍英裔探險家與記者，以其在中非的探險而聞名。

2 須彌山，古印度神話中位居世界中心的山。

接近八世紀末，中世紀時，有無數中世紀手稿忠實重現了這幅地圖（十四幅十二及十三世紀的歐洲手稿保存了下來）。

　　一份一一〇九年具有高度藝術效果的版本，現存於大英圖書館，尺寸為四十三乘以三十二公分，看起來像是個巨大的橢圓形魚盤（圖上確實有魚群在圍繞的海洋裡奮力上游）。這幅地圖呈現出美好的幻想世界，也許因為它完全屏棄了我們視為地理學準確性的東西，所以更顯得吸引力倍增。諷喻與可怕的聖經訓誡再一次主導了地圖，以啟示錄及聖依西多祿的著作為主。亞當與夏娃，幾乎是以呈現人體結構的方式畫在一條蛇的旁邊，位於上方的伊甸園中，而印度則在他們的左手邊。亞歷山卓取代了耶路撒冷位居中央（法洛斯燈塔小在附近），非洲則在正下方。拜占庭（Byzantine）及其後隆巴德（Lombard）帝國的文化、政治重鎮拉溫納（Ravenna），

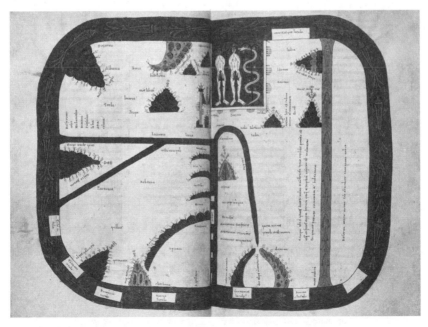

收藏於大英圖書館的貝亞杜斯地圖，亞當與夏娃位於主宰地位。不過右邊那個神祕的第四大陸是什麼呢？

也在北方被賦予了同等的重要性。包括大不列顛和極樂群島[3]在內的幾個地方，被置於地圖底部的框框裡，像是拼字遊戲的字母牌等著被放入牌局中。山脈看起來像是一堆堆冒著熱氣的糞肥。

　　不過，這幅貝亞杜斯地圖也因為一些地理學因素而聞名。紅海橫越了整張地圖的長度直達南方，將三個已知的大陸與可能的神祕第四大陸區隔開來。關於這塊土地只有一段簡短的敘述——我們知道它是一塊未知的炎熱沙漠——不過貝亞杜斯大多數的詮釋都是這種風格。

　　許多西方的中世紀世界地圖被設計為牆上裝飾，因此容易碎裂或是在上層又畫上新的一幅，而許多留存下來的版本都是後來在紙上臨摹的，尺寸相對來說小得多。其中最精細複雜且重要的地圖之一，是詩篇集地圖（Psalter Map），繪製於一二六二年之後，完美保存於一本小開本的禱告書裡。這幅地圖的尺寸只有十五公分乘以十公分，裡頭所包含的許多元素，都能在不到三十年後出現的赫里福德中世紀世界地圖裡得見。耶路撒冷位居正中，東方位於地圖上部，貿易大城非常顯眼，遼闊的紅海以不同顏色呈現，新冊封的聖徒最後才出現（在此指的是奇契斯特的理查德[4]）。

　　以詩篇集地圖的尺寸來說，它在裡頭包含了非常多的細節：圖上可見泰晤士河與塞文河（Severn），亞當與夏娃狀似哀愁地被困在四周皆牆的伊甸園裡。可怕的歌革與瑪各（Gog and Magog），應屬於反基督力量的象徵，也出現在地圖東方，他們看似被亞歷山大大帝建造的高牆所制約，這也是許多中世紀世界地圖記載的亞歷山大大帝諸多遊歷傳奇之一（與一般所認知的不同，這項建築工事也

3　極樂群島（Fortunate Isles），希臘神話中，英雄以及好人死後的安居樂園。

4　理查德（Richard of Chichester，1197-1253）為英格蘭東南部城市奇契斯特的主教，於一二六二年受封為聖徒。

已經被鑑別為中國的萬里長城）。

地圖歷史學家彼得・惠弗德（Peter Whitfield）將詩篇集地圖與其他類似的地圖稱為「宗教想像地圖」，而在這個分類底下，最精巧也最令人嘖嘖稱奇的例子，要屬一八三二年於德國下薩克森州（Lower Saxony）埃布斯托夫（Ebstorf）一座本篤修會大修道院裡所發現的一幅。這幅地圖直徑約三點五公尺，比赫里福德中世紀世界地圖大上兩倍有餘，同樣包羅萬象、奇異詭譎。它的出處不明，但一般認為最早可追溯至一二三四年，出自大修道院的修女們之手，共同傾注了她們對於圖書館手稿以及參訪者口述故事的了解。（另外一派相抗衡的理論，則認為這幅地圖出自在義大利波隆那授課的一名英國法律學者古費斯〔Gervase of Tilbury〕。）

這幅地圖現在的名氣，部分來自於它使用比喻的手法來表現基督，將基督的身體（彷彿在十字架上般）展開來，因而將整個世界納入掌握之中——頭在地圖上部，是為天堂，而雙手的末端是北方與南方，雙腿踩在底部的正西方，耶路撒冷則位於肚臍處。基督教環抱所有人類的這個概念反映在這幅地圖裡，完全不亞於一門聖經教義的課程。

這幅地圖綴滿了故事與文字，其中一段題字希望它能提供「旅人方向，以及旅途中最悅目的事物」。不過，時間彷彿再一次停滯了，旅人也許會發現他們再怎麼尋找也是徒勞，例如地圖上所描繪的諾亞方舟以及金羊毛，或者是非洲使人膽怯的各種可能事物，包括尚未發現用火的種族，沒有鼻子或嘴巴因此只能用手勢表意的人們，走路永遠會跌個正面伏地的部落，還有全國人民的上嘴唇有彈性到甚至可能拉長至頭頂，以便偽裝自己或是提供遮蔽。不過，令人嘆息的是，這些奇聞異景現在也許只能在照片裡得見，因為這幅地圖已毀於一九四三年同盟國的轟炸攻擊。

有個單純的原因可以解釋為什麼這些中世紀地圖共享了如此多特徵與地標：它們可能都取材自同一本手冊。二〇〇二年時，法

世界在這幅埃布斯托夫的地圖上鮮活了起來，下方還可以看見耶穌基督的雙腳。

國歷史學家派翠克‧高提耶‧道切（Patrick Gautier Dalche）發現了兩份名為〈闡述世界地圖〉（Expositio Mappe Mundi）的手稿，裡頭提供了一份教人如何繪製世界地圖的樣板。這兩份手稿於十五世紀中期在德國抄寫而成，不過它們的起源被認為是在更早期的英國，可能可以回溯至一一八八年到一一九二年之間的第三次十字軍東征（作者可能是獅心理查一世〔Richard the Lionheart〕軍隊裡的成員）。這兩份指導文件不僅包含了地名清單，還包括了彼此之間的空間關係：各個地方是位於其他地方的「上方」、「下方」或是「對面」，同時區域之間也「劃出了界線」，河流也「標記了流域」。〈闡述世界地圖〉中所列的四百八十四項資訊中，有四百多項如實呈現於赫里福德中世紀世界地圖裡。

關於含糊不明但逐漸成形的地球認知，另外一個線索出現於另一幅製圖時間約為一四三六年的中世紀地圖裡，以將它繪製於皮紙上的水手製圖師恩卓亞‧比安可（Andrea Bianco）來命名。與其出處及現存地威尼斯相符，地圖上的地球看起來像是碗中的一條巨魚，可能是比目魚，歐洲、亞洲及非洲的四周皆是海洋。深藍色的邊框包裹住整個地球，天體星群閃爍其上，地球再次成為一顆象徵性的彈珠，旋轉於一個寬廣的哲學領域之中。

不列顛群島、西班牙和法國的描繪相對精確，而在被大為放大的大西洋裡，新發現的亞速群島（Azores）也有簡單的介紹。接下來是真正的地理學新聞，在墨痕猶新的當時所造成的衝擊，對現今的我們來說亦同樣驚人：非洲的南方底部也許被南極所包圍，一頭美人魚與一名危顫顫懸蕩在繩索上的男子使得畫面活潑生動，而在北半球也有類似的環形區域，文字描述將之稱為凍原。其他地方出現了我們熟悉的事物——大象、駱駝、華麗帳篷下登基為主的君王、懷抱聖子的聖母瑪麗亞——而在較為陌生的土地上則包括了帶翼野獸及狗頭人身。不過，地圖上出現的兩極區域只是單純的猜測，還是學者的直覺，抑或證明了當時的人們對於適居土地以外的

區域有了更強烈的意識？我們無從得知，不過顯而易見的是，這張
地圖正逐漸朝著現代的模式靠攏。

恩卓亞・比安可的地圖——可以看見兩極。

地圖大小事

這裡有龍

　　在二〇一二年二月二十九日的《紐約時報》，博學多聞的專欄作家湯瑪斯‧佛里曼（Thomas L. Friedman）談論阿拉伯之春的爆發，文章的開頭是這樣子的：「在中世紀時期，人們認為危險或是未知的區域，經常在地圖上標有這樣的警語：『注意，這裡有龍。』製圖師肯定會對現在的中東地區也標上這麼一句話。」

　　很不錯的歷史譬喻，但並非完全正確。「這裡有龍」這句話從未真正出現於歷史上著名的地圖裡。文學作品充斥著大量的諷刺、懷舊以及令人驚恐的字句，不過若想在中世紀或是黃金時期的地圖上找到這句話──例如大開本的荷蘭地圖集，或者十五世紀至二十世紀之間最異想天開的德國或英國地圖──絕對是徒勞無功。「這裡有龍」是個地圖迷思，就像龍這種生物一般地神祕奇妙，我們也許會納悶這整件事是怎麼發生的。

　　地圖上的留白看起來像是遺失了關鍵資訊，於是我們放點東西進去好掩飾我們的羞愧：以特別大的字體標記國家名稱、介紹一國特殊植物的大段文字、來自製圖師關於新投影法的自豪留言。一度我們曾用另外一句話來描述尚未探險過的境域：「未知之地」

（Terra Incognita）[1]。雖然這句話聽起來很浪漫，但是你不可能擊敗動物，或是更美好一點，想像出來的野獸。在最早期的中世紀地圖上，一如我們先前看過的，傾向於在他們傳授的道德訓誡裡描述可怕的事物，盛行的風氣是描繪水手們曾見過最兇惡異常、最尖牙利鱗的魚類，還有當地狡詐的土著曾用來嚇唬勇敢無畏殖民者的最巨大、最醜惡的帶翼怪物。有時候這就像傳話遊戲：一開始的動物是大象，接著變成長毛象，而到了倫敦或阿姆斯特丹的製圖師要繪製非洲或亞洲地圖的時候，這隻動物就變形成夢魘一般的怪物。一般認為，在中國，這種傳話遊戲很自然地會用該國最神聖的文化象徵來表現，亦即龍。

然而，「這裡有龍」這句話也許曾經出現在某個地球儀上，不過可能是因為詮釋與翻譯造成的結果。儘管雷諾克斯地球儀（Lenox Globe）的出處與製作者不明，但一般認為是製作於一五〇五年左右。它是個小型的中空雕刻銅球，直徑小於十二公分，紐約市立圖書館自豪地展示它，作為已知中最早的「新世界」（Mundus Novus）地球儀。這個地球儀我們所關心的重點，就在「東印度」（中國）的赤道下方，以拉丁文標記的「這裡有龍」（HIC SUNT DRACONES）。這句話指的可能是中國的龍，被認為是真實存在的生物。不過學者們也提出破壞想像的論點，認為這句話也可翻譯成「這裡有龍族人」，意指馬可波羅於其遊歷中所提到的龍族帝國中的食人族。

地圖上的龍圖案則是另外一回事了，數量多且壯觀。美國歷史學家艾琳・布萊克（Erin C. Blake）與友人，將繪有龍圖案（或者是相近於龍的圖案，例如吐舌的蠍子）的早期地圖與地球儀，整理出一份學術研究清單，其中也包括了先前提及的繪製於約一二六二年之後的詩篇集地圖，裡頭有隻龍出現在世界下方的區塊。布萊克

1　一般認為製圖學用語「未知之地」最早出現於托勒密的《地理學》。

早期龍的活動狀況，出現在埃布斯托夫十三世紀的地圖上。

也指出埃布斯托夫的地圖在東南非洲上標記了「Draco」這個字[2]。

布萊克也記錄了文學裡「這裡有龍」這句話的出現，能確定的最早文獻，出現的時期晚得令人訝異：桃樂絲·榭爾斯（Dorothy L. Sayers）於一九二八年所著的短篇尋寶故事〈龍頭的博學冒險〉（The Learned Adventure of the Dragon's Head），其中有個角色宣稱在一幅舊地圖見過「這裡有龍」的文字[3]。也許這個角色真的見過。我們比較無知，所以才找不到。

2　Draco 表拉丁文的「龍」。

3　〔作者注〕顯然桃樂絲·榭爾斯著迷於這句話，而且有跡可循。一九一八年在她的詩集《天主教故事與基督教歌謠》（Catholic Tales and Christian Songs）中寫有這樣的詞句，表達出一種或許人人都渴求的世界觀：「這裡有龍將屠，這裡有豐酬可得；若我們於探尋中消逝，何以，死亡竟如此微小！」

第四章

威尼斯、中國與訪月之旅

有些地圖適得其所。赫里福德的中世紀歐洲地圖仍然待在它的
大教堂裡，而第一個提到美洲的地球儀（以及地圖）來到了美國落
腳。不過，要是最詳盡且重要的世界地圖之一，被掛在威尼斯一個
冷颼颼樓梯井上方昏暗的走廊裡呢？這也算是合理的安排。

如果你走到聖馬可廣場（St Mark's Square）的西角，爬上柯瑞
爾博物館（Museo Correr）的石階，付十六歐元，從容漫步穿過十
九間大理石、硬幣及地球儀展示室，就會來到一扇玻璃門前，這裡
是瑪西安圖書館（Biblioteca Marciana），一五三〇年代建造的市立
圖書館，收藏了大量的希臘、羅馬時期的手稿，以及其後在威尼斯
出版的所有書籍。而在博物館與圖書館之間，從這扇玻璃門可以看
見、但必須從管理員處獲得特殊許可才能親近的，是一位威尼斯修
道士弗拉・毛羅（Fra Mauro）的作品，在一四五九年的時候，他
似乎比任何人都還要了解世界上各地區的分布位置。

毛羅在威尼斯的穆拉諾島（Murano）上生活、工作，在他於
一四四〇年代成立自己的製圖工作室時，這座島已經以玻璃工藝聞
名。他比大多數人來得遊歷廣泛，他的一些早期航海圖與貿易路線
圖，都是根據自己的親身經驗繪製。他的圓形世界地圖（以彩色墨

水繪於羊皮紙上，直徑約兩公尺）是為了葡萄牙國王阿方索五世（King Alphonso V）所做，雖然原稿沒有保存下來，但幸運的是我們還有一份為了威尼斯統治者所做的複製品。

這幅地圖包含了將近三千個地名以及大量的說明文字，雖然它也包括了經常遭錯置的河流及區域，但依然是件地理學巨作。我們幾乎可以肯定地說，它同時也是一幅過渡時期的作品，盤旋在舊世界與新世界之間，也盤旋於中世紀將地球描繪成「平面球形」以及十六世紀出現的雙半球投影概念之間。它是最後一幅舊世紀的偉大地圖，歷史隨即有了新的塑形[1]。威尼斯身為「歐洲樞紐」的角色即將步入盡頭，毛羅將世界封於一個魚缸內的看法也即將失去主導地位。哥倫布即將在數十年內出發遠航，麥卡托亦將在繪滿可航行海洋的地圖上標記他的航程路線。

這幅地圖收藏在威尼斯還有一個適切的理由。地圖上前所未見地描繪了中國、日本及爪哇，這些資訊所取材的遊記，則是來自所有威尼斯旅人中最有名的一位——馬可波羅。馬可波羅待在熱那亞[2]的監獄裡長達一年，在這裡口述了旅行經歷（他下獄的理由不明，有一派說法是一二九八年時，他曾贊助一艘威尼斯戰艦攻擊熱那亞，敵軍將他視為榮耀的戰績）。為他執筆是同獄的牢友魯斯蒂謙（Rustichello da Pisa），雖然遊記裡有部分的真實性遭人懷疑，不過他的遊歷敘述所產生的巨大衝擊則是無可置疑（馬可波羅以擅長說故事聞名，而在魯斯蒂謙這位浪漫小說家身上，他找到了完美的代筆人）。這本書以古法文寫成，首先出版於一三〇〇年，對製圖師們極具影響力，而一百五十年後，當威尼斯的出版商獲得出版權

---

1 〔作者注〕弗拉‧毛羅的世界地圖不只是偉大的製圖學里程碑，更標誌著天堂之死。圓形地球與地圖邊框之間的空間被宇宙論筆記及圖畫佔據，包括星體距離的描述、潮汐的流動以及元素理論。天堂也在這裡，卻不在地圖上：伊甸園已經與人們居住的世界分離開了。

2 熱那亞（Genoa），義大利北部的一個港都。

處於新舊之間：弗拉‧毛羅的世界地圖，倒轉之後可清楚辨識出左邊的不列顛、愛爾蘭以及歐洲。陸地上大片的灰色則是文字。

之後，它成為當時最暢銷的旅遊書籍，里亞爾托[3]的商人查看它就像我們現在查詢火車時刻表一樣。

馬可波羅的遊歷沒有什麼實證，而且從許多方面來說，我們不應該以發現新事物的角度來評斷——在他之前已有人進行過令人印象深刻的東方之旅——而應以這些遊歷如何被記錄下來的角度來評論。如同地圖，我們面對的不是探險本身，而是其中所記載的歷史足跡。

故事的源頭是由兩名威尼斯兄弟尼柯洛・波羅（Niccolò Polo）以及瑪泰歐・波羅（Matteo Polo）開始的，他們在一二六〇年前後離開他們在索爾達雅（Soldaia）克里米亞港（Crimean port）的貿易基地，與蒙古人在現今俄羅斯的伏爾加格勒（Volgograd）進行珠寶交易。他們的旅程因為戰爭而延長，當他們暫住在中亞城市布哈拉[4]的時候，遇見了忽必烈（Great Khan Khubilai）的使節，邀請他們到宮廷裡晉見。忽必烈要求他們再度回到這裡的時候，要帶著來自耶路撒冷聖墓教堂的油膏，以及來自羅馬一百名經驗豐富的教育者來當傳教士。這對兄弟經過十五年左右回到了威尼斯，尼柯洛這時第一次見到他的兒子馬可。兩年後，他們三人再次踏上前往東方的冒險之旅。

馬可波羅（或者說是魯斯蒂謙）對於旅途的描述起自聖地，最終抵達忽必烈位於契丹（Cathay，位於中國北部）的夏季行宮。馬可波羅誇耀自己成為宮廷裡不可或缺的人物，往來於印度之間，在經由蘇門答臘及波斯回到歐洲之前知曉了爪哇與日本的存在。不過他的《馬可波羅遊記》（*Book of Travels*）與我們現今所讀的旅遊文學相距甚遠；書中鮮少有路線細節，許多重要的地點沒有提到海洋或是陸地，僅僅提了貿易相關的部分；我們在學到地理知識的同

3　里亞爾托（Rialto）位於威尼斯的聖保羅區，數世紀以來一直是威尼斯的金融及商業中心。

4　布哈拉（Bukhara），位於烏茲別克西南部的城市，曾是絲路上重要的商業中心。

時，也知曉了許多關於盛產的藍寶石、紫水晶、絲綢、香水以及香料的訊息。

　　據推測，馬可波羅在臨終前曾說自己只講述了一半的親身見聞。不過，即使到了今日，陪審團依然試圖判斷他是否真的走過絲路，或是曾經航行至日本附近。儘管如此，就算我們無法確認他的遊歷路線，在這麼一本暢銷書裡出現過的那些神祕土地，依然比任何東西都更加拓展了十五世紀歐洲人對這個世界的眼界。眾人皆知哥倫布很珍惜他所擁有的那本《馬可波羅遊記》，對他來說，這本書就是他的目標與激勵。

　　不過，最受《馬可波羅遊記》影響的莫過於弗拉・毛羅，他在地圖上的文字裡曾多次引用。馬可波羅的遊歷與毛羅的地圖之間相差了近兩百年，然而馬可波羅對於契丹的描述仍然未被其他的西方探險故事所取代。毛羅與他的夥伴恩卓亞・比安可採用了馬可波羅的地名及傳奇故事，說不定還從威尼斯總督宮（Doge's Palace）中一幅馬可波羅遊歷的壁畫裡取材，這幅壁畫後來毀於一場大火之中。一五五〇年時，地理學家喬萬尼・拉穆西奧（Giovanni Ramusio）寫道，毛羅同時還參考了一幅馬可波羅於契丹時親筆繪製的地圖，不過並沒有這樣的一幅地圖留存下來。

　　即使到了今日，對於馬可波羅遊歷的新奇性，毛羅所抱持的熱情依然很具感染力。他描述了杭州（Cansay，Quinsay）這座偉大的城市，像威尼斯一樣建於水上。他提到杭州城裡一萬兩千座橋以及龐大的九十萬人口數。他也讚嘆了長江的壯麗，以及當地與異域交易的瓷器、薑和大黃。

🦁　　🦁　　🦁

　　無可避免的，西方製圖師對於中國的看法取決於開發的前景；

石板上的地緣政治學：西安這幅〈華夷圖〉將中國穩穩置於世界的中心位置。

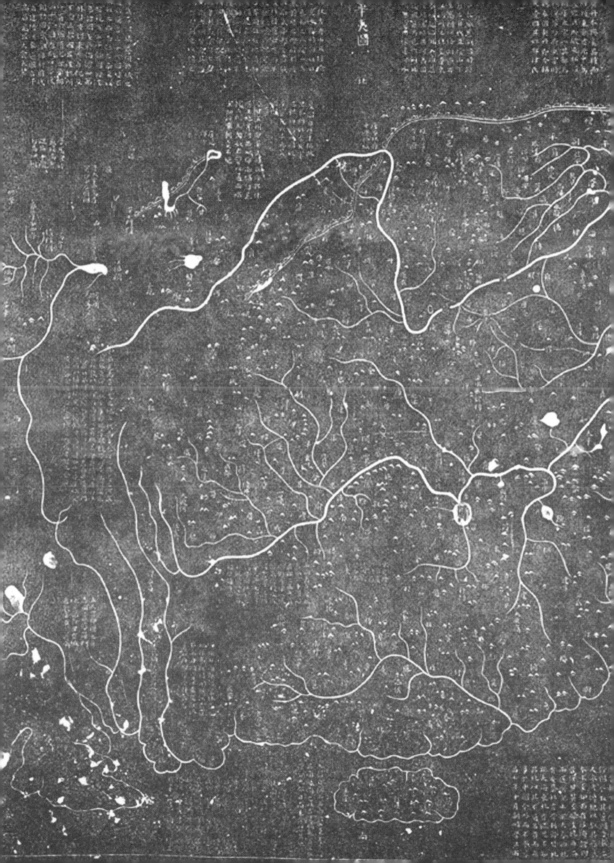

「開啟」這麼一個商機無限的龐大市場，這種誘惑從最早的絲路開始到現在，一直沒有太大的改變。所以，毛羅對馬可波羅遊歷的詮釋，與中國人看待自己的樣子有所出入，也是必然的事。

我們對於遠東製圖傳統的了解，可回溯至西元二世紀，當時張衡（Chang Heng）發展了一套以數學為基礎的度量系統。西晉官員裴秀（P'ei Hsiu）改良了張衡的度量方式，編製了十八篇的地圖集《禹貢地域圖》，運用的製圖原則在晉朝史籍《晉書》有記載。在長方形的框架裡，世界以角度、曲線與直線建構而成，意圖使「曲直遠近無所隱其形也」。可惜不論是張衡或是裴秀的地圖皆未能留存下來。

目前留存下來最早的中國製地圖可上溯至一一三七年，鐫刻於西安碑林博物館（Pei Lin Museum）的兩面巨石板上，長、寬近一公尺，展現了中國地圖的兩種傳統風格，話雖如此，其中一幅刻有嚴密經緯線，即使是放在現在製圖師的繪圖板上，也不會顯得格格不入。較為傳統的第一幅〈華夷圖〉有各種不同的翻譯名稱，例如「中國與異域（Foreign Lands）地圖」，或者——以嚴格鎖國政策的前驅來說——「中國與番邦（Barbarian Lands）地圖」。這幅地圖擁有大量注釋，以極具政治意義的方式呈現中國於世界上的位置，突顯中國的政治中心，俯視遠方的河流及海岸線。這幅地圖非商用性質，顯然是一種教育工具，供那些想考取一官半職的學子所用，不斷強化中國是「中央的王國」這樣一個訊息，而中國的君主自然是「普天之下皆皇土」。

第二幅地圖，同時也是較具現代面貌的地圖，則將中國以外的所有地域全部排除，名為〈禹跡圖〉（Maps of the Tracks of Yu The Great），同樣被認為是具有教育及歷史功能而非實用性，然而以十二世紀的地圖來說，上頭所繪的河流位置及流向都超乎尋常地精確。地圖上的網格標準從一而終，每一小塊正方形的任一邊都代表了約三十哩（地圖上有數以百計的小方塊）。因此，人們不僅廣泛

地將之與托勒密的數學製圖法相比，其後數百年西方探險家所採用精確度更遜一籌的航海圖，也常拿來與之相較。

事實上，中國確實擁有自己的托勒密，雖然是個戴著有色眼鏡的托勒密。在中國這麼獨一無二以地圖做為權力工具的國家，朱思本（1273-1337）所做的地圖不僅成為官方基準長達五百年（原先是原稿的摹寫本及拓印本，之後則是印刷本），同時也顯現出該國人民對於外面世界所抱持的恐懼以及刻意維持的無知。朱思本的〈輿地圖〉（Earth-Vehicle Map）無可避免地將重心擺在製圖者的祖國，具代表性的長城盤據於地圖上。對於中國以外世界的知識主要來自

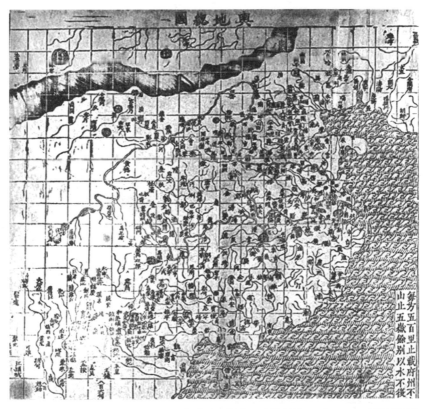

朱思本所繪製的中國地圖中留存下來的最早版本，收錄於約一五五五年時明朝嘉靖年間的地圖集《廣輿圖》。

阿拉伯商人，不過朱思本對於他們的說法保持一定的謹慎。他認為「漲海之東南，沙漠之西北，諸番異域，雖朝貢時至，而邈絕罕稽，言之者既不能詳，詳者又未必可信，故於斯類，姑用闕如。」

讓我們回到義大利北部，威尼斯的航海探險傳統已經遠遠超越馬可波羅了。毛羅完成世界地圖後的四十年，威尼斯人約翰·卡博特，又稱喬瓦尼·卡博托（John Cabot 或 Giovanni Caboto），接受英王亨利七世（Henry VII）的委任出航，他踏上美洲這個新世界的時候，在一面英國國旗旁插上了一面聖馬可旗幟[5]；而他的兒子賽巴斯蒂安·卡博特（Sebastian Cabot），同樣出身於威尼斯，也探索了航海圖上未曾標示的南美洲，也許還發現了經由西北航道（Northwest Passage）的最早貿易路線之一。另外一位威尼斯人阿爾維塞·卡達莫斯托（Alvise da Mosto），於一四五〇年代深入西非，並且發現了維德角群島（Cape Verde islands）。

這些探險的成果很快就在威尼斯被畫成了地圖。將毛羅的世界地圖留存在威尼斯的恩卓亞·比安可，也為富裕的貴族商人們繪製航海圖。而幾乎終其一生都在威尼斯工作的吉亞哥摩·加斯達蒂（Giacomo Gastaldi），是第一個在十六世紀中期繪製許多美洲地區地圖的人。他也在威尼斯總督宮畫了巨幅的亞洲及非洲壁畫，並且於一五四八年製作了被認為是第一本的袖珍地圖集，收錄的托勒密地圖版本同時包含了新舊世界。他也在地圖印刷方面做出重要的技術革新，利用銅板印刷取代木刻印刷，因此能呈現出地圖的更多細節。

是什麼原因讓威尼斯的製圖師如此目標堅定，使威尼斯的地圖在歐洲如此令人稱羨？主要來說，是權力。威尼斯共和國想要以確

5　聖馬可（Saint Mark）旗幟代表威尼斯，圖案為一隻雙翼獅。

切且不容置疑的方式來展示他們的治理及財政力量，不只是侷限在威尼斯而已，而是包含所有管轄之下的地區。地圖正好能成為可供證明的文件資料。不過這些知名的威尼斯製圖師又是怎麼看待自己的家鄉？他們與今日的我們一樣，屏息讚嘆。馬可波羅啟程前不久，作家波柯派格諾‧達席格納（Boncompagno da Signa）認為威尼斯是「無可比擬的……海為其地，天為其頂，波浪為其城牆；僅此一城即令人無語述之，再無可能覓得如此疆域。」不過，也許文字無法定義的，地圖能幫得上忙。

　　威尼斯這座城市最有名的地圖，出一名畫家暨雕刻家雅各布‧德巴爾巴里（Jacopo de' Barbari）於一五〇〇年發表，同時也強化了威尼斯熱鬧、饒富趣味的拜占庭形象。這幅龐大的作品由六塊木刻畫集成，鳥瞰的角度展現了這座城市川流不息的商人，樹立這座城市明確（且具實）的圖像，看起來像是一雙交握的手，或者更知

遠在空照圖出現的數百年前，雅各布‧德巴爾巴里的木刻畫就以「空照圖」的方式呈現威尼斯。

名的則是，一條巨大得無比驚人的比目魚。真正使他的作品非比尋常的原因是他以俯視的角度來呈現威尼斯——在空照圖能實現這種角度且普遍流通的四百年前，他就使用了這種鳥瞰的視角。

　　不過，德巴爾巴里的地圖也使人聯想到威尼斯是個想像之地，這種城市概念既虛幻又難以理解。不論是一五〇〇年還是二〇一二年的旅客，不管他們攜帶的地圖有多精細，都一定會迷路，那些小小的巷道（calli）以及令人困惑的行政區（sestieri），只會讓你更加迷失方向而已。衛星導航在這裡起不了作用，手機裡的電子地圖也一樣。你只能邊走邊祈禱，邊問邊找路，然後可能始終走不出聖馬可廣場的四個角落（這座城市唯一的方格）。在你不去注意車跡罕見之後許久，在你於一趟敲詐人的貢多拉小船遊河之後許久，在你無意間闖進一座有著喬爾喬內（Giorgione）華美畫作的教堂之後許久，你仍然找不著方向，持續遇上新的驚喜。這就是這座城市難以用地圖一一描繪的古老且迷人之處，就像威尼斯文藝復興時期畫家貝里尼（Bellini）以及卡巴喬（Carpaccio）的作品一樣，能帶人一下子穿越到過去的歷史裡。

　　不過，在這篇故事裡，還有一個非常重要的地方，一個比契丹還遙遠的國境，那就是月球。一九七一年二月五日，阿波羅十四號的太空人艾倫・雪帕德（Alan Shepard）以及愛德加・米切爾（Edgar Mitchell），在一個直徑一千呎的隕石坑旁登陸了靠近地球這一面的月球。在打打高爾夫球[6]以及跳來跳去之間的稀少中場休息時間，他們開始收集月球上的岩石標本，但是他們帶回的這些岩石，卻比加州帕薩蒂納（Pasadena）的加州理工學院（Caltech）的研究人員所預期的要年輕一些——原本推測為四十五億年，其實只

---

6 雪帕德在月球上打了幾桿高爾夫球。

有三十九億年。

　　太空船登陸的地點稱為弗拉‧毛羅區，是以月球上最大的隕石坑之一弗拉‧毛羅隕石坑來命名，該隕石坑直徑長達八十公里，不像一九六九年第一個登陸月球的地點寧靜海（Sea of Tranquility）那般具有圓順的環形，也沒有官方記錄說明為什麼國際天文聯合會（International Astronomical Union）特別以這位十五世紀威尼斯的修道士，來為這個小卻重要的地點命名。不過我們也許可以合理地推測聯合會的成員是地圖愛好者，並且鑽研過毛羅的作品。

第五章

神祕的文蘭島

　　如果珍本書與珍本地圖業者知道他們在做什麼，就可以賺大錢，不過他們幾乎不曾創造什麼歷史。勞倫斯・克萊本・溫騰二世（Laurence Claiborne Witten II）卻是個例外——身為書商，他找到了一幅能改變我們對這世界的基本概念的地圖。

　　溫騰住在美國康乃狄克州的紐哈芬，經常前往歐洲旅行以擴增庫存。一九五七年的秋天，他在日內瓦一名同行的店裡瀏覽，偶然發現了一樣讓他心跳加速的東西——繪在皮紙上的一幅粗糙地圖，顯示出古斯堪地那維亞人（Norse）在哥倫布的五百多年前就已經發現並落腳於北美洲。

　　維京人已經到過地球的這個角落，向來都被認為是屬於地理學的民間傳說，從來沒有地圖可以佐證。然而現在，也許我們有了證據。這幅地圖上出現了可能是部分現今加拿大的紐芬蘭（Newfoundland）或拉布拉多（Labrador），因此會是現存最早記錄了新大陸的歐洲文獻。不過這件事同時存在著巨大的爭議。我們在學校裡學到的一切都是錯的嗎？或者，這幅地圖只是一項精巧的贗品，足以愚弄世界上最傑出的地圖歷史學家？如果它真是幅假貨，那麼它的製作者又會是誰？

文蘭島地圖（Vinland Map）的故事——之所以稱為文蘭島（Vinland 或 Wineland），是因為來到北美的維京人在西元一〇〇〇年之前這麼稱呼它——是地圖學歷史上最重要也最令人矚目的故事之一。這個故事也展現了地圖浪漫與神祕的極致迷人之處，強化了一個印象：地圖鮮少一如表面看起來的這樣。

■　■　■

溫騰出生於維吉尼亞州一個富裕的菸農家庭，之後轉行為家具製造商。他於一九五一年在紐哈芬開了自己的珍本書店，迅速建立起響亮的名聲，專賣優質的中世紀及文藝復興時期手稿。他進入這個市場的時機正好：許多歐洲圖書館及收藏家正在出清珍貴的收藏品以求收支平衡，而戰爭時期被洗劫搜刮而來的收藏品也以超低價格轉賣給這些書商。溫騰最信賴的供應商之一，是很會享受生活的瑞士人尼可拉斯‧羅奇（Nicolas Rauch），他不僅在歐洲嚴格管制的時期處理了貨幣交易，同時也在日內瓦開設沙龍，提供珍本書商彼此會面，交流資訊；他在大型展售會前所舉辦的節慶餐會，是絕對不容錯過的盛會。

羅奇的供應商有時來自非特定或是不明來源，而安佐‧法拉裘里‧迪賴（Enzo Ferrajoli de Ry）則是羅奇定期交易的供應商之一，他是一名前義大利軍官，在義大利、西班牙、葡萄牙及瑞士四處「奔走」交易珍本書及手稿，以求即時的收益。一九五七年九月，溫騰在羅奇店裡剛好遇上法拉裘里開著他的飛雅特小車來拜訪，開始卸他的新貨。

其中一項即是這幅文蘭島地圖，尺寸為二十七點八公分乘以四十一公分（十點九吋乘以十六點一吋），從中央垂直折起，與一份稱為〈韃靼述〉（The Tartar Relation）的手稿一起收在薄薄一卷裡，這份寫在皮紙及紙張上的手稿，記錄了聖方濟的化緣修士約翰‧迪皮拉諾‧卡皮尼（John de Plano Carpini）於一二四七到四八年間在

文蘭島地圖（文蘭島位於圖上較遠處左邊）。這是來自過去的真實之聲，或者是有史以來最精巧的騙局之一？

蒙古的遊歷。這兩件作品都被認為完成於一四三○至一四五○年之間，雖然溫騰起初見到它們的時候是以現代的方式裝訂而成。

　　如果這幅地圖是真品，那麼它將揭露兩項驚人的事。第一件事是歐洲人在哥倫布出發前五十多年就知道古斯堪地那維亞人已經到達北美。第二件事是，根據地圖上以歌德字體密密寫於文蘭島圖案上方的說明，文蘭島是於九八五年至一○○一年之間被發現，一塊具有無限可能的大陸開展在人們眼前[1]。

　　時值二十世紀中期，溫騰是怎麼看待這件出現在他朋友瑞士店裡的老地圖？他很興奮，但是也抱持懷疑。他覺得這幅地圖是真的（地圖商人以直覺自豪），不過他也曉得還有更多比他更懂中世紀地圖的專家。當時他並不曉得這些專家已經有幾位看過這幅地圖，並且感到焦急不安。

　　溫騰花了好幾個小時考慮是否要買下這幅地圖以及附帶的手稿。「直到現在，我認為這不是贗品的理由依然不變。」三十年後他如此寫道。他的解釋是這類贗品通常一眼就能看穿，而且要做這樣一份贗品會面臨諸多困難：你需要正確的皮紙及正確的書寫器具，墨水必須以正確的材料製成，還要能完美掌握書寫風格及語言，並且具備堅實的地圖學知識與實務技能。鮮少有人能同時擁有上述這些技巧，即使是一整個贗品團隊也很難滿足物品及器具上的需求。

　　那麼動機是什麼呢？為什麼會有人想要大費周章去做一份這麼精良的假地圖？會因此獲得金錢上的報酬嗎？它的出處又是在哪

1　〔作者注〕全文為：「遵循神的旨意，從格陵蘭島（Greenland）出發，經過向南的漫長航程，前往西方海洋最遙遠的尚存大地，在冰塊中向南航行，同伴畢亞尼（Bjarni）和萊夫・艾瑞克森（Leif Eiriksson）發現了一塊新大陸，非常肥沃，甚至種有葡萄，他們稱這塊土地為文蘭島。宗座使節暨格陵蘭及周邊區域主教艾瑞克（Eric），以全能神之名來到這片廣大富饒的土地，在我們最神聖的神父帕斯可（Pascal）的最後一年裡，他在這裡待過了夏天與冬天，然後向東北航行返回格陵蘭，繼續謙誠地順從上位者的意志。」
關於於九八五至一○○一年之間發現北美的這則記錄，出自一份備受爭議的十四世紀探險家故事集，不過一般認為畢亞尼與艾瑞克森是分開出發探險，而非一同前往。

裡？它不曾出現在任何公開的拍賣會上，也沒有任何一位書商曾有交易過這幅地圖的記錄。這就像是在小閣樓裡發現了一幅林布蘭（Rembrandt）的畫作一樣。這種事不太可能發生，但卻並非絕無可能。

　　這幅地圖看起來簡單到令人起疑，不過它反映出幾乎當時所有的製圖知識，大部分都毫無疑問是抄自至少一幅其他的中世紀地圖。這幅地圖繪有中世紀時期的三個大陸（歐洲、亞洲以及非洲），北方朝上，不甚嚴謹的橢圓形，周遭都是海洋。不過它的繪圖很粗糙，標示的地名也相對稀少；圖上只標出了五座城市——亞歷山卓、羅馬、耶路撒冷、麥加以及開羅。亞洲是人口最多的大陸，上頭標記了河流名、山峰名還有其他特殊地點，大多也都在〈韃靼述〉中有所提及。地圖上的英格蘭，其西邊的索美塞特郡（Somerset）、德文郡（Devon）以及康瓦爾郡（Cornwall）都清晰可辨，愛爾蘭（Ibernia）與懷特島（Isle of Wight）的形狀也明顯可見。蘇格蘭尚未出現在想像之中，不過確實有一些小島漂浮在海上，也許代表昔德蘭群島（Shetlands）及法羅群島（Faeroes）。地圖上沒有邊界，沒有說明文字或插圖，沒有諷喻或寓言，但是有一些令人驚愕的精確新細節，幾乎可說是出自最初探險的成果。

　　舉例來說，格陵蘭島雖然被畫成一個島嶼，但它的輪廓與大小，若與現在的地圖重合，呈現不可思議的相符；這一點也是後來人們懷疑這幅地圖真實性最強力的重點之一。文蘭島被畫出來的大小，遠小於現今我們所知的北美洲（只有英格蘭的兩倍高），但是其東海岸的形狀也與現在地圖上的模樣相近。它的位置在格陵蘭島西邊略偏南，與實際相符，同時也是地圖上最西邊的一處地點；製圖師受限於這張皮紙的大小，而且一如多數其他同期的中世紀製圖師，可能也極為厭惡地圖上的空白。文蘭島上有兩個深深的海灣，也許代表了文蘭島其實是由三個島嶼合併而成——文蘭島、赫魯蘭島（Helluland）以及馬克蘭島（Markland）。

文蘭島地圖上的格陵蘭島輪廓——對於一名十五世紀的製圖師來説，精確到令人起疑。

　　不過最讓溫騰煩惱不已的是蟲洞。地圖與文稿上皆有蟲洞，但是兩份文獻的蟲洞位置卻不相符。這意味著如果這兩份文獻並非同時產生（兩份文獻上的草寫字體看起來像是出自同一人之手），那麼它們是否是以兩份分別早就布滿蟲洞的羊皮紙，以現代墨水繪製而成的假貨？

　　儘管心中懷有這些疑竇，溫騰還是以可觀的價碼從法拉裘里手裡買下這兩份文獻：三千五百美元。他並沒有將購入這兩件文物的事情告訴任何人，直到兩週後他搭機返鄉，實在忍不住講給了鄰座乘客聽，一位美國工程師。他注意到這趟返回美國的迂迴旅程——在冰島暫停加燃油，飛越格陵蘭島及拉布拉多的南端，第二次暫停於紐芬蘭——似乎與他地圖上古斯堪地那維亞探險家所走過的路程戲劇性地相似。

　　回國後，溫騰讓他在耶魯大學的朋友們看看這張地圖以及這份手稿，他們也同樣對於蟲洞不相符以及出處不明這兩點感到憂慮。而且地圖的背面還有一個更令人困惑的謎團：上頭有一段文字寫

道：「反射鏡的第一部分、第二部分以及第三部分的描繪」。這會是代表什麼意思？結果這成了解開所有謎題的線索。

溫騰一直都曉得他的地圖一定會引起爭議，而現在他也無法證明其真實性。法拉裘里拒絕提供任何關於這幅地圖來源的線索，溫騰也擔心如果他繼續追問下去，自己會被揶揄是走火入魔。待他冷靜下來後，他決定先擱置這件事一陣子，先去忙其他工作。他並未將這幅地圖放入展售目錄，而是將它當成禮物送給他的妻子柯拉（Cora Witten）。因此，接下來的數年裡，這幅地圖就一直待在他們位於紐哈芬的家，將它當成一項迷人的珍品而不是驚人的歷史文獻，偶爾在晚宴時秀給賓客看。

數年過去了，溫騰發現他的地圖其實不是由他意外於朋友的店內所「發現」的，事實上，至少有兩名世界頂尖的地圖學學者先前已經仔細檢視過這幅地圖了。要是溫騰早點知道這件事，他就會相信自己是被設計了。

在溫騰於一九五七年九月去日內瓦拜訪法拉裘里的之前幾個月，這幅文蘭島地圖以及〈韃靼述〉正在大英博物館裡，由地圖室主任史蓋爾敦（R. A. Skelton）以及印刷圖書部的副研究員喬治．普藍特（George D. Plainter）進行分析。普藍特同時也是極有成就的傳記作者，普魯斯特[2]以及凱斯敦[3]的傳記皆由他執筆。如果有人能判定這幅地圖的真偽，那麼只能是這兩位了。史蓋爾敦是個做事條理分明的專家，中世紀地圖學界首屈一指的權威，他對文蘭島地圖的認可將會是非常關鍵的判定。然而，他卻不公開他的看法，保持沉默八年——事實上他確實看過這幅地圖。

史蓋爾敦與普藍特起初見到這幅地圖的契機是什麼呢？在法拉裘里將地圖拿給溫騰看的至少三個月前，他先將它拿給倫敦主要的

2　普魯斯特（Proust，1871-1922），法國意識流作家，代表作品為《追憶似水年華》。
3　凱斯敦（William Caxton，約 1422-1491），英國印刷商，於十五世紀最早在英國設立印刷廠。

經銷商艾文・戴維斯（Irving Davis）。戴維斯在「不滿意可退貨」的條件下借走了這幅地圖，但對它的來路不明感到困擾，於是帶去大英博物館。史蓋爾敦與普藍特花了數天時間研究，甚至還描摹了一份，通常這種行為是不被允許的。

　　史蓋爾敦與普藍特都認為這幅地圖是真的。數年後，普藍特稱它為「來自中世紀重要且可信的訊息，源自迄今世界歷史與美洲發現史仍未明朗的時期。這是來自過去的真實之聲，依然鮮活，不容再度緘默。」不過，史蓋爾敦與普藍特也都心知肚明，他們對它的評價會引起有史以來最大的爭議，而史蓋爾敦並不想賭上自己的名聲為它擔保。他的另外一層考量也許是這幅地圖是贓物。於是它又回到戴維斯手上，戴維斯再還給了法拉裘里。

　　對於這一段大英博物館的插曲，溫騰一無所知，他不得不自我斷定他是唯一一個覺得這幅地圖是「有價值」的人。不過在一九五八年的冬天，發生了一件好事，讓他相信他確實買到了一幅世紀地圖。他接到了一通來自湯姆・馬斯頓（Tom Marston）的電話，這個人是耶魯大學圖書館中世紀及文藝復興文學館的館長。

　　馬斯頓表示他手上有一些很新奇且保證真貨的原稿想讓他看，溫騰起初興趣缺缺，以為馬斯頓（是他的朋友，同時也是常客）只是想炫耀一下。不過他還是妥協了，而且某樣東西吸引了他的目光，那是一份包含了部分《歷史鏡鑒》（*Speculum Historiale*）的原稿，由道明會的修士樊尚（Vincent de Beauvais）所編纂的一部百科全書世界史。這份原稿的封底重新換過，整體裝訂非常破舊，很可能確實來自十五世紀，溫騰想這上頭草寫的歌德字體筆跡也許能提供一些線索，讓他能比對文蘭島地圖與〈韃靼述〉上頭的文字。speculum[4]這個字也讓他覺得頗有玄機。

4　文蘭島地圖背面寫著「反射鏡的第一部分、第二部分以及第三部分的描繪」，這裡的「反射鏡」與《歷史鏡鑒》書名原文同樣使用了speculum這個字。

溫騰（左）以及大英博物館專家史蓋爾敦。史蓋爾敦相信文蘭島地圖是真品，但是不願賭上自己的名聲為之擔保。

　　當晚溫騰將這份原稿借回家，並與他手上的資料相比對。有趣的是他發現這些原稿都有同樣的浮水印——一個牛頭。「尋常的一把尺帶來了下一個驚人的發現，」他在一九八九年十月回憶道：「這兩本書稿尺寸相同。」同時他還注意到筆跡非常相似，字距也很雷同。線索還不只這些，拼圖的最後一片出現了：蟲洞是吻合的。《歷史鏡鑒》前面書頁的蟲洞與文蘭島地圖上的蟲洞完全重疊，而《歷史鏡鑒》後面書頁的蟲洞則與〈韃靼述〉位置一致。溫騰因此推斷這三份原稿原本是裝訂在一起的。他回憶道：「我的腎上腺素開始激增，這些散落的篇章如今重聚，不僅證明了彼此的身分，似乎更排除了任何一份原稿是現代偽造物的可能性。」

　　當晚稍晚的時候他打電話給馬斯頓。溫騰自一九五七年將文蘭島地圖從歐洲帶回美國後，馬斯頓是第一批見過的人之一，雖然馬斯頓對這幅地圖也充滿狂熱，不過他也對上頭那些無法吻合的蟲洞抱持疑慮。但是現在，將這三份文稿疊起來後，他們就能理出前因後果了。法拉裘里起初獲得了文蘭島地圖、〈韃靼述〉，還有《歷

史鏡鑒》（可能本來就已經分散了），但是沒有認出這三份文稿應是出自同一本書，於是將《歷史鏡鑒》賣給了倫敦商人戴維斯。戴維斯將它放進銷售目錄裡，馬斯頓因此挑中了它，以低於一百英鎊的價格買下。

文蘭島地圖顯然是這三份文物裡最具價值也最重要的一項，溫騰與馬斯頓將所有可能指稱它為贗品的說法全都思索了一遍，推測偽造者可能「改善」了《歷史鏡鑒》（從未有人質疑過這本書的真實性），隨意挑了一份中世紀的原稿（也就是〈韃靼述〉），在裡頭的空白頁面畫上地圖，然後將它們裝訂在一起。不過他們也認為這缺乏可信的動機。他們亦無法理解偽造者為什麼要將整本書拆開，因為如此一來就會減低其可信度。為了確保這些文稿不會再散落於各處，馬斯頓將《歷史鏡鑒》送給了溫騰的妻子。之後他寫道：「對我來說，這不是什麼天馬行空的做法，我將這本文稿大方送給人，是希望如果溫騰夫人想要出售的話，耶魯大學圖書館能因此對於這幅地圖的去向有些許的置喙權。」

溫騰與馬斯頓開始一步步慢慢地說服別人相信他們的發現，並非所有人都買帳，不過有一個人特別為之著迷，他就是耶魯校友保羅・梅隆（Paul Mellon），一位富豪慈善家。梅隆同樣相信文蘭島地圖是真的，並且表示他打算以不具名的方式將它捐給耶魯，以供更進一步的研究，然後，若是真品，就永久展出。不過，首先他必須先擁有這幅地圖：他付給柯拉・溫騰三十萬美元，是她丈夫當初所付的八十五倍，而她收下了。

但是這筆錢似乎得再還回去。一九六一年，法拉裘里因竊盜札拉戈沙大教堂（Zaragoza Cathedral）的藏書而遭西班牙警方逮捕入獄。他在牢裡待了十八個月後假釋出獄。溫騰一直堅稱法拉裘里並未涉嫌竊盜，法拉裘里與大教堂所做的一切交易都是獲得教士許可的。數月的忐忑不安後，溫騰終於鬆了一口氣，那份宣布贓物的長串清單上，並不包括文蘭島地圖與另外兩份手稿。

接下來的五年裡，一群世界頂尖的地圖學者祕密地徹底研究這幅地圖的每一吋，被諮詢過的羊皮紙、墨水以及裝訂專家遍及歐洲各地。大英博物館的史蓋爾敦與普藍特飛到耶魯，在這三份原稿上所花的時間比之前他們研究過的任何一份都來得多，同時包括馬斯頓在內的數名耶魯大學專家也投入其中。最後，雖然每個人的確信程度不一，但是他們達成了共識：他們願意賭上自己的聲譽，證明這幅地圖是真的。他們準備了冗長的說明文件來支持他們的論點。

耶魯大學圖書館的地圖部主任亞歷山大・奧爾・韋爾特（Alexander Orr Vietor）提出他的評論：「在某些重大的歷史事件裡……單一一件新文物的發現，也許就會使既存的模式產生重大改變；使之公開，是必須履行的責任。」因此，韋爾特表示他已經做好承擔的準備，因為他所面對的正是「具有重大嶄新意義」的物品。他聲稱文蘭島地圖「包含了最早期已知且清楚明白的美洲全貌地圖呈現」，並結論表示所有證據與所有專家，都「毫無保留地證明了這幅地圖貨真價實。」

這幅地圖與相關原稿於一九六五年十月九日公諸於世。耶魯大學出版社發行了一本三百頁的專書解讀這些文件，並分析它們可能的來源，同時於新開幕的貝尼克古籍圖書館（Beinecke Library）公開展示；貝尼克古籍圖書館是耶魯大學引人注目的新設館，特別用來珍藏耶魯大學收藏的善本古籍與手稿。因此文蘭島地圖落腳於館內的古騰堡聖經（Gutenberg Bible）[5]旁。

隨後而來的媒體風暴宛如引爆小型炸彈。溫騰回憶道：「彷彿所有的義大利人及美籍義大利裔人都被惹怒了，怎麼會有人膽敢質疑哥倫布是第一個發現新大陸的人，而辱罵之聲又因為耶魯大學在

5　古騰堡聖經為十五世紀西方第一本採活字印刷術的書籍，由古騰堡所製，因而得名。

哥倫布日[6]前夕發表聲明而更加嚴重。」潮水般湧來的媒體詢問淹沒了溫騰，記者們甚至做了一件在一九六五年不尋常的事——他們敲了他家的門。溫騰大致講了細節，不過很小心翼翼地不去提到他究竟從何處獲得這些文物。

顯然，現在輪到不相信的人們來提出證明了。針對原稿本身及其出處的這些熟悉的辯論，就這樣往來交鋒了好幾年。一九六六年史密森尼學會（Smithsonian）[7]舉辦了一場國際研討會，一年後地圖被送到大英博物館進行更深入的分析。不過一直沒有什麼新發現，直到一九七四年，第一份科學鑑定報告徹底推翻先前的結果。

顯微鏡學的進步，讓芝加哥研究公司先驅麥克隆公司（McCrone Associates），得以用科學的方式來分析地圖上的墨水，而該公司的發現非常驚人。華特・麥克隆（Walter McCrone）與妻子露西從地圖上取得二十九個墨水微粒子，分析結果指出，這些微粒子包含了百分之三至十五的鈦，以銳鈦礦的形式，這是一種純二氧化鈦的顏料，只在大約一九二〇年代以後才有。他們還發現了一個小詭計：在黃褐色墨水上顯然還有一層黑色墨水，不是同時刷上的，然後大部分的黑墨水都被刮除，為了「模擬褪色的墨水」。華特・麥克隆表示，他在中世紀墨水中檢測出可能的銳鈦礦，就好比發現了「特拉法加之役的勝利號船艦其實只是艘氣墊船而已。」耶魯大學不得不承認這幅地圖「可能是現代的偽作」。

不過，溫騰、普藍特以及其他專家學者拒絕接受這個分析結果，他們相信自己的直覺以及歷史因素。而在接下來的日子裡，文蘭島地圖開始反擊。一九八五年，這幅地圖再次接受檢驗分析。科學不斷進步，而加州大學戴維斯分校克羅格核實驗室裡備受推崇的新型X光線，將推動這個故事更進一步展開。文蘭島地圖接受來自

6　哥倫布日訂於十月十二日，正是他一四九二年登陸美洲的那一天。

7　史密森尼學會為世界最大的博物館暨研究中心綜合機構，位於美國華盛頓特區，包括十九座博物館、九座研究中心以及國家動物園。

迴旋加速器的質子射線，其結果令人質疑麥克隆公司所提的報告，顯示出麥克隆公司檢測用的墨水微粒並不能代表整幅地圖的墨水。加州大學戴維斯分校的科學家們發現墨水裡只有極細微的鈦成分，並指出一半的地圖表面都不存在這種物質。迴旋加速器還更進一步檢測出二十種微量元素，大多數都不在麥克隆公司的檢測報告裡，包括了銅、鎳、鈷以及鉛，全都是中世紀墨水常見自然物質，並且幾乎不曾出現在現代的墨水裡。而令人感到困惑的鈦同樣也出現於古騰堡聖經裡，含量還高於文蘭島地圖。

於是這幅地圖再次奪回主控權。另外一場國際研討會舉辦了，耶魯大學出版社發表了一份更新版的一九六五年目錄，將這幅地圖公開呈現在世人眼前。一九九五年出版時，編者希望能為「歷史上最重要的地圖發現之一洗刷汙名」，而普藍特，近四十年前在大英博物館第一位研究這幅地圖的人，稱這幅地圖為「來自過去的真實之聲，依然鮮活，不容再度緘默」。

然而，其他專家仍然抱持懷疑態度。美洲文物首屈一指的專家威廉·銳思（William Reese）曾多次檢視過文蘭島地圖，他相信：「有百分之八十的機率是偽作，百分之二十的機率是真品」[8]。二〇〇四年時，地圖歷史學家克絲婷·席佛（Kirsten Seaver）不僅想證明它是偽作，同時還提出可能的贗作者，這是先前的研究調查中經常為人忽略的一點，她提出奧地利的耶穌會會士約瑟夫·費雪（Josef Fischer）應是作者。費雪是中世紀地圖以及北歐探險史的專家，席佛認為比起經濟收益（顯然無法因而致富），他有更深層的動機，

8　〔作者注〕威廉·銳思於耶魯大學的貝尼克古籍圖書館策劃了一場名為「創造美洲」的展覽，將文蘭島地圖擺在另外一幅極具爭議的地圖旁：描繪了據信是尼可羅·芝諾（Nicolo Zeno）以及安東尼歐·芝諾（Antonio Zeno）的航海探險。芝諾兄弟可能於一三八〇年左右看過北美大陸，但是他們的探險歷程僅由兩百年後一名在威尼斯的後代以一幅地圖記錄下來。地圖上將格陵蘭島視為歐洲大陸的一部分，同時還很耐人尋味地包括了「埃斯托利蘭」（Estoliland）以及「卓格和」（Drogho），可能是指拉布拉多與紐芬蘭。

第五章　神祕的文蘭島

可說是一種報復：費雪與其他的耶穌會會士於一九三〇年代中期與納粹發生衝突，戰爭爆發的時候，他被迫數次離開自己的工作與家園，最後落腳於德國西南方巴登符騰堡邦（Baden-Württemberg）的渥爾費格堡（Wolfegg Castle），他可能就是在這裡繪製這幅地圖，用以奚落納粹學者。納粹可能很贊同這幅地圖發揚了北歐的優越性，但是他們也察覺到之所以會發現文蘭島是因為想要拓展羅馬天主教，因此感到忿忿不平。具領導地位的地圖期刊《世界形象》（Imago Mundi）針對這些理論提出評論，認為「既巧妙又令人折服」，但是仍然缺乏證據。

　　文蘭島地圖與另外兩份手稿，依然是貝尼克古籍圖書館目錄裡可能最具價值的項目（保額曾高達兩千萬美元），輔以圓滑的保守敘述：「頗有爭議的文物」。不過，即使它並非真品（我們可能永遠也無法獲得真正的答案），它真正的價值卻超越了它的真實性或是偽作身分。它的價值存在於它的敘事之中。文蘭島之謎向我們揭示了地圖的力量能迷惑、能振奮、能煽動，能影響歷史的軌跡，能無聲地傳遞迷人的故事，講述我們曾經經歷以及即將前往之處。

第六章

歡迎來到亞美利戈

　　十五世紀中期，佛羅倫斯一名學者雅各博‧安捷羅斯（Jacobus Angelus），在君士坦丁堡的古籍商人之間尋找荷馬著作的早期版本，想從希臘文譯成拉丁文。雖然沒有找到，卻發現了更有價值的東西──能再一次改變我們看待世界眼光的作品。托勒密的《地理學》突然重新出現在地圖上。

　　托勒密著作的第一本印刷品於一四七五年在義大利的維辰札（Vicenza）問世，由安捷羅斯翻譯，不含地圖。不過真正迅速成為暢銷書與極具影響力作品的，是兩年後於波隆那出版的版本。理由何在？六十一頁的篇幅中有二十六頁是版畫地圖，使之成為第一本以現代方式印刷的古世界地圖集。

　　有證據可以證明托勒密的作品自八世紀以來就已經流通於阿拉伯世界，但是在十五世紀的義大利，那又是另外一個故事了。《地理學》被視為一部啟示錄，當它以木刻或銅版雕刻的方式呈現在視覺上並繪上色彩，儼然是件美麗的藝術品。托勒密的地圖也是首度如此豐富，添加了精緻的漩渦裝飾圖案、排版印刷的地名，邊緣還飾有兩頰紅撲撲的小天使吹送著強風。這幅地圖複雜精細又嚴謹，使我們再度發現了世界，雖然投影技術改變了（地理學的知識也拓

展了），但是這個以義大利文藝復興最高技術重新製作的托勒密世界觀，立下了一個樣板，至今我們觀看一幅地圖時仍然可以辨識出來。我們終於能從這幅地圖辨認出我們所在的地方。

《地理學》的重新發現標記出地圖製作的黃金時代。新版的托勒密地圖集——具有生動的教學價值，能使觀看者感到新奇振奮——奠定了地圖學嶄新的藝術概念以及科學概念。這些地圖集也引發了第一波收藏狂熱，地圖與地球儀成為炫耀財富與影響力的工具。

不過為什麼地圖花了這麼長的時間才在歐洲再次獲得重視，尤其是世界地圖？也許這是一個美好的意外，恰逢印刷工業蓬勃發展，更堅固的旅遊與貿易船隻需要與時俱進的地圖，以及新的銀行與商人階級崛起。同時也有知識方面的因素：令人畏懼的宗教世界觀逐漸褪去，數世紀以來被認為與虔誠基督教徒責任無關的知識追求，也於焉產生。

地圖不再只是大教堂、神廟以及宮廷的專利。事實上，教會的最後一幅偉大中世紀地圖，即是一四五九年在威尼斯的毛羅所製作。毛羅的手繪彩色羊皮地圖，以及一四七〇年代使用現代印刷術

托勒密——文藝復興時期地圖學的象徵人物——繪於一五〇七年瓦爾德澤米勒（Waldseemüller）所作的地圖。

製作的更新版托勒密地圖，在相距這麼短的時間裡（僅二十年之隔），我們很難想像出比這兩份文化藝術品更具衝突對比性的作品了。融合了舊有數學式的地理學以及新式的技術，彷彿整個世界就在一夜之間現代化了。

當義大利富豪們開始仔細審視他們那些以新式印刷術印製的托勒密地圖，也許會頓悟一件事：他們不再活在以往的古希臘羅馬世界裡了。很快地，托勒密的地圖會由其他反映出自西元一五〇年至今所有地理發現的現代地圖所補足。在這些現代地圖中，最精良的要屬一四八二年於德國烏姆（Ulm）阿爾姆斯海姆（Armsheim）的約翰尼斯·斯尼茲爾（Johannes Schnitzer）所印刷的作品。這是德國對地圖學做出的第一個偉大貢獻，由五張新的木刻地圖所構成，並且是第一份顯示出格陵蘭島的印刷世界地圖。不過還有另外一個比較大的問題要面對。歐洲現在正處於地理人發現的開端，這是個偉大航海家急切想開展世界的年代。對巴爾托洛梅烏·迪亞士[1]、約翰·卡博特、克里斯多福·哥倫布（Christopher Columbus）、瓦斯科·達伽馬[2]、埃爾南·科爾特斯[3]等人來說，托勒密地圖所含的內容，如果不提它的特質，很快就顯得非常侷限了。更不用提當一塊嶄新且出乎預料的大陸就這麼在海上映入眼簾的時候。

哥倫布於一四九二年至一五〇四年間進行四次為人稱頌的橫跨大西洋航行，我們無法斷定陪伴他的是哪一些地圖，不過可以合理假設他有一幅新出版的托勒密、一本《馬可波羅遊記》，還有一封

---

1 巴爾托洛梅烏·迪亞士（Bartolomeu Dias，1451-1500），葡萄牙貴族與航海家，曾航行至非洲大陸並發現好望角。
2 瓦斯科·達伽馬（Vasco da Gama，1469-1524），葡萄牙探險家，史上第一位從歐洲航行至印度的人。
3 埃爾南·科爾特斯（Hernán Cortés，1485-1547），西班牙探險家，征服阿茲特克帝國，並在墨西哥建立殖民。

來自保羅·達爾·波佐·托斯卡內利[4]的指導信；這位佛羅倫斯的醫師與天文學家在數十年前曾向葡萄牙國王建議，若想航向富饒的亞洲，向西航行會比繞過非洲來得簡單許多。哥倫布將這個「偉大的主意」當成自己的想法，同時也仰賴托斯卡內利大幅低估的地球測量數值，如此可以說明哥倫布是如何說服西班牙宮廷出資贊助他的航海計畫，也解釋了他為什麼會將中國及日本，與巴哈馬群島（Bahamas）混淆在一起。

我們對於哥倫布的航行耳熟能詳，他那令人驚愕的錯估也不相上下。根據托斯卡內利的計算，哥倫布認為從里斯本航向日本的旅程，僅僅兩千四百海哩，而非一萬海哩，而契丹之國隨即將如一個閃閃發亮的巨大飾品般映入眼簾。不過我們應該要記得，他所使用的系統是「航位推算法」（dead reckoning），由不安定的羅盤及星星共同指引方位，無法取得確切的測量數值[5]。

哥倫布終於在一四九二年八月三日星期五，從西班牙南方的帕洛斯港（Palos de la Frontera）出航，在這之前，他花了十年說服歐洲各國國王相信他的航海計畫是有價值的。迪亞士已經於一四八八年繞過了好望角，葡萄牙國王因而拒絕了哥倫布，他認為他們想要的駛向東方的航線早已確立。哥倫布費了許多心血說服西班牙女王伊莎貝拉一世（Queen Isabella）與國王斐迪南二世（King Ferdinand），當時議會認為哥倫布計算的數值不正確且要求資助的金額過高，不過兩人最終點頭答應。哥倫布獲准取得所發現土地的治理權，並可分得天然資源利潤的一部分，且能留傳予其家族。

他帶著三艘船艦與大約九十名水手出發，理想很快就破滅。日

4　根據托斯卡內利（Paolo dal Pozzo Toscanelli，1397-1482）的計算，向西航行可到達亞洲，他將自己的想法寫在信中與地圖上送到里斯本宮廷，後來哥倫布拿到謄寫本，作為展開首次新世界歷險航行的參考。

5　〔作者注〕緯度於古希臘時期便已確立，但是正確的經度測量，牽涉到時間概念，直到十八世紀晚期約翰·哈里森（John Harrison）的經線儀贏得一場傳奇競賽後才逐漸變得可能。

本並未如預期般出現，水手們認為自己受騙上當，哥倫布必須鎮壓船上的叛亂。風向變化多端，這趟航行比預計的來得長（一天航行一百五十浬，有時候只有二十五浬），終於在十月十二日清晨看見了陸地，哥倫布踏上了巴哈馬群島一座名為瓜那哈尼（Guanahani）的小島，他重新將之命名為聖薩爾瓦多（San Salvador，意為「神聖的救世主」）。他以為他抵達了亞洲，並稱當地的泰諾人（Taino）為「印第安人」。

他花了幾天時間探索附近的島嶼以及古巴的北岸，一開始他以為這裡是中國。接著他繞行伊斯帕尼奧拉島（Hispaniola），他會這麼稱呼它是因為令他想起西班牙[6]，一場暴風雨毀壞了其中一艘船，他讓三十名水手落腳在海地的一個海灣，納維達德（La Navidad）。這是已知在美洲的第一個歐洲殖民地。

哥倫布於一四九四年的第二趟航行費時更長，讓他更深入巴哈馬群島，此時他依然認為抵達的是亞洲的東岸。接著他第三次出航，在一四九八年八月四日，哥倫布與他的水手們成為第一批踏上南美大陸的歐洲人，在帕里亞半島（Paria Peninsula）建立殖民，即位於現今的委內瑞拉。

※　※　※

第一幅展示哥倫布地理新發現的地圖，反不如他的航海故事來得知名。一五○○年，哥倫布的西班牙巴斯克人領航員胡安·德拉柯薩（Juan de la Cosa）繪製了一幅地圖，應該能讓他成為歷史上最著名且歷久不衰的製圖師之一，但事實並非如此，因為他的作品遺失了超過三百年，直到一八三二年才於巴黎再度被人發現[7]。

6　西班牙拉丁語國名為 Hispania。

7　〔作者注〕發現這幅地圖的人是德國探險家亞歷山大·馮·洪保德（Alexander von Humboldt），他在地理學及新興的氣象學領域裡成就斐然。一八一六年時，他發明了地圖上等溫線的概念，顯示出地球上各地的相對氣溫。

新世界的開端，胡安・德拉柯薩
所記的哥倫布航行。

　　德拉柯薩這幅遺失的地圖為九十九公分乘以一七七公分，以彩
色墨水繪製，融合了對新世界的單純驚嘆以及中世紀的符號象徵。
地圖上有城堡以及帳棚裡的戴冠君王；三位英明的國王正騎著馬穿
越亞洲；羅盤圖像中呈現了基督誕生圖。這幅地圖現在可能放在馬
德里海事博物館的玻璃展示窗裡，告訴世人一件最重要的事——這
塊堅實的土地阻礙了西方人前往東方的順暢之途。

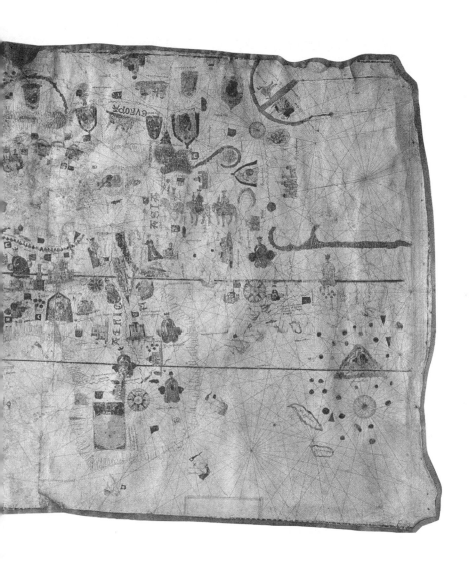

　　這幅地圖是由數張羊皮紙拼成，你必須繞著它走，才能看見所
有的文字與圖畫。舊世界看起來有著合理的精準度：大不列顛與愛
爾蘭很輕易就能辨識；非洲上有山脈，但不太尋常的是沒有動物；
描述了瓦斯科‧達伽馬於一四九八年抵達印度的文字，使印度成
為新近能到達的地方。新世界的部分則是綜合了個人的航海圖與
記憶所繪成，德拉柯薩與船長哥倫布一起搭乘聖瑪利亞號（Santa

Maria），於一四九二年和一四九四年出航歷險，之後也參與了其他西班牙的歷險航行。

這幅地圖屬於某一種特殊的地圖學傳統——手繪的波多蘭航海圖（portolan chart）。波多蘭航海圖的歷史與歐洲水手的磁羅盤一樣悠久，將近兩百年來，這兩項物品仰賴彼此，促進了地中海貿易的成長以及安全海路的開發。大約自一三○○年開始，航海探險家們使用了繪有縱橫直線的地圖（稱之為「恆向線」），這些線能標示出他們在汪洋大海以及沿著海岸前進的路線，每一條線從三十二個羅盤方位呈扇形散開（「波多蘭」一詞自義大利文的portolano演變而來，意指港口的、港灣的）。這些線不能像一般道路地圖顯現的一樣用來表示直接的路線，而比較像是為這些越來越有冒險精神的水手們織一張安全網；這些線標記出一條回到乾燥陸地的路線，宛如或許曾引領神話英雄的絲線一般。

德拉柯薩的波多蘭航海圖屬於最後一批這種類型的地圖，這種航海圖很快就被使用更精確投影法的印刷地圖給取代（恆向線並未將地球的曲度列入考量，所以只有在短距離的情況下才準確）。他的地圖與眾不同之處，在於他所描繪的是一整個世界，而非某個特定的貿易區域或是沿岸路線，圖上更有數個羅盤，每一個都有各自的方向標誌。不過這些特色並不是使它被帶上大海的原因，而是因為它宣告了重大的新聞以及重要的地理發現，尤其是約翰‧卡博特初次於拉布拉多與紐芬蘭踏上北美沿岸，地圖上清楚地以旗幟及文字記錄道：「由英國人所發現」（考慮到這些島嶼其實早有原住民居住，那麼「擁有」及「發現」當然是有點麻煩的字眼）。

在巴哈馬群島的新發現比例上顯得略大一些：瓜那哈尼群島、納維達德殖民地、海地的伊莎貝拉鎮。馬提尼克與瓜德羅普[8]被畫在一起，標記為食人島，哥倫布與德拉柯薩都親眼見過食人族。最

8　馬提尼克（Martinique）與瓜德羅普（Guadeloupe）皆為加勒比海上的海島。

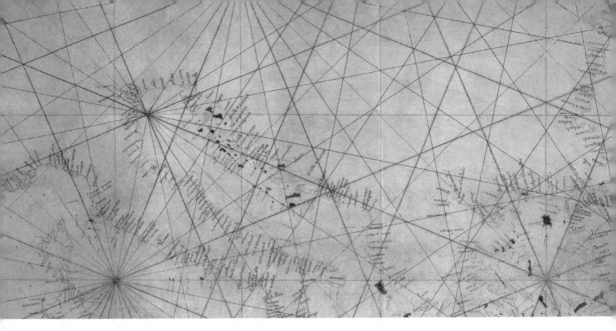

繪有恆向線的波多蘭航海圖，標記出非洲海岸，可能繪製於一四九二年左右的義大利熱那亞。

西邊的地方，也就是地圖上最窄的一處，還殘存著基督教地圖符號的遺跡——聖克里斯多福（Saint Christopher）手持拐杖，象徵著克里斯多福·哥倫布將基督教精神傳揚到新大陸。海洋的盡頭落在地圖的西邊，一個巨大的綠色弧形，推測是代表大量卻無法辨識的陸地；如果德拉柯薩能叫得出名字，他一定會將之誤標記為契丹（中國）。

這正是六年後喬萬尼·康泰里尼[9]所做的事，他的錐形世界地圖是第一幅包含了新世界且誤植其名的地圖（地圖被收錄在托勒密於羅馬發行的一個《地理學》版本裡，誤標的地名還因此風行了一小段時間）。康泰里尼將日本（Zipangu）置於古巴與契丹之間，另外一塊毫無說明的白色巨大陸地在其下方，比非洲更大，標記的名稱是「聖十字架之地」（Terra S Crucis）。

但是在一年之後，世界永遠改變了：「美洲」（America）一詞

9　喬萬尼·康泰里尼（Giovanni Contarini），出身威尼斯望族的十五世紀製圖師。

首次出現在地圖上。可惜的是名字被用來為美洲命名的亞美利戈‧維斯普奇[10]本人，卻與「發現」這片大陸沒有太大的關係。

☰　　☰　　☰

二〇〇三年時，美國國會圖書館終於購得耗費一世紀才買到的一件藝品。它是瓦爾德澤米勒地圖（Waldseemüller map），以其主要製圖者命名，由十二塊木刻版畫構成，每一塊都呈現了不同的世界區域，全部拼起來的大小約是八呎乘以四呎。十六世紀初期時可能印刷了一千份，但是目前已知僅有一份留存下來。與其德國持有者經過曠日彌久的協商之後，以總額一千萬美元的代價——有史以來單一地圖的最高價——得以將這幅地圖轉移至華盛頓特區。

在國會圖書館的湯瑪士傑佛遜大樓（Thomas Jefferson Building）裡寂靜且燈光昏暗的環境下，所有曾見過玻璃展示窗下瓦爾德澤米勒地圖的人，都會立刻認為這筆錢花得非常值得，它無疑是最引人入勝且最具歷史重要性的既存地圖之一。如同赫里福德的中世紀世界地圖一樣，觀賞者可以一直盯著它瞧也不會感到厭倦。即使我們永遠也無法徹底理解它。

這幅地圖製作於一五〇七年，製作者了解到它可能會造成困惑，而且他在地圖上所記錄的世界資訊，有些一般人不熟悉的地方，於是他寫下了一個請求，希望觀看者能耐心地投入其中；事實上，這是個不該被取笑的請求。這幅地圖在西半球包含了一塊新大陸。但是從現在的眼光來看，發現美洲並不是這幅地圖上最怪異的事。最大的謎團是他為什麼沒有將這片新大陸稱為哥倫布。

關於這幅地圖我們所知甚少。它是在法國東北一個名叫聖迪

---

10 亞美利戈‧維斯普奇（Amerigo Vespicci，1454-1512），義大利探險家、商人，曾航行至南美洲，他在寫給歐洲友人的信裡提到美洲，為首次有人認為這是一塊新大陸，而當時其他人則認為那裡是亞洲。美洲原文為America（音譯為亞美利堅），是從Amerigo的拉丁文寫法Americus而來。

耶（St Dié）的城鎮由德國神職人員馬汀・瓦爾德澤米勒（Martin Waldseemüller）主繪，范莎捷思會（Gymnasium Vosagense）的同儕可能也出力協助，這是一個知識分子討論神學與地理學的集會。這幅地圖是《宇宙學入門》（*Cosmographiae Introductio*）的一部分，該書由瓦爾德澤米勒以及馬蒂亞斯・林曼（Matthias Ringmann）共同執筆，裡頭還包含了一張分割成三角形的小張世界地圖，可以拼湊成一個小型地球儀，還有一篇地理學與幾何學的緒論，以及新世界探險的描述。

　　這張地圖上所描繪的知識，遠比它先前的任何文獻紀錄都還來得詳細豐富。地圖大致上遵照托勒密的投影法，但是呈現了來自非洲與印度最新的海岸訊息。瓦爾德澤米勒採用了許多資料來源與近期地圖當作參考，我們幾乎可以肯定地說，他也參考了同為德國人的馬汀・貝海姆[11]於一四九二年所製作的地球儀，製作日期就在哥倫布首次出航的前幾週。然而，貝海姆看到瓦爾德澤米勒所繪的地圖肯定會大吃一驚，大片的海洋一望無際直達亞洲沿岸，顯然是太平洋。這是在瓦斯科・努涅斯・德・巴爾沃亞[12]首次描述太平洋的六年以前，也是麥哲倫（Magellan）於一五二二年環遊世界並證實太平洋就存在那裡的十五年前。

　　瓦爾德澤米勒是如何得知太平洋的存在的？憑藉製圖師的奇異直覺？或者，也可能是有另外一幅地圖，上頭包括了其他探險歷程的訊息，只是這幅地圖早已失傳？

　　瓦爾德澤米勒另外揭示的重大訊息是，他的新的西半球，就畫在地圖左側的三片垂直畫板上。我們大略可以辨認出那些輪廓，也可以原諒他在北美洲與南美洲中間畫了一條清楚的水路而非地峽。

---

11 馬汀・貝海姆（Martin Behaim，1459-1507），德國探險家、天文學家及地理學家，製作了現存最早的地球儀。
12 瓦斯科・努涅斯・德・巴爾沃亞（Vasco Nunez de Balboa，1475-1519），西班牙探險家，最為人所知的事蹟為穿過巴拿馬地峽到達太平洋，成為第一位率領探險隊從新世界到達太平洋的歐洲人。

但是我們依然震驚於某個字單獨出現，就在左下角底部，寫著一個
前人皆不熟悉的詞彙：美洲（AMERICA）。

　　這個詞彙出現在我們現在認為的南美洲，下方有個文字框是以
拉丁文寫成的說明。這塊大陸是「前人未曾提及」的，並且它能出

116

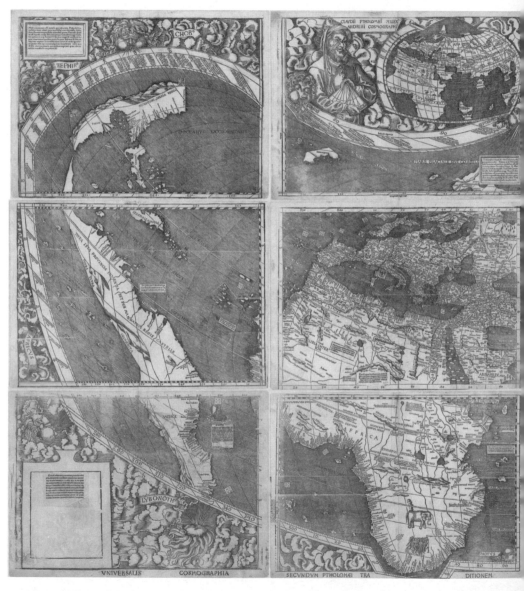

雄偉的瓦爾德澤米勒地圖的十二塊畫板——最左邊那塊狹長的美洲大陸讓人更加為之讚嘆。地圖
上方的人物為托勒密以及亞美利戈‧維斯普奇。

現在這幅地圖上是由於「真實且精準的地理學知識」。有趣的是，這個說明文字框比裡面文字所需的空間要來得大許多，可能是本來預計要放入更詳盡的訊息，結果未能達成。

　　「美洲」是以亞美利戈・維斯普奇來命名，他是一位技術老練

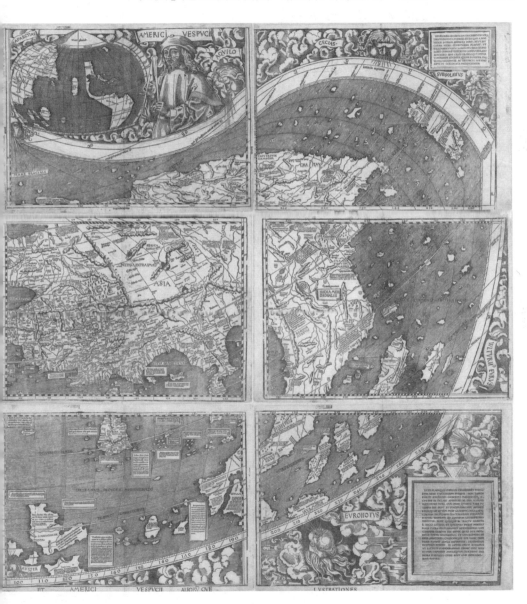

但不那麼知名的佛羅倫斯航海探險家，具有金融背景；他為西班牙塞維爾的一家銀行工作了一段時間，這家銀行也為哥倫布早期的出海航行提供了一些資金。維斯普奇與哥倫布成為朋友，很可能就是哥倫布點燃他出海探險的熱情。不過他們兩人之中，只有一人於一四九七年出航並踏上了委內瑞拉的沿岸。

在一四九五年間，維斯普奇丟了他在銀行的工作，而在一四九九年時，他登上了一艘前往南美海岸的西班牙船隻，他去了哪些地方，我們並沒有紀錄可尋。這趟航行的出發時間是哥倫布登陸帕里亞半島的一年多以後，旅程中他在西班牙征服者阿隆索・德・奧赫達（Alonso de Ojeda）的手下工作（船員裡還包括了胡安・德拉柯薩），並且可能就是奧赫達建議維斯普奇可以更深入巴西海岸探險。他在也許能稱為地圖管理的工作裡度過餘生，為諸多前往南美的西班牙探險提供航海圖。他於一五一二年過世，享壽六十，留下他窮困的遺孀不得不向政府要求經濟援助，亞美利戈・維斯普奇（有時亦作亞美利卡斯・維斯普提斯〔Americus Vesputius〕）大概不會意識到他的名字的另外一種寫法，會使他名留千史。

這到底是怎麼發生的呢？這起不尋常的事情看似起因於兩封廣為流傳的印刷信件，至少其中一封引起了瓦爾德澤米勒的注意，時值一五○七年，他正在法國北部繪製地圖。第一封信，共四頁，據信是由維斯普奇所寫，於一五○三年在佛羅倫斯出版，描述了一趟於一五○一年夏季前往南美洲沿岸的航行。這趟航行本身的重要性並不如它的記述：維斯普奇的信使得「新世界」一詞流行起來，也是第一份記載了這麼一個引人入勝、自然資源豐富的海岸線的文件，「比起我們已知的任何地區，這是個氣候更為宜人的地方。」

維斯普奇的第二封信寫於一五○四年，收信人是他的兒時玩伴，已經成為佛羅倫斯的政府首長，三十二頁的信裡描述了四趟航程。第二趟與第三趟航行的時間點介於一四九九年與一五○二年之間，抵達之處與第一封信所述的海岸相似。第四趟航行於一五○三

瓦爾德澤米勒於地圖上的標示：一塊新的大陸現身——並且有名字。

年至一五〇四年，根本不太可能發生，因為據記載維斯普奇駐紮在
西班牙的乾燥陸地上。不過真正引起爭議的是他的第一趟航行，信
中所言直指維斯普奇比哥倫布早了一年踏上南美洲大陸。

　　雄辯滔滔的地圖歷史學家西摩・史瓦茲（Seymour Schwartz）

於他的著作《錯繪的美洲地圖》（*The Mismapping of America*）中，理直氣壯地稱這趟航程為「一場騙局」，並且「徹底扭曲了事實，關於這趟一四九九年的航行……是在哥倫布的一年之後」。不過我們無法確定詐騙的究竟是誰——或者這些信件是徹頭徹尾的偽造物——或者，這麼做的理由是什麼。

　　我們怎樣才能確定這些信件是偽造的呢？史瓦茲提出數點證據。在一五○○年與（很可能）一五○四年之間，維斯普奇寫過三封無人懷疑過其真實性的信件，其中一封他清楚寫明了他在哥倫布一年之後抵達帕里亞半島。史瓦茲也堅稱，阿隆索·德·奧赫達終其一生認為哥倫布早於維斯普奇之前登陸美洲。更進一步的證據來自一五一六年哥倫布後代與西班牙財政部之間的官司（哥倫布雖然名滿天下，卻未留下財富）。在這起官司之中，數百名證人裡沒有任何一人質疑哥倫布就是第一位踏上南美土地的人。

　　一切的一切使得瓦爾德澤米勒的誤判更加令人好奇。維斯普奇的畫像光榮地穩居地圖上方，就位於另一位人物的正對面——托勒密。地圖上也畫了兩個地球：托勒密旁邊的地球代表的是已知舊世界的東半球，而維斯普奇身旁的地球則表示了新的西半球。維斯普奇也名列地圖的標題之中：「依循托勒密的傳統，以及亞美利戈·維斯普奇與其他人的航海經歷，所繪製而成的地球全貌」。哥倫布毫無疑問是這個「其他人」之一，但是瓦爾德澤米勒也在地圖的文字介紹裡以不帶歉意的口吻，替自己為這塊他所「發現」的大陸的命名緣由做出辯駁：「鑒於歐洲與亞洲都是因女性而得名，我不認為有人會反對稱呼這塊土地為亞美利吉（Amerige），也就是亞美利戈的土地之意，或者，稱之為亞美利堅（America），取自亞美利戈，它的發現者，一名偉大的能士。」

　　數年後，有證據顯示瓦爾德澤米勒對於自己的選擇感到後悔。一五一三年，他在法國斯特拉斯堡（Strasbourg）出版了他的第一版托勒密地圖集，其中加入了一些新地圖；而在呈現新大陸的頁

瓦爾德澤米勒於地圖上所繪的維斯普奇，就在新的西半球的旁邊。

面，南美洲被標上了「未知之地」。但是與此同時也還有一段題
字，翻譯後的意思是「這些土地以及鄰近的島嶼是由卡斯提爾[13]國
土所派遣的哥倫布所發現的」。這一次，沒有被提到名字的是維斯
普奇。接著，三年後，瓦爾德澤米勒出版了一份共計十二張頁的新
世界地圖，名為〈海圖〉（Carta Marina），這次維斯普奇與哥倫布
同等重要，說明文字皆提及兩人，不過南美洲現在有兩個新名字，
跟他們任何一人都沒有關係：「新大陸」（TERRA NOVA）以及
「鸚鵡之地」（TERRA PAPAGALLI）[14]。

　　不過已經太遲了。美洲（亞美利堅）這個名字已經開始出現在

13 卡斯提爾（Castile）為中世紀伊比利半島上的一個王國，女王伊莎貝拉一世與阿拉貢
　 國王斐迪南二世結婚後，兩國合併成為西班牙。

14〔作者注〕在這樣的奇聞軼事裡，幾乎無法避免會有耐人尋味的同時期巧合。瓦爾德
　 澤米勒地圖遺失了數百年，直到一九〇一年才在德國南部的渥爾費格堡重新為世人
　 所發現。而就在這同一座城堡裡，數十年之後，約瑟夫‧費雪可能偽造了文蘭島地
　 圖。

其他地圖上，包括彼得·亞皮安[15]以及歐隆司·斐聶[16]大量製造且極具影響力的作品。然後是出現在未來更多的地圖上。

※　　※　　※

　　美洲的錯誤命名帶來的驚恐與消遣，持續了五百年之久。十七世紀時，舉足輕重的蘇格蘭製圖師約翰·歐杰拜（John Ogilby）推測維斯普奇之所以被優先選擇的主因是「帶著點幸運成分」，因為「他的名字聽起來像是非洲（亞福利卡）」。作為這一連串反覆無常命名的終曲，來看看征服者埃爾南·科爾特斯的故事吧。

　　科爾特斯在地圖史上具有意義深遠的地位，他製作了第一幅畫出墨西哥灣的印刷地圖、第一幅標有日期且為美國佛羅里達州（Florida）命名的地圖，以及為美洲所做的第一份都市計畫，他稱那裡為泰米斯提譚（Temixtitan，位於現在的墨西哥市）。不過科爾特斯在地圖史上之所以不朽，是因為他為另外一個地方所起的名字。

　　一五一九年，即將踏上墨西哥的時候，科爾特斯邀請了幾位當地原住民到船上談一談，問了他們他打算前往掠奪金子的地方叫什麼名字，其中一人回答道：「Ma c'ubah than」，科爾特斯與他的手下聽起來像是「尤卡坦」（Yucatan），於是在他的地圖上如此寫下。四百五十年之後，馬雅方言專家研究了這則傳聞軼事（因為也有可能是偽造的故事），結果發現「Ma c'ubah than」其實是在說「我不知道你在說什麼」。

---

15 彼得·亞皮安（Peter Apian，1495-1552），十六世紀德國數學家、宇宙學家，彙編並出版了許多地圖。
16 歐隆司·斐聶（Oronce Fine，1494-1555），十六世紀法國數學家、製圖師。

加州是個島

在海灘男孩[1]成立之前，在好萊塢發跡之前，甚至在淘金熱盛行之前，加州被認為是與美洲其他地方區隔開來的。事實上，它就是座孤島。

我們現在很確定——因為我們已經在地圖上看到了——加州穩穩地與奧勒岡州、亞利桑那州及內華達州相連。甚至是加州聖地牙哥的南部，最終成為墨西哥的北下加州（Baja California），也都還是牢牢與大陸相接。不過在一六二二年，意外發生了。在官方紀錄上與遼闊大陸相連八十一年後，加州漂離了大陸。這並不是激進的政治意圖，也不是單一的錯誤（也許是某個雕刻師一時失手），而是製圖師一直以來的誤判。更詭異的是，探險家試圖繞著這個島航行，於重重迷惑之下宣告失敗，在這樣的事實發生許久之後，這個地圖上的錯誤依舊持續出現。

加州這個名字於一五四一年首次出現在地圖上。參與埃爾南多・德・阿拉孔（Hernando de Álarcón）航海探險的一名舵手多

---

1 海灘男孩（The Beach Boys）是美國的暢銷五人搖滾樂團，一九六一年成立於加州，歌曲以完美的合聲與反映加州青少年文化而聞名。

明哥・迪・卡斯提羅（Domingo del Castillo），他將加州畫成半島並加以標記，屬於墨西哥的一部分。加州首次出現在印刷地圖是一五六二年，當時一名西班牙舵手兼器材技師狄亞哥・古提葉雷（Diego Gutierrez）同樣將加州的名字寫在一個半島的尖端，在那幅美麗又資訊豐富的新大陸地圖上，這只是一個微不足道的小細節。這幅當時最大的美洲地圖尺寸為一〇七公分乘以一〇四公分，可能是在古葉提雷死後由海爾羅尼慕斯・寇克（Hieronymus Cock）所製作，他顯然是個樂於繪製想像中裝飾物的藝術家：大型船艦與傳說盤據海上，海神駕馭著海上戰車，一隻大如大猩猩般的生物一邊吃著魚一邊破浪而來，而在巴西則有更可怕的事情發生，當地土著正在屠宰人類的血肉，保存在樹上，然後用火燒烤。

加州隨後與美洲大陸相連了六十年，接著漂浮到了太平洋上，它一直以地圖上的孤島存在於那裡，超過兩個世紀。

加州於一六二二年首次以島嶼型態現身，出現在一本西班牙書籍《通史》（*Historia General*）的標題頁插圖裡。兩年後加州漂離了大陸，在一張由亞伯拉罕・古斯（Abraham Goos）所繪製的荷蘭地圖上，被朱海（Mar Vermeio）以及南海（Mar Del Zur）所包圍。不過加州的島嶼形象主要是因為一幅一六二五年的倫敦地圖〈美洲北部〉而廣為流傳。這幅地圖還有一篇相關的探尋西北航道文章，由數學家亨利・布里吉（Henry Briggs）所寫。他補足了往北極圈方向很大一塊尚無人踏足的北方區域，字裡行間描述著他地圖上的奇景，「包括了紐芬蘭、新英格蘭、維吉尼亞、佛羅里達、新西班牙[2]……然後在西邊是加州的大片土地。」在東邊海岸上，普利茅斯與鱈魚角都被標注在麻薩諸塞州，但還沒有波士頓（也沒有曼哈頓：首次在印刷地圖上提及是在五年後，由喬恩斯・德・拉葉

2　新西班牙指的是一五一九至一八二一年間西班牙在美洲殖民地的總督轄區，行政首府設在墨西哥城。

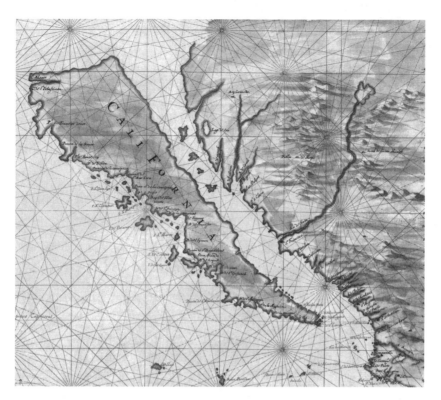

一幅一六五〇年的荷蘭地圖，加州自在地以島嶼身分脫離美洲大陸。

〔Joannes de Laet〕所做，當時的名稱是曼哈提〔Manhattes〕）。

　　錯誤的概念持續了數十年。這就像是十七世紀版維基百科上的錯誤——註定會重複出現在一千篇學校報告裡，直到有人忽然發現並勇於修正。一九九五年，格蘭‧麥克羅林（Glen McLaughlin）與南西‧瑪尤（Nancy H. Mayo）為加州地圖學會（California Map Society）彙編一篇報告，羅列了兩百四十九幅將加州畫成孤島的獨立地圖（不包含世界地圖）。地圖上的加州字樣以粗寫表明堅定的立場，沒有任何曖昧不明的地方，其中一幅地圖如此聲稱：「最新最正確的美洲地圖」，而其他地圖則允諾提供「以最新最佳觀測法所繪製的美洲」。在一六五〇至一六五七年間，法國歷史學家尼可

拉斯‧尚桑（Nicolas Sanson）出版了數張將加州呈現為島嶼的地圖，地圖的荷蘭文以及德文版本使之超越布里吉，成為最具影響力的迷思製造者逾半個世紀。不過也同時推廣了較新、更真實的地理發現，包括五大湖全部首次出現在地圖上。

即使新出版的地圖已經將加州顯示為與美洲大陸相連（最關鍵的一幅是一七〇六年附有耶穌會修士艾屋塞比歐‧奇諾〔Eusebio Kino〕個人註記的版本），加州島還是屢屢出現在地圖上。不過，最終這個迷思是由西班牙國王斐迪南七世於一七四七年頒布的皇家命令所終結，以合理清楚的聲明否定了西北航道的可能性：「加州不是一個島嶼。」但是新聞流傳得很慢，最晚到了一八六五年，在日本製造的一幅地圖上，加州仍然是一座島。

那麼，這個島嶼迷思又是怎麼開始的呢？起始點可追溯至天主教加爾默羅會（Carmelite）的修士安東尼奧‧狄拉阿神西昂（Antonio de la Acensión），他與賽巴斯欽‧維斯凱諾（Sebastian Vizcaino）一同出航，於一六〇二至〇三年間沿著西岸航行，並寫下日記。據信二十年後他在紙上畫下了他的航程，將加州描繪成一個島國。這幅地圖被送到西班牙，不過載送它的船卻遭荷蘭人攔截，它的旅行終止於阿姆斯特丹。一六二二年，布里吉寫道他曾在倫敦見過這幅加州地圖，不久之後，另外一幅地圖以那張「被荷蘭人奪走」的地圖為本，加上了銅框，開始了前往世界各地的旅程。

第七章

麥卡托地圖好在哪裡？

他買了一大幅海圖，
連一」點兒陸地也沒有；
船員們很高興地發現
這幅地圖他們全都能看懂。

「麥卡托的北極、赤道、
熱帶、時區還有子午線好在哪裡？」
更夫這麼喊著，船員們這麼回著：
「不過就是傳統的符號罷了！」

「其他地圖就長這樣，有島有岬！
不過我們偉大的船長值得我們感謝，」
（船員們力挺）「他帶給我們最棒的──
一幅完美的徹底空白！」

路易斯・卡羅（Lewis Carroll）〈獵鯊記〉（The Hunting of
the Snark）

說到這兒，麥卡托一五六九年那幅著名的世界地圖，究竟好在

哪裡呢？它布滿失真變形，一大堆國家都比實際大上許多倍。而更令人驚訝的是，它基本上仍是我們現今使用的地圖。當然我們在地圖上添加了國家，海岸與疆界的模樣也經過校正以及政治修正，不過這幅地圖為文藝復興尾聲塑形，見證了啟蒙時期，也裝點著維多利亞時期的課堂，一直為人們所選用，並沿續至最新的Google Maps。它是我們這個世界的決定性符號，若是妄然更動它，就會像是恐怖主義行動一樣。人們可不是沒有嘗試過。

當然，我們所凝視的不是一幅地圖，而是這個世界的投影——是所有地圖的樣板。對傑拉德・麥卡托來說，或許有一些諷刺，他出生於現今比利時的法蘭德斯（Flanders），在萊茵河畔的杜伊斯堡（Duisburg）工作，當時並不是什麼非凡的製圖師。當他於一五六九年發表了名聞遐邇的世界投影法時，他五十七歲，也不過繪製了不到十幅的地圖。不過他的這幅新作毫無疑問是個驚奇——精密的數學基礎，輔以驚人的尺寸與雄心壯志。地圖粗估為兩公尺乘以一點二五公尺，橫跨十八張印刷紙，能震懾每一個看見它的人。

地圖上以現代眼光看起來錯誤的地方——格陵蘭島與澳洲一樣大而不是只有三分之一；一塊南極大陸沿著底部出現，既粗略又難以界定——並不是最怪異的部分，因為確切的比例大小還不為人知，而極地區域仍是無解的謎思。對於跟麥卡托同世代的人們來說，最怪異的事情是麥卡托這個人從未到過海上（將來也不會），卻能如此有效地幫助水手們擺脫數世紀以來所憑靠的直覺臆度，測定出橫渡不同海洋的真正航線。軍方也必須向他致謝：他幫助軍隊能更準確地發射大砲。

麥卡托地圖的主要貢獻是技術上的：自從世界被認為是個球體開始——一般認為這個說法起自亞里斯多德——有個難題一直困擾著製圖師，而麥卡托地圖則提供了一個解決之道。這個難題是：如何在平面圖上呈現地球的弧形表面？嚴謹且發展完善的經緯線網格，對於理論上的座標來說非常適用，但是追求穩定不變航線的航

海家，是航行在一個無止盡的弧線之上。麥卡托已經利用恆向線在他的地球儀上呈現出彎曲的路線，現在他想要將這些轉移至地圖上，使任何航海家都能迅速定位自己所在位置，找到前往任何目的地的航線。

　　麥卡托與這個難題糾纏了好一會兒。你也可以自己試試看：拿一顆毛茸茸的網球，在上面畫一些代表國家的形狀，然後將它切成兩半；在切面上劃幾刀，將之展平。這些國家會在中間凸起來，為了讓這個網球地圖可以攤平，中間便會縮小而邊緣會被擴張。現在試著更精確一點來處理，好讓水手們能帶著貨物回家。麥卡托所追求的，就是利用數學算式來找到處理這個難題的方式。

　　麥卡托於一五四六年寫給一位朋友的信中提到，同樣一趟海上航程，經常在船上的航海日誌裡記錄著截然不同的緯度。地圖完全是誤導人：「我看到所有的航海圖……都無法達到本來的目的。」他不是第一個發現這件事的人，不過這個問題一直到十六世紀才完全浮現，那時羅盤益發精良，經典的發現之旅帶領船隻航向新的海洋。在當時短短數十年間，各式各樣嶄新且經常是怪異的世界投影法出現了：方位角（Azimuthal）與正方位等距（Azimuthal Equidistant）投影、正射切面投影（Orthographic）、球心切面投影（Gnomic）、球面透視切面投影（Stereographic）、心狀投影（Cordiform）、擬心狀投影（Pseudocordiform）、球狀投影（Globular）、梯形投影（Trapezoidal）以及橢圓形投影（Oval）。

　　幾乎上述所有投影方式都仰賴經緯度的標線系統，大多數都標記出熱帶地區與赤道。這些投影方式不全都是為了航海家而設計，有些較適合用於天空或是極地區域的地圖繪製，也有些適合用於說明或是表達概念。達文西（Leonardo da Vinci）與杜勒[1]也曾針對這

1　杜勒（Albrecht Durer，1741-1528），德國畫家，被視為北方文藝復興最重要的人物，以木刻版畫最具影響力。

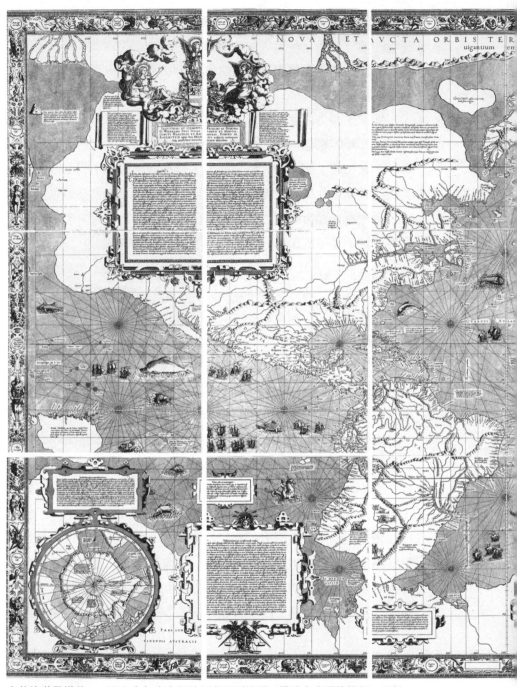

今昔的世界樣貌：一五六九年麥卡托的經典印刷地圖，橫跨十八張的篇幅，不論收錄在哪一本書皆需以跨頁呈現。

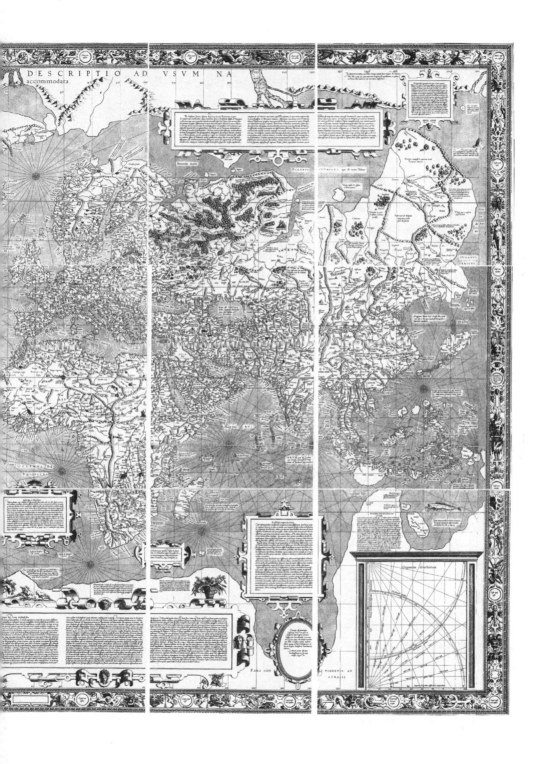

個問題提出他們藝術家的看法。

無可避免地,托勒密已經首先處理過這個議題——兩次。他稱某個投影法是「較差但較簡單的」,還有一個則是「較好但較麻煩的」。前者,即他現在被認可為經典的網格系統,在先天上有其侷限:舉例來說,在這種最初的投影法裡,他的緯度起始自赤道(定在南緯十六點二五度至北緯六十三度之間),而經度僅僅延伸至一八〇度,零度的子午線起始自極樂群島(Blessed Isles),現在被認為是西班牙的加那利群島(Canary Islands)或非洲外海的維德角群島。儘管如此,考量到座標系統的不足所帶來的種種侷限,托勒密投影法所涵蓋的區域,在國與國之間的相對位置上,已經可說是與我們現今所認知的相當近似了。

麥卡托的地圖極為仰賴托勒密的地名辭典,輔以近期的地理發現加以更新,尤其是北美形狀已徹底為人所知,幾乎可說是胖嘟嘟的。但是一項歷久不衰的創舉則是他新的正形投影(Conformal projection),他巧妙地調整緯度圈,使所有角度成垂直(緯線離赤道越遠則彼此分得越開)。水手們因此可以悠遊於地圖的直線之間,保持住他們閃動不止的羅盤所指出的前進方向。

麥卡托利用北美尚無人探險的內陸以及空蕩海洋上的空白處,向那些不熟悉這個新投影法的人們證明它的合理性。他解釋說他意圖「將球體表面攤開在平面上,使各個地點彼此的相對位置皆正確,連同方向以及距離考慮在內,也考量了正確的經緯度。」如此一來,麥卡托創造的這種網格系統,以他近期的傳記作者尼可拉斯・奎恩(Nicholas Crane)的話來說:「證明如同哥白尼(Copernicus)的日心說一般超越時代。在追尋空間真實的本質上,他成為現代製圖之父。」

❄　　❄　　❄

自那時以來,麥卡托投影法又發生了什麼變化?必然歷經一番

修正與改良。

　　麥卡托的世界地圖首次公開之後，這個修正與改良的過程幾乎立即展開，最著名的修改者包括愛德華・賴特[2]、愛德蒙・哈雷[3]以及約翰・海因里希・蘭伯特[4]，並持續到為Google所用—— Google以非凡的方式呈現出麥卡托整齊對稱的矩形，完美符合組成數位地圖的像素小方格。

　　若是考慮到過去四百五十年來麥卡托投影法曾遭受過的重砲攻擊，它的韌性就更值得關注了。一七四五年，一位名叫凱薩法蘭斯瓦・卡西尼・迪圖瑞（César-François Cassini de Thury）的法國人提出一種圓柱投影，有時候呈現為兩個半球相對放置，而兩者的中央部分位於極點。如此，沿著中央子午線呈現出真實的地球尺度，而所有地區都處在正確的角度，但在其他部分則有程度不一樣的扭曲變形。另外一種更極端的投影法變化，是由蘇格蘭的天文學家詹姆士・高爾（James Gall）於一八五五年在蘇格蘭格拉斯哥一場會議裡所提出。高爾特別點出了麥卡托投影法的本質缺陷——陸地的形狀雖然大致正確，不過大小卻是錯的。他的新的「球面圓柱投影」（stereographic cylindrical）理論，首先應用於星座，之後應用於地球，將地球攤平在更為簡潔的比例尺上，同時還減少了麥卡托的一些扭曲變形（雖然也造成一些新的扭曲變形）。

　　一九七〇年代中期，德國的阿諾・彼得斯（Arno Peters）未對高爾的貢獻表示應有的謝忱，便直接挪用了高爾的許多論點，將之轉變為一個熱門的政治爭論，至今尚未完全消退。這個爭論說來簡單：因為高緯度地區失真，麥卡托地圖過度強調已開發國家的大小與重要性，犧牲掉未開發國家（主要是靠近赤道的地區）。所以彼

2　愛德華・賴特（Edward Wright，1561-1615），英國數學家及製圖師。
3　愛德蒙・哈雷（Edmund Halley，1656-1742）英國天文學家、數學家、地理學家，計算出哈雷彗星的軌道。
4　約翰・海因里希・蘭伯特（Johann Heinrich Lambert，1728-1777），德國數學家。

得斯的圓柱投影（現在通常稱為高爾－彼得斯投影法〔Gall-Peters projection〕）被推選為既是結構正確亦是政治正確的一種選擇，雖然這種投影法的論點並不新奇（經常也被比喻為一條晾衣繩，掛在上面的是等著晾乾的國家），但是因其不同於麥卡托地圖的「地圖帝國主義」以及「歐洲中心民族偏見」，於是取得了風行的契機。

編劇艾倫・索金（Aaron Sorkin）在二〇〇一年電視影集〈白宮風雲〉（The West Wing）某一集裡，以譏諷的手法扼要呈現了這一點。某一場景中，白宮新聞發言人茜潔・克里格（C. J. Cregg）與副幕僚長喬許・萊曼（Josh Lyman）出席了一場由虛構的「製圖師社會平等組織」成員進行的簡報會議，該組織希望能促使總統「積極」支持修法，強制要求每所學校以彼得斯的地圖取代麥卡托的地圖。「你的意思是這張地圖是錯誤的？」克里格問道。「噢，親愛的，沒錯。」該組織代表如此回答，身後的投影片顯示出非洲與格陵蘭為同等大小。「如果我告訴你，非洲實際上是這個的十四倍大，你會感到錯愕嗎？」

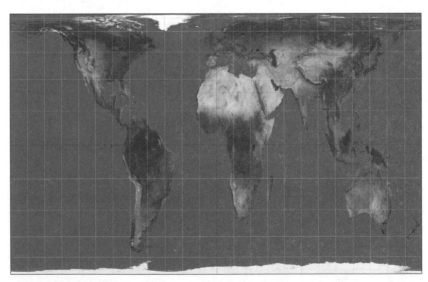

高爾－彼得斯投影法：掛在「晾衣繩」上頭的各個國家。

另外一名該組織的成員接著解釋，麥卡托將歐洲畫得比南美洲要大上許多，但事實上南美洲面積為六百九十萬平方英里，幾乎是歐洲三百八十萬平方英里的兩倍大。接著是德國。德國看似位於地圖中央，實際上應該位於最北邊的區塊。「等等，」喬許·萊曼說：「陸地的相對大小是一回事，但是你現在是在告訴我德國並不在我們以為的地方？」

「一切都不在你以為的地方。」製圖師社會平等組織的主席說。他接著按出彼得斯投影法的圖片，並且表示世界地圖應該要翻轉過來，也就是北半球應該在下方。下一張投影片則呈現了這個樣子。

「是嗎？但你可不能這麼做，」格瑞說著理由……「因為我會抓狂。」

✤　✤　✤

彼得斯在這集影集播出後一年逝世，他的投影法奚落了其擁護者沾沾自喜的優越感以及這個投影法本身。事實上，主要的反對聲浪通常集中在彼得斯的支持者誇大了他們的訴求與憤怒，反而使「麥卡托地圖用三分之二的篇幅描繪北半球，而南半球只用了三分之一」的這個迷思更為永垂不朽。並且，高爾－彼得斯投影法本身也有失真之處（尤其是介於南北緯三十五度之間、南北緯六十五度與極地之間），部分非洲國家與印尼被南北向拉長了兩倍。英國皇家地理學會的季刊評論彼得斯的著作《新地圖學》（*The New Cartography*, 1983），開頭是這麼寫的：「反覆拜讀了這本書的德文版與英文版之後，我始終讚嘆這位作者，任何一位作者，竟能寫出這樣一本無稽之談。」

其他投影法也各有擁護者，包括由美國製圖師亞瑟·羅賓森（Arthur Robinson）綜合麥卡托與高爾－彼得斯的元素所發明的投影法，由美國製圖公司蘭德麥克奈利（Rand McNally）所採用，首

見於一九六〇年代早期冷戰的高峰期，不過因大幅縮小蘇聯的表面積而受到恐嚇威脅，引起爭議。

可能的投影法有很多，每一種都有自己的政治議題與限制，現在有一種方式能測量這些投影法在製圖時的空間偏頗狀況，稱為底索變形指數（Tissot Indicatrix of Distortion）。舉例來說，一九二一年的溫克爾三重投影（Winkel Tripel Projection，沒錯，真的有這種投影法），這個變形指數以拉長的連續圓形覆於其上，能呈現出任何一處的變形程度（完美的圓形表示真實無失真，南北向拉長的橢圓形則反映出南北向變形）。

是否有哪一種投影法凱旋勝出？其實已經有了。麥卡托地圖影響了現今的數位世界，一如五百年前在航海家的世界裡它開啟了嶄新的貿易路線，在將來繼續發揮影響力的可能也是無可限量。不只Google Maps，它的競爭對手微軟的搜尋引擎Bing，以及開放街圖OpenStreetMap的網路服務，都採用這種投影法（以一種球面詮釋的方式）。即使在這個數位虛擬時代，它也輕鬆橫跨了海洋。若能被比聯合國更大的主體採用，那麼這種投影法才可能勝過麥卡托。聯合國的標誌碰巧是一個地球的投影，以北極圈為中心，周圍環繞著橄欖枝，首見於麥卡托投影法之後的十二年。

確實，這個一五八一年的波斯特爾正方位等距投影（Postel Azimuthal Equidistant）[5]，至今仍擁有極具影響力的支持者。

5　在某些國家，正方位等距投影也稱做波斯特爾投影，波斯特爾（Guillaume Postel，1510-1581）是法國語言學家暨天文學家，被認為是最早開始於一五八一年的一幅地圖使用該投影法。

地圖大小事

保持沉默：德瑞克的銀之旅

　　一五八〇年，法蘭西斯・德瑞克（Francis Drake）自他無意間達成的航行世界一周之旅凱旋歸來，伊莉莎白一世宣布了兩件事：她很欣慰他帶回來的財物讓她能償還國債（她於次年封德瑞克為爵士）；她希望德瑞克到訪世界上尚未開採的寶礦航程能保持機密，不出現在地圖上。國家製圖師們深怕若是不從，自己的項上人頭會不保，因此他們遵從了這項指令，至少在紙上是如此。九年後，他們其中一人終於打破沉默，現身的地圖既精細又準確，被鑄造成一面堅實的銀牌，可以戴在脖子上。

　　德瑞克航海之旅的銀牌地圖有九份已知的副本，兩份收藏於大英博物館，一份在國會圖書館。八塊銀牌地圖幾乎一模一樣，直徑六點九公分，上方有一個柄，可以打洞串上鍊子。不過只有國會圖書館的這一塊銀牌，其中一面多了一個小小的橢圓形，上面寫著日期、製作者以及出處等細節：麥可・麥卡托（Michael Mercator），一五八九年，倫敦。

　　麥可・麥卡托是傑拉德・麥卡托的孫子，他在銀牌地圖上所呈現的世界，取材自諸多荷蘭、法蘭德斯以及英格蘭的資料。重點是，這幅地圖是以他祖父著名的投影法為基礎製作而成。不過，我

們並不清楚他究竟如何取得德瑞克航線的細節（他在地圖上以虛線表示）。一些關於德瑞克偉大航行的論述，皆是在銀牌地圖出現後沒多久才出版，最知名的是由英格蘭地理學家理查‧哈克盧特（Richard Hakluyt）所記述，不過地圖上任何一五八九年之前的地理新發現都不會歸功於德瑞克，這是西班牙無敵艦隊落敗的次年。

　　要將環航世界的細節保密九年，對德瑞克與他的船員來說肯定非常不容易。一四九二年時，哥倫布沒有受到這樣的限制，於一五二二年完成麥哲倫環球航行的胡安‧塞巴斯蒂安‧埃爾卡諾（Juan Sebastian Elcano）也沒有。撫慰德瑞克的只有那些價值約一千英鎊的財富而已。

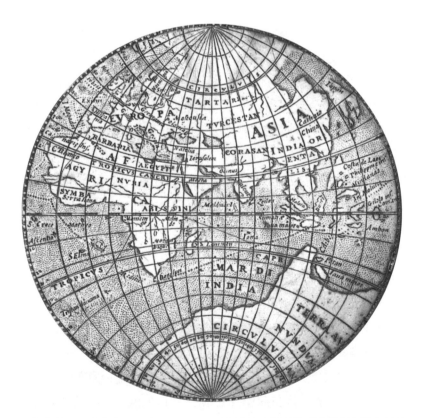

脖子上的世界：德瑞克的銀牌地圖，放大以呈現他那曲折的環球航行之驚人細節。

無可避免地，祕密會衍生臆測。而當時沒有人比這兩位知名製圖師更加投入於這場推論之中：傑拉德・麥卡托與亞伯拉罕・奧特流斯（Abraham Ortelius）。德瑞克於一五八〇年九月底抵達普利茅斯，僅僅十週後，麥卡托寫信給「奧特流斯師傅，我最好的朋友」，說道：「對於這趟航行所行駛的路線，我相信沒有將其小心隱匿的理由，也無須編造假路線與到訪過的區域，除了是因為他們尋得了非常富裕的地區，是歐洲人從未發現過的……」不過他猜錯了：他以為德瑞克的遠征是「佯裝他們透過劫掠來取得大量銀礦與寶石」。但是，事實上，這正是實際發生的事情。

　　麥卡托與奧特流斯不僅對於德瑞克的財貨很感興趣，另外還有關於發現兩處地點的傳言，也吸引了他們的注意。這些傳言若屬實，將會再次改變世界的樣貌。而傳言並非虛構：德瑞克與他的船員登陸了加州較北的地方（他稱之為新阿爾比恩〔Nova Albion〕），並且航經火地群島（Tierra del Fuego），這些島嶼原先被認為是屬於未繪於地圖上那一大片南方大陸（Terra Australis）[1]。

　　上述這些功績似乎都歸功於德瑞克，它們首次出現於一件華美的首飾上，是設計來掛在伊莉莎白一世時期的貴族脖子上，本身就精彩出眾，但是這塊銀牌還提供了我們更多東西：它無疑是承載了如此多重要地理資訊的最小地圖，同時也隱瞞了如此多的殘忍海盜歷史。

　　這幅地圖包含了一一〇個地名。在歐洲我們可辨識出愛爾蘭、蘇格蘭、莫斯科公國以及高盧，在非洲則有埃及、摩洛哥、莫三比克以及獅子山。中國與日本雖然出現在地圖上，不過沒有更多的細節。在西邊，北美洲上可見新阿爾比恩以及加州，而南美洲則有

---

1 〔作者注〕麥哲倫在他先前的環球航行裡，已經提過也命名了火地群島，西班牙探檢家法蘭西斯科・迪・歐塞（Francisco de Hoces）亦曾於一五二五至二六年間到過此地，但這項消息無法改變大多數製圖師的作品，他們仍然深信南方一些龐大的陸地與南美洲相連。

巴拿馬、利馬、智利以及祕魯。菲斯蘭（Frisland）依然神祕地位於大西洋，同時太平洋上還有誘人的聖多明哥（Santa Domingo）、可能是聖誕島（Christmas Island）的島嶼，以及可理解為復活島（Easter Island）的島嶼。

德瑞克的環球航線以虛線呈現，這在十六世紀已經是成熟的技術（麥哲倫與其船員的環球航行，比德瑞克早了六十年，他們也在地球儀與地圖上以虛線方式記錄他們的旅程）。除了虛線，關於德瑞克的航行，地圖上還有八段題字提供了意料之外的大量訊息，包括出發與抵達的日期、穿過麥哲倫海峽的路線以及發現新阿爾比恩。不過地圖無法呈現所有的資訊。

歷史學家米勒・克斯提（Miller Christy）於一九〇〇年出版了關於銀牌地圖的研究，他鑽研了銀牌上的德瑞克航線，清楚顯示了他的航程幾乎全靠運氣。所有水手都仰賴順風、晴空以及合宜的天氣，不過在十六世紀，其他的阻礙很可能會透露出那些規劃好的計畫。當時的航海儀器並不可靠，來自不同領地的探險家跟你想獲取的東西都一樣，因此必須相互交鋒；地圖上，歐洲以外的地區是不完整且錯誤的。德瑞克的航程受到上述種種因素影響。他在一五七七年十二月十三日帶著五艘船離開普利茅斯，與西班牙保持安全距離以避免偵查，在兩星期後抵達非洲的西北海岸。他來到維德角群島，沿著巴西海岸前行，八月進入麥哲倫海峽；銀牌地圖顯示了他新命名的伊莉莎白島（Elizabeth Island）。不過接下來他被一場為時兩個月的暴風雨逼著不得不往南，也因而辨識出火地群島是群島，近期獲得命名的德瑞克海峽（Drake Passage）就在下方，這處狹長的海域連接了大西洋與太平洋（德瑞克本人並沒有航行過這片惡名昭彰的洶湧海峽）。

根據地圖上所繪，德瑞克剩下的航程同樣事故多多。護航船隊裡的兩艘船艦在暴風雨中沉沒（另外兩艘早在穿過大西洋時就已經毀壞）；接著向北航行來到南美洲海岸時，他從西班牙人手上

奪取了最豐收的大批白銀，同時也奪取了同樣有價值的地圖。德瑞克的船隻滿載而歸，銀光閃閃（銀牌地圖可能就是利用這些白銀打造的），他擔心走原路返航的話會遇上報復攻擊，於是決定繼續往前，希望能繞行北美洲北邊，從名聞遐邇的西北航道穿過大西洋往太平洋。然而他所航進的區域，是兩年前由馬丁・弗羅比舍（Martin Frobisher）描述為不祥的「誤認海峽」（The Mistaken Strait）（一六〇九年時重新命名為哈德遜海峽〔Hudson Strait〕），之後他決定與船員從舊金山返航，穿過印度洋，繞過好望角。米勒・克斯提主張：「他很有可能，在某個程度上，從來沒有考慮過要環球航行一周」。

第八章

世界盡在一書

　　一五九五年的春天，傑拉德‧麥卡托以八十二歲高齡逝世後的五個月，他將一個新詞引進歐洲辭典裡：地圖集（atlas）。他的靈感來源與我們熟悉的形象不同——渾身肌肉的泰坦神以雙肩支起天空[1]——而是一個更有學養的蓄鬍男子，一名身披紫紅色長袍的數學家與哲學家，量測著一個籃球大小的天體地球儀，上頭還有兩個羅盤。至少這是《麥卡托地圖集》（*Mercator's Atlas*）的起始樣貌，書裡包含了三萬六千字探討世界起源的專論、數首拉丁詩，以及一○七張地圖。

　　這是一生熱情之集大成。你可以在當年的法蘭克福書展買到這套地圖集，如果你不想大費周章將它帶回家（這是由五冊裝訂成一本的地圖集），也可以讚嘆這些自始至終皆為最精確也最完整的上市區域地圖，透過巧妙的手繪色彩，以他改變世界的新投影法，世界被優雅地攤平在讀者眼前。

　　對於這本地圖集，作者自豪之處不在於它的華美，而是在於他

1　地圖集原文atlas字首大寫時，指的是希臘神話中泰坦神族的阿特拉斯（Atlas），他遭宙斯降罪，被罰以雙肩撐起天空。

的苦心竭力。我們已經看到麥卡托並非特別多產的作者，他的地圖與地球儀是以有鑑別能力的市場為目標，不同於他的商業對手是以大眾為目標市場。麥卡托於一五九〇年中風後，他的兒子盧摩德（Rumold Mercator）與孫子麥可完成了他的地圖集，然後看著這本書送印、裝訂，懷抱與麥卡托近似的奉獻精神，從他們所在的德國萊茵蘭（Rhineland）千里迢迢前往倫敦，以取得最新的地理發現與座標知識。

　　這本地圖集是獻給伊莉莎白女王的作品，強烈盛讚不列顛群島。大不列顛是「受祝福的島，盡享天地之間所有好處……沒有過寒的嚴冬……也沒有過熱的酷暑……的確，大不列顛是自然喜樂的作品；自然似乎在世界之外又創造了一個世界」（這段說法與古希臘人對大不列顛的看法完全相反，古希臘人認為這裡是生活艱困且終年潮濕的地方）。這本地圖集也包括了其他無法辨識的新事物，像是北極的環形地圖，呈現為四條河流分布其上的岩石島嶼，而虛構的島嶼菲斯蘭，是當時的地圖上經常出現在冰島附近的虛擬之物。

　　除去這一切不論，這本地圖集銷售成果並不好[2]。對某些人來說它不夠漂亮，也有人覺得原有的地圖已經夠好了。雖然麥卡托是第一個以「地圖集」之名來描述一系列尺寸相同、裝訂成冊的地圖，不過地圖集的概念並非由他所創，而是來自更早期的義大利北部。

📖　　📖　　📖

　　一四七七年在波隆那印刷的二十七幅早期托勒密地圖，可稱為地圖集的濫觴，而馬汀・瓦爾德澤米勒與兩名夥伴則於一五一三年製作了第一本現代地圖集，收錄了托勒密的地圖以及二十幅他們所

2　〔作者注〕不過《麥卡托地圖集》在十五年後確實成為暢銷書。麥卡托兒子逝世後，荷蘭的製圖師約道庫斯・洪第烏斯（Jodocus Hondius）買下了麥卡托家族的銅版雕刻，加入了將近四十幅他自己的地圖（包括新的非洲與美洲地圖），這本新版地圖集大受歡迎，多年來發行了二十九版，並翻譯成不同語言。

做的當代區域地圖木刻版畫，包括了最早的彩色印刷實例之一，以及第一幅在地圖集中完全只介紹美洲的地圖（標題為〈新大陸地圖〉〔Tabula Terre Nove〕，還附帶一段不尋常的文字說明，指稱哥倫布是熱那亞的探險家，受卡斯提爾國王之命出航探險）。

　　地圖集在威尼斯蔚為熱潮。一五六〇年代，地圖商人已經有客製化的概念，讓客人可以利用店內展示的商品製作屬於自己的地圖

144

經由麥卡托於一五九五年出版的這部巨作封面，阿特拉斯將他的名字借給了辭典，成為地圖界的專有名詞。

ATLAS
SIVE
COSMOGRAPHICÆ
MEDITATIONES
DE
FABRICA MVNDI ET
FABRICATI FIGVRA.

Gerardo Mercatore Rupelmundano,
Illustriſsimi Ducis Juliæ Cliviæ & Mõ
tis &c.⁰ Cosmographo Autore.
Cum Privilegio.

集。如果你不喜歡西班牙地圖，你可以不要放進你的書裡。如果你對於南美洲逐漸成形的樣貌很感興趣，你可以挑選兩、三幅印刷品（或許還相互矛盾）。大多數買家都會挑一張當時最紅的製圖師的作品——吉亞哥摩‧加斯達蒂擅長非洲與阿拉伯，或者你也可能選擇帕歐羅‧福拉尼（Paolo Forlani）所繪製的南美洲，而不列顛群島則挑喬治‧利立（George Lily）的作品。然後這些地圖會被摺起來，裝訂在你所挑選的封面與封底之間，成為一本獨一無二且眼光獨到的收藏集，是當時的地圖iPod。

這種訂製服務也盛行於羅馬，當地出版商安東尼奧‧拉福里（Antonio Lafreri），他的大名成為這種業務的代稱[3]，並製作了已知實例中最優秀的作品，那是一本雙冊的選集，稱為《拉福里－多利亞地圖集》（*Lafreri-Doria Atlas*），收錄了 八六幅印刷及手稿地圖，於二〇〇五年倫敦的蘇富比拍賣會上以天價一百四十六萬四千英鎊賣出。

《拉福里－多利亞地圖集》約於一五七〇年裝訂成冊，也是我們所知第一本地圖集的出版年——收錄的地圖尺寸與風格統一，並由同一人繪製或是編輯。亞伯拉罕‧奧特流斯的《寰宇概觀》（*Theatrum Orbis Terrarum*）一推出就非常成功，儘管它是有史以來最貴的一本書。它的書名（地圖集一詞還要再二十五年才創造出來）既適切又引人注目，在超過四十二年間，它的各種版本裡收錄了二二八幅地圖，從巴勒斯坦的當地地圖到特蘭西瓦尼亞（Transylvania）、伊斯基亞島（Ischia），到最新的美洲、中國與俄羅斯，一應俱全。《寰宇概觀》也收錄了歷史與神話地圖：亞歷山大帝國、羅馬帝國、傑森與阿爾戈號船員追尋金羊毛的航程。

這些地圖集由克里斯多夫‧普蘭廷（Christopher Plantin）的印刷廠印製，色彩豐富飽和，字體（拉丁文）是精緻的手寫體。漩渦

3　這種客製化服務的地圖集稱為「拉福里地圖集」（Lafreri atlas）。

裝飾（地圖上的裝飾性圖案）綴以生動的附加訊息——某地區的自然歷史、城鎮計畫，或是族譜。奧特流斯也是個慷慨的出版商：他將自己查取過資料的製圖師列名成索引表，為後世歷史學家留下一份無價的珍貴名單。

三十一版的《寰宇概觀》共賣出七千三百本，至少九百本留存至今。如今翻閱這本地圖集，會讓人有一種（錯誤的）感覺，彷彿世界是個全盤完成的企業，一個井井有條的地方，那些製圖學上不正經的地理學猜測與獨斷橫行的信仰，全都被驅逐，由科學與理性取而代之。地理大發現的時代尚未真正結束，不過奧特流斯的偉大作品看起來已經達到巔峰了，對於渴望購入它的買家來說，肯定也是如此。

📖　　📖　　📖

《寰宇概觀》在比利時的安特衛普（Antwerp）出版而不是在義大利，這個事實顯示出製圖權勢開始有了重大轉變。這本暢銷地圖集的行經路徑——從義大利到萊茵蘭與比利時，之後到荷蘭、法國與英國——提供了一個精準的風向標，呈現製圖學黃金時代的流轉。我們可以想見決定這種變遷的因素：由貿易與海上權力所帶來的經濟實力興衰。這也反映在君王們派遣探險隊出航的能力與意願上，也影響了經驗老到的製圖師、造紙商、印刷業以及裝幀廠的繁盛與否。

不過也有另外一個因素——未經雕琢的罕見天賦，揉合直覺與訓練有素的技藝，懂得如何勘查、定位、繪圖、雕刻、彙編、闡述以及上色——這可不是能完全以金融或其他經濟觀點來解釋。能夠以新的眼光看待世界，並且有能力表達出來，這就是瓦爾德澤米勒、麥卡托以及奧特流斯出類拔萃之處。

若以數十年間的變化來裁定哪一個歐洲國家掌握了製圖霸權，

奧特流斯的《寰宇概觀》收錄了二二八幅精緻詳盡的地圖插圖，新世界已然巧妙成形。

未免太過簡化。但我們的確能看見走勢：關於托勒密的復興，德國在十五世紀晚期扮演了關鍵角色（在烏爾姆〔Ulm〕與科隆〔Cologne〕都有重要的印刷品），而馬汀・瓦爾德澤米勒以及馬汀・貝海姆都以令人驚豔的新技術製作出讓人興奮的新地圖與地球儀。義大利朝氣蓬勃的印刷業也毫無疑問在這個時期嘉惠了製圖業。不過，真正將地圖學轉變為一個新的商業性藝術形式，是歐洲西北沿海地區的低地國[4]。十六世紀晚期至十七世紀，一群新世代的製圖師將原本晦澀難懂、需高度智識且掌握於少數人手中的這種活動，轉型成一個蓬勃發展的產業。

製圖業當然不侷限於地圖集，不過阿姆斯特丹出版的一本地圖集，最能說明地圖變成了怎樣的東西。這本由布勞（Blaeu）出版的《大地圖集》（*Atlas Maior*），簡直是世界上可見的地圖成品中最美麗、最詳盡、最昂貴也最沉重的驚世之作。所以在它之後出版的作品──即使是到了今天──與它相較都還是略遜一籌。

📖　　📖　　📖

擁有據信是世界最龐大的印刷廠，布勞王朝藉此統治了歐洲製圖業長達一世紀，不過這個王朝的起源並不清楚，我們無法肯定它的製圖奠基者威廉・布勞（Willem Blaeu）出生於何時，也不確定他的出生地。一五七一年，荷蘭北部的阿爾克馬爾（Alkmaar），看起來像最有可能的一組答案。布勞年輕時搬遷至阿姆斯特丹，當時他的名字還是威廉・揚森（Willem Janszoon，他在這座城市裡遇到至少四個威廉・揚森，或許可以說明為什麼他的名字多了「布勞」）。他開始在他父親的鯡魚公司工作，逐漸對數學與儀器裝置產生興趣，並向天文學家第谷・布拉赫（Tycho Brahe）拜師學習。接著他成為書商以及航海製圖師，開始累積在導航圖的名聲，這些

4　低地國指今日的荷蘭、比利時與盧森堡。

導航圖也很快成為荷蘭海運主要的導航工具。

　　為了增加收入，威廉逐漸轉向陸地地圖，雖然比起繪製草圖，他更擅長彙整資料。他會委託當地製圖師製作印刷的銅版，不過他更常向歐洲其他印刷業者購買已經刻好的版再來加強，額外補充一些東西，並著上豐富的色彩。不過真正加速他製圖規模及野心的契機，是一場與當地競爭對手約翰內斯・楊松紐斯（Johannes Janssonius）之間的白熱化競賽。數十年來，兩人競相追求這個越來越賺錢的市場，一同主宰了荷蘭的地圖業。

　　楊松紐斯與布勞各有後援──楊松紐斯與亨利克斯・杭迪斯（Henricus Hondius）共同奮鬥，而布勞則由他兩個兒子瓊（Joan Blaeu）以及柯內利（Cornelis Blaeu）來協助；兩人的重心很快就集中至某一個專門領域：地圖集。令人玩味又值得敬重的是，他們並沒有互相剽竊對方的地圖，而是努力想在豪華氣派的呈現方式與收錄內容多寡上來勝過對方。本著這樣的念頭，威廉・布勞於一六三四年宣布他要做第一本「大型地圖書」的計畫，預計收錄兩二一〇幅地圖，結果卻發現楊松紐斯正在籌備一本預計收錄三二〇幅地圖的著作。於是這場局越玩越大，布勞誓言要做一個更人的計畫。布勞於一六三八年逝世時，他的兒子瓊接手這項挑戰，這部《大地圖集》於一六五九年至一六七二年間發行，可說是他的工作室遭祝融肆虐後殘存的作品。還有更多豐富的內容我們未能得見。

　　《大地圖集》共十一冊，尺寸為對開本（五十二點七乘以三十二點一公分）。部分國家（德國、英國、荷蘭、義大利與美洲）各自占據一本，而西班牙和葡萄牙與非洲共處一冊，希臘與瑞典、俄羅斯以及波蘭收錄在同一冊裡。第一個拉丁文版收錄了五百九十四幅地圖，除此之外還包括作為歷史的最佳地理資料。卷頭插畫共二十一幅（包括宇宙源起、光學與測量儀器、地球儀與羅盤、托勒密及希臘神祇的畫像）。文字部分多達三千三百六十八頁，布勞與他的夥伴以一種既詳盡又簡潔的口吻說明了每個國家的歷史與風俗。

德國「很富有，這得感謝它的貿易發達，還有豐富的金礦、銀礦和其他的金屬礦，以及豐收的穀物、牛隻及其他製品。」蘇格蘭因「誕生於此的傑出腦袋」而受到讚譽。對中國的描述則可看出作者仰賴了流傳久遠的傳說：「在（北京）這個省分，與小型瑪爾濟斯犬一樣備受珍視的全白長毛垂耳貓，深受淑女們喜愛。」

　　布勞的美洲地圖上出現了第一個製圖史上的「新阿姆斯特丹」，作為「新荷蘭」的首都；不過這個名字很快就被淘汰，於一六六四年成為紐約市。美洲整體來說還是一片遙遠的陸地，格陵蘭島和冰島都被認為是美洲的「最北部」。布勞如此寫道：「美洲有一半延伸向西邊，那塊內陸是完全未知之地……」

　　這些地圖本身都是滿足視覺感官的巴洛克風格。漩渦裝飾若沒有垂掛在小天使或使者的手臂上或是獨角獸上，會被視為一種浪費。每片海洋都綴以信風及航海方向，或是充滿了大型帆船、巨蛇以及兇猛的魚類。地圖的字體若非以活字印刷就是手寫，周圍的海洋名字經常以格外華麗的字體書寫，彷彿釣魚線一般。海岸線則用誇張的手法，繪以陰影表現其厚度，而山脈通常是統一的高度，看上去像是頑強的皮疹。

　　荷蘭學者彼得・馮德夸特（Peter van de Krogt）曾計算過，布勞印刷廠在十三年間製作了大約一千五百五十套《大地圖集》，約一百八十三萬張紙。而付出的辛勞多寡也反映在客戶支付的價碼上：未著色版價格約三百三十至三百九十荷蘭盾，彩色版則要價四百三十至四百六十荷蘭盾之間，視翻譯及地圖數量而定。以今日的匯率來說，彩色版要價約兩萬五千英鎊或是四萬美元。在十七世紀中期，還有什麼行業能讓你賺到這麼多錢？只要四十荷蘭盾就可以買十個奴隸。而在一六二六年，六十荷蘭盾就能從當地的印地安人手中買下曼哈頓島。

　　布勞對於自己的成就引以為豪，從他在地圖集開頭對他「高貴的讀者」所說的話，我們可以清楚了解到這一點。他如此寫道：

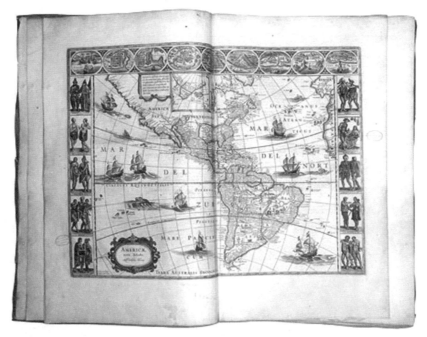

華麗與狂暴：有史以來最美麗的地圖集——布勞出版的《大地圖集》，於一六五九年至一六七二年間發行。

「地理學不只為人類的幸福與安逸鋪築出康莊大道，更是為它自身的榮耀。王國之間若無河流、山脈、海峽、地峽及海洋加以區隔，帝國將無疆界，戰爭也將無終結。」他也許還會補上一句「戰爭也將不再是起因或目的」，不過他接著概述古往今來如此多人拿起地圖時所感到的快樂：「無須離開家裡，就能讓目光到達遙遠的地方」。他讚美了托勒密、奧特流斯、麥卡托以及英格蘭的威廉‧卡姆登（William Camden，布勞模仿了他所繪製的不列顛群島），結語是祈求讀者原諒他的錯誤（「繪製一個從沒見過的地方，是很容易出現錯誤的」），以及懇請讀者提供他自製的地圖。若是考慮到緊接在這篇前言之後出現的是如此高調誇張的作品，那麼這真是一番謙虛的發言。

　　令人驚訝的是，布勞也協助製作了另外一本更龐大更優秀的地圖集：《克蘭基地圖集》（Klencke Atlas）。這是僅此一本的作品，

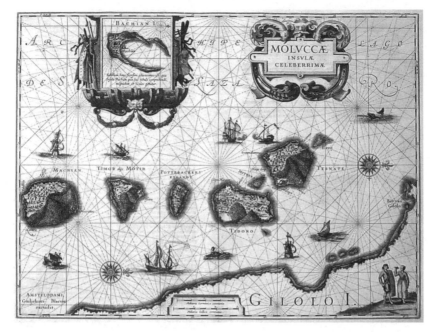

彷彿漂在印尼水域的牙齒：摩鹿加群島（Moluccas），亦稱為香料群島（Spice Islands），收錄在布勞《大地圖集》的附錄中。

於一六六〇年由瓊‧克蘭基（Joan Klencke）與一群荷蘭商人所製作，作為英王查理二世復辟的賀禮。這本地圖集高一點七八公尺、寬一點〇五公尺，是世界上最大的地圖集，內容取自布勞與杭迪斯所繪製的國家與大陸。它收藏在大英圖書館將近兩個世紀，並自《金氏世界紀錄大全》（*Guinness Book of World Records*）開始收集紀錄以來就收錄在內。

　　如同克蘭基這本驚奇之作，布勞的地圖集並不是一份可以帶著旅行的地圖合集，而是有錢人的消遣之物，換個時代來說的話，就是那種會和法拉利跑車一起出現在時尚雜誌的東西。布勞的地圖集並未符合最新資訊這一點，因此也就不是主要的考量了（舉例來說，他的英格蘭地圖已有三十年以上的歷史了）。地圖學的發展又進入了另一個階段——華麗與裝飾性為這個時期的特徵，地圖集的

奢華與重量，反而比實際品質與正確性來得受人重視。要扭轉這股風潮，還得花上一個世紀，等到法國的「科學」派製圖崛起。

　　瓊‧克蘭基是否回收了製作地圖集的成本，我們不得而知，不過最終神明會為他決算。一六七二年，新版的《大地圖集》還在籌畫當中，一場大火燒光了布勞工作室，摧毀了許多之後還會用到的銅版。瓊‧布勞於次年七十六歲時逝世。再也沒有人能製作出這樣一本具有悲劇色彩的華美之作了。不過，許多人仍努力不懈，若要一窺其中最著名的成果，我們得往前跳個幾世紀才行。

📖　　📖　　📖

　　一八九五年一月二日，星期三，倫敦的《泰晤士報》分類廣告出現了一則簡短廣告，宣告從四月初開始將發行一部新的地圖集，收錄一一七頁新地圖，加上超過十二萬五千個地名的索引。依循當時的潮流，這部地圖集將以系列出刊的模式發行，總計十五週，每週一份只要一先令。一個月後，另外一則提供更多訊息的廣告刊出，進一步推銷：

> 「對於現今的報紙讀者來說，一部好的地圖集絕對不可或缺。為了使大眾能充分利用報紙上刊登的訊息，將以所有人都能負擔的價格，提供一部最高品質的地圖集，成為跟報紙密不可分且不可或缺的姊妹作。」

　　《泰晤士地圖集》（_The Times Atlas_）於焉誕生。一一七頁，十七英吋乘以十一英吋，展示了一百七十三幅彩色地圖。介紹非洲用了十一頁，同時也以大篇幅介紹了「印第安問題」、中國與日本間的戰爭，以及所有最新的極地探險進展。報上的廣告甚至還附一篇來自《曼徹斯特衛報》（_Manchester Guardian_）[5]的評論（「優於要價

5　即現在的《衛報》。

十基尼的英國地圖集。我們能毫不遲疑地說，這部地圖集的發行將於英國的地理學教育與研究上畫下新紀元」）。當這部地圖集以集結成冊的方式發行時，原先十二萬五千個地名已經增加到十三萬個，並於目錄頁對此作出說明。「由於這些地圖……是具體呈現已經產生的新發現及修正，在某些情況下，發生的時間就在印刷的前幾天而已，因此無法將所有地名都納入主要的索引之中。」所以，以附錄方式增補了一份索引，其中羅列了數千地名，很大一部分都是來自非洲與南美洲。

六年後出版了更新版，潮流也逐漸向十七世紀豪奢的隨選隨付靠攏：二十四先令可以買到「書衣版」地圖集；三十先令可以買到「半摩洛哥山羊皮革版」（類似小牛皮，也許會讓讀者想起中世紀世

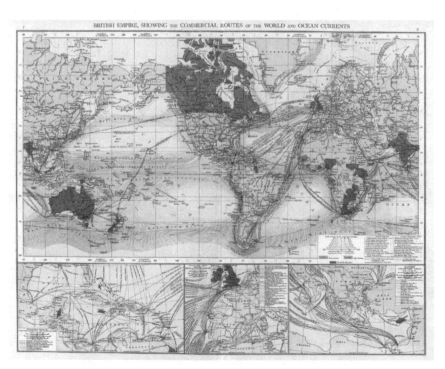

《泰晤士地圖集》——一八九五年頗為合理的大英帝國大小。

界地圖）；五十先令可以獲得一本完全皮革的「豪華版」。

原本的《泰晤士地圖集》是一項令人印象深刻又暢銷的商品，不過在當時它與其他競爭對手並沒有太大的不同——特別是來自菲利普父子（George Philip and Son）還有地圖店史丹福斯（Stanfords）的作品。上述出版商所提供的地圖，在小細節上各有千秋，也都宣稱自己的商品最具全面性，並且能跨越時代。不過在半個世紀後，《泰晤士地圖集》推出新版，讓其他的地圖集看起來都像是過時的產物。一九五五年的版本共有五卷，因此比先前的內容更豐富更全面，而且它的宣傳攻勢力求促使圖書館員立刻下單訂購（定價二十二英鎊）。這套地圖集優秀之處在於呈現新的政治疆界，以及能展現海拔變化的細緻墨水層次。收錄於其中的地圖也標誌著地理學的轉變。第一部《泰晤士地圖集》以德國地圖為依據，但之後轉而參考蘇格蘭的製圖公司巴瑟羅摩（Bartholomew）的作品，而最新的這一套即是以蘇格蘭出產的地圖為核心。

📖　　📖　　📖

這些相互競爭的地圖製造商，總是在相似的時間點推出重大更新版，頗令人玩味。就像是楊松紐斯以及布勞，《新泰晤士地圖集》也有一個舉足輕重的競爭對手——這次是來自大西洋彼岸。

這個新進敵手是《世界地理地圖集》（*World Geo-Graphic Atlas*），一九五三年於芝加哥出版，許多人認為是最美麗也最具原創性的現代地圖集。編輯者為赫伯特・貝爾（Herbert Bayer），是德國包浩斯學校（Bauhaus）的前教師，於一九三〇年代逃居紐約。這本地圖集是資訊圖表的大膽早期嘗試。貝爾與他的設計師們認為，如果只是將現有的地圖印出來然後裝訂起來，這樣是不夠的——他們想要解釋這些地圖呈現了什麼、這個世界如何變遷；換句話說，也就是生活在二次世界大戰後的這些轉型歲月裡的真實模樣。（貝爾曾在具領導地位的廣告公司智威湯遜〔J. Walter

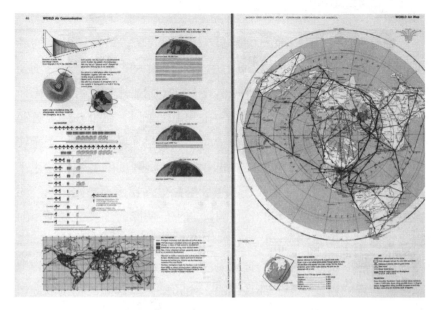

當世界遇上現代主義者：貝爾於一九五三年出版的影響深遠巨作《世界地理地圖集》。

Thompson〕工作過一陣子；他是《廣告狂人》[6]的原型之一。）

　　這本地圖集由美國紙箱公司（Container Corporation of America）私下小量發行，並無一般販售，不過許多世界主要的參考圖書館[7]都認可它的價值，並且都想辦法取得了一本。出版後將近六十年，它依然是一部令人讚嘆的作品，與同期誕生的Helvetica字體[8]一樣鮮活又具開創性；兩者皆反映出一種思路清晰的現代主義。這本地圖集的副標題為「人類環境綜覽」（A Composite of Man's Environment），其標準世界地圖輔以論述經濟、地質、地理、人口統計、天文以及氣候的說明文字。不過，真正賦予它獨特地位的是書裡使用了圖表與插畫（總計約兩千兩百多個插畫、圖表

6 《廣告狂人》（*Mad Men*）為一部美國電視劇，第一季首播於二〇〇七年，第六季於二〇一三年四月開播，內容以一家一九六〇年代紐約的廣告公司為背景。

7 參考圖書館僅提供館內閱覽服務。

8 Helvetica是一種無襯線字體，一九五七年由瑞士字體鑄造廠總監愛德華德·霍夫曼（Eduard Hoffmann）委託設計師馬克斯·米耶丁格（Max Miedinger）所設計。

以及符號——而且這是在電腦時代來臨以前）來闡述人們生活的方式。書名看起來略顯彆扭的這個字 Geo-Graphic[9]，也是刻意用來彰顯書中所使用的圖示、圖表以及其他資訊圖像。

書裡有些圖解純屬趣味，例如美國的「箭頭地圖」顯示，若要從緬因州到華盛頓州並且穿越美國每一州的話，最佳的東西向路徑為何。也有特別強調生態學隱憂的圖表；即使是在一九五三年，為了要養活世界上快速成長的人口，地球的天然資源正逐漸枯竭，更不用說還要滿足人類對礦物燃料的需求。貝爾在前言清楚說道，這本地圖集的編輯方針是以自覺的和平主義者以及全球環境為出發點，早在這種取向成為一九六〇年代的自由基石之前，便已落實在這本書裡。貝爾寫道：「已經盡可能避免政治干擾，因為以整個地球、生活其上的人們以及生命資源作為全球概念，必然會抵制任何隱含的權力、策略、武力以及鎮壓。」不過這本地圖集從頭到尾依然抱著挑釁的姿態，描述了像是印第安部落以及古斯堪地那維亞人在美國的遷徙路徑之類的事。

這本地圖集同時也收錄了當時的最新訊息，附錄裡的這則新聞：「登山者最新抵達的最高峰：兩萬九千零二英呎」，記錄了聖母峰於一九五三年五月的高度。這本地圖集兼具即時性以及關聯性，是以往更華美盛大的傳統地圖集無法企及的，任何人閱覽這本地圖集，都能獲得啟發。

📖　　📖　　📖

《世界現況地圖集》（*The State of the World Atlas*）的兩位激進派作者麥可・基德榮（Michael Kidron）以及羅納德・西革（Ronald Segal），可能是深深著迷於《世界地理地圖集》的兩個人。他們的

9　英文的 geographic 一詞意指「地理學的」，字首 geo- 表「地球的」、「土地的」，而字尾的 -graphic 則表示「以某種方式記述、畫出來的」；因此這本地圖集在書名上將字首字尾特別標示出來，強調書中大量使用圖像。

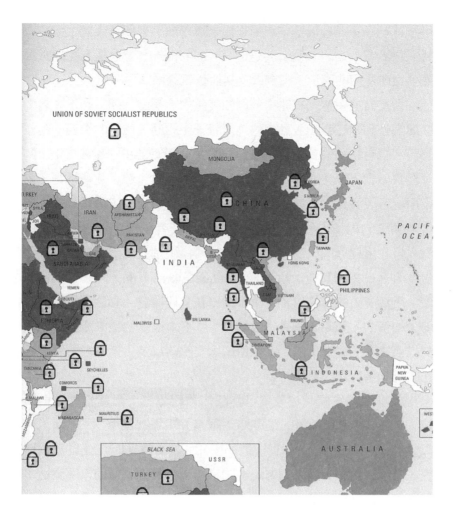

自由言論不是隨處可見：國家審查地圖——標題為「非禮勿視、非禮勿聽、非禮勿言」——取自一九九〇年版的《世界現況地圖集》。

地圖集於一九八一年首次公開，內容標榜自成一格的「地圖新聞學」，由激進的社會主義派冥王星出版社（Pluto Press）出版後熱賣。這本地圖集既是地理學的，同時也是反資本主義的宣示，鼓勵讀者以新的角度來看待世界，就像是看過畢卡索畫作後，對於傳統肖像畫的概念會產生變化一樣。

　　跨頁的呈現方式在本質上沒有什麼不同——將世界濃縮在地圖

之中，以可辨識的形狀或是方形區塊來表示各個國家——不過在這裡，覆上了一層說明不平等狀況的訊息，範圍從該國的貿易聯盟到審查制度的現況，區分出不同等級的（不）自由國家。這些地圖將政治理念轉化為巧妙的圖表藝術，並輔以跨頁的大標題，例如「這隻小豬」[10]（意指勞工們辛勞工作卻效能低落）以及「灰塵價賤」[11]（意指空氣汙染）。這本地圖集的第四版，於第一版的十年後發行，包含了許多英國地形測量局（Ordnance Survey）尚未認可的符號：掛鎖、穿著西裝的男子手握香檳杯、武裝民兵以及極其瘦弱的人民拿著乞討的碗。二〇〇八年的第八版，囊括的話題延伸至恐怖行動、肥胖、性旅遊產業、同性戀權利以及兒童權利。

隨著《世界現況地圖集》之後出版的還有《戰爭地圖集》（*The War Atlas*），書裡的視覺揶揄減少了，撤退的軍隊增加了；其他還有一系列政治主題的專書：《糧食地圖集》（*The Atlas of Food*）、《水資源地圖集》（*The Atlas of Water*）、《菸草地圖集》（*The Tobacco Atlas*），皆是用來揭發不知不覺中會引領世界走向滅亡的主題。這些地圖集目前仍有實體書出版與線上版。

📖　　📖　　📖

那麼，那些重到會引起疝氣的超大地圖——一六六〇年代，瓊·布勞那本達到巔峰的傑作，以及克蘭基那本比人還高大的作品，後來怎麼樣了呢？捲土重來，而且來勢洶洶，更勝以往。二〇〇九年，一家名為千禧書屋（Millennium House）的公司出版了《地球》（*Earth*）——一本共計五八〇頁，二十四英吋乘以十八點五英吋的龐然大物。它的宣傳文稿是這麼說的：「帶領地圖學與出版

---

10 原文為 This Little Piggy，是一首知名童謠的標題；歌詞為：This little piggy went to market, This little piggy stayed home, This little piggy had roast beef, This little piggy had none, And this little piggy cried wee wee wee all the way home.（這隻小豬去市場，這隻小豬留在家，這隻小豬吃烤牛肉，這隻小豬什麼也沒有，這隻小豬一路哭哭哭回家）。
11 原文為 Dirt's Cheap，在此玩口語 Dirt Cheap（意為「賤價」）的語言遊戲。

業進入一個嶄新的層次」，大量的地圖、圖片以及六呎長的摺頁，每一頁都各自標記著「由我們在香港的製圖師所做」。

　　這本書幾乎無可避免地以皮革裝訂，手工製作、手工鍍金，是一本「傳世珍寶」。共有兩版，第一版是皇家藍版，發行兩千本，要價兩千四百英鎊；帝國金版則發行一千本，需申請詢價。但是在你詢問價格之前，千禧書屋又帶來了《地球白金版》（*Earth Platinum Edition*），讓其他地圖集看起來猶如一張小郵票。這部白金版是世界上最大的書——比大英博物館收藏的克蘭基之作更大，尺寸為一點八公尺乘以一點四公尺。同時，它也比克蘭基的作品更好，因為它可以買得到，雖然要價十萬美元。總印量為三十一本。

　　這樣一本地圖集需要專門的飛機載送至富有的主人家，還需要六名壯丁搬運。《金氏世界紀錄大全》的編輯群已適時肯定這本地圖集確實非常獨特，並於二〇一二年初獲得官方認可，成為世界上最巨大、最昂貴、最不易使用的世界地圖集。

會造成嚴重紙張割傷的島嶼：翻開《地球白金版》沉重的書頁。

獅子、老鷹與傑利蠑螈

布勞的《大地圖集》將地圖集帶往新的高度，更清晰、更全面；不過它有一樣東西未捨棄，那就是動物，牠們在地圖上自在漫步了無數個世紀，通常裝飾著疆界，或是空白的遼闊土地或海洋，偶爾完完全全盤踞在地圖上。

在低地國，這隻出類拔萃的地圖動物是比利時獅（Leo Belgicus），牠於一五八三年來到地圖上，從此不願離去。比利時獅歷久不衰的理由是——牠適得其所。牠是由科隆一名奧地利貴族製圖師麥可·埃特辛格（Michael Aitsinger）引介進來，當時比利時與荷蘭皆屬於西班牙帝國的一部分，並且荷蘭幾乎所有省分都將比利時獅繪於盾徽上。當時的地圖上頭沒有太多「揶揄」，比利時獅在低地國家家戶戶之間迅速蔚為風行，是那個年代的「保持冷靜，繼續前進」（Keep Calm and Carry On）[1]。

原始地圖以摺頁的方式首次出現在書裡，之後歷經多次改版與

---

1 一九三九年第二次世界大戰初期，英國政府印製了寫有這句標語的宣傳海報，目的在於萬一納粹佔領英國後，可以用來鼓舞民心。也因為是預防可能情況而印製，當時的流通量極少，並未廣為流傳，直到二〇〇〇年時於一家二手書店被發現，並且因為已經過了五十年版權期，這句標語的設計開始廣泛應用在各種設計物上。

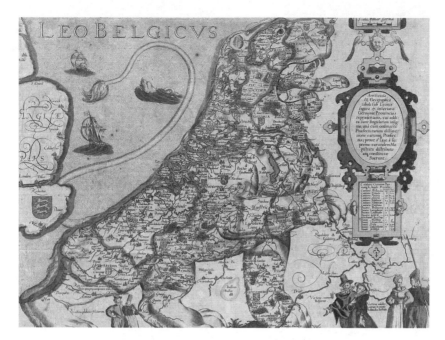

地圖學上最友善的獅子：一六一七年，比利時獅半躍立在低地國之上。

修正。在埃特辛格的原版中，比利時獅面向右邊，吐著舌，上顎抵著特蘭西瓦尼亞，左掌叫做盧森堡，大不列顛獲得了來自獅尾的政治照顧，這條尾巴掃過了英國東部的諾里奇（Norwich）、伊普斯威奇（Ipswich）、科爾切斯特（Colchester）以及倫敦。阿姆斯特丹的雕刻師克雷斯・傑森・費雪（Claes Janszoon Visscher）在一六〇九年也做了嘗試，比利時獅蹲伏著，比較沒有動感也沒那麼兇猛，牠的下巴由荷蘭西北部的須德海（Zuyder Zee）所統御，背景不是不列顛群島而是荷蘭的貿易商人、盾徽以及安特衛普、布魯塞爾與阿姆斯特丹等城市景象。不過，當傑森・費雪在一六一一年塑造他的紙獅子時，比利時獅面向他方，也更大隻，須德海現在只在牠的臀部而已。

國界與君王在歲月裡更迭，比利時獅的身軀也隨之轉變。一六

四八年，明斯特條約（Treaty of Munster）結束了八十年戰爭[2]，並承認荷蘭共和國自西屬尼德蘭獨立，費雪重新起草他的獅子。現在，牠又轉了個方向，渾身污濕又精疲力盡，看起來居住人口大幅減少，尤其是牠現在所代表的是新的、獨立的荷蘭，並獲得了新的名字「荷蘭獅」（Leo Hollandicus）。

比利時獅一直是地圖上的熱門動物，直到十九世紀初期，雕刻師與收藏家大概是對這種固定形象感到厭倦了。於是趁著大好時機，充滿戲劇張力、為期不長、帶著些許妥協味道的獸形——美國老鷹出現了。一八三三年時，雕刻師以撒·W·摩爾（Isaac W. Moore）讓這隻老鷹展翅在劇烈變形的美國地圖上，他的作品於費城出版，收錄於約瑟夫·邱奇曼（Joseph Churchman）所著的地理學論述《國家知識入門——獻給美國青年以及探問的外國人》（*Rudiments of National Knowledge, Presented to the Youth of United States, and to Enquiring Foreigners*）。這是一幅非常稀有的地圖（要價約兩萬美元），大小為四十二公分乘以五十三公分，而這幅地圖之所以會誕生，是因為光線的巧妙把戲。

邱奇曼解釋道當時他正在看一幅掛在牆上的美國地圖，室內昏暗的燈光使得地圖上的陰影看起來就像一隻老鷹。本來這念頭很快就會從他的腦海裡消失，但是他忽然意識到這樣一個動物形象可能「有助於地理學課程的教學，年輕人也許會印象深刻，並且長留在記憶裡」。

這隻由於上述理由而誕生的地圖鳥，渾身繪以土黃色，覆蓋在輪廓分明的紅色各州以及州界上，很努力地想將目標納入管轄：鷹腳與鷹爪順利延伸至佛羅里達州並通向古巴，胸口則完整收納了東部沿海地區。鷹眼落於佛蒙特州，可是鷹頭卻不夠大，無法涵蓋緬

---

2 八十年戰爭（Eighty Year's War，1568-1648），因尼德蘭聯邦（荷蘭共和國前身）的清教徒反抗西班牙帝國統治而起的戰爭，發生地點於低地國。

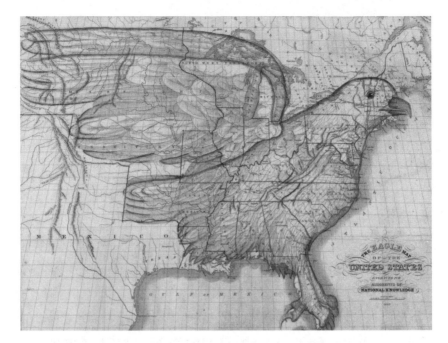

繪在美國正上方的一隻無生命鸚鵡，雖然牠本來應該要更像隻老鷹。

因州（作者針對這一點表示歉意）；鷹尾的羽毛只到達阿肯色州，延伸得不夠遠；翅膀則扼殺了定義不明的「密蘇里領地」[3]。十六年後加州這塊地區成為美國一州，這隻鳥再也回天乏術了。

　　這隻老鷹還有一個古怪之處：牠看起來比較像是鸚鵡，而作者對於這一點可是有理由的。他解釋道老鷹通常被描繪成獵食性，急於俯衝，然後撕裂血肉。「但是在這裡，相反的，牠掌握了整個國家，沒有競爭對手，所以設計成沉著平靜的樣子，代表著國家自由以及獨立主權；散發仁慈溫和的氣質以及和平的態度。」

　　那麼，要在世界上哪個地方才能找到具侵略性的地圖動物呢？往俄羅斯去吧，答案顯而易見，他們在遼闊國土上擁有的不是老鷹

3　加入美國聯邦成為其中一州前的密蘇里州。

也不是獅子，而是一隻章魚，在地圖上使用這種動物，就是用來表示貪婪、吸納、如觸手般不停向外蠕動的野心。這隻章魚在地圖上可說是功能多多，因為牠實際上算是八隻動物合於一體。牠的球狀涵蓋領域，沒有任何陸地或是海洋生物能與之匹敵——事實上，牠是唯一在陸地上看起來仍異常開心的海洋生物（除非水陸兩棲的龍也算在內），即使是在西伯利亞，即使沒有牠慣常吃的海螺、蛤蜊以及軟體動物。這是因為牠現在吃的是上述以外的所有東西。

　　在弗德列克・沃隆・羅斯（Frederick Walrond Rose）著名的作品〈一八七七年嚴肅詼諧的戰爭地圖〉（Serio-Comic War Map for

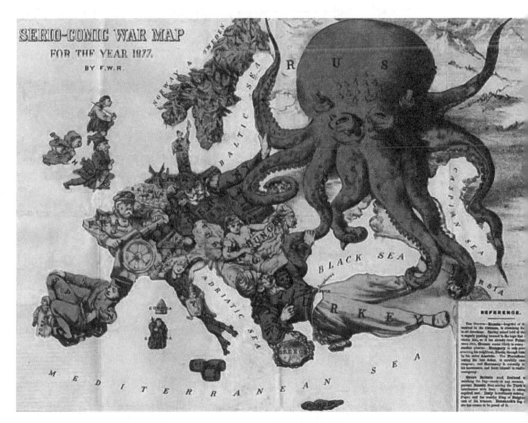

再見了，章魚哥：一八七七年逐漸變胖的俄羅斯章魚以及歐洲其他地方。

the Year 1877）上，這隻章魚所傳達的訊息既強烈又邪惡，是所有地圖中將威脅之意表現得最明白的作品之一。肥大的俄羅斯章魚將牠粗厚的觸手環繞在波斯、土耳其以及波蘭的脖子上。德國被繪成一名皇帝，英國則是殖民商人，提著個錢袋，上頭寫著印度、川斯瓦[4]、蘇伊士[5]。一名身著蘇格蘭裙、揮舞著長劍的蘇格蘭男子站在英格蘭的肩膀上，沉睡的西班牙則背靠著歐洲，法國是個拿著望遠鏡的將軍，義大利是穿著直排輪鞋的男孩，把玩著一個木造的教宗人偶，土耳其則是個舉著槍的黝黑海盜，而荷蘭是轉動著風車的平和之地。這種刻板印象在現代幾乎可以被送進牢裡關了。

羅斯的地圖是一個我們無法輕易擱置一旁的形象，章魚從那時候起就在許多地圖上被抹黑，看來也就不足為奇了。十年後，一名美國漫畫家將大英帝國永無止盡的殖民政策畫成約翰牛[6]，嘻皮笑臉站在波濤洶湧的水域。牠比章魚還要無遠弗屆：牠的十一隻手落在牙買加、澳洲、印度、馬爾他以及其他地區，手臂則將愛爾蘭與德國的海姑蘭島（Heligoland）收攬在身側。有些地區確實屬於英國管轄，不過有些地方已經逐漸脫離了，例如埃及。

一八九〇年，美國陷入報紙所稱的「樂透章魚」（The Lottery Octopus）魔爪之中，這又是一個製圖師能加以發揮的素材；這隻章魚纖細如蛇，身體位在路易斯安那州，觸手遍布從緬因州到華盛頓州之間各州。樂透於一八六〇年代晚期從紐約開始發行，樂透彩券搭乘火車旅行至全美各地城市，在過程中為貪腐的老闆賺進大把鈔票。一八九二年樂透的發行執照更新，又獲得了三年時間去克服由教會領頭的廣大反抗勢力，不過最終失敗了，樂透章魚於一八九五年壽終正寢，就此從地圖上抹去。

4　川斯瓦（Transvaal）位於南非的英國殖民地。

5　蘇伊士（Suez）位於埃及，當時英國為蘇伊士運河公司的最大股東。

6　約翰牛是（John Bull）英國的擬人化形象，首見於約翰·亞布斯納特（John Arbuthnot）一七一二年的諷刺小說，通常描繪為一個頭戴高帽的矮胖中年紳士。

不過若要論地圖上最具影響力的動物，則非蠑螈莫屬——這隻兩棲類生物帶給英語一個新詞，既是動詞也是名詞。故事起源於一八一二年二月，當時麻薩諸塞州第九任州長埃爾布里奇·格利（Elbridge Gerry）的支持者認為，如果重新設定波士頓北方的南埃塞克斯郡（Essex South County）選區邊界，很可能有助於格利所屬的民主共和黨。計畫很簡單：將一些敵對的聯邦黨票倉畫入己方鐵票區域，犧牲一些參議院席次，同時就能在其他更多選區使共和黨取得多數優勢。

敗選的兩棲類動物：一八一二年環繞著波士頓的傑利蠑螈。

　　到目前為止都還是可以預期的發展；這不是什麼嶄新的政治手段，格利的反對者也很快就意識到這個詭計。（格利是個優秀的外交官，曾簽署獨立宣言，協助建立國會圖書館，未來將成為副總統，這個「選區重劃」的主要唆使者並非他本人。）故事接下來有一場晚宴。一邊吃著牛排，這些重劃選區的模樣越來越像是一隻蠑螈：從左至右彎曲著身子，切爾西（Chelsea）在臀部，丹佛斯（Danvers）與安多佛（Andover）是主要軀幹，索爾茲伯里（Salisbury）則是頭。晚宴免不了有數名記者在場，因此誕生了這句不朽之言：「這不是蠑螈，而是傑利蠑螈！」[7]

　　次月，一名備受敬重的微型圖畫家、漫畫家艾肯納‧提斯戴（Elkanah Tisdale）重新製作了這張地圖以強化他的觀點，增加了爪子、翅膀以及毒蛇般的下顎，一舉切中要點。格利輸掉了席次，這張地圖或許也要負點責任[8]。

7　蠑螈英文為salamander，套上候選人的姓成為新字Gerrymander（傑利蠑螈），後來用來指選區不公正的重新劃分。

8　〔作者注〕不過我們也失去了某些東西。格利（Gerry）這個名字的起始字母G應發硬G的音（hard g），但是我們長久以來都發錯音，變成軟G（soft g）：傑利。

第九章

繪製一幅城市地圖
（沒有摺來疊去）

　　再過幾章我們就要來到史上最有用也最常被使用的地圖之一
《倫敦 A 到 Z》（*London A to Z*），並且會介紹它的源起傳說。不過偉
大的實用城市地圖可不是發明於二十世紀。要說明這一點，我們必
須往回到一五九三年看看，當時約翰·諾登（John Norden）出版了
一本《倫敦市指南——到各條街的距離盡在輕鬆掌握中》（*A Guide
for Cuntrey men in the famous Cittee of LONDON*, by the helpe of wich
plot they shall be able to know how farr it is to any street. As allso to go
unto the same, without forder troble）。

　　諾登的地圖從北邊的伊斯林頓（Islington）開始往下，來到
倫敦塔（Tower of London）附近的聖凱薩琳碼頭（St Katherine
Docks），並且對於教堂與其他公共建築投以極大的注意力，用樹
表示開放的土地，盾徽則代表同業公會（例如食品雜貨商、衣料織
品商、魚販），讓這幅地圖必須使用兩片垂直畫板才能容納所有訊
息。主要區域包括格雷律師學院（Grayes Inn）、克里坡門（Creple-
gate）、蘭伯斯濕地（Lambeth mersh）、摩爾野地（More feyldes），

而泰晤士河岸則只有一座在南華克（Southwark）的橋，但有許多其他地標：黑修士區（Black friers）、破碼頭（Broken wharfe）、三鶴（Three cranes）、老天鵝（Olde swann）和畢林門（Bellyns gate）。這幅地圖另外一個重要的特點是，它是由荷蘭人皮耶特・凡丹奇雷（Pieter van den Keere）所設計的。

這些地名現在看起來像是發音練習一樣[1]，不過這幅地圖確實擁有一項現代街道地圖的特點：在重要地點以字母與數字作為標記，並於地圖下方的表格寫明名稱。這幅地圖有正當理由宣稱自己是第一份採用從 A 到 Z 標記法的地圖：a 表示主教門街（Bushops gate streete），c 是萬聖教堂（Allhallowes in the wall），k 是霍爾本（Holborne Conduct），z 則是柯恩希爾（Cornehill）。在一六五三年的某一版，這份索引大幅增長，羅列了九十五個其他地名，從葛拉布街（Grub streete）到夜五街（Nightfryday streete），途中會經過快速巷（Faster lane）以及派角（Pie Corner）。

你可以在新門（Newgate）附近吉爾茨柏街（Giltspur street）的彼得・史丹（Peter Stent）名為懷豪斯（ye Whitehose）的店裡買到諾登的地圖。史丹是一六六〇年時倫敦六大主要印刷及地圖商人之一，不過他很快就要面對嚴峻的商業競爭。到了一六九〇年，六大這個數字翻了三倍，爆量的商業活動反映出兩件事：倫敦沿著泰晤士河畔新商業的繁榮，以及對於地圖印刷與收藏的狂熱。

大多數這些新地圖涵蓋了已知世界的每一個角落，它們並非用來進行地理探索，而是作為這些地理發現的紀錄。而且多半也不是用來作為權力或影響力的象徵。它們是第一個徵兆，指出人們——

1　當時的英文與現在的英文在拼字上略有不同。

第一份《倫敦 A 到 Z》？一五九三年諾登與皮耶特・凡丹奇雷的倫敦地圖。

The Way to Ware

More feyldes

Creple gate

Moregate

Bishopes gate

Smithfeld

Marte

Whyte Condit

S. Brides

Gray Friers

Bryde wel

Black Friers

Baynards castle

Paulles wharfe

Broken wharfe

Queue hythe

Three cranes

The stiliarde

Shrewesburye howse

Olde swann

lion kaye

T A M Y S

Banckes syde

S. Marye Overyes

The Beare howse

The play howse

Southwarke

S. T

Sold by Peter Stent at y White horse in
hilt spur streete neere Newgate

或至少是倫敦的商人階級（山謬・皮普斯[2]也在此列）──認為地圖
具有迷人魅力。新式地圖的規格一般人也負擔得起，具有教育性、
裝飾性、想像力以及新聞性，也反映出逐漸開展在人們眼前的世
界。

　　在一六六八年至一七一九年之間，有史以來的第一份官方報紙
〈倫敦憲報〉（London Gazette），刊登了超過四百則來自倫敦地圖商
人的廣告。這些廣告的語調各有不同，從平鋪直敘到慷慨激昂──
有些廣告看起來說得好像他們賣的不是地理新發現的紙本呈現，而
是那些真實的陸地本身。早在拍賣目錄誕生以及店址位於河岸街
（Strand）的史丹福斯地圖店之前，這些報紙廣告正是倫敦地圖學商
業發展的第一份縮影。

　　這些廣告展示了什麼？「這是現存的波蘭官地新地圖」，這是
一篇一六七二年十一月的告示。「包含所有帝國的公國與省分；
例如普魯士、庫亞維（Cujavia）、馬佐夫舍（Mazovia）、俄羅斯
尼加（Russia-nigra）、立陶宛、沃里尼亞（Volhinia）、波多里亞
（Podolia）以及烏克蘭。呈現所有主要城市、鄉鎮以及防禦工事，
因此可以看到土耳其軍隊的推進與進展。」這幅地圖由三位商人販
售：皇室水道學家約翰・賽勒（John Seller），他的店位於交易巷
（Exchange Alley）；羅伯特・莫頓（Robert Morden），店名「地圖
集」的店位於柯恩希爾；亞瑟・圖克（Arthur Tooker），他的店位
於河岸街索爾茲伯里大宅（Salisbury House）的對面。

　　其他店家提供的商品包括：荷蘭、法國、德國的地圖；北美開
發計畫地圖，特別著重在殖民地開墾的區域；另外也有一些珍奇逸
品（約翰・賽勒有一幅月球地圖）以及新近起草的海圖。一六七三
年三月，數學器具製造商詹姆士・埃金森（James Atkinson）提供

2　山謬・皮普斯（Samuel Pepys，1633-1703）為英國海軍部祕書、議員以及知名日記
　　作家。

了一幅麥哲倫海峽的地圖，「展示出所有水域及下錨地的深度、可航行區域以及危險區域」，在聖薩維爾碼頭（St Savories Dock）的東側可以買到。

一七一四年，來自索爾茲伯里庭（Salisbury Court）「地球」商店的倫敦製圖師兼雕刻師約翰・西涅克斯（John Senex），放話要製作一幅新的天體及天文地圖。這幅作品將會包含「愛德蒙・哈雷教授對於日全蝕時月球陰影落在英格蘭的描述」。就在四月二十二日，「突如其來的黑暗將使太陽周圍的星星變得可見，這次日蝕不像是五百年前在大不列顛南部見過的那一種……這幅地圖會呈現日蝕帶來的黑暗將經過的每一個英格蘭角落。」

接著是倫敦地圖。這些地圖意圖強調新穎而非驚奇——地圖上標示出一六六六年倫敦大火後所有城市重建的部分。這場大火確實標記了一場前所未見的都市地圖學大爆發。顯然對這場大火的倖存者來說，諾登的地圖已經不再與他們有關係了，而這也使得當時的英王查理二世對於地圖更加熱中。

一六七五年，羅伯特・葛林（Robert Green）在巴吉路（Budge Row）上的「玫瑰與皇冠」（Rose and Crown）販售一幅新的倫敦地圖，重點特別放在西敏（Westminster）的「巷弄、庭院，以及一些簡評，說明它們現在的樣子」（同時，葛林還有一幅〈威廉・賓所繪之賓州地圖〉[3]）。羅伯特・莫頓在一六九七年發表了一幅八呎乘以寬六呎的倫敦地圖，以行政區來劃分，「包括近年來所有新建築及更新處」；最主要的賣點（售價四十先令，是有史以來賣得最貴的倫敦地圖——大多數倫敦地圖只賣一先令）似乎不是它的尺寸，而是地圖上所繪的所有區域都經「確實調查過」。

十年後，有一幅倫敦地圖帶給我們更多寶藏。來到位於聖保

3　威廉・賓（William Penn，1644-1718）為美國賓州英屬殖民地的建立者，賓州一名也是由他所起。

羅大教堂庭院路（St Paul's Churchyard）的「主教頭」（Bishop's Head）這家店一遊，你得到的回報將是一部劃分成八大章的雙冊專著，宣稱「比迄今世界上出版過的任何城市地圖都還要詳盡仔細」。書裡不只包括了「所有巷弄街道、庭院廣場等」，還收錄了所有地方與查令十字路口（Charing Cross）、聖保羅大教堂以及倫敦塔的距離。另外還附有一張表，列出所有監獄、雕像、教堂、醫院、濟貧院、噴水池、管道、公共澡堂以及「巴尼歐」（Bagnio，可指澡堂、妓院或是兩者兼具的地方）。

在所有的地圖廣告以及所有地圖裡，有一位印刷業者兼製圖師的名字「比地圖名稱還重要」，就像以好萊塢明星作為電影賣點的方式。人們信任這個名字，特別是這個名字還有皇家掛保證。他就是約翰·歐杰拜（John Ogilby）。

歐杰拜在一六六八年五月博得這番名聲，當時他發行了一項獲得授權的樂透活動——贏家將可參與一項尚待公布的刺激新計畫。五年後歐杰拜才公開計畫全貌，稱為《大不列顛地圖集》（*Britannia*），將以豪奢的多卷方式收錄英格蘭以及威爾斯的勘測結果，以縣郡地圖、英國城市景觀與「全大英帝國」的地形描述為特點。歐杰拜稱為「冒險家」的新投資夥伴們，將被號召群聚至皇家交易所（Royal Exchange）附近的葛瑞威咖啡館（Garaway's Coffee House），他們「可以把錢花在作者上」——而且如果他們付的錢夠多，他們的名字就可以出現在某幅地圖的漩渦裝飾裡。在等待期間，這些冒險家也可以立即滿足於《歐杰拜英國地圖集》（*Ogilby's English Atlas*）第二卷，收錄的是他所繪製的美洲地圖。或者，他們也可以欣賞歐杰拜對於中國、日本、非洲所做的地圖以及地形研究，使之增色的雕刻版畫大多數出自溫塞勞斯·霍勒（Wenceslaus Hollar）之手。

與重要的製圖師前輩約翰‧斯彼得（John Speed）一樣，歐杰拜在英格蘭推動地圖學的成就無人能及，他讓製圖成為受人敬重且市場普及的工作，考慮到他進入這一行的時間特別晚，這樣的成就因此更加令人敬佩。事實上，他早年生活的各種經驗、不順遂或是努力不懈的改造、發明，在這一行裡都無人能出其右。

　　歐杰拜傳奇讀起來很像來自馬戲團的故事。他於一六○○年出生在蘇格蘭的鄧迪（Dundee）附近，不過六歲的時候已經搬到倫敦，父親因為欠債而入獄。他最初的愛好是跳舞，在格雷律師學院巷（Gray's Inn Lane）拜師學藝，很快就在倫敦最盛大的舞會出場表演。但是在一場為了英王詹姆士一世所演出的特別複雜的表演中，歐杰拜摔斷了腿，造成永久跛足，之後他的興趣就轉移到在愛爾蘭教書以及劇場經營上。

約翰‧歐杰拜向查理二世及其王后凱薩琳（Catherine of Braganza）上呈《大不列顛地圖集》的簽署名單。

之後是一段慘澹生活，又有一趟差點遭遇船難的英格蘭之行。先前的一位舞蹈客戶史特拉福伯爵（Lord Strafford）幫助他重新站起來；他認可歐杰拜的文學造詣，支援他翻譯維吉爾（Virgil）、荷馬以及伊索寓言，這些譯作全都賣得很好。他相信自己又再一次逃開了人生的大災難，因為他搬到泰晤士河畔金斯頓區（Kingston-on-Thames），所以倖免於一六六五年爆發的倫敦大瘟疫，幾個月後，他才知道自己的房子與藏書全都在倫敦大火時付之一炬。也就是這個時候他開始投身於地圖製作。

歐杰拜先前為查理二世加冕典禮所做的華美詩歌，已經為他贏得皇室的喜愛，被任命為倫敦重建的「誓約考察員」（sworn viewer）。描繪大火所造成的城市毀損狀況，在當時是會被判刑入獄的；不過新城市的藍圖與計畫則受到大力推廣，數名製圖師也被派遣至市政府協助。歐杰拜的地圖尤其是最雄心勃勃、最大有可為的地圖，「繪製方式既特殊又精準，遠遠超越世界上所製作過的任何其他城市地圖」。他嘔心瀝血的傑作獲得了十五年的版權，這也是首次有製圖師取得自己作品的保護權。

歐杰拜並非獨自奮鬥，他的主要調查員是數學家、天文學家威廉·雷本（William Leybourn），負責的任務是走遍每一條新街道，標記每一棟建築、每一個花園，然後回到白修士區（Whitefriars），將一日所見記錄在地圖上。這是件非常耗費體力與精神的工作。雷本在一六七四年曾厭倦地寫道他希望「能有上帝的幫助，在幾個月內就能完成」。但這項工作還得再花上兩年時間。

這幅地圖的比例尺是一百呎比一吋（1:1200），於一六七七年一月首度販售，它的發行是大事件，可與次年約翰·班揚（John Bunyan）出版的《天路歷程》[4]相提並論。這幅地圖用到二十張頁

---

4 《天路歷程》（*The Pilgrim's Progress*）是著名的基督教寓言文學，為全世界僅次於聖經的暢銷書。

的篇幅來印刷，以亞麻布裱褙，整體尺寸為八呎五吋乘以四呎七吋。以地理學的角度來說，這幅地圖也是雄心萬丈，從西邊的格雷律師學院與林肯律師學院（Lincoln's Inn）到東邊的白教堂區（Whitechapel），從北邊的上摩菲爾德（Upper Moorfields）到泰晤士河岸為止。地圖的標題是「倫敦市的大型精確地圖，以平面圖法呈現所有街道巷弄、庭院教堂、會堂房舍等，皆為實際考察並精準繪製」（平面地圖基本上是顯示實際的平面詳圖而非鳥瞰景觀）。

　　這幅新地圖有不少地方應該歸功於歐杰拜繼子的兒子——威廉・摩根（William Morgan）；他繼承了歐杰拜成為宮廷宇宙學家，更新調整這幅地圖之後的各個版本。他們的作品是至今對倫敦所做最完整、最具歷史價值的研究，在以數學原則繪製精準的城市地圖領域裡，設立了新基準。在此之前，個別房屋與後院的標繪圖並非可以公開獲得的東西，雖然與我們現在預期英國地形測量局能提供的標準相較，在細節方面仍有差距，但歐杰拜的地圖也許是第

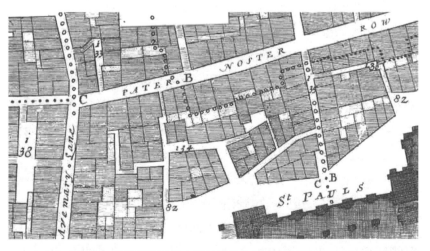

一六七七年的倫敦，由歐杰拜以及摩根於倫敦大火之後繪製，「遠遠超越世界上製作過的任何其他城市地圖」。此為地圖上所呈現聖保羅大教堂的局部細節。上頭標記的數字為查找索引用，是所有倫敦地圖（其實是當時世界上任何一幅地圖）附帶的索引裡最為詳盡的一份。

一幅實現了我們期待的城市地圖所能善盡的一項義務——使旅人知道自己該何去何從。

手指拂過地圖上密集的線條與墨影，人們至今仍能感受到興奮之情。街道比較寬廣，艦隊河（Fleet river）完成疏浚，船隻得以再次航行其中，城市看起來也乾淨多了。事實上，它看起來就像是現在的建築師會拿給新客戶看的都市模型，住商融合得宜，也有宜人的綠地。這是個有無限機會的地方，一切都一目瞭然，舉目皆是整齊的方格界線。牧地上沒有牛隻、沒有動物排泄物，看起來就是個適合週日踏青的地方；比林斯門碼頭（Billings Gate Dock）安安靜靜坐落在倫敦橋旁，等待著船貨到來。我們從粗鄙的復辟戲劇可以知道，倫敦當時存在大量的貧民窟、髒亂、攻擊事件，唯一可以窺見這些情況的線索，是歐杰拜與摩根以額外小冊子刊載的冗長索引：妓女巷（Hooker's Court）、火柱（The Fiery Pillars）、渣滓巷（Scummer Alley）、匕首巷（Dagger Alley）、尖鋤巷（Pickaxe Ally）、黑口（Dark Entry）、屠殺院（Slaughter Yard）。可惜的是，摸女巷（Gropecunt Lane）這處在歐杰拜出生以前就存在於英國許多城鎮的花街柳巷，並沒有出現在索引裡。

而且地圖上出現的事物不全然正確：以輪廓出現的聖保羅大教堂，很可能是以克里斯多夫·雷恩（Christopher Wren）早期的草圖為本，而不是最終的城市規劃為依據（歐杰拜與雷恩極有可能是在柯芬園〔Covent Garden〕的咖啡館結識；這座城市的災後重建，也正是在此取得最群策群力也最務實的具體形貌）。泰晤士碼頭（Thames Quay）的河岸風光，被描繪成媲美歐洲其他城市那般吸引人，不過這終究只是美好想像的城市規畫，而且從未實現（或者至少，在一九八〇年代碼頭區〔Docklands〕興盛期之前都未曾實現）。

不過這幅具有重要歷史意義的地圖攤開在桌子上的時候，它給我們的印象就是它最偉大的成就。它很精準，是熱愛這座城市的最

高表現。它反映出歐杰拜在開始規劃這幅地圖時所觀察到的一切，倫敦在大火後迅速蛻變是個「了不起的奇蹟！」他看見倫敦如何以「超過想像的速度移除這些垃圾，從亂七八糟的斷垣殘壁裡重新站起來」。我們可以看出查理二世與他的朝臣為什麼會如此大力支持歐杰拜：地圖上變得寬闊的街道，還有渴望船隻貨運往來的泰晤士河與新碼頭，這幅地圖向全世界宣告，倫敦再度歡迎各國商旅到來。

如果你覺得倫敦已經夠了，歐杰拜也能幫你離開這裡。他對倫敦詳盡的調查，只是《大不列顛地圖集》的一部分而已，這是個差點使他破產的宏大計畫。他原先的雄心壯志是要製作一本巨大的英格蘭地圖集，可以鉅細靡遺地介紹各個城市鄉鎮，而隨著這個任務的龐大結構漸趨明朗，他也不得不縮減規模。不過這項計畫留存下來的部分則更具原創性，能證明他最聞名、最美麗、最令人嚮往的遺產：地帶地圖。

如同他的倫敦地圖一樣，歐杰拜希望能幫助旅行者；或者至少他發現有一點有利可圖：幫助他那些富裕的資助人，走最直接、最適宜的路線通過國境內的危險道路。他的解決方案是最早期形式的熱門道路地圖集，收錄了一百幅資訊豐富的路線圖，以銅版雕刻，用厚實的紙張印刷，不論是實際的馬車出遊或是居家裝飾都非常適宜。

這些地圖以最簡潔的形式，指引旅人從倫敦到牛津郡（Oxfordshire）的阿賓頓（Abingdon），然後（另外一張地圖）從阿賓頓到威爾斯的蒙茅斯（Monmouth）。另外一張倫敦地帶地圖則向東北方前進劍橋郡（Cambridgeshire），途經沃爾瑟姆（Waltham）、哈德斯頓（Hoddesdon）、威爾（Ware）、羅伊斯登（Royston）以及杭廷頓（Huntingdon），最後抵達斯蒂爾登（Stilton）。第六張整版

Comencing at the Stand and Extending to Senan

By IOHN OGILBY Esqʳ his

Containing 308 miles 3

to Brantfort 10.3 Stanes 8.7 Bagshot 10.c
10.2 Andover 18.1 SALISBURY 17.4 S
Crookhorn 14.6 Axminster 10.2 Honito
Ashburton 9.0 Brent 7.6 Plymouth 10.o
goney 12.6 Market-Jew 30.2 Pens

Left strip:

Smallbeere Green
to Uxbridg through Osterley Park
to Hampton Court
11
to Osterley
Isleworth Sion house & Church
Brent Flu. Stone br.
New Brantford
Sʳ Henry Chaples Sir Ioh. Trevers
to Uxbridg Road Old Brantford
Eling
Sʳ John Maynards
9
Sutton Court
Lᵈ Crofts Marq: of Worcesters Cheswick
8
Turnham green
7
Hamersmith
wood bridg
to Acton
to Fulham Counters bridg of brick
Earl of Hollands
6
Camden house the Church
Kensington
to Fulham Chelsey
Lᵈ Keeper Finch's
the College 4
to Fulham
Hide Park
Knightsbridg
to Pudington
Tuttle Fields WESTMINSTER
to Uxbridg
Lambeth
St Georges Fields
Southwark
LONDON
SURREY — THAMES FLUVIUS — MIDDLE-SEX

Middle strip:

lodge Windsor Park
New England a brook
23
Dean heath
to Bagshot 22
to Thorp
to Windsor
to Thorp 21
Egham
to Windsor
20
to Chertsey Enter Surry a wooden br
Thames fluvius
Stanes 19 to Colnbrook
abrook
18
Stanwell
(a) to Ashford 17
16 Bedfont
to Felton to Uxbridg
a wooden bridg 15 over ye new river
that runs to Hampton Court
to Felton to Longford
ye Powder Mills
Sword Mills 14 Baber bridg
a Pond
13
to BRISTOL by Colnbrook
Hounslow heath to Heston
Hounslow
SURREY — MIDLESEX — Hounslow heath

Right strip:

Enter Hampshire to Fremley to Yatel
Black water flu
33
to Chobham to Ockingham
32
SURREY
to Fremley to Guildford
to Ockingham
30
to Guildford to Ockingham
29 ye Kings house
Bagshot a Rill
to Guildfort
Bagshot Park to Ockingham
to Windsor 28
to Chersey
Winsham
to Chersey
27
Bagshot heath
26
25

地圖帶你到諾丁漢郡（Nottinghamshire）的塔克斯福德（Tuxford），第七張圖從塔克斯福德到約克（York），第八張從約克到達勒姆郡（County Durham）的切斯特勒街城（Chester-le-Street），第九張則從切斯特勒街城前往伯利克（Berwick），就在蘇格蘭的南部邊境。

這些地帶地圖有十四幅的起始點在倫敦。你可以從甲地出發，然後曉得自己沿路會遇上許多休息站、沼澤地、河流、旅店、教堂、煤坑、耕地以及各種歐杰拜所謂的「精彩風景」。這些地圖為旅人、馬車夫以及可預期的攔路強盜提供了前所未有的便利。現在人們可以知道並且計算還有多遠就可以停下來吃飯，或者是來個夜間搶劫。

這些地圖異常精確。調查員確實帶著測距輪實地走過每條路線，還要有一名騎著馬的同事帶著補給品跟在一旁。歐杰拜堅持每張地圖都必須具備高標準的真實資訊。他為測量的哩訂出標準，將每哩訂為一千七百六十碼，而不是採用較短的羅馬哩（一千六百一十七碼）或較長的「舊英哩」（兩千四百二十八碼）。每一哩都清清楚楚標記在地帶地圖上（比例尺為一吋比一哩）。地圖上也以金字塔狀的山丘來表示陡峭度以及攀爬的費力程度，每一個標點都是標記坡度方向。

歐杰拜這項計畫最重要的支持者之一是復辟時期偉大的博學之士羅伯特・胡克（Robert Hooke），這位皇家學會（Royal Society）的「實驗管理人」在倫敦大火後也對倫敦做過普查。在他先前的眾多計畫裡，歐杰拜滿足於將既有的地圖重新包裝，只加上新的漩渦裝飾或是邊框作美化；關於英國的地形與考古研究方面，威廉・卡姆登以及約翰・雷蘭德（John Leland）已經作出極具價值的貢獻，借用這些資料加以闡述很容易。不過胡克鼓勵歐杰拜去做完全創新的東西。

前往英格蘭西南部的愜意長畫卷：取自約翰・歐杰拜所繪由倫敦至康瓦爾郡的局部細節。

　　地帶地圖不只是實用而已，它們看起來漂亮又有趣——像玩偵查遊戲一樣，能讓孩子在漫無止盡的車程中分神不去抱怨。這裡有座橋，再走一下下就有座風車，只要再走三哩就到老紅獅（Old Red Lion）了。以現代人的眼光來看，每幅地帶地圖看來都像吃角子老虎機的一個滾筒，大多數的符號經常反覆出現（羅盤、樹叢、教堂），而有些則只會出現在特殊的景點（海關、城堡）。這些地圖使用了明暗複雜精細的錯視技法，每幅地圖看起來都像寫在一份薄薄的紙卷軸上頭，想像中多餘的紙張就往後摺。歐杰拜曉得自己正在創造一樣新東西。當這些地帶地圖完成時，他表示「可以大膽地說全世界沒有能與之相提並論者，因為在地圖史上，從來沒有人嘗試過或甚至考慮過像這樣耗費鉅資、窮盡心力研究的計畫……」

　　昂貴的版本是採手工上色，美麗的成品讓人想掛在牆上作為裝飾，這麼多地圖集都支離破碎，地圖被抽出來欣賞各地細節，此即原因之一；還有一個原因是旅人會採用某一特定路線，上路的時候也就沒有理由把其他的路線圖也帶著。尺寸較小、售價較便宜的版本在一年內問世，包括「歐杰拜修正版」以及「道路口袋書版」，歐杰拜雖然抱怨全倫敦的印刷商盜印「搶劫了我的書」，但也無濟於事。

　　結果這成了他最微不足道的煩惱。一六七六年，歐杰拜那些護送英國人到達他們未曾踏足之地的地帶地圖推出後沒多久，他過世了，享壽七十六歲。他被埋在艦隊街聖布里奇教堂（St Bride's）這座「印刷者教堂」的墓穴裡，就在大火後雷恩將之完全重建後不久。歐杰拜在這裡長眠至一九四〇年十二月二十九日，納粹空軍使他於爆炸中灰飛煙滅，倫敦的下一場大型重整勢必將至。

第十章

英國地形測量局
漸趨協調的六則故事

　　一七九○年十二月三日與四日，歷代首見的地圖拍賣會於倫敦帕摩爾街（Pall Mall）上的佳士得拍賣會舉行。拍賣品包括一幅伊莉莎白女王時期的倫敦地圖、許多私人委託的英國縣郡測量資料、近期的北美沿岸地圖、二十多幅蘇格蘭地圖（包括一些未完成的手稿校樣），還有七十八張卡西尼（Cassini）家族的法國地圖。拍賣會上也有一批珍貴的藏書：為數不多的零散旅遊記事，包括近期有關非洲內陸的書籍以及庫克船長（Captain Cook）最後一趟前往南極的航程，還有範圍廣泛的數學與地形測量專論書籍，許多都是前十年在法國出版的著作，卡西尼・迪・圖瑞（Cassini de Thury）的《法國地理敍論》（*Description Géométrique de la France*）以及卡格諾利（Cagnoli）的《論三角學》（*Traite de Trigonometrie*）皆列名其中。

　　然後是拍賣目錄上稱為「首要收藏」的部分：工程與測量器材。這些對當時的拍賣公司來說也是非常罕見的品項（依據目錄，佳士得先生才剛在一七六○年代建立他的事業）。這些拍賣品展現

出一種充滿好奇心與冒險的人生：
有許多的四分儀、六分儀、羅
盤、氣壓計，還有經緯儀及望
遠鏡，「一個四眼玻璃透鏡」
以及一個由光學儀器霸主約
翰‧多倫（John Dollond）及
彼得‧多倫（Peter Dollond）
父子所製作的四呎消色差望遠鏡
（在他們遇上埃奇森〔Aitchison〕
的一百五十年前[1]；海軍中將納爾遜
〔Admiral Nelson〕也有一個多倫製
造的望遠鏡）。接著還有導標、溫度
計、製圖尺、可攜式攝影暗箱、岡特

除了岡特測鏈以外的所有
工具：十八世紀正在使用
中的經緯儀以及步程計。

測鏈以及某個被標記為「小型電子器具」的東西，作用不明。

　　不過，這些東西之前的主人是誰呢？

　　這些是五個月前過世的威廉‧羅伊少將（General William Roy）
的所有物，他正是實際上建立了英國地形測量局的人，這些東西是
這一行的工具。他的計畫不僅僅是要繪製整個大不列顛的地圖——
每座林園、每個層級、每處鹽沼以及每塊潮淹地，以一種到當時為
止都被認為不可能執行的廣度及深度——同時也要重新塑造人們對
於英國的理解及欣賞，包括地貌、產權邊界、都市與鄉村計畫、工
程、考古學、區域與稅法等。繪製大不列顛一開始就是個需時超過
六十年的大計畫，而最終的實際成果則是這本地圖資料集《土地調
查清冊》（Domesday Book）。在鐵路誕生之前，也遠遠早於BBC及
健保制度出現以前，這本《土地調查清冊》幾乎可說是英國的代名

1　約翰‧多倫的光學事業與埃奇森的店於一九二七年合併，成為多倫與埃奇森
　（Dollond & Aitchison），簡稱D&A，是英國最老牌的光學眼鏡連鎖店。

詞，舉世欽羨。

它是否一直會是不可或缺的東西？當你不論晴雨被困在英格蘭山峰區的某個岬角時，你可能還是會認為在上帝的這顆藍綠色星球上，沒有能與之匹敵者。而你的想法是對的。

———————

英國軍需處（Board of Ordnance）所做的偉大三角測量（Trigonometrical Survey）於一七九一年六月正式推行。在此之前，人們有時會覺得英國並沒有被好好繪製成地圖，就模糊成一團的耕地以及因早期工業發展而遭損的路邊小旅店。事實上，情況正好相反——雖然與地形測量局的嚴密精準相比，在製圖方面不免顯得混亂。

十八世紀初期，由歐杰拜所做的倫敦地形勘查以及國內地帶地圖已經過時很久了——而克里斯多夫・薩克斯頓（Christopher Saxton）以及約翰・斯彼得的郡縣地圖甚至有過之而無不及。不過，英國開始著迷於繪製地圖。從一七五〇年代開始，為數眾多的人們不分晝夜拿著岡特測鏈以及目鏡，為商業或土地利益製作地圖，或者是評估應繳稅額（「地籍」圖）。繪圖專家如卡林頓・鮑爾斯（Carrington Bowles）、羅伯特・賽爾（Robert Sayer）以及約翰・凱瑞（John Cary）等人也進行了重要（且精準）的鄉鎮郡縣勘查。不過這些地圖都是為了各自出資人的需求而繪製，許多地圖是影響力的象徵，涵蓋範圍零零碎碎，而且地圖裡該放什麼、不需要放什麼，也完全沒有共識。比例尺或是圖例的使用當然也沒有任何標準（雖然教堂會以尖塔來表示，畫一橫槓表示教區教堂，兩橫是大修道院，三橫是大主教教區）。

使地圖繪製轉向全國規模的主要考量是軍事防禦。在蘇格蘭，一七四五年詹姆士黨叛亂（Jacobite Uprising）使得忠於英國政府的軍隊開始警覺到，精準的高地地形圖遠比先前只注重城堡及其他堡

疊的地圖重要得多。因此，在陸軍中校大衛・華森（David Watson）的領導下，威廉・羅伊少將從一七四七到一七五五年間對蘇格蘭進行了新的勘查，製作了比例尺一千碼比一吋的地圖，之後他對於這項成果的評論是「重要的軍事草圖而非極為精準的國家地圖」。的確，大部分的考察都是在馬背上進行觀測，雖然測量儀器已經有了長足的進步（尤其是英國與德國製的望遠鏡及經緯儀），但依然遠遜於羅伊在接下來的日子裡所提倡的嚴謹製圖。

啟發羅伊想要製作系統化地圖的靈感來自法國。從一七三三年開始，大規模的法國全境勘查耗時十二年製作了一系列地圖，即使不是當時歐洲最具裝飾性的作品（腓特烈大帝〔Frederick the Great〕執掌下的普魯士也許會表示自己才擁有這個美名），也會是影響力遠及印度及美洲的典範。在全國規模的地圖繪製計畫當中，投注其中的成本（勞力、管理及印刷）幾乎可說是最為驚人的，但是所得到的成果，其價值遠遠超過這些心血與財力、物力。

一百八十二張的《法國地圖》（Carte de France）（其中的七十八張都在羅伊的拍賣品項中）首次出版於一七四五年，是卡西尼家族的作品，由法王路易十五（Louis XV）大力支持，規模宏大。這些地圖若是貼在一起，可以合成一張長、寬各超過十一點五公尺的巨大拼貼圖（也可以買到裝訂成冊的地圖集）。這項勘查為新生的法國在建立財政架構上扮演了重要的角色，並且──由卡西尼家族四代人不斷修訂，直到一八一五年為止──在無止盡的歐洲戰爭期間為法國提供了某種地形憲法。以現代的眼光來看，我們很容易就能判定這樣的計畫是一國製圖進展非常明顯的躍進，但是在當時它是個地理學的奇蹟。一如美國製圖歷史學家馬修・愛德尼（Matthew Edney）所言：「在這個時期能有如此高水準的地理勘查，簡直可媲美原子科學。」

英國地形測量局確實欠了它的法國親戚難以勝數的人情債。《法國地圖》是以加強後的三角測量系統為基礎，這種計算方式是

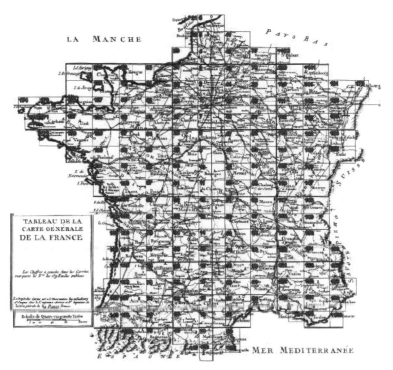

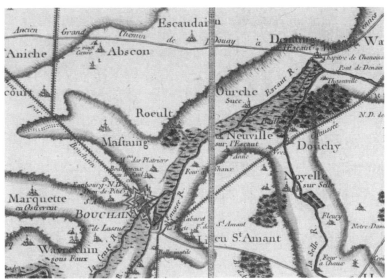

史上首次最大的地圖勘查——由卡西尼家族於一七三三至一八一五年所製作
的《法國地圖》。

從某一條固定的基準線去測量兩個角度，進而決定距離。這種計算方式因荷蘭製圖師赫馬・弗里休斯（Gemma Frisius）而普及於十六世紀，雖然對畢達哥拉斯來說，這個理論一點也不稀奇。

英國地形測量局當時所有的工作都仰賴三角測量，直到兩百年後的全球定位系統全面接手為止。威廉・羅伊於一七六三年首次擁護這種測量方式，當時他的身分是副軍需總長，他提議以一吋比一哩的三角測量方式測量全國。兩年後他又提出類似建議，當時他是軍需處的海務巡官；軍需處是軍隊的一個分支，位於倫敦塔，負責陸軍與海軍的軍隊補給以及其他的後勤支援（包括地圖）。羅伊主張應製作更詳盡的地圖以便保護南部海岸，雖然他自己也寫道這樣一項擴展計畫應該要有一條子午線「貫穿」整個島的範圍，以方尖碑為標記……就像「法國」做的那樣。他的提案因為時間、人力及花費等因素而被駁回。

羅伊在一七八四年終於獲得了機會，喬治三世（George III）以及皇家學會委任他執行三角測量，將格林威治與巴黎兩地的天文台連在一起（最初的推動來自卡西尼家族）。這項計畫花了三年的時間才從多佛（Dover）跨過英吉利海峽，之所以延遲顯然是因為倫敦主要的儀器製造者傑西・蘭斯頓（Jesse Ramsden）耽擱所致。蘭斯頓的三呎高「大經緯儀」是這項任務能否精確執行的關鍵，不過根據歷史學家R・A・史蓋爾敦所述，蘭斯頓對於測量的慢條斯理惹惱了羅伊，他在官方報告裡痛批蘭斯頓，不過在付印前這些句子就被刪掉了。

儘管如此，這項工程被認為是一項成就，也是三角測量的勝利。一七九〇年，羅伊再次於兩份提交給皇家學會的報告裡提出進行全國勘查的建議，也是他最後一次提議，幾週後他就過世了。當時他也寫信給一位主要支持者軍需處處長里奇蒙公爵（Duke of Richmond），正是這位公爵於次年任命設立我們現在所知的英國地形測量局。

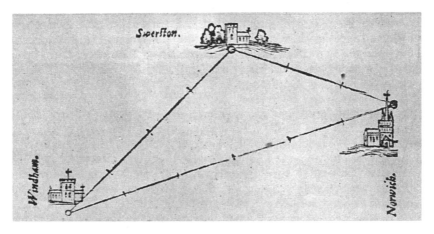

一五五〇年代的早期三角測量示意圖。

　　法國軍隊開始在歐洲集結，確實也對他的海岸勘查計畫產生助力。不過，以羅伊的話來說，這個計畫不僅要運用「大三角」來勘查那些難以防守的區域，例如「森林、樹林、草原、公有地或沼澤」，更要勘查那些「封閉的區域……所有的樹籬以及其他牧地的邊界」。羅伊認為必須以不小於兩吋比一哩的比例來標示，不過如果是為了將「整體島嶼」放入印刷範圍，則可以縮減至一吋比一哩。

　　羅伊在英格蘭第一個勘查的地點是位於豪恩斯洛荒地（Hounslow Heath）的基地，他在這裡進行他的英法測量大計（位於現今希斯洛機場〔Heathrow Airport〕附近）。接著擴展到薩里郡（Surrey）、西薩賽克斯郡（West Sussex）、漢普郡（Hampshire）、懷特島以及肯特郡（Kent）。這項計畫展現了許多偉大的想法，我們可以合理推測，那些在接下來的年月裡埋頭鑽研的人們，肯定會納悶為什麼之前都沒有人想過要做這樣一件事。

　　地形測量局於一八二四年秋天抵達愛爾蘭，立刻碰上難題：無

法看透的濃霧。在英格蘭，薄霧通常出現在黎明時，然後在上午十點前散去，但是在多尼戈爾郡（Donegal）、梅奧郡（Mayo）以及德里郡（Derry）卻不是如此。愛爾蘭地形勘查一開始是系統性調查六萬多處的鄉村「鎮區」邊界，用以改革愛爾蘭的稅收制度，不過很快就演變成以六吋比一哩的比例尺來繪製愛爾蘭從北至南的地圖。這項行動雇請了數量驚人的男性——一八三〇年代高峰期甚至超過兩千人——但有一名男子是真正使這些人的勞力付出能行得通，使他們的成果能如此驚人並取得能見度，這個人與羅伊一樣是個蘇格蘭人。

湯瑪士・卓蒙（Thomas Drummond）出生於愛丁堡，於當地就讀大學，不過他的養成教育卻是在倫敦伍利奇（Woolwich）的皇家軍事學院（Royal Military Academy）。他精擅的領域為數學及工程學，地形測量局主任湯瑪士・寇比（Thomas Colby）徵召卓蒙當

地形測量局的原創地圖之一：肯特郡，比例尺為一吋比一哩，一八〇一年發行。

助理，協助英格蘭鄉村地區的地圖繪製，幾年後則以他副手的身分來到愛爾蘭。卓蒙是個務實的人，他在都柏林的基地開始大幅改進當時的繪圖技術，皇家學會因此注意到他，並要求他在麥可‧法拉第[2]面前展示他的發明，卓蒙回憶這件事時，稱之為他一生中最值得自豪的事。

　　鉅細靡遺的愛爾蘭地形勘查大多數以岡特測鏈進行，不過若想達成「完整描繪地貌」的目標，就需要一整批新的瞄準具。卓蒙已經小幅改良了氣壓計、光度計以及一種稱為以太鏡的光學器材，不過他改良定日鏡使之便於攜帶，才是真正使他受到特定人士注目的主因。定日鏡是一面鏡子，能使陽光偏斜向某個特定的遠方目標。但是如果太陽下山了呢？或是在那些經常下著冰雹、濃霧不散或煙霧迷濛的日子呢？卓蒙發現，要對付猶如豌豆湯的黃色濃霧，解決方法就是「黃光」；當小石灰丸（氧化鈣）以氫氧混合的火焰燃燒時，會產生一種比火炬、流行的玻璃燈罩燈芯油燈或是剛出現的煤氣燈還要強烈的光。這種光的強度大幅增加了三角測量點之間的可視距離；遇到光線不足或是下雪天，有了這種光就可以看見遠達一百哩外的訊號。

　　「石灰光」（limelight）一詞也因此進入了人們的語彙[3]。這個東西其實不是卓蒙的發明（第一個氫氧混合的噴燈是由康瓦爾郡的科學家格司瓦士‧葛尼〔Goldsworthy Gurney〕在幾年前製作出來的），不過是卓蒙使它首度發揮廣泛的效能，並應用於提燈上，大幅提升使用的安全性以及照明時間。當這個「卓蒙燈」與「卓蒙基線」（一種使用金屬棒的測量技術）一起搭配使用，整個愛爾蘭的高度精準勘測僅僅花了二十一年的時間。數十年後，當人們再次測

2　麥可‧法拉第（Michael Faraday，1791-1867），英國物理學家，於電磁學及電化學方面貢獻卓越。

3　limelight除了表示石灰光、灰光燈、聚光燈以外，也指「眾人注目的中心」、「獲得了來自報章雜誌等的大量關注」。

量這個一八二○年代所設下的基線，發現它的精準度竟然達到八哩內僅有一吋誤差。

在愛爾蘭海（Irish Sea）的另一邊，倫敦的劇場觀眾也有感謝卓蒙的理由。石灰光第一次使用於舞台上，據信是在一八三七年時柯芬園的皇家劇院（Theatre Royal），上演的是一齣名叫〈科芬特里的偷窺湯姆〉（Peeping Tom of Coventry）的音樂鬧劇，石灰光彌補了煤氣燈的不足，主要用於明星演員或是戲劇性的頓悟場景，做出聚光燈效果。丹‧雷諾（Dan Leno）、瑪莉‧勞埃德（Marie Lloyd）以及小矮個（Little Titch）全都在這種聚光燈下發光發熱，而石灰光在世紀交接時逐漸淡出——由電力正式接手——與音樂廳同時逐漸沒落。

大不列顛帝國的殖民勘查，延伸範圍遠超過愛爾蘭。事實上，最偉大的一次勘查抵達了地球最高的端點。在一八五六年初，世界第一高峰在各地有不同的名字，包括多德嘉（Deodhunga）、拜拉瓦善（Bhairavathan）、珠穆朗瑪（Chomolungma）以及十五峰（Peak XV）。而在一八五六年底，它的名字叫作埃佛勒斯峰（Mount Everest）[4]。

這個名字選得很古怪。喬治‧埃佛勒斯（George Everest）是一八三○年至一八四三年的印度測量局局長（Surveyor General of India），據說非常盛氣凌人又嚴格到苛刻的地步。而且我們幾乎可以肯定地說他絕對沒有見過這座山，他也認為當地人無法正確唸出這個名字（就和我們一樣：他稱自己為「伊福勒斯」而不是「埃佛勒斯」）。不過大英帝國做的事正是他們在十九世紀中期所擅長的——將自己的名字強加在地圖上那些他們根本沒有管轄權的地

4　即聖母峰。

方。儘管當地人抗議，這個名字還是留下來了，成了一個微小但生動的附帶產物，顯示來自母國的新勘查科學來到了印度。

　　印度大三角勘查（Great Trigonometrical Survey of Inida）——構想成形於一七九九年，於一八〇二年開始著手進行，不過直到一八一八年才有正式的官方名稱——與英國測量局所做的非常近似，也同樣帶來變革。這項勘查顯示了從原本粗略的印度路線圖（以地標為主的描述性地圖，適用於旅人或商人），轉變為仰賴三角測量

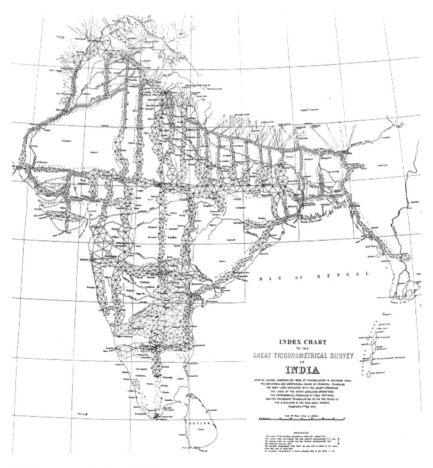

帝國雄心——印度大三角勘查

的嚴謹數學技術（更適用於軍事規劃，在地圖上建立標準的製圖網格，因此容易與其他地圖合併或是相互參照）。任何經緯儀與三角測量點所到之處，皆納入大英帝國的版圖裡，而這項勘查的初始贊助者英國東印度公司（East India Company）則徹底利用機會，在科學調查的偽裝下奪取新領土。這項勘查仰賴自英國進口的沉重測量設備以及在英國受訓的勘查員（威廉‧蘭頓〔William Lambton〕是印度大三角勘查的第一位負責人，他直接受到威廉‧羅伊的啟發，而蘭頓的繼任者喬治‧埃佛勒斯，當時在愛爾蘭進行英國測量局的勘查）。這整個計畫費時六十多年，或許也可以認為是某種非常英國的東西，一個足以拍成蒙地蟒蛇滑稽風格的絕佳冒險故事[5]，勘查員奮力挑戰，試圖以製圖的方式馴化當地極端的氣候與惡劣的叢林，飽受中暑、痢疾以及老虎的蹂躪。

　　除了有助政治利益的地圖繪製以外，大三角勘查也取得了科學地理學的突破與成就，創下地表上最長的測量距離，超過了一千六百哩。在人們能從外太空勘查地球之前，這個南北向的大子午線弧（Great Meridional Arc），最南邊的端點起自坦米爾納德邦（Tamil Nadu）的科摩林角（Cape Comorin）（現為肯亞庫馬利〔Kanyakumari〕），接至喜馬拉雅山脈（Himalayas）與尼泊爾（Nepal）的邊界，為我們這顆星球的曲線提供最偉大的驚鴻一瞥（這份雄心首次由埃拉托斯特尼與他的日晷達成）。這道子午線弧為之後的工作提供了骨架——大量的系列地圖由這個基礎往東西向延伸。

　　相較之下，埃佛勒斯峰的測量則是一種至上的地圖學傲慢，除了與地圖繪製的野心有關（對那些參與三角測量的人來說，是有史

5　蒙地蟒蛇（Monty Python）為英國一個超現實喜劇表演團體，一九六九至一九七四年間他們製作的電視喜劇影集〈蒙地蟒蛇的飛行馬戲團〉（Monty Python's Flying Circus）深受歡迎，其風格及製作方式也影響了日後的英國喜劇。

印度郵票紀念了兩位大三角測量的英雄——納恩·辛格（Nain Singh）以及拉德哈納特·希克達爾。辛格探索了喜馬拉雅山脈並繪製了大部分的西藏區域，而希克達爾則計算了十五峰的高度（之後改名為埃佛勒斯峰），並將之確定為世界第一高峰。

以來最大的三角）[6]，也與帝國主義的自吹自擂脫不了關係。埃佛勒斯峰的確切高度是由傑出的孟加拉數學家拉德哈納特·希克達爾（Radhanath Sikdar）所計算出來的兩萬九千呎，不過實際公布的時候是兩萬九千零二呎，以免被認為是粗略的概算（這是個平均數字，由六處不同的測量站所提供的數字估算出來，測量範圍為從埃佛勒斯峰的山頂算下來的一百零八哩至一百一十八哩之間）。這項準確測量結果是安卓·沃夫上校（Colonel Andrew Waugh）的一大驕傲，他是接任喬治·埃佛勒斯的印度測量局局長（也是他用埃佛勒斯為這座世界第一高峰命名）。而這個測量數字的精確度以現代眼光來看，應該被視為十九世紀製圖的一大成就，雖然由於地殼版塊變動以及雪冠範圍變化的關係，這座高峰的海拔高度也隨著時間產生變化（人們對於是否應該將雪冠納入計算也沒有共識），目前二十一世紀普遍接受的數字兩萬九千零二十九呎（八千八百四十八

---

6 〔作者注〕英國所繪製的印度地圖提供了一些無可反駁的證據，顯示了地圖的力量，它們所揭示的東西與它們所隱藏的東西一樣多。舉一幅一八四二年加爾各答的地圖為例，它的誕生是為了單從名字就令人感到不祥的英國實用知識傳播學會（Society for the Diffusion of Useful Knowledge）而做，地圖上呈現了像是銀行與警局等公共建築，但是絲毫不見廟宇或清真寺。誠如伊安·J·巴羅（Ian J Barrow）曾在他的印度地圖史論述裡所言：「除了看到印度人作為搬運工或是農夫以外，從地圖上你很難看出加爾各答其實是個住著印度人的印度城市。」

公尺），被認為是無關緊要的小幅增長，即使對於那些企圖攻頂的
登山客來說亦是如此。

讓我們回到這些勘查的起點，英國地形測量局本身已經迅速成
為英國地貌的一環了。直到第一次世界大戰前，地圖上所用的符號
已經與道路標示一樣為人所接受，地圖狂銷幾百萬份，新比例尺的
新版本發行是件重要大事，在每輛馬車、每間閱覽室以及穿鞋室
裡，摺疊的地圖就安然擺放在手套、圍巾以及熱水瓶的旁邊。圍繞
著地圖產生了一種新的視覺書寫語言，同時還有一套近乎全球通用
的規則，規範著我們應該如何將快速變動的領土繪製成地圖。這些
地圖溫和地修正了英國人對於地方的看法，並且定義出一種文化，
遠遠超過他們將之縮小描繪的那些空間。

只要你燃起了想要畫地圖的慾望，你就得不斷地滿足它。地圖
不會就那樣保持不變，皆大歡喜——你必須根據那些麻煩事，像是
人口爆炸或城市毀壞等，去修正、調整、執行然後重畫。歐洲大陸
有許多國家的邊界因為戰爭而受到重創，奇怪的是，鮮少有此困擾
的英國卻似乎對地圖有著天生的需求。製作地
圖不僅是為了實務或是學術目的，更像是他們
與生俱來的權利。

對於英國地形測量局來說，這意味著持續
不斷的更新版以及各種規模的新地圖。這項工作
永無告終的一日。測量局的勘查員才正坐下來歡
慶完成了一套新系列，沒多久這些成果又要變成
過時產物。繪製地圖當然是件糟糕的工作，他們如
何能保持腦袋清醒，實在令人感到納悶：每一年地
圖上的「沉默區塊」——沒有特別值得繪製或是報告
的地方——變得越來越少。

National Grid

173

ORDNANCE SURVEY

New Popular Edition
ONE-INCH MAP
of ENGLAND & WALES

EAST KENT

SHEET 173

First Published 1945

Revision Full 1936 with later corrections

Price (Paper) Two Shillings & Threepence

雖然現在英國地形測量局地圖比例尺的選項變少了，但以前可是有根據各種用途、價位與地點的系列可供參考。有一八四二年的一比二三七六的約克郡西區（West Riding of Yorkshire）地圖；比例尺一比一二五○首見於埃塞克斯的舒布內利斯（Shoeburyness）地圖，發行於一八五九年；一比十二萬六千七百二十盛行於一九○○年代的初期，以及一比一萬零五百六十的「一般版本」城鎮地圖與一比十萬的郡縣地圖，兩者都出現在一九六○年代。不過現在似乎都已大致底定，所以我們現在有的是國家網格系列（National Grid Series，以「探險家系列」或「橘本系列」為名，比例尺為一比二萬五千或是二又二分之一吋比一哩）以及「探路者系列」或「粉紅系列」，比例尺為一比五萬或是一又四分之一吋比一哩。

如果你現在將整疊的地形測量局地圖全都看過一遍，就會訝異於這些地圖是怎麼繪製出來的，每一幅都是無與倫比的社會史料，記錄了一個逐漸消逝的國家。它們記載的不只是工業或是科技的進步，還有公共衛生、旅行及建築風潮、休閒嗜好以及語言的意外轉變。而且這些地圖並非有意而為之，這種令人察覺不出的歲月推移，就像漸趨稀薄的頭髮一樣。

地形測量局地圖──確實全都是認真以對的地圖──應該包含什麼、不應該包含什麼，都一一受到規範，還有一本值得大力稱讚的英國規則手冊提高了這些規範的標準，龜毛且強勢地對於各種細節指指點點。規矩多如牛毛，包山包海且嚴格苛刻，全都來自野外實察以及在南安普敦總部沒完沒了的委員會議事錄。在一九九○年代，地圖歷史學家李察・奧利佛（Richard Oliver）開始彙整兩世紀以來在勘查員內部通行的規範手冊，說明地形測量局應該如何記錄觀察到的事物，大部分手冊在之前都未曾公開出版。這些規範都是必要的、沉悶的、世俗的並且絕對強制性。（這些經過釋義的例子

取自一九六三年所謂的《紅書》〔*Red Book*〕，不過它們也有現代版，東西差不多。）

出租農地：固定性地點可以標示，不過像是棚子這種不重要的細節則不必。

蕨類：必須標出清楚的類目。

運動場：一八九四年，公共場地的體育設施被允許以一比兩千五百的比例尺標示。但是遊樂設施，例如鞦韆與旋轉木馬則不標示。

外屋（廁所）：固定性的要標示，如果夠大的話也要，但不需要誇張表示（《製圖師與計畫審查員指南》〔*Instructions to Draughtsmen and Plan Examiners*, 1906〕）。

水龍頭：位於公共飲水器上的必須標示。

教堂：依照教會管理當局的許可，習慣上指稱「福音書作者約翰」（St John the Evangelist）時會標記為「聖約翰教堂」（St John's Church），不過保留全名「施洗者約翰教堂」（St John the Baptist's Church）也是習慣做法。

樹：很重要但非關鍵性。在大道上或是成排的路樹會標記，但是如果這些標示記號會使其他更重要的資訊產生混淆，那麼就不標記。

荒原：是現今長有「石南屬植物」或「山桑子」的地方。

郵箱：郵局內部的除外，其他要標示。

酒吧：持有販售酒類執照的地方；不提供旅客住宿服務（有提供住宿服務的是旅店）。

地形測量局地圖的合法價值：無庸置疑。一九三九年及一九五七年的兩次判決，已明確裁定任何東西出現在地形測量局地圖上即證明其存在；如果它們在地圖上，那麼它們就存在這個世界上。

地圖上為了節省空間，經常有令人迷惘的縮寫，通常只出現在地形測量局的地圖上，幾乎不會在其他的地圖裡看到。San 表示療養院，SM 是有坡度的石造工程，St 是石頭，ST 是大潮，St 是馬廄，而 Sta 是車站。W 可以是人行道、牆面、水、分水嶺、道路、堰、水井、西邊、碼頭或是樹林。祝你好運。

不過這都是過去的事了。除了那些無藥可救的懷舊人士以外，紙本地圖的時代不是結束了嗎？在一九七〇年代初期，英國地形測量局對於數位製圖學洞燭機先，開始將資料轉移到磁帶上，並且期待這樣的時刻來臨：健行者為了他們下一次在濃霧瀰漫的約克郡谷地（Dales）度過的兩週，透過郵政劃撥購買特製地圖。可惜的是測量局沒有預見售價五十英鎊的手提全球定位系統，也沒有預知會有不拿地圖的冒失鬼們背著沉甸甸的背包，就這樣在下午茶時間拿著快要消失訊號的 iPhone，去攀登不列顛群島的第一高峰本尼維斯山（Ben Nevis）。

但是，要是紙本地圖還有未來呢？要是我們受夠了全球定位系統的狹小螢幕，又開始想要更大張的地圖了呢？我們是否懷念比例尺一比兩萬五千的大不列顛？要是年輕人暫時放下他們手中的 3C 產品，感受到一股慾望，想要只帶著指南針還有脖子上的塑膠地圖保護套去重溫泥濘潮濕的山野？地形測量局是否可能會相信我們也許會有重返摺疊地圖的一天？如果這些假設成真的話，我們能去哪裡學習使用這些東西？

超過兩百歲的英國地形測量局提供室內的閱讀地圖課程，主要於戶外運動或是露營用品店裡舉辦。不過，在二〇一一年五月，其中一門課就在英國國家網格參照系統 SP313271 的地方舉辦——位於牛津郡契平諾頓（Chipping Norton）的「傑菲與奈爾的書店及咖啡館」（Jaffe & Neale's Bookshop and Café）。

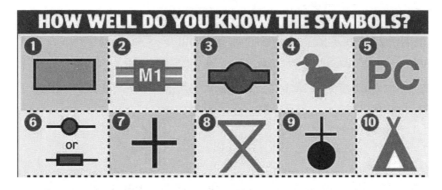

二〇〇七年一家汽車保險公司所作的調查，發現有一千五百萬英國駕駛人無法識別基本的英國地形測量局道路地圖標誌。這些是測驗內容，答案為：[1]泥地，[2]高速公路，[3]公車或長途巴士站，[4]自然保護區，[5]廁所，[6]火車站，[7]宗教場所，[8]野餐區，[9]尖塔建築的宗教場所，[10]露營地。女性得分比男性高一點點，不過整體而言，百分之五十五的人無法辨識廁所，百分之八十三的人無法辨識高速公路，還有高達百分之九十一的人很可能會卡在泥沼裡動彈不得。

　　我們拿到一塊可以放在大腿上的大板子，上面鋪著地圖，板子上綁了一個塑膠指南針。地形測量局的工作人員理查·瓦德（Richard Ward）與賽門·羅斯（Simon Rose）宣布說，通常這堂課都是他們兩人負責全部的講課，不過這週剛好是播放一套由電視名人及自然主義者賽門·金恩（Simon King）所拍攝的教學錄影帶，於是我們坐下來開始看，直到我們該去尋找自己的路為止。當然，錄影帶裡全是宣傳，不過是很溫和的那種，會讓你想要走出書店，開始走路。金恩說他很享受手機讓事情變得簡單的這種生活，「不過沒有任何東西可以取代紙本地圖。攤開地圖，然後觀察地面上這些各有差異的事物之間有著什麼樣的關聯，唯有如此，你才能清楚了解眼前的風景……我愛死這一切了！」

　　金恩介紹了兩套主要的系列，探險家系列與探路者系列，然後在下一支影片裡談了網格參照系統，再下一支則是談等高線（等高線密集處表示地勢陡峭，疏離處則表示地勢平緩）。接著介紹指南針方位以及找出與磁北相反的網格北（磁北會因為你在地球上的位

置以及磁力大小而持續變動，因此必須以逆時針方向轉動指南針幾度，使地圖的方向正確）。每段影片結束後都會有練習時間，必須找出地圖上的圖示，然後說出它們代表的意思：酒吧以及工寮（這個詞是地形測量局自一七九一年以來未曾使用過的詞之一）。

就像所有紙本帝國都面臨衛星帶來的摧毀，地形測量局正盡力跟上數位時代。他們第一批數位地圖於一九七二年推出，四年後局長B・St G・艾文（B. St G. Irwin，他的名字讓人想起測量局地圖上的符號）在皇家地理學會的一次會議上表示，他們的大比例尺地圖有六分之一是藉電腦編碼來製作。艾文估計，「在二十一世紀結束之前」才可能將所有地形測量局的資料庫都數位化。

當然，這件事發展得比預期快。地形測量局現在提供了在家印製地圖的付費服務，使用者可以選擇地圖座標，為某一天的快樂出遊規劃個人路線，然後列印出來或是下載到手機裡。官方網站還提供了種類繁多的手持全球定位系統設備以及地理藏寶（geocaching，以全球定位系統為基礎的尋寶遊戲）指南，同時也有襪子、水袋背包、防蚊液以及真空成型包裝。網站還提供了許多大比例尺的地圖可以免費下載，主要原因是來自「開放街圖」的競爭壓力，該機構曾宣稱英國納稅人可說是實際上重複付錢給地形測量局。

在這間位於科茨沃爾德（Cotswold）的書店裡，課程快結束時還有最後一支影片要看——你該在帆布背包裡放些什麼。頭燈很有用，或許還要護唇膏，然後不要忘了保暖衣物，以免突然變天。「還有，最重要的，地圖。永遠要把地圖和指南針帶在身上。地圖不只能告訴你身在何處，還能讓你從這些健行經驗裡獲得更多東西。」影片結束時，賽門・金恩告訴我們要展現國民素養，「只留下足跡，只帶走回憶」，其中一位工作坊的領導人說：「現在你們已經準備好可以去走自己的路了！」彷彿這是種福音覺醒。之後我們大部分的人都買了地圖，紙本地圖，並且自我許諾很快就會攤開這些地圖來看。

地圖大小事

十九世紀的謀殺案地圖

　　瑪莉・艾許福德（Mary Ashford）不是地圖史中重要的角色，但或許她應該要是的，可憐的女孩。一八一七年五月二十七日星期二晚上八點，她的屍體被發現躺在伯明罕郊區艾爾丁頓一片田野的水坑裡。她可能是跌倒，或是被殺害，這名二十歲女子參加完當地舞會後為什麼無法平安回家之謎，成為又傳奇又可怕的故事之一，吸引大眾關注並且占據報紙版面達數月之久。這個案子讓英國法律產生改變，也產生了可能是世界首見商業發行的謀殺案司法辯論地圖。

　　艾許福德與一位女性朋友參加酒吧裡的年度舞會，吸引了一名叫作亞伯拉罕・碩頓（Abraham Thornton）的男性注意，他曾自吹自擂是個花花公子。這兩人一起跳舞，之後行經空曠的田野走路回家。艾許福德最後被目擊是在凌晨四點，凌晨六點半時，一名當地的磨坊工人發現了她血跡斑斑的鞋子與帽子。

　　碩頓立即被指控與她的謀殺有關，十週後的法庭上出現了兩幅地圖，用來描述當晚可能發生的情況，一幅是由當地勘查員威廉・富勒（William Fowler）為了起訴碩頓所做，另外一幅則由伯明罕的勘查員亨利・雅克布（Henry Jacobs）為了抗辯而做。兩幅地圖

上都使用箭頭向陪審團說明艾許福德與碩頓在舞會後的可能移動路線，而例如潘磨坊巷（Penn's Mill Lane）、苜蓿地（Clover Field）等重要地點，也成為全國早餐席間的話題。碩頓有不在場證明，請的律師也很優秀，陪審團只花了六分鐘就宣布無罪釋放。

　　大眾不接受這個審判結果。瑪莉・艾許福德的弟弟威廉・艾許福德（William Ashford）對於這個結果大感憤怒，同時也受到大眾反對碩頓的聲浪所鼓舞，於十一月時在西敏的王座法庭（King's Bench）提出再審，這則新聞不僅讓報社歡欣鼓舞，針砭時事的小冊子作者與製圖師們也很高興。生財機會又來了。發行數版、最成功的一幅地圖是由一名當地教師所做，他鼓勵他的學生以及同事喬治・摩爾夸夫特（George Morecroft）黎明時出門，針對犯罪現場與周遭區域進行勘查。這位教師的名字是R・希爾（R. Hill），他解釋自己對《英格蘭中部紀事報》（*Midland Chronicle*）上「粗糙的平面圖」沒留下什麼印象，「執行顯然未經測量……是非常不完美的呈現。」希爾是個很有熱忱的地理學家，先前就曾經為學校畫過新的西班牙與葡萄牙地圖，不過沒有任何版本留存下來。他也曾經讀過一篇關於地形測量局誕生的熱門文章，作者為地形測量局的局長威廉・摩吉（William Mudge）少將，然後「覺得這篇文章比任何小說都還有趣」，他還自學三角學以及其他現代勘查技術。

　　他的地圖以木板雕刻，於伯明罕印刷，大小為三十八公分乘以四十八點五公分。在希爾所做的地圖上，邊界比報紙上所刊登的來得廣，「連碩頓聲稱不在場證明的地點也包括在內」，並且增加了瑪莉・艾許福德陳屍的水坑的剖面圖以及版畫（用以呈現實際的模樣，是一個帶有鄉村味道、樹木圍繞的池塘）。主要地圖還輔以有用的說明：「碩頓表示他與艾許福德分手後是走這條路」、「殺人犯可能的路線」。然後還添加了一點地形學的聳動手法。在一幅附加的小圖中，被假設是這起謀殺案發生地點的苜蓿地被改名為「致命地」。

MAP OF THE ROADS, NEAR TO THE SPOT
Where Mary Ashford was Murdered.

瑪莉‧艾許福德最後的命運之旅，這幅地圖由神祕的「R‧希爾」所做。

　　希爾的地圖還附加了非常詳盡的文字說明，生動的標題文字
融合了普通字體以及華麗的古英文字體：「道路地圖，瑪莉‧艾許
福德遭殺害地點的周遭區域」。文字說明提供了這起案件的基本輪
廓，也包括了碩頓備受爭議的說詞，關於他陪伴瑪莉‧艾許福德離
開舞會那段路之後他所走的路線，以警方蒐證那種不帶感情的獨特
風格來呈現（「也許能幫助檢視這幅地圖的調查員注意到一些特殊
之處……」；「圖上所示的水位高度，盡可能接近這起殺人案件發
生當時的水位」）。希爾的地圖大獲成功，儘管當時剽竊四起，他
與他的班級還是賺進了十五英鎊的利潤。

　　然而，沒有任何一幅地圖可以記錄接下來的這齣法庭大戲。碩

頓不僅繼續為自己的清白抗辯，還訴諸古老的決鬥裁判法[1]——他戴上一邊手臂的防護手套，並將另一只手套丟向威廉・艾許福德的腳邊，向他提出決鬥。不過威廉・艾許福德拒絕接受。碩頓於隔年四月被第三次提告（沒有人真的覺得看夠了這起案子），再度被無罪釋放，法官宣布他可以使用決鬥裁判法作為正當抗辯手段，雖然很快就有一條新的法令廢止了這項法規。

碩頓遠走他鄉至美洲，一般認為他快七十歲時在那裡過世。瑪莉・艾許福德於薩頓柯爾菲爾德（Sutton Coldfield）墓地裡的墓碑，上頭刻著長長的碑文，以充滿道德感的冷靜口吻描述了她的不幸命運，「輕率地參加娛樂活動而未有適切的自我防護」。

那麼我們重要的製圖師後來又怎樣了呢？他成就非凡。他離開了英格蘭中部，辭去教職，在倫敦西北部的漢普斯特德（Hampstead）投身公職並買了房子，受到拔擢至財政部；一八四〇年，也就是瑪莉・艾許福德一案之後二十三年，他以通用便士郵資（Universal Penny Post）以及黑便士郵票（Penny Black）[2]改革了世界的郵政系統。這幅謀殺案地圖是我們唯一擁有的羅蘭・希爾爵士（Sir Rowland Hill）的製圖生涯證明。

1　決鬥裁判法為早期的日耳曼法，曾實行於中世紀的西歐國家；當案件缺乏證人或是原告與被告雙方無法達成共識時，雙方可進行決鬥，勝利者即為勝訴的一方。英國於一八一九年廢止這項法規。

2　在希爾提出郵政改革之前，在英國寄信所收的郵資依據距離遠近、信紙張數、送件交通方式等各種因素綜合計算，由收件人給付，非常昂貴；改革內容包括推出全國適用的統一郵資表，由寄件人預付，以重量為計算單位，並推行了世界第一枚背膠郵票黑便士。

第十一章

傳奇的空山山脈

一七九八年時，英國製圖師詹姆士・瑞內爾（James Rennell）做了一件事，膽大包天到值得紀念，獨樹一幟到無可預料，在整個地圖界能與之相提並論的，前無古人，後無來者。他捏造了一座山脈，可不是什麼隨便的山脈：他所捏造的是綿延西非數千哩長的中央山脈——對於懷抱雄心壯志要深入地圖上最有利可圖之空白處的歐洲探險家來說，包括大衛・李文斯頓（David Livingstone）、亨利・莫頓・史丹利（Henry Morton Stanley）等人，這座擁有「驚人海拔高度」的山脈形成了心理上不可跨越的障礙。

空山山脈（Mountains of Kong）是以一個曾經繁榮過的貿易區域來命名，位於現在的象牙海岸（Côte d'Ivoire）以及布吉納法索（Burkina Faso），為製圖史上最偉大的虛幻物之一，理由可不只是因為它新奇到荒謬的長度——由西向東穿越過現今的奈及利亞到獅子山（Sierra Leone）。空山山脈非比尋常之處還包括它很長壽。從這座山脈躍然紙上開始，就在地圖上停留了幾乎一世紀——直到終於有個積極進取的法國人路易－古斯塔夫・班熱（Louis-Gustave Binger）實地去了一遭想探個究竟，卻發現那裡根本沒有山脈，這項成就也讓他獲頒國家最高榮譽。但是誰能操作出這種荒唐可笑的

製圖騙局呢？又怎麼能僥倖成功呢？

　　在十八世紀晚期，詹姆士·瑞內爾可說是個製圖英雄。他對孟加拉所做的勘查獲得了公正的評價，被認為是至今最詳盡也最精確的調查，是引用新近科學製圖原則所達成的功績。他也是新學科海洋學的先鋒，並以皇家地理學會創建者之一的身分為人所熟知。因此，人們自然會預期他所繪製的任何一幅展示新地理發現的地圖均有可信度，而且受到歡迎，尤其當這幅地圖是出現在他一生所寫過最重要的旅行文學著作之一時。

　　事情是這樣的：他最精心製作的地理幻影在兩幅地圖中正式現身，輔助蒙戈·帕克（Mungo Park）所寫的《深入非洲之旅》（*Travels in the Interior Districts of Africa*），這位蘇格蘭探險家在書中闡述了他前往尋找尼日河（Niger River）源頭與流域的經歷。（有超過一世紀的時間，幾乎所有非洲探險家的首要任務都是河流，牽涉到追溯源頭、流域與出河口這三大謎題——不論是白尼羅河〔White Nile〕、青尼羅河〔Blue Nile〕、尼日河或是剛果河〔Congo River〕。）

　　帕克前往非洲的這項任務是由新成立的非洲協會（African Association）所委派；非洲協會的總部位於倫敦，由約瑟夫·班克斯（Joseph Banks）、威廉·威伯福斯（William Wilberforce）以及其他同樣有志於智識與貿易征服的同志所創建。人們認為非洲蘊藏無盡的藏金量，能為大不列顛帶來無限商業榮景，雖然沿海地區在一七八〇年代已經被詳盡描繪過了，內陸地區仍是一團謎。帕克於一七九五至九七年間的非洲之旅穿過塞內加爾（Senegal）與馬利（Mali），這趟旅程與他十年後第二趟致命的任務相比，比較迂迴也沒那麼深入內陸（一般認為他在第二趟非洲之旅的尾聲，受到當地人持矛攻擊而落水溺斃），不過他的日誌提供了生動的地形描繪，記錄了在殖民狂潮前夕一個逐漸消失的世界。

　　詹姆士·瑞內爾的輔助地圖是以帕克的文字記述為本，當然還

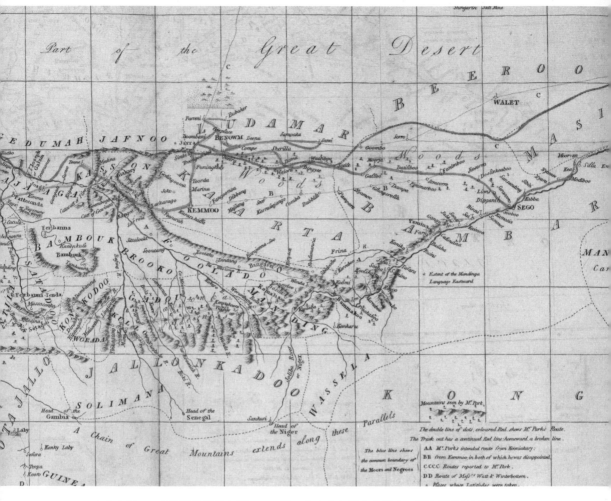

空山山脈——「連綿的雄偉山脈」——於一七九八年登上詹姆士・瑞內爾的地圖。

包括了帕克返回倫敦後提供給製圖師的補充資訊。瑞內爾為這本書寫了附錄，解釋帕克的地理新發現是如何為非洲大陸提供了「新樣貌」，也證明了「有一座山脈由西向東延伸，平行盤踞在北緯十度與十一度之間、西經二至十度之間（自格林威治起算）。其他專家則將這座山脈的範圍推至更西、更南邊，以不同的分支去計

算⋯⋯」帕克在書裡寫道他只看見兩、三座山峰，不過瑞內爾將它們串在一起。這些虛幻山脈的存在強化了瑞內爾關於尼日河流域的論點，這一點並非偶然（受到帕克模糊的暗示）。瑞內爾誤信尼日河起源於這些山峰，自東向西沿著山脈流過⋯⋯同時也因為這些山脈的緣故而未能向南流入幾內亞灣（Gulf of Guinea）。他呈現出尼日河在內陸萬加臘（Wangara）就蒸發殆盡。

他接著解釋「其他專家」，包括十五世紀摩爾地理學家利奧·阿非利加努斯（Leo Africanus）在內，已經在先前的文獻裡指出該區域有山脈，只是未能標上名字而已。不過這些山脈現在有名字了，帕克曾聽聞當地人描述「空國」，因而獲得啟發。這是個非常大膽又果決的行為，若以現在的情況來比喻的話，或許就是畫一條粗粗的輪廓線穿過半個西歐，然後稱它為盧森堡山脈。

當然，這不會是這個故事的尾聲。帕克的書很暢銷，瑞內爾的地圖立刻對其他製圖師產生影響。這些山脈不僅是戲劇化的屏障，關於它的傳說演變為山裡閃爍著亮澄澄的黃金。一八〇四年時，德國製圖師約翰·萊納可（Johann Reinecke）在一本新地圖集裡繪製了一座雪冠蓋頂的山脈（題名為「空山山脈」〔Gebirge Kong〕）。一年後，倫敦頂尖雕刻師約翰·凱瑞也製作了另外一幅地圖，空山山脈在這裡看起來更加高聳迫人，居高臨下威嚇著平原（這次與同樣虛幻的月山山脈〔Moon Mountains〕連接在一起，自托勒密時代就認為這裡是白尼羅河的發源地）。凱瑞的標題還頗具說服力：「非洲新地圖，來自最新專家研究」。

這些山脈究竟如何在地圖上屹立不搖這麼長一段時間——其真偽同時既可驗證又無法驗證？美國學者湯瑪士·巴賽特（Thomas Bassett）與菲力普·波特（Philip Porter）曾整理出一七九八年至一八九二年之間的四十幅地圖，可以看出空山山脈在不同發展階段的樣貌，最後形成了一座大小等同於一個小型非洲國家的山脈。因為缺乏反證，所以製圖師們彼此抄來抄去——我們都知道這種

美國在一八三九年製作的地圖集，幽靈般的山脈始終頑固地不願離開。

事。但是，在蘭德兄弟（Richard Lander & John Lander）證實尼日河流入幾內亞灣之後多年，在一些最具信服力的地圖上仍可看見空山山脈，這一點動搖了我們自認已經進入新科學時代的看法。一如巴賽特與波特的研究發現，十九世紀的製圖知識仍然「部分立基於非邏輯思考的因素，例如美學、習慣、（以及）想填滿空白處的衝動⋯⋯」

瑞內爾，英國最受崇敬的地理學家之一（死後葬在西敏寺），改變了非洲的地圖史長達九十年。我們無須再去尋找更原始的例子，來說明印刷文字的力量如何能授予地位，或者印刷地圖鞏固權威性的威力。唯有到了一八八九年，隨著法國軍官路易－古斯塔夫・班熱的旅程，事情才開始有所變化。一八八九年十二月，班熱在巴黎地理學會（Paris Geographical Society）向一群傑出的聽眾述

說他前年的航程，沿著尼日河從巴馬科（Bamako，位於現今的馬利）來到空山的外圍。他找到了什麼呢？「地平線上，連個山脊都沒有！」

班熱這項毀滅傳說的工作發揮了立即效果：空山山脈從所有地圖上消失的速度一如它們出現時般迅速。它們最後一次出現在地圖上，是在美國製圖公司蘭德麥克奈利一八九〇年的非洲地圖，不過更晚的還有受人敬重的巴瑟洛摩（John George Bartholomew）於《牛津高階地圖集》（*Oxford Advanced Atlas*）的索引裡寫道：「空山山脈，法屬西非，北緯八度四十分，西經五度。」

約瑟夫・康拉德（Joseph Conrad）所寫的小說《黑暗之心》（*Heart of Darkness*），書中主要敘事者查理・馬洛（Charlie Marlow）晚了兩年抵達非洲，可惜見不到空山山脈了。不過他的懊悔落在別的地方——在他還是小男孩時所看見的地圖空白處，現在大部分都已經被填上了。「我還是個小夥子的時候，對地圖非常熱衷，」在這部中篇小說的開頭，馬洛與他的船員坐在停泊在泰晤士河口的船上等著潮汐轉向，他對船員如此說道：「我會盯著南美、非洲或是澳洲看上好幾個小時，在地理大發現的榮光裡迷失自我。當時地球上還有許多空白的地方，我看著地圖上某一個特別吸引人的空白處（但它們對我來說都同樣吸引人），伸出手指指著然後說：『我長大以後要去那裡。』」

雖然等到馬洛長大成人的時候，非洲「已經填滿了……河流與湖泊與名字……成了一處黑暗之地，」他依然著迷於商店展示櫥窗的一幅地圖，地圖上一條長河如蛇般蜿蜒在廣袤的土地上，而且他致力於加入任何可以帶他前往那裡的企業。在他與一間象牙公司的面談之前，他帶著另外一幅地圖坐在等候室裡，既閃亮又鮮豔的一幅。「上面有大量的紅色——不論什麼時候看到都很令人高興，因

為我們可以知道在那裡完成了一些真正的工作，同樣大量的藍色，一點點綠色，橘色的汙塊，然後在東岸有一片紫色的土地……」馬洛對這些一點興趣也沒有。「我要走進黃色的區域。就在正中間。」

馬洛的啟示錄就在前方等著他，地圖將無法派上用場。不過他對於非洲的概念變成「黑暗之地」則非常淺顯易懂。除了那些他遭遇的精神上的黑暗面，他（可以假設為康拉德本人，他曾於一八七〇年代航行至剛果）將這片大陸視為黑暗的原因還包括那裡已經被徹底填滿了：徹底探索過、徹底殖民、徹底繪成地圖（我們也可以設想，有人會想像這裡充滿了黑皮膚的人）。

大多數維多利亞時代的探險家與製圖師對於黑暗有著完全不同的詮釋。黑暗一詞用來指稱未知的蠻族以及未繪於地圖上的事物。當亨利・莫頓・史丹利將他一八七八年的著作題為《穿越黑暗大陸》（*Through the Dark Continent*，康拉德完成《黑暗之心》的二十年前）時，非洲依然是黑暗的，儘管近期還有野心勃勃的探險家蒙戈・帕克、李察・柏頓（Richard Burton）、約翰・斯皮克（John Speke）、大衛・李文斯頓以及史丹利本人等，僅舉一些英國人為例。事實上，非洲之後變得更黑暗了：史丹利著作的續集，同時也是另外一本暢銷書，叫做《在最黑暗的非洲》（*In Darkest Africa*, 1890）。

不過，關於光明與黑暗的故事，還有另外一則更離奇的傳說，獨一無二僅見於非洲：人們如何有意識地將一直以來充滿生命與活動的地方，在地圖上繪製成空白一片。

愛爾蘭諷刺作家強納森・史威福特（Jonathan Swift）[1]，以其長詩〈詩論：狂想曲〉（On Poetry: A Rhapsody）的這四行詩句聞名於製圖師之間：

1　強納森・史威福特（Jonathan Swift，1667-1745）最著名作品為《格列佛遊記》。

於是地理學家，在非洲地圖上，

以野蠻圖像充斥空白處，

在不適居住的丘陵，

因尋不得城鎮而放置了大象。

　　曾經確實是如此。比利時製圖師約道庫斯・洪第烏斯
（Jodocus Hondius）在他一六〇六年的地圖上有著一隊狩獵大象、
獅子與駱駝的遠征隊，而在一六七〇年，約翰・歐杰拜則畫了一頭
大象、一頭犀牛以及可能是度度鳥的生物在衣索比亞胡作非為。不
過在一七三三年，當史威福特寫下這些詩句的時候，真相根本不是
這樣。非洲正被掏空。那裡沒有動物，或者那些曾經存在過的動物
已經被禁錮在漩渦裝飾之中，與那些赤身裸體的土著一起。這可不
是為了最新的地理發現和新的地形學開路，恰恰相反：非洲內陸正
再次變為一片空白。不僅僅是符號與插圖消失，還有許多河流、湖
泊、城鎮以及山丘也不見了，這是件值得注意的事——這是地圖罕
有的實例之一，顯示出隨著年月逝去，地圖變得越來越不具教育
性，越來越不具可信度。

　　以下有兩個例子，首先是布勞在一六〇〇年代早期的暢銷之作
〈非洲新述〉（Africae Nova Descriptio）。地圖上的非洲輪廓基本上
是正確的，有許多可辨識的王國與湖泊（還有大象、鱷魚以及巨大
的青蛙），地圖看起來非常滿。某種程度上這是個花招，說明文字
裡出現的前兩個世紀葡萄牙探險家所命名的沿岸地區都被放進了內
陸，而不是以尋常的表現手法將這些地方描繪成面向海洋。而且某
種程度來說，這也是一廂情願的想法，內陸的地形呈現融合了希羅
多德、托勒密、葡萄牙追求金礦毫無章法的擴張，以及傳聞逸事。
雖然並非全然不正確，不過有許多假設參雜其中。

　　讓我們比較一下這幅地圖跟一世紀之後誕生於一七四九年的一
幅非洲關鍵地圖。後者是由極具影響力的法國製圖師尚・貝地提・

布吉農・唐維爾（Jean Baptiste Bourgignon d'Anville）所做，他主
要因兩件事而聞名：他的地圖具有高度科學準確性，提升了整個歐
洲的製圖水準；他幾乎沒有離開過巴黎。他的南非地圖之所以值得
關注，是因為這張地圖極為誠實；唐維爾拒絕傳聞與抄襲，每一個
他標上的地名都經過證實；如果他無法找到自己能信服的資料來源
以證實這條河或這塊殖民地確實存在，他會適切地標注這是來自無
法確定的出處。唐維爾的地圖因此只在三個區域包含了大量的資

布勞〈非洲新述〉裡的非洲填滿了資訊。

訊：西岸的剛果王國、東岸的馬諾摩塔拉邦（state of Manomotara）
與接壤的鄰國，以及好望角旁邊南端的「霍屯督人國」（Le Pays
des Hotentots）。馬達加斯加也有詳細記載。不過這片大陸的其他
地方則是一大片遼闊的空白，這對一名製圖師來說是非常勇敢的行
為。

　　這些留白燃起了追尋智識的好奇心；有許多人將這些留白視為
對啟蒙時代的侮辱，不過唐維爾的這些空白同樣也引發巨大的政治

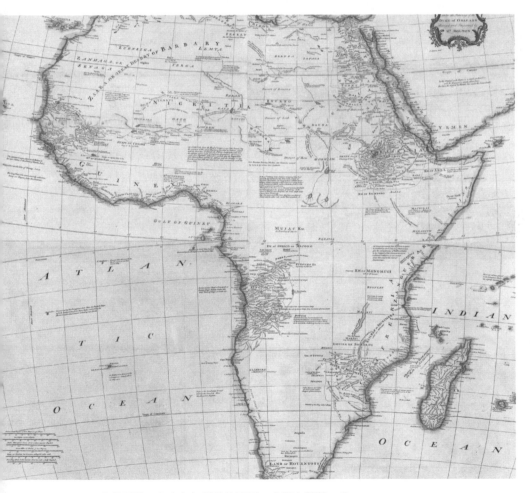

唐維爾於一七六六年所做的地圖，非洲空蕩蕩一片。

聯想：這塊舉世皆知富含奴隸與金礦的大陸，現在正門戶大開等著
被征服；當地存在的居民對於這些尚未繪製成地圖的領土毫無置喙
權，所以對征服未現抵抗。這些留白空間的居民被消抹得一乾二
淨，於是這些地方也成為可能的白色區域。在接下來的五十年之
間，唐維爾的地圖成為歐洲最主流的非洲印象，經過多次再版也始
終如此。就這樣，科學屈服於貿易與貪婪。唐維爾自己是否有這樣
的意圖？幾乎可以肯定地說沒有。但是當非洲協會的成員於該世紀
尾聲聚集在倫敦凝視這幅地圖時（還有在安特衛普、巴黎、阿姆斯
特丹的掌權者們），一定是舔著唇若有所思。

這些留白存在的時間不太長。一八七三年，威廉・溫伍德・瑞
得（William Winwood Reade）畫了一幅引人入勝的主題地圖〈非洲
文獻〉（Literature of Africa），以文字呈現了十八世紀晚期及十九世
紀主要探險家旅經之處。「大衛・李文斯頓」，第一位橫越非洲中
央的探險家，像條皮帶般束住這幅地圖；而「蒙戈・帕克」以及法
國探險家「賀內・凱葉」（René Caillie），都沿著尼日河行進。這
幅地圖製作的時候，史丹利在塔干依喀湖（Lake Tanganyika）附近
的岸邊找到了失蹤的李文斯頓，不過他還沒有啟程前往屬於自己的
大發現之旅，例如維多利亞湖（Lake Victoria）以及其他地方，所
以在地圖上對他少有著墨。

不過在我們所擁有的最粗暴的殖民論述中，史丹利是其中一名
要角。實際上這樣子的論述有兩個，一個就是出自史丹利之手，他
的暢銷日誌記載了他從剛果河西邊河口來到桑吉巴（Zanzibar）這
段充滿暴力的旅程，帶著他英勇的現代遠征軍披荊斬棘穿越叢林，
途中難免有人犧牲。

另外一個粗暴的殖民論述是一幅赤道非洲地圖，這塊區域曾經
叫做剛果自由邦（Congo Free State），其中的內容顯示史丹利的行

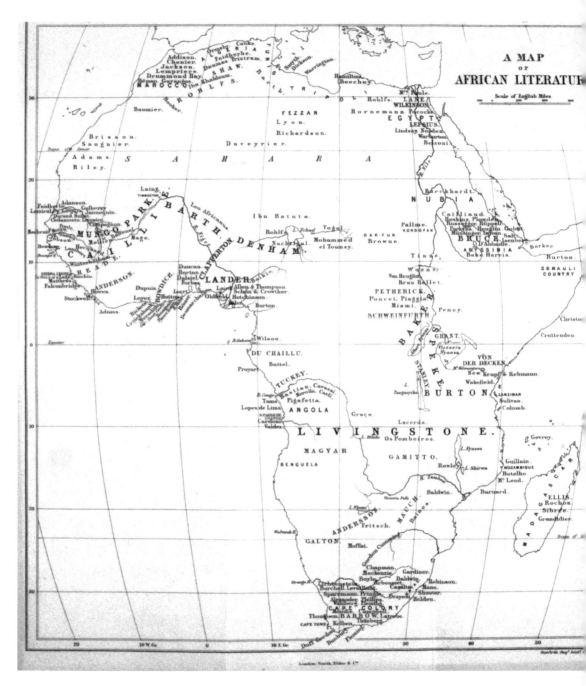

一八七三年，探險家們功成名就。

為基本上是一樣的。史丹利身為一名探檢家的卓越成就，不僅包括成功尋得李文斯頓，更包括確認了維多利亞湖為白尼羅河的源頭；但是他的這些斐然功績已經蒙上陰影，就因為他參與了殖民傲慢與貪婪所建構出來、可能是史上最惡劣的人道災難。

受到史丹利於一八七四年至一八七七年間沿著剛果河發生的英雄事蹟所鼓舞，比利時國王利奧波德二世（Leopold II）招募他加入一項比較沒那麼「科學」的冒險計畫。利奧波德二世看過那些空白的地圖，因此也想要擁有屬於自己的一幅。在那段時期裡，英國、法國、義大利、德國以及葡萄牙以一種無法無天的帝國掠奪遠征方式開拓這塊大陸，揉合了工業野心與宗教預測來征服陸地，當時看起來也許不過像是自然界秩序罷了。利奧波德二世在一八七六年於布魯塞爾舉行的一場地理學會議上，清楚聲明自己的意圖，提議成立一個國際委員會，以促進剛果原住民的「文明化」為宗旨，「經由科學開發、合法貿易以及對『阿拉伯』奴隸商人宣戰」來達到目的。

他主張了一個更為崇高的目標：「向我們地球上唯一尚未滲透文明的地方開展文明，穿透籠罩所有族群的黑暗，我大膽地說，這是這個進步的世紀值得做的一場聖戰。」然而他對於進步以及科學手段的概念非常異於常人，包括像是殘暴的奴役行為、軍事化獨裁治理，以及對於象牙與橡膠貿易的嚴苛控管，這樣的野心之所以能推動，是因為啟用了史丹利作為全權處理的代理人，以甜言蜜語加上廉價的珠寶首飾，為比利時買下廣大的土地。史丹利對於利奧波德二世蓄意的詭計了解到什麼程度，長久以來一直是議論的話題，不過據聞利奧波德二世曾告知他：「這攸關建立一個新的屬地，越大越好，以及如何治理它。在這項計畫中，顯然毫無疑問地，連一分一毫的政治權力都不可以賦予那些黑鬼。否則就太荒謬了。」

利奧波德二世（以及史丹利）佔領剛果，是奧托・馮・俾斯麥（Otto von Bismarck）於一八八四至八五年舉行的柏林會議（Berlin

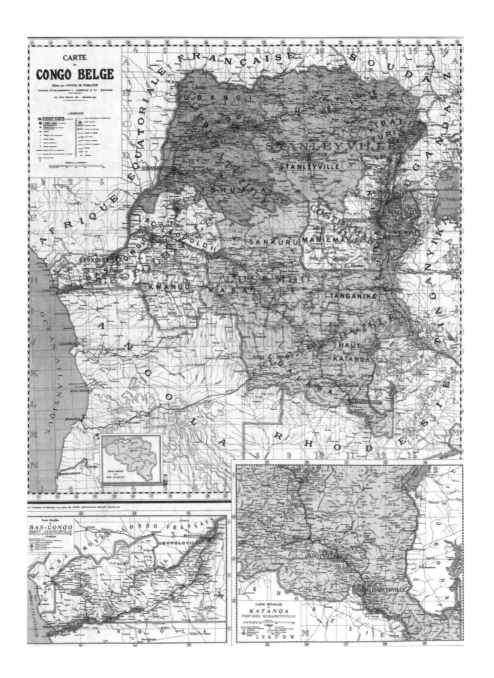

比屬剛果——殖民地圖當中最黑暗也最血腥的一幅，史丹利城（Stanleyville）坐落
於上方。

Conference）背後重要推動因素之一，會議的目的旨在為這塊近來空白的大陸劃定合法的擁有權。（在《黑暗之心》裡，俾斯麥的柏林會議以諷刺的方式呈現，變成：「國際鎮壓野蠻習俗學會」。）會議後的地圖繽紛多彩且井然有序，一夕之間從空白再度變成充盈。不過利奧波德二世遼闊的剛果自由邦的出現，宣告了殖民統治真正的黑暗時期來臨。在二十世紀的開端，這幅地圖其餘部分嶄新鮮明的區塊劃分——法屬阿爾及利亞、葡屬安哥拉、義屬利比亞、德屬喀麥隆以及英屬南非——只證明了地圖能隱藏當地的真實情況，並且能粉飾即將到來的悲慘命運。

康拉德的《黑暗之心》問世後的二十五年，同時也是作者逝世的這一年，一家私人出版社發行了作者自己對於地圖上光明與黑暗的想法。康拉德與查理・馬洛一樣是地圖愛好者。他也必須是：他的一生不停往返於陸地與海洋，地圖正是他唯一能找到自己定位的方式。他在《地理學與探險家》（*Geography and Some Explorers*）裡寫道：「我很早就著迷於凝視地圖，而在凝視的過程中，地球上廣大空間的問題能直接激發合理的好奇心，並誠實精確地記錄下人們的想像力。」他意識到自己正處於一種變革當中，「那些十九世紀誠實的地圖滋養了我對於地理真實的熱烈興趣，並且渴望追求這種能應用於其他學科的精確知識。這種變革已經支配了製圖師的精神。自從十八世紀中期以來，製圖這一行已經成長為一門正直的行業，記載了得來不易的知識，同時也以一種科學精神記錄了該時期的地理無知。就在非洲，這塊羅馬人經常說是『永遠有新鮮事』的大陸，黑暗時期晦暗、想像的驚奇全都一掃而空，被白紙上令人激動的留白空間所取代。」

康拉德了解到，地圖真正使他興奮的原因非常簡單：「未知地帶！」那裡有的不是已定義的確實，而是相反的東西——未解的謎團，以及可能促使生活更美滿的各種發現。

地圖大小事

班傑明‧莫雷爾的騙局真相

在十九世紀的地圖上，空山山脈絕對不是唯一虛構的存在。太平洋上被點綴了超過一百座想像出來的島嶼，在每一本地圖集裡愉快地漂浮了數十載。接著在一八七五年時，一名不高興的英國海軍船長佛德列克‧伊凡斯爵士（Sir Frederick Evans）開始將它們一一移除。他在英國海軍部海圖（British Admiralty Charts）上總共刪去了一百二十三座島嶼，他認為這些島嶼之所以出現是因為：一、座標錯誤；二、醉酒與暈船的後果；三、靜不下來的自大狂指揮官渴望能流芳萬世。在伊凡斯熱切的掃除工作中，他也移除了三座真正存在的島嶼，不過若要清理整片海洋，這只不過是小小的代價而已。

在眾多自大狂的行列裡，行徑最惡劣的當屬一名美國船長班傑明‧莫雷爾（Benjamin Morrell）。莫雷爾於一八二二年至一八三一年之間漂流在南半球，尋求寶藏、海豹、財富以及名聲，前三項倒是沒怎麼找到，只能謀求留名了。他的航海紀錄出版後非常暢銷，也使得他的發現非常有說服力——包括莫雷爾島（Morrell Island，靠近夏威夷）以及新南格陵蘭島（New South Greenland，靠近南極洲）——得以進入海軍部海圖以及世界地圖集裡長達一世紀。事實

上，直到一九一〇年為止，莫雷爾島使得國際換日線向西移動，並且最晚於一九二二年仍出現在《泰晤士地圖集》裡。

　　奇怪的是，莫雷爾航行的真相以及撒下的謊言很早就有人拆穿了。一八七〇年三月，皇家地理學會在倫敦召開會議，討論莫雷爾聲稱的內容。議程由英國皇家海軍的R・V・漢彌爾頓（R. V. Hamilton）船長主持，他是莫雷爾的支持者。他談到近來英國在南方海域的重大地理發現，並主張帶領縱帆船黃蜂號（Wasp）英勇破冰前行的莫雷爾，是做出最大貢獻的人。漢彌爾頓解釋道莫雷爾的航行故事就擺在皇家地理學會的書架上——不只是以書本的形

班傑明・莫雷爾：世界宛如他手上的足球。

式，還出現在新的地圖上。漢彌爾頓最近剛將莫雷爾的地理發現收入新的英國海圖裡，因為這些發現「引人入勝而且重要」。他感到比較遺憾的是莫雷爾的說明「應該還可以更詳盡」。

那是當時保守的說法。即使是最沒有經驗的船長也會勤於記錄他在陌生海域裡的進度，標記出航行的座標以及天候狀況。但是莫雷爾的南極航海日誌有許多星期空白，還有頁面被撕掉。他在人人舉目只見冰的地方沒有觀察到冰山，還看到了只應出現於熱帶地區的極樂鳥。出席會議的其他航海家理所當然提出質疑，其中的主要人物是J・E・戴維斯（J. E. Davis），他在十六年後以詹姆士・羅斯爵士（Sir James Ross）遠征隊一員的身分，依照莫雷爾的南極「路線」出航。戴維斯的結論是莫雷爾的著作不僅缺乏根據，而且很像小說《魯賓遜漂流記》（事實上莫雷爾確實曾航向智利外海的胡安費爾南德斯群〔Juan Fernandez Islands〕，這裡是一名水手亞歷山大・賽爾科克〔Alexander Selkirk〕於一七〇四年漂流所至之處，丹尼爾・狄福〔Daniel Defoe〕寫作《魯賓遜漂流記》的靈感即是由此而來）。

然而，新南格陵蘭島要到半個世紀後才真正入土為安。恩尼斯特・沙克爾頓（Ernest Shackleton）[1]於一九一四至一六年帶領他的堅忍號（Endurance）遠征隊出航，發現在新南格陵蘭島應該出現的地方實際上是一片汪洋，水深達一千九百噚[2]。由於沙克爾頓的聲望遠遠超過莫雷爾，這座島嶼因而從地圖上消失。

這不是莫雷爾最後一個被移除的捏造地點：位於夏威夷群島的莫雷爾島很快也跟進了。然而，現代海軍史專家魯伯特・古爾德（Rupert Gould）驗證了莫雷爾一些有用且確實的發現，其中之一是納米比亞（Namibia）外海的伊查博島（Ichaboe Island）——或許也

---

1 恩尼斯特・沙克爾頓（Ernest Shackleton，1874-1922），愛爾蘭裔英國南極探險家，以其帶領南極歷險的經歷聞名。

2 測水深的單位，一噚為六呎（約1.8288公尺）。

是一項相稱的紀念物——莫雷爾發現這裡蘊含了當地海鳥製造出來
的大量鳥糞石[3]。

3　鳥糞石是海鳥排泄物風化而成的物質，富含氮、磷等元素，可做肥料、提煉火藥。

第十二章

霍亂與遏止它的地圖

　　一八五三年四月七日早晨，約翰‧斯諾（John Snow）醫生被傳喚到白金漢宮，為維多利亞女王的第八位子嗣利奧波德王子（Prince Leopold）接生。斯諾是個四十歲的約克郡人，為提倡於分娩過程使用氯仿的主要人士之一（也提倡應用於其他治療過程：斯諾終其一生曾使用麻醉劑於八六七件拔牙手術、二二二件女性胸部腫瘤切除手術、七件男性胸部腫瘤切除手術、九件眼部整型手術以及十二件陰莖切除手術）。

　　生產過程非常順利，四年後碧翠絲公主（Princess Beatrice）的誕生也同樣順利，斯諾依然是接生的醫生。他也在坎特伯里大主教女兒身上使用氯仿，教會與皇室允許使用氯仿，大幅推動了麻醉劑的普及使用。斯諾也因此獲得盛名，變得富裕，不過在當時他早就已經因為別的原因而為大眾所熟知：他使用了地圖來說明霍亂的傳染分布。

　　這幅以倫敦蘇活區（Soho）為中心的地圖，在當時並未被視為是什麼特別不尋常的東西，它不是第一幅展示這種致命疾病的地圖，而且使用的技術也不完美。不過它現在被認為是極具指標性的地圖，是維多利亞時期最重要的地圖之一。作為吸引年輕學子投入

約翰・斯諾──使用地圖的醫生

基礎醫療謎團偵查的手段，要能找到與這幅地圖相仿的優秀例子，只能在福爾摩斯小說或是《怪醫豪斯》[1]裡找了。

▌▌▌▌▌▌▌▌▌▌▌▌▌▌▌▌▌▌

亞洲霍亂於一八三一年第一次出現在英國，奪走超過五萬條人命。第二次大流行發生於一八四八年，死亡人數與第一次相近，對英國來說，這是個令人絕望的死亡數字，該年政府剛通過新的公共衛生法（Public Health Act），旨在改善全國的環境衛生。事實證明霍亂是個頑強的敵手：第三次大流行於一八五四年夏末在蘇活區肆虐，當時對於霍亂的感染原因仍是眾說紛紜。大多數人相信霍亂是一種瘴毒（經由空氣傳染），當時兩位最著名的醫療人員都支持這種看法：弗羅倫斯・南丁格爾（Florence Nightingale）以及倫敦市醫官約翰・西蒙爵士（Sir John Simon）。不過也有好幾名主要的流行病學家開始質疑這個論點。

斯諾在他一八四九年的論文《霍亂傳遞方式研究》（*On the Mode of Communication of Cholera*）中，駁斥霍亂的成因僅僅是空氣中存在某種東西。他認為霍亂的傳染途徑是由於人類食用了遭汙染的食物或飲水，或者是接觸了「汙染物」，通常是指病人接觸過的衣物或床單。他主張一八四八年的霍亂爆發，是因為一名來自漢

---

1 《怪醫豪斯》（*House*）為美國的電視醫療劇，於二〇〇四至二〇一二年播出，主角豪斯醫生與其團隊以獨特的醫療方式解決各種疑難雜症。

堡受到感染的水手以及他的寢具進入倫敦所引發，不過他很難提出
證據。斯諾懷疑霍亂病原體具有細胞結構，但是他主要是以直覺推
論，無法以顯微鏡加以證實。

　　一八五四年八月下旬，斯諾正在查證來自泰晤士河的水源供
給是否影響了倫敦南部嚴重霍亂疫情的爆發，當時他發現新的
病例就出現在離他位於皮卡迪利廣場（Piccadilly）的薩克維爾街
（Sackville Street）僅僅幾百碼之處。他原本住的地方更近，就在弗
里思街（Frith Street），那裡已經有數起死亡病例，因此他相信以他
對該地區的了解以及與當地居民的接觸，也許可以提供支持他理論
的線索。他做了當時醫生仍會做的事情：居家訪視。這是個非常勇
敢的嘗試：他努力找出疾病與人們行為之間的連結，似乎使自己也
暴露於極大的風險之中，因為若是霍亂確實是由空氣傳染，那麼四
處探問的斯諾肯定早已成為霍亂的犧牲者之一。

　　在他開始調查的第一週內，有超過五百名蘇活區居民病死。
人們在八月三十一日開始感染霍亂，兩天後不治死亡人數達到高

探詢霍亂的成因：羅伯特・西摩爾（Robert Seymour）筆下一八三二年時忙於追
查線索的衛生稽查員。

峰。然而到了第三天，斯諾相信他已經找到病因了：位於布勞德街（Broad Street）與劍橋街（Cambridge Street）交叉口的公共水泵。這個水泵不單單是附近居民的主要取水來源，同時也是往來商人與孩童喝水休息的地方。另外還有一些不幸的投機使用者，包括將琴酒與威士忌兌水的當地酒館以及許多的咖啡館和餐館。斯諾之後記下一名咖啡館老闆所言，「她告訴我她注意到她已經有九個客人死亡」，這家咖啡館位於水泵所在的社區裡，深受修理工人喜愛。這裡的水也在當地的小型商店販售，「加一匙起泡粉，品名叫雪寶（sherbet）。」

斯諾於九月三日從布勞德街的水泵取水做測試，但是他的測試結果並沒有清楚的結論：他發現水中有一些肉眼可見的雜質，不過隔天他再度觀察時，注意到「小小的白色絨毛狀物質」增加了。一位居民也告訴他水的味道嚐起來不一樣。斯諾沒有發現其他可能的原因，加上也許擔心自己已經沒有時間，他向註冊總局（General Register Office）要求一份死者名單。於九月二日結束的這一週裡已有八十九人死於霍亂，斯諾拿著這份清單四處奔走，立刻發現了他所預料的模式：「幾乎所有死亡病例都發生在這個水泵附近」。

斯諾繼續在街上走，發現了更進一步證實他論點的證據。另外一個水泵的鄰近區域只有十起病死案例，五位死者的親戚表示他們都是從布勞德街的水泵取水，因為他們「偏好」那裡的水──可能是因為水的味道或是他們認為那裡的水比較乾淨。其餘五例中有兩例是在布勞德街附近就學的孩童。斯諾主張瘴毒理論無法說明霍亂的爆發（這些理論將疾病與貧困畫上連結），因為他發現附近收容了數百人的濟貧院並沒有受到霍亂波及；他們都是從自己的水井裡取水。這個證據看起來不容駁斥。九月七日傍晚，斯諾與當地的監管委員會開會，向他們提呈他的研究發現。「由於我報告的內容，水泵的把手隔天就被移除了。」

如同這個水泵涓滴的出水量，病例減至寥寥數起。九月九日的

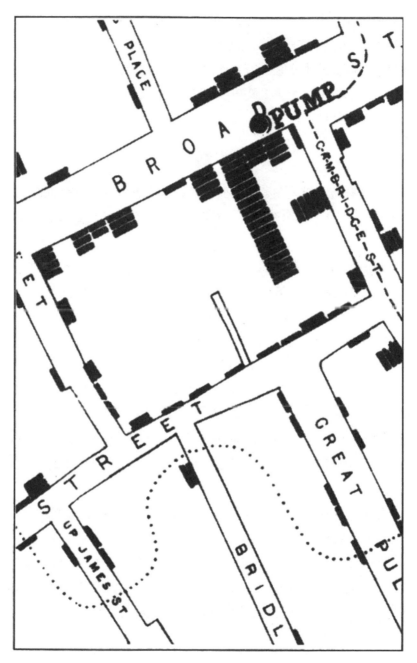

幽靈地圖：斯諾所畫的蘇活區平面圖，布勞街（現為布勞維克街〔Broadwick
Street〕）上受到霍亂病原汙染的水泵位於中心。

致死人數僅有十一人，而八天前的數字高達一四三人。到了九月十二日僅剩一個病例，到了十四日降為零人。不過我們不能將這個結果直接歸因於停用水泵，因為疫情早已逐漸減緩。一如斯諾本人所報告，人口撤離扮演了至關重要的角色——成千上百的居民早就因恐懼而離開此地。

▮▮▮▮▮▮▮▮▮▮▮▮▮▮▮▮

直到此時斯諾才開始整合他那張知名的地圖——闡述他的發現而非起因。草圖本身已經可以買到，由鄰近的霍爾本區（Holborn）一家C・F・切芬斯出版社（C. F. Cheffins）印製，這家公司也發行了一部分最早期的鐵路地圖。這幅詳盡的地圖採用三十吋比一哩的比例尺，斯諾還將布勞德街置於地圖中心——蘇活區的耶路撒冷。

斯諾在地圖上增加了三項關鍵元素。首先是標記出水泵的地點——總計十三處，最北邊的位於連接牛津街的亞當與夏娃巷（Adam and Eve Court），延伸至皮卡迪利廣場旁的提區本街（Titchborne Street）。第二，他以彎曲的虛線標記出布勞德街水泵的取水範圍，對居民來說到這個水泵比到其他水泵近；這是我們現在所知的沃羅諾伊圖（Voronoi diagram）[2]，而斯諾的版本是最知名的早期範例。第三是他以黑色小短線表示死者，宛如非常擁擠的墓園裡立滿墓碑。

地圖上有數個密集區塊：連接狄恩街（Dean Street）的聖安巷（St Ann's Court）有二十四條短線；連接伯維克街（Berwick Street）的本廷克街（Bentinck Street）有十九條；彼得街（Peter Street）旁的普爾特尼巷（Pulteney Court）有十條，其中有九條看起來是出自同一棟住宅。不過布勞德街周圍的密集區塊顯而易見：單單在這條

2　沃羅諾伊圖由烏克蘭及俄國數學家沃羅諾伊（Georgy Feodosevich Voronoy，1868-1908）提出的空間分割演算法，廣泛應用於科學甚至美術相關領域裡。

街上就有八十二名死者，還有更多在鄰近的街道上。

　　一八五四年十二月，斯諾在一場倫敦流行病學學會（London Epidemiological Society）的演講中發表他的研究發現與地圖。之後不久，由當地教區居民針對疫情爆發提出另一份報告（斯諾是他們的指導調查員），發表了更為詳細的病例分析，以及另外一幅地圖。這些研究結果令人不忍卒睹，不僅詳盡展示了極度貧困與過於擁擠的居住空間，還呈現了令人想像不到的農場衛生條件，地下室與酒窖堆滿了人類的排泄物。

　　以瘴氣論的論點來說，光是來自這些排泄物的氣味就足以傳播疾病，不過還有另一派說法是蘇活區之所以是一八五四年受霍亂肆虐最嚴重的區域，原因是蘇活區正好位於一六六五年倫敦大瘟疫時埋葬了成千上萬名死者的掩埋場上方。儘管斯諾的地圖顯示了不容忽視的證據，他所提出的水媒傳染論依然尚未被全面接受，而且有好一段時間這個大謎題依然存在：當初水泵的水究竟是怎麼受到汙染的？

　　最具說服力的答案是由當地一名神父亨利・懷特海（Henry Whitehead）提出，他在蘇活區疫情爆發後的數週自行進行了徹底的調查。一開始他也堅信瘴氣傳染論，但在調查過程中逐漸產生懷疑。他在布勞德街四十號認識了警察湯瑪斯・路易斯（Thomas Lewis）與他的妻子，得知他們五個月大的女兒莎拉在長時間的腹瀉後死於九月二日。路易斯的妻子表示女兒於八月二十八日發病，混雜有小女嬰「排泄物」的汙水都被排放至地下室的化糞池裡。懷特海勘驗後發現這些排泄物滲入土壤，顯然進入了供水區裡。斯諾並不曉得這位第一號犧牲者的存在，地圖上因此沒有顯示這名小女嬰，於是布勞德街四十號的死亡人數被標示為四名而非五名。

　　斯諾的流行病學研究並非首例，在流行病學一詞於一八〇二年

產生之前，它的概念早已經存在，一六六五年至六六年的倫敦大瘟疫與大火之後，即誕生了意義非凡的倫敦死亡人數地圖。而在半個世紀以前，死亡公告（Bills of Mortality）也清楚指出倫敦人口的主要死亡原因為痢疾與痙攣。

在美洲，首位醫學製圖師之名應歸予維倫坦‧希曼（Valentine Seaman），他是紐約公共衛生官員，於一七九八年畫出了第一幅符合定義的疾病「點」地圖（spot map）。當時鄰近華爾街的曼哈頓碼頭區爆發黃熱病疫情，數以百計的人口喪生，他開始調查他認為的主要疫情區域並繪製成兩幅地圖，刊載於一本很有影響力的新醫學期刊。不過希曼與斯諾不同，他是個堅定的瘴氣致病論者，他發現許多死者都非常接近他所稱的「動物之家瘴氣」以及一個露天公

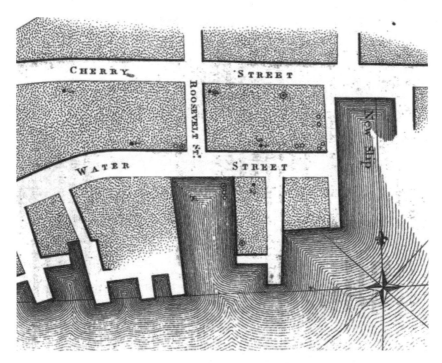

第一張疾病點地圖：維倫坦‧希曼於一七九八年所繪的紐約濱水區，辨別黃熱病的影響範圍。

共廁所。在沒有水泵把手出現的情況下，紐約政府最後學會以隔離的方式來控制熱帶疾病。

希曼的地圖依然非常具有影響力而且時機恰當，它們拓展了一個新趨勢的出現，甚至可說是一種新的科學：醫療地理學（medical geography）。雷恩哈德·路德維希·芬柯（Leonhard Ludwig Finke）是醫療地理學的先鋒，他是一名德國產科醫生，在一七八〇年代計畫以疾病為主題繪製地圖集。他深受兩千多年前醫學之父希波克拉底（Hippocrates）著作的影響，開始思考他曾讀過的海外流行病情，並且思索這些疫情是否有共通處。於是他發現了幾項線索，包括土壤、植被、空氣以及動物福利的措施。他相信受到疾病感染的是一個特定區域或國家（而不是人民），以嚴謹的科學態度編寫了三卷的篇幅來說明他的新地理學——是一本旅人「勿到此處」的早期指南。他想要製作疾病地圖集的壯志，被拿破崙戰爭（Napoleonic Wars）時期的高昂成本粉碎掉，不過他確實於一七九二年製作了一張世界疾病地圖。

芬柯的理論顯然經得起考驗。一八四七年時，夏綠蒂·勃朗特（Charlotte Brontë）在小說裡描述簡愛想在大英帝國找一個住所，能夠免於受到充斥報紙上的各種可怕疾病所擾，但是她能選擇的地方少之又少。新的醫療地理學似乎為那些被視為仇外的行為作出正當解釋。在《簡愛》裡，熱帶地區是個飽受瘧疾所苦的災難之地，西非則是「瘟疫纏身的幾內亞沿岸沼澤地」。西印度群島、東印度群島以及大部分的新世界都同樣受到汙染。不過勃朗特的立場基本上是反對殖民的，認為傷害這些地表景觀以及輸入病原體，是西方殖民帶來的明確貽害。

在倫敦，水源是霍亂真正的肇因終於在一八七〇年代獲得大眾接受，當時約翰·西蒙爵士卸下倫敦醫療長一職，在政府部門擔任

另外一個類似的職務，終於揚棄了他的瘴氣致病論。我們無法估算因為斯諾的直覺與堅持而挽救了多少條人命，也無法計算出他對都市衛生產生的重大影響。當然，這些不全都歸功於他，亨利‧懷特海的貢獻也同樣意義非凡，衛生官員們此時也確確實實意識到必須重新檢視公共衛生並加以改善，尤其是解決泰晤士河水供給的問題（終究最能夠證明霍亂問題所在的還是霍亂本身，而不是任何研究報告或地圖）。布勞德街疫情爆發後不到四年，工程師約瑟夫‧巴澤爾傑特（Joseph Bazalgette）被指派去解決倫敦的大惡臭（Great Stink）[3]問題，他所規劃的錯綜複雜下水道系統於一八七五年完工，在為倫敦掃除霍亂這方面，貢獻了最多的力量。

不過斯諾的貢獻——尤其是他的地圖——依然是一則傳奇。作家史蒂芬‧強森（Steven Johnson）還將他的地圖稱為「幽靈地圖」——一個很貼切的標題：雖然那些小小的黑線都不具名，但是它們代表的意義卻遠大於統計資料。或許因為斯諾就住在那裡，其中一些死者若不是他的病人也可能是他的鄰居，也或許是因為斯諾、懷特海以及其他人的報告所描述的死者生活與居所是如此栩栩如生，讓我們感覺到自己與他們之間存在著連帶關係，即便在他們死亡以後。查爾斯‧狄更斯（Charles Dickens）或許也多少有點關聯——尤其是他對於一八三〇年代晚期倫敦的骯髒貧窮所作的辛辣描寫，正是斯諾還是名年輕醫生時天天映入眼簾的真實情況。

而斯諾地圖本身，它的涵蓋比例、詳盡的街道巷弄細節，讓許多人都能感受到其中的喧囂與活力。地圖所呈現的焦點在當時的公眾地圖上是非常罕見的，不僅聚焦在街道，更包含了街道上的熙攘以及那些惡臭，是現代人透過電子地圖的拉近功能才能熟悉的景象。不過，或許我們之所以記得斯諾是因為這則故事太完美了：地

3　倫敦一八五八年的夏季，天氣炎熱少雨，泰晤士河混雜了住家排出的汙水，散發出難以忍受的濃重惡臭。

圖帶他找到了水泵，拆掉把手後疫情就停止。當然，兩者都不完全是真的，但是這張地圖以及它所記錄的駭人死亡人數，本身已經獲得了無可摧毀的生命力。

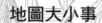

地圖大小事

與柏克及威爾斯一起穿越澳洲

　　一八六〇年的澳洲是個貧瘠的神祕地帶。這塊大陸的形狀在地圖上算是被畫得很恰當,阿得雷德、墨爾本、雪梨以及布里斯本等沿岸城市迅速發展,一八五〇年代早期的淘金熱也讓新南威爾斯的人口與經濟出現巨幅暴漲。不過內陸的情況就完全不一樣了;適合耕種嗎?能賺錢嗎?是否有可航行的內陸水道?是否可以裝設電報線路好能與逐漸萎縮的維多利亞世界聯繫?

　　原住民們根本不需要思考這些問題,不過來自新成立的維多利亞皇家學會(Royal Society of Victoria)的白人探險家們,不只企圖要取得科學與地理上的知識,更要迎頭趕上世界其他地方。詳實的科學製圖已經改變了歐洲的樣貌,人們也已經橫跨印度及非洲,西北航道也在北極圈開拓了;但是在澳洲,地圖上仍然是一大片空白。

　　在十九世紀前半,有幾位探險家已經取得一些嘗試性的進展。一八一三年,葛雷哥里‧布雷克斯蘭(Gregory Blaxland)以及威廉‧溫特沃斯(William Wentworth)從雪梨出發,冒險穿越藍山(Blue Mountains)。一八四〇年代中期,查爾斯‧史都華(Charles Sturt)從阿得雷德大膽向北跋涉,沙漠的高熱迫使他不得不撤退。

普魯士的探險家路得維格・雷奇哈特（Ludwig Leichhardt）沿著東北海岸旅行數千哩，但是他這趟一八四八年的內陸旅程，下場與那些百慕達三角洲的神祕探險謎團一樣：從此再也沒有人見過他與他的團隊或是聽聞過他們的消息。

不過在一八六〇年時，維多利亞皇家學會組織了更盛大的遠征隊——或許也有人認為是更荒唐的遠征隊。這趟探險跨越整個大陸，從南方的墨爾本前往北方的喀本塔利亞灣（Gulf of Carpentaria）[1]；然後再從北走回南，滿載著地圖與日誌。這趟旅程以現在的眼光來說可以歸類為極限運動，不過大多數的極限運動規劃得比較完整，也比較不這麼有勇無謀。這不是一趟符合地形測量局標準的文明考察，反而比較接近極地遠征的冒險精神。如同一般的極地遠征，領導人無可避免地懷抱過於遠大的志向或是太過狂熱，以致不知道自己的極限在哪裡，而這些探險就會被記載成悲劇的英勇事蹟，聽著這些故事的男孩們在課堂上挺直坐著，立誓將來也要成為探險家。然後會有一幅可以總結這些故事的地圖——上頭所描述的死亡而不是榮耀使它惡名昭彰，是我們很快就會在南極見到的先行版。

數幅同期的地圖都講述了羅伯特・奧哈拉・柏克（Robert O'Hara Burke）以及威廉・約翰・威爾斯（William John Wills）的艱辛旅程，最戲劇性的一幅出版於一八六一年底，就在這兩位探險家與他們的團隊面臨了令人感到遺憾的飢餓結局後不過幾個月。這幅地圖的比例尺為一比三百萬，由迪格魯奇與萊出版社（De Gruchy & Leigh）出版，這是一家生意興隆的平版印刷公司，以出版墨爾本的城市地圖而聞名。這是一幅看起來像馬陸的地圖，地理位置不可信，缺乏科學技術，地名與記錄的觀察文字也沒什麼邏輯，還有一個看起來很隨意的出發點，旅程歷經數月，來到這塊大

---

1 〔作者注〕喀本塔利亞灣是通往達爾文（Darwin）東邊的大型水道，威廉・揚森（Willem Janszoon）——他是荷蘭探險家而不是製圖師布勞——於一六〇六年在這裡成為首位登陸澳洲的歐洲人。

Natwe Mdians here
Lagoon
△70 Dec. 20.
Water'holes
Shallow Lagoon
Well grassed Dec.19
Water noles Goo?
Earthy Flat
Sandhills Topded Flat
April 15. R.L.
Linda knocked up
April 16 Gray died
Polygonam Flat
Barllts body found
King found
Wills body found

柏克與威爾斯前往喀本塔利亞灣之旅最富戲劇性的一段，這幅地圖是由迪格魯奇與萊出版社所出版。圖上的圓圈顯示出探險家們劫數難逃的長眠之地。

陸中途的庫柏溪（Cooper's Creek）。如此一幅地圖，完全令人目不轉睛。

　　柏克與威爾斯的遠征隊——由十九名男性、二十六隻駱駝以及二十三匹馬組成——於一八六〇年八月二十日從墨爾本的皇家公園（Royal Park）出發，一萬五千多名當地居民歡送他們離開。旅程的一開始就充滿惡兆：他們的裝備包括了六輛馬車，其中一輛在離開公園之前就已崩摧，另外有兩輛也沒有撐到離開墨爾本。十二月十六日，地圖上敘事起點始於庫柏溪，十九人中除了四個人以外都已經離開這次遠征，或是轉移至執行後援與儲糧的隊伍。

　　留下來的隊員，他們的背景資料讀起來就像一個爛笑話的開頭：羅伯特・奧哈拉・柏克是個出身戈爾韋郡（County Galway）的愛爾蘭人，曾加入奧地利軍隊；威廉・約翰・威爾斯是來自英格

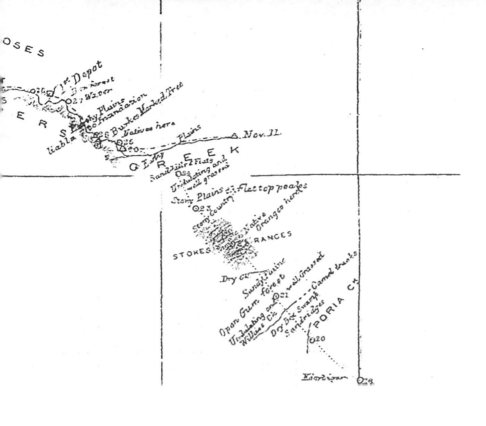

蘭德文郡的英國人，移民到南澳後成為一名醫療助理與天文學家；
約翰‧金恩（John King）也是愛爾蘭人，在印度實際學到了一些地
理知識；查爾斯‧葛雷（Charles Gray）的背景比較神祕，只知道
他來自蘇格蘭。

　　這趟往沿岸的旅程後半段，從庫柏溪到喀本塔利亞灣，花了兩
個月的時間，相較之下比較平安無事。記錄在地圖上的景觀觀察文
字顯得非常沉著：適合田園生活；石漠；有鹽味的；水質純淨的
小溪；大型蟻塚高達二又二分之一呎至四呎；茶樹泉──礦物質
味道，可能是鐵質。有時候也會提到當地居民：在國王溪（King's
Creek）這裡他們寫道原住民很麻煩。在山峰附近、喀本塔利亞灣
下方的弗林德斯河（Flinders River）有一句話如此宣告：柏克與威
爾斯向北徒步行進，金恩與葛雷留下來照顧駱駝。接著在地圖的頂
端記載了這則令人開心的傳奇故事：柏克與威爾斯，一八一六年二
月十一日。

不過回程就是非常不一樣的一件事了。威爾斯是主要的勘測
者，每隔幾週就逐一完成他自己的地圖，但是他的身體狀況使他無
法畫出完整的路線圖。迪格魯奇與萊出版社所出版的地圖以回溯的
方式彙集而成，大部分取自重新尋獲的田野札記，這些筆記原先被
急於減輕負重的旅人們埋到地裡好幾個月。他們漸趨絕望的敘述反
映在地圖上越來越短也越來越悲傷的標記裡：哥拉（一隻駱駝）被
留下來了；四月十六日，葛雷死亡；找到威爾斯的屍體；找到柏克
的屍體。

他們是怎麼死的？另外一項地圖條目提供了答案來源：金恩找
到了。約翰·金恩是這四個人當中唯一的倖存者，在其他三人死亡
後數週，阿爾弗雷德·豪伊特（Alfred Howitt）率領的搜救隊找到
他，當時他正與原住民一同露營。金恩的日記生動記載了遠征隊
最後的日子，極度的高溫、低溫、飢餓以及疲憊摧毀了他們。他
們蹣跚走過乾涸的陸地及沼澤地，遭遇身體粗如樹幹的巨蛇，每晚
在營地附近射殺將近四十隻老鼠，然後遇上了既慷慨又會偷東西的

「前方是絕望山嗎？」柏克、威爾斯以及金恩穿越沙漠。一八六八年尼可拉斯·謝
瓦利爾（Nicholas Chevalier）的版畫作品。

原住民洋卓灣哈（Yandruwandha）部落。他們犧牲了待醫治的駱駝，吃牠們的肉維生，在同樣地方來回打轉了好幾週，益發神志不清地妄想著獲得援救。田野札記裡經常提到的一個地標就叫絕望山（Mount Hopeless）。

金恩的記述裡也揭露了回程時他們如何剛好錯過後援隊（以及救援）的情況，令人哭笑不得。他們的後援隊在庫柏溪等著他們再度出現等了四個月，推測四人已經全體身亡後，於四月二十一日返回墨爾本。就在八個小時之後，柏克、威爾斯、葛雷以及金恩終於到達補給站，這是他們最後的機會。「從我們停止前進開始，柏克先生的狀況似乎更糟了，」金恩在他孤單一人返回後如此寫道：「……他說他非常確定撐不了幾個小時了，他給了我他的錶……然後對我說：『我希望在我確實死去之前你能留在這裡陪伴我——曉得身旁有個人在是個安慰。』」

這些先鋒的葬禮於一八六三年一月的墨爾本舉行，聚集了超過十萬名弔唁者。十年之內，一條聯繫阿得雷德與達爾文的電報線路設置完成，一八七三年時，位於澳洲中央的艾爾斯岩（Ayers Rock）也由英國探險家威廉·古斯（William Gosse）記錄於地圖上。再十年之後，人們已經從各種角度踏遍大部分的澳洲內陸地區了。

不過圍繞著營火不去的始終是柏克與威爾斯的不幸故事。他們的探險之旅被拍成電影——《柏克與威爾斯》（*Burke and Wills*）——由傑克·湯普森（Jack Thompson）飾演柏克，奈傑爾·哈弗斯（Nigel Havers）飾演威爾斯，以及葛麗泰·史卡琦（Greta Scacchi）飾演歌手，作為不太可能出現的愛情元素；「甚至比探險家用完水之前還快用完情節，」《紐約時報》如此評論道。不過他們的影響不止於此，地圖與其中包含的敘述，已經鮮明地刻印在全國人民心裡並潛移默化，成為澳洲奇想風景裡的一部分，如同綠林好漢奈德·凱利（Ned Kelly）、反串角色埃德娜夫人（Dame Edna）以及電影鱷魚先生（Crocodile Dundee）。

第十三章

金銀島：「Ｘ」表示寶藏在這裡

「完全是圍繞著一幅地圖發展，還有寶藏……」

羅伯特·路易士·史蒂文森（Robert Louis Stevenson）於
一八八一年對其新作所做的描述。

　　為什麼有人要去千里達（Trinidad）？這個千里達位於南大西
洋，是一處貧瘠群島的六座島嶼其中之一，而不是加勒比海那座白
沙蜜月勝地千里達，也不是哥倫比亞、古巴或是巴拉圭的千里達，
甚至不是加州、德州或是華盛頓的千里達。上述所有提到的地方當
然都有它們獨特的魅力。

　　不過我們的千里達位在別處。在這裡，連經驗最老到的水手都
要在變化莫測的暗礁之間想辦法掙扎出一條上岸的路，失敗了以
後，抱著感恩的心返航。在這裡，海鳥會從空中衝下來攻擊，陸
上的螃蟹大軍也等著出擊。這座島自豪於沒有什麼可吃的植物，
不過倒是提供了一座憤怒的火山，還有鯊魚群圍著島邊繞。一八
八一年，英國探險家愛德華·弗德列克·奈特（Edward Frederick
Knight）將此地稱為「地球上最詭譎怪異、最讓人灰心喪志的地方
之一」，他誓言不再回到這裡。

不過，要是你發現了一幅詳細記載千里達的寶藏被埋在地底的地圖呢？——是貨真價實「X表示寶藏在這裡」的那一種，這個X的價值，能讓圖坦卡門陵墓看起來宛如傍晚在英格蘭克拉克頓沙灘上一次令人失望的金屬探測反應。你難道不會因為滿腦子浪漫的想像加上利慾薰心，於是接下這個挑戰嗎？

　　這麼想的人絕對不只你一個。一八八九年，同樣是那位誓言不再回到千里達的愛德華·弗德列克·奈特，再度前往千里達。他深受南美洲利馬那些閃閃發亮的金銀財寶誘惑（巨大的黃金燭台、鑲滿寶石的聖餐杯、整箱整箱的金幣以及銀盤），同時那些海盜傳說的危險故事情節也深深吸引著他。他不只相信那裡有寶藏，還相信是冥冥之中注定由他去找出這些寶藏。是上帝要他前往那裡的，他深信不疑，因為上帝給了他一幅地圖。

　　《埃勒鐵號巡航》（*The Cruise of the Alerte*）出版於一八九〇年，鮮活且（想像中）真實地記敘了他的冒險旅程，奈特說明八年前他第一次接近千里達的時候，並不曉得島上藏有寶藏。在那趟旅程中，他與一小群水手駕著快艇繞行南大西洋及南美洲，從蒙特維多（Montevideo）前往巴伊亞（Bahia）的途中遭遇突如其來的強烈逆風，轉舵向東，在距離巴西東岸大約七百哩的地方第一次看見千里達，位於南緯二十度三十分、西經二十九度二十二分。他決定要登陸，千辛萬苦與珊瑚礁奮戰，在那裡過了九天可怕的日子，然後發現陸上螃蟹「令人退避三舍」。

　　回到英格蘭四年後（他是個成功的律師，不過一般認為他並不滿足於此），奈特在報紙上讀到一艘叫作歐瑞亞號（Aurea）的船隻正要從泰恩河（Tyne）出發前往千里達，船上有技術優秀且決心堅定的團隊，還有許多挖掘工具。他們的目標正是那些寶藏，但是並沒有成功。奈特沒有將這件事放在心上，一直到三年後，他聽聞一些泰恩賽德區（Tyneside）的人正打算再次挑戰尋寶，於是他前往南希爾茲（South Shields），找到當時歐瑞亞號船上的一名水手，那

人跟他講述了下面這個故事。

有一名住在新堡（Newcastle）的退休船長，在這個故事裡稱之為皮船長（Captain P）。他在一八四〇年代晚期參與了鴉片交易，在其中一趟航行裡雇用了一個名叫海盜（The Pirate）的人來當舵手，人們之所以這麼叫他是因為他臉頰上有個傷疤。海盜可能是俄裔芬蘭人，航海技巧非常高超，皮船長對他印象非常好，兩人也因此成為朋友。從中國前往孟買的途中，海盜染上痢疾，皮船長特別照顧他，但是其實當時他能做的也很有限——海盜已經命在旦夕。在孟買的醫院裡，臨死的海盜想要報答皮船長對他的照顧，於是表示他要揭露一個祕密，但是要求皮船長必須先關上病房的門。關上門後，海盜要皮船長走向一個箱子，拿出一個包裹，裡頭有著一塊防水油布，而在這塊防水油布上畫著一幅千里達的藏寶圖。

標有X的地點就位於糖麵包山（Sugarloaf Mountain）的陰影處。寶藏大部分是來自獨立戰爭時被劫掠的利馬大教堂（Lima Cathedral）。海盜之所以知道是因為他確實是個海盜，是一八二一年前往千里達埋這批寶藏的唯一倖存者。從那時候以來他一直無法重返千里達，他相信其他的那些海盜同夥全都已經被抓到並且處死了。他很確定這些寶藏還深埋在沙地與岩石底下數呎。

誇大的故事一個接一個，形成瞞天大謊。一九一一年，一名美國作家勞夫・D・潘恩（Ralph D. Paine）調查了「海盜的黃金、珠寶與盤子還有大型帆船等，至今人們仍在探尋的東西」，於《藏寶之書》（*The Book of Buried Treasure*）中集大成。他發現了一項明顯的共同點：一群海盜裡總是會有一個倖存者，這個倖存者「不知怎麼地總是能逃開他應得的絞刑、槍斃或是溺斃，持有一張顯示那些金銀財寶藏匿處的地圖。這個人無法回到藏寶處，於是把地圖交給某個朋友或是同船的水手，這個戲劇化的轉交場景通常發生在瀕死的床榻前。」接著拿到地圖的人努力挖掘卻徒勞無功，「痛罵那個死去的海盜給的地圖都是些錯誤的地標與方位」，然後將這份地

圖，以及這份貪婪，再度傳給下一個世代。

☠　　☠　　☠

　　在奈特出發踏上他自己的冒險旅程的兩年前，另外一則關於藏寶的故事吸引了大眾的想像空間。史蒂文森的《金銀島》於一八八一年開始連載，兩年後集結成書出版，故事描述在一個遙遠小島藏有不為人知的寶藏，而某個海盜的箱子裡裝有一塊神祕的防水油布。這塊防水油布包裹了兩樣東西：一本航海日誌以及一張封緘起來的紙。根據這本書的年輕敘事者吉姆・霍金斯（Jim Hawkins）所言，這張紙是「一座島嶼的地圖，標有經緯度，水深數值，記有山丘、海灣以及峽灣的名字，還有任何讓你將船隻安全停靠在岸邊的資料。」這些寶藏是凶殘的弗林特船長（Captain Flint）的所有物，雖然在這本書的開頭他就已經過世了，不過他已經將指引他人尋得這些寶藏的線索畫了下來。

　　金銀島大約長九哩、寬五哩，形狀「像是一條站立的惡龍」。島上的中央山丘稱為「望遠鏡山」，島上標有三個紅色的十字記號，其中一個還附帶了這句話：「大量財寶在此」。吉姆因此跟他的海盜夥伴們一起出發，朝著陰謀詭計、重大的背叛，以及總計價值七十萬英鎊的寶藏前進。在所有小說裡，這幅與托爾金（J. R. R. Tolkien）的中土（Middle Earth）並列最為知名的地圖，是由史蒂文森本人所繪，日期記載為一七五〇年。最上方繪有兩隻美人魚顯示這張地圖的比例尺，另外還有兩艘大帆船沿著海岸巡邏。

　　地圖的起源並不明確。史蒂文森在蘇格蘭高地一個潮濕的夏季尾聲寫下這本書大部分的內容，洛伊・奧斯本（Lloyd Osbourne）是假期來拜訪他的人之一，是史蒂文森十二歲的新繼子。奧斯本之後回憶道，有一天，「我正好在替我畫好的一座島嶼地圖著色的時候，史蒂文森走進來，我就快畫好了，他對於我做的任何事情都非常有興趣，他俯下身越過我的肩膀，開始解說這張地圖，並且為它

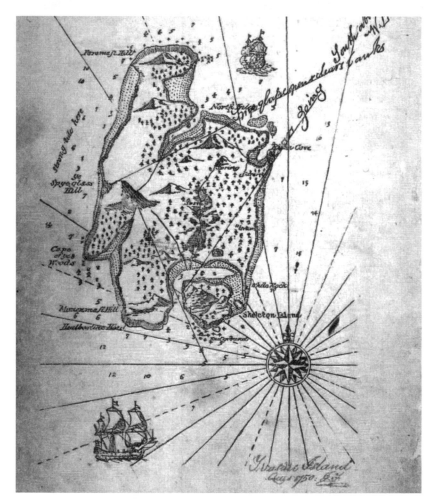

難以抗拒——羅伯特‧路易士‧史蒂文森的金銀島。

取名。我永遠不會忘記刺激的骷髏島還有望遠鏡山，也不會忘記故
事高潮出現的那三個激動人心的紅色十字！」

　　奧斯本還記得史蒂文森在地圖的右上方角落寫下「金銀島」這
幾個字，「他好像知道好多好多關於這座島的事情——關於海盜、
寶藏、在島上孤立無援的男子。」在他記憶中那是個「迷人的天
堂」，奧斯本興奮地呼喊道：「噢！寫個關於它的故事吧！」

不論這個故事本來就在構思中，還是這張地圖激發了三十一歲的史蒂文森寫下第一本完整著作的靈感（而且有誰會不想宣稱是自己激起寫作的火花，才能產生這部世界文學的經典作品？），這個問題的答案依然沒有定論。數年後在《閒人》（*The Idler*）雜誌的一篇文章裡，史蒂文森回顧了他的繼子對於他早期初稿所抱持的熱情，當時是在《年輕人》（*Young Folks*）雜誌連載，不過他聲稱地圖是他自己的作品。「我製作了一幅島嶼地圖，（我認為）它的色彩非常漂亮，島嶼的形狀呈現出我無法言喻的想像力，島上的港灣宛如十四行詩一般令我感到愉快……」他也表示是這幅地圖推進了故事的發展：他設計出這個叫作骷髏山的地方，「我不曉得自己是什麼意思」，將它放在東南角落，然後故事的敘述就圍繞著這裡開始。

　　史蒂文森創造了一則關於唯利是圖、邪惡以及一點美德的道德寓言。《金銀島》是一個敘述主人翁成長的故事，書中大量出現的疾病以及殘疾，反映出史蒂文森自己從孩提時代就深受病痛所擾。神氣英勇的敘事方式也是對於當時蘇格蘭道德教化的反叛，因為史蒂文森年輕時，這種壓抑的說教差點就扼殺了這位未來的大作家。這本書定義了我們腦海中共同的畫面，海盜、鸚鵡、木製義肢、每日定量的蘭姆酒、帶著布里斯托口音的船員叛亂，還有一幅不只推進故事情節甚至還悄悄做了其他事情的藏寶圖：它形成了我們至今對於藏寶圖的基本概念——破破爛爛的、惡作劇的、捲曲且褪色的，包含的資訊不足以讓地圖持有者確定該走什麼路線，但是卻足以點燃一場徹底改變人生的追求之旅。

　　一八九四年時，史蒂文森寫道所有作者都需要一張地圖：「最好是一個真實存在的國家，他曾走過每一吋土地，清楚知道每一個地標。不過就算是想像出來的地方，如果在一開始就提供一張地圖，他也能做得很好；只要開始研究這張地圖，他未能仔細思考過的各種關聯就會浮現；他會發現顯而易見的捷徑及足跡來推動情

節，但沒有人能料到；即使地圖不是所有劇情發展所在，就像在
《金銀島》一樣，它依然是一座能引發無限聯想的寶礦。」

☠　　☠　　☠

　　在我們的認知裡，地圖具有強大的力量，而我們在孩提時代看
過的地圖可能永遠都不會忘懷。我們也許早就知道奈特的千里達是
什麼形狀，因為它是亞瑟・蘭塞姆（Arthur Ransome）在《彼得・
達克》（*Peter Duck*）裡的虛擬螃蟹島，這本書是《燕子與鸚鵡》
（*Swallows and Amazons*）冒險故事系列的第三本，發行於一九三二

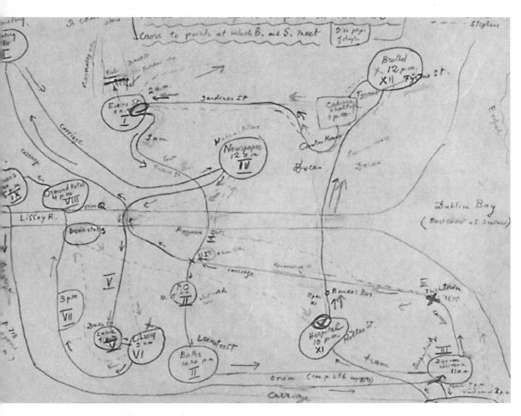

這是戴維伯恩酒館（Davy Byrne's Pub）的左邊。布魯姆於《尤利西斯》中在都柏
林漫步的路線，由納博可夫繪製。

年。

　　五年後，托爾金的《哈比人》（*The Hobbit*），另外一部尋寶之旅，出版時在卷首卷尾的空白頁附上地圖，而在《魔戒》（*Lord of the Rings*）三部曲時，地圖更成為至關重要的一環。事實上，托爾金的地圖或許是現代大眾文化中最具影響力的地圖，過去數十年來，衍生了一種融合了奇幻文學、地圖與遊戲的類別與世代；它們對於電腦遊戲的玩家們一直具有極大的影響力。

　　除了兒童小說之外，書裡的旅程可能會啟發未預料到的地圖靈感——不可能的地點如湯瑪斯・摩爾爵士（Sir Thomas More）的《烏托邦》（*Utopia*），或是像弗拉基米爾・納博可夫[1]畫出史蒂芬・迪達勒斯（Stephen Dedalus）以及利奧波德・布魯姆（Leopold Bloom）在《尤利西斯》（*Ulysses*）一書中漫步於都柏林的路線，希望藉此能讓學生更投入作品裡。詹姆斯・喬伊斯[2]曾說過，他的小說本身就是幅實用的地圖：如果都柏林「突然從地球上消失，可以參考我的書將它重建。」

☠　　☠　　☠

　　藏寶圖是我們擁有的最早地圖類型之一。它們從舊石器時代開始出現在洞穴壁畫上（拿著你的矛到此處，一個白土粉箭頭指引方向，然後你就可以得到一隻毛茸茸的生物），一直圍繞在我們身邊，多半經常是會搗亂的數位型態（幸運的參賽贏家，點擊這裡，然後你將被領上迷途）。還是孩子的時候，我們在文學作品、棋盤遊戲還有復活節尋找彩蛋的活動裡遇見藏寶圖，而在學校的時候，我們學著怎麼用咖啡渣來暈染地圖邊角，好讓它看起來很有歷史

1　弗拉基米爾・納博可夫（Vladimir Nabokov，1899-1977），俄裔美國作家，小說《羅莉塔》（*Lolita*）為其重要作品之一。

2　詹姆斯・喬伊斯（James Joyce，1882-1941），愛爾蘭作家，他的意識流小說《尤利西斯》是現代主義文學代表作之一，史蒂芬・迪達勒斯與利奧波德・布魯姆均為該書中的人物。

感。長大以後，大同小異：錯綜複雜的潛水路線，緊沿著太平洋沿岸那些曾有大帆船傾覆過古西班牙金幣的地方，只不過聲納已經取代了皮革製的海圖。我們喜歡謎團，喜歡獎賞，而藏寶圖散發的迷人魅力能指引方向，揭露祕密，迷惑人心，讓你一夜致富，能滿足人類所有基本需求。

　　如果上述所言看起來太流於想像，那麼來看看華盛頓特區國會圖書館裡的藏寶圖資料庫吧。這裡有一張詳細清單，搜羅了一百多幅指南與海圖，還包含了紐西蘭海事局（New Zealand Marine Department）的官方船難圖，記錄了從一八八五年四月到一八八六年三月間二十五起沿海船難事故；還有一張列表記載了北美五大湖區自一八八六年至一八九一年間的一四七起船難事件，描述了沉船、大約沉沒地點以及無法挽救的貨物價值。

　　其他的館藏則比較浪漫一點。有一幅「知名海盜、海賊以及劫掠者的地圖，他們在十七與十八世紀時漫遊大海……在中美洲海岸與東方的錫蘭之間」。或者是「古查克托哈奇灣（Choctawhatchee Bay）與華頓營地（Camp Walton）的地圖，顯示那些據說是劫掠者比利・鮑雷格船長（Captain Billy Bowlegs）的海盜藏寶地，還有那些失落的珍寶、沉船以及其他各種經常出沒於這些海域的海盜、海賊的寶藏。」

　　上述第二幅地圖詳細記錄著一七〇〇年至一九五五年間被埋藏起來的寶藏，出版於一九五六年，可經由「某某先生，密西西比韋賽德區，美金一元，郵資已含」購得。不過主要供應商顯然是這位菲里絲・拉・委內・克夫曼（Ferris La Verne Coffman），不僅販售墨西哥灣與加勒比海的私人藏寶圖，還編輯了一本《藏寶地圖集》（Atlas of Treasure Maps），包含了西半球四十一塊不同的區域，標有四萬兩千個表示海底與陸地藏寶的十字。「在這當中我能證實約有三千五百個十字是貨真價實的，」不屈不撓的克夫曼夫人如此說道。直接來自探險家的情報，十塊錢。

這些地圖目錄來自華特·W·里斯托（Walter W. Ristow），國會圖書館地圖部（Library of Congress Map Division）主任，還附帶了一段略為逗趣的告誡前言：「國會圖書館對於這些地圖的準確性或不準確性並無責任，也不保證任何查詢這些地圖的人就能找到有形的財寶。」他說明道地圖本身就是種報償，是一種超越貪婪的愉悅感。

☠　☠　☠

史蒂文森不僅愛藏寶圖，他愛的是所有地圖。他喜歡地圖這個概念，也喜歡摺疊在手裡的觸感。他喜歡地圖上的命名，也喜歡那種「地圖可以帶你回家，也可以帶你迷路」的感覺。他喜歡地圖，因為地圖能帶他到不曾踏足過的地方，不論是真實到達那裡或是在腦海裡想像。「我知道有人根本不喜歡地圖，這件事令我難以置信。」他在一八九四年雜誌刊載的文章〈我的第一本書〉（My First Book）裡如此寫道，文中他敘述了《金銀島》的靈感來源。關於地圖，他喜歡的還有什麼呢？「名字，林地的形狀，道路與河流的路徑，至今仍能追蹤到的史前人類在山林溪壑的足跡，磨坊與遺跡，池塘與渡口，荒原上或許還有巨石或德魯伊之環（Druidic Circle）；這裡有無窮無盡的樂趣，只要你有眼睛就能看得到，或是只要付出一丁點想像力就能理解！」

有件事很奇怪，他寫這本書的時候，他所參照的地圖並不是這幅金銀島的地圖。最原始的草稿，已經在蘇格蘭一家郵局以及他的出版社卡賽爾（Cassell）之間的郵遞途中永遠遺失了。史蒂文森回想那時候：「樣張來了，都是對的，但是卻沒有地圖的消息。我寫信去問，對方告訴我說從來沒有收到地圖，我嚇呆了。」於是他重畫了一張，這次的製圖經驗令他沮喪，因為他只是機械性地畫出來而已。「無意間畫出一張地圖……然後根據它的規模寫出一個故事，這是一回事；但是說到要檢視一整本書，將所有書裡使用的典

故列出一張表，然後再用羅盤痛苦地設計一幅地圖，好能符合所有的資料，那又是另外一回事。」當然，他在這裡所描述的，正是所有真實世界製圖學學生們共同面對的恐怖景況。他還是做到了，繪製出我們現在看到的這幅地圖。他的父親也有幫忙，加入龐比利[3]的航行路線，設計了弗林特船長的簽名。「但是這永遠也不是金銀島。」

他留給我們的這幅地圖，基本上形狀類似蘇格蘭，或者至少是他所知的十八世紀時蘇格蘭的形狀。不過它迷你的尺寸以及隨意的細節──小海灣、岩石、山丘、森林，還有「強烈的海潮」──暗示了更為精確的靈感來源。這些靈感來源之一可能是來自愛丁堡皇后街花園（Queen Street Gardens）池塘裡的一座小島，史蒂文森小時候曾在這裡玩耍。另外一個靈感來源也許是昔德蘭群島的安斯特島（Unst），這是英格蘭有人煙的島嶼中最北的一座，很接近他的伯父大衛·史蒂文森（David Stevenson）在一八五〇年代於小島馬克弗拉加（Muckle Flugga）建造的燈塔，這座燈塔指引英國海軍的護航艦隊平安前往克里米亞（Crimea）。不過實際上他的靈感可能來自任何一段蘇格蘭變化莫測的海岸：他的家族打造出的工程霸業，以「燈塔家族史蒂文森」（Lighthouse Stevensons）而聞名，所以他曾隨著家人多次踏上氣候險惡的航程，前往視察家族建設的燈塔。他原本是個輪機工程師，後來健康狀況惡化，只適合比較靜下來坐著的工作。

而且，史蒂文森對於地圖的喜愛顯然是家族遺傳。他的祖父羅伯特·史蒂文森（Robert Stevenson），於一八一〇年在阿布洛斯（Arbroath）沿海建造了具有歷史意義的貝爾礁石（Bell Rock）燈塔，不久之後，他發表了一篇成就「說明」，包括這座燈塔以及周圍礁石區域的地圖（亦即印奇角〔Inchcape〕，只有在低潮的時候

3　龐比利（Billy Bones）是《金銀島》中的一名海盜，主角從他的手裡獲得藏寶圖。

才能看見全貌）。就像是舊時代的征服者，這位老史蒂文森隨心所欲地在地圖上為各個地方命名，他編排這則敘述性故事的方式，就像之後他的孫子編排小說劇情一樣。

於是這裡有葛雷石、康寧漢暗礁、瑞翠暗礁，還有希望碼頭——附近還有達夫碼頭、波義耳港以及亞博斯福（The Abbotsford）。總計約有七十個名字，每一塊水潭、岬角、露頭都加以命名，大多數取自參與燈塔工程工作人員的姓氏。不過，史克爾斯比點（Scoresby's Point）則是以老史蒂文森的探險家朋友威廉·史克爾斯比船長（Captain William Scoresby Jnr）來命名的，他打開了北極的航路；而在最西南方的漫遊者勞夫暗礁（Sir Ralph The Rover's Ledge），名字則來自可能曾經取走貝爾礁石上警鐘的一名海盜。圍繞著貝爾礁石散布著其他礁石，能見度較低，不過一樣危險，老史蒂文森小心地以愛管閒事的律師及公務員來替它們命名。

家族性的地圖愛好：老史蒂文森以律師的名字來替貝爾礁石燈塔周圍變化莫測的礁石命名。

☠ ☠ ☠

奈特於一八八五年第一次聽聞千里達的寶藏，假設他對上述所提略知一二的話，那麼他在組織自己的探險隊時什麼也沒有提及，他帶著從歐瑞亞號船員得到的那幅地圖（來自皮船長那幅地圖的副本，詳細記錄了島嶼形狀、最佳登陸地點以及藏寶的位置），搭乘六十四呎柚木船出發，帶上六百加侖的水，四位航海專家以及九位各付了一百英鎊所以特別獲准上船的「紳士冒險家」。

那麼，身為當代讀者，我們為什麼不祝他好運呢？勞夫・潘恩在二十年之後如此寫道：「對於藏寶故事抱持過於批判的態度……即是截斷冒險精神，使之淪為平凡的步態……惡劣的偶像破壞者，可能也會推翻聖誕老人，但是當壁爐上方掛上最後一只聖誕襪的許久之後，勤勉的夢想家們仍然會努力挖掘基德船長（Captain Kidd）[4]的黃金。」

史蒂文森《金銀島》中虛構的海盜發現他們的希望破滅；已經有人在他們之前挖出了黃金。奈特與他的同伴搭乘埃勒鐵號，在一八八九年的冬天在千里達島上度過漫長的三個月，大多數時間都用來挖掘。隔年隨著他的書一起出版的這張島上地圖，確實顯示了這個地方很有挑戰性，從海岸開始陡峭崎嶇的地形，整座島幾乎都是山脈。火山岩礁圍繞著整個北邊與東邊的海岸線。陸地上沒有標示地名，大多標示在沿岸：九針（the Ninepin）、西點（West Point）、陸岬（The Ness）、糖麵包（Sugar Loaf）、東點（East Point）與北點（North Point）。奈特的埃勒鐵號下錨在西邊，距離船員在陸地上的營地超過兩海哩遠，而他們的營地距離他們在糖麵包山腳下挖掘的地點也有半哩遠。這張地圖由一條紅線一分為二，

4　威廉・基德（William Kidd，1645-1701），蘇格蘭船長，以海盜罪遭處死，傳聞他藏起了大量財寶。

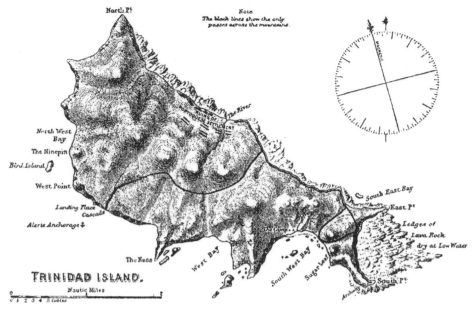

取白奈特著作《埃勒鐵號巡航》的千里達地圖。

那是穿越群山唯一的通道。

　　奈特帶了一台鑽機、一台液壓起重機、許多把槍、幾台手推車、幾根撬棍和幾把鏟子供所有人使用，他們利用這些工具與岩石和泥土奮戰，一開始他們希望無窮，最後深陷絕望。他們登陸的時候困難重重，這座島和他們預期的一樣不好應付，他們厭惡毒辣的太陽，豎起柵欄阻擋陸蟹的侵襲，他們抱怨即使是最晴朗的天氣都有「勒住呼吸的濃重水氣」。

　　但是只要他們返家時能帶著金銀財寶，一切就值得了。這張地圖不僅帶他們走向溝壑和崎嶇的石堆遺跡，指示他們這裡就是該開挖的地點，更帶領他們看見前人遺留下來的生鏽工具。隨著他們的挖掘，擱淺船隻的遺骸碎片不斷出現。他們挖掘壕溝，砸開岩塊，曬得黝黑的皮膚與破爛的衣物讓他們開始看起來像是野人。三個月之後他們放棄了，他們什麼也沒有挖出來，逼近餓死與崩潰。

在他們返家的航程中，奈特越挫越勇，甚至對自己的船員感到更加自豪了，就像《金銀島》中的獨腳海盜史約翰（Long John Silver）。他們真正的寶藏正是人類的經驗；他們依循地圖，追逐夢想，返回時雖然比去時更加貧困，但是增長了智慧。「我們很滿足於自己的現況」，他如此結論道：「要是我們擁有了這些祕密錢財，生命肯定會變得沉重。我們會變得過於珍視這些寶藏而無法放心自在，我們會墮落成悲慘又膽小的憂鬱症者，出門時提心吊膽，極度憂慮飲食安全，對於周遭任何事物都謹慎小心到可憐的地步。」他很可能真的這麼想。

奈特在他的探險結束後數年，成為《泰晤士報》的戰地記者，並且在第二次波爾戰爭（Second Boer War）時失去了一條手臂。《紐約時報》於一九〇四年報導了他的死亡消息，結果是一則非常言過其實的新聞；他一直活到了一九二五年。直到最後他仍然相信千里達島藏有寶藏，只是「指示的某個環節」讓他錯過了真正的方向。

第十四章

世界上最糟糕的旅程，
前往最後畫上地圖的地方

　　一九〇一年九月十日，恩尼斯特・亨利・沙克爾頓（Ernest Henry Shackleton）、羅伯特・法爾肯・史考特（Robert Falcon Scott）以及其他發現號（Discovery）的船員，在前往南極的航程中決定做一次預定外的停泊。他們已經在海上待了五個星期，十一天前通過了赤道，而現在，經歷過風帆以及裂縫的初期問題後，他們決定中斷航程，停靠在南美洲的岸邊，在一座不知名的島嶼上進行一天的實地調查。也許他們可以獵一些可以吃的禽鳥來增加糧食補給。三天後的早上十點，史考特與他的船員爬上兩艘小船試圖登陸。在之後寄往倫敦的一封信裡他寫道，他選擇登陸的這個「詭異崎嶇海角」，在之前已經由一名叫愛德華・弗德列克・奈特的人考察過了。

　　沙克爾頓沒有特別說明他在岸上的經歷，不過另外一名同行者，實習外科醫生愛德華・亞德瑞恩・威爾森（Edward Adrian Wilson）則為了他的妻子歐瑞安娜（Oriana）寫了一本私人日誌。他「在日出之前依照我先前的要求被叫來欣賞南千里達。很值得一

看……這座海島是最震撼人心的景觀，在經歷過這麼長一段時間除了雲、海、天空外什麼也看不到之後。」

威爾森花了三頁描寫千里達——這座傳說中的金銀島——是在他長達三年的日誌裡篇幅最長的一段，大多在記敘上岸有多困難，以及一開始獵鳥後就立刻上手。威爾森也記錄了坡面上到處都是枯死的白化樹幹，「外面是白色的，裡面是紅色並腐爛」，顯示出可能是火山造成的破壞或是存在某種可怕的貪婪生物。接下來是最讓人膽戰心驚的描述：「這座島嶼的海岸是活的，如同字面上的意思一般活生生的，巨大又顏色鮮明的紅綠螃蟹，帶著尖鉗的扁平怪獸。」

不過，當然，沙克爾頓、史考特以及威爾森繼續深入前行。

一直以來南極都被形容成地球上最後一塊畫上地圖的地方，而且至今我們仍然喜歡用這種浪漫的眼光來看待它。我們永遠聽不厭關於南極偉大又艱辛的故事，而且如果這些故事被講述得更宏偉、更英雄式、更充滿神話氣息，人們更是樂見其成。以地圖學的觀點來說，這些故事發生的時間近得令人興奮，而且才一個世紀之前，這塊大陸——總計五百四十萬平方哩——在大多數地圖上仍然是一大片的空白與沉默，想到這一點就覺得怪怪的。

我們所記得的來自沙克爾頓、史考特以及羅爾德・亞孟森[1]時代的地圖，並非出自專業之手，也不是由極地探險的超級明星所繪。在所有極地之旅中，威爾森的發現號探險紀錄是最為個人也最具藝術性的記述。裡頭充滿了他對於出發前數週剛結婚的新婚妻

1　羅爾德・亞孟森（Roald Amundsen，1872-1928），挪威的極地探險家，是第一個穿越西北航道的探險家，也是於一九一一年帶領探險隊抵達南極點的第一人。

關於挪威探險家亞孟森極地之旅的路線，最知名的地圖是由英國人戈登・荷姆（Gordon Home）根據電報所繪，這張地圖收錄在亞孟森結束探險數月後出版的著作裡。

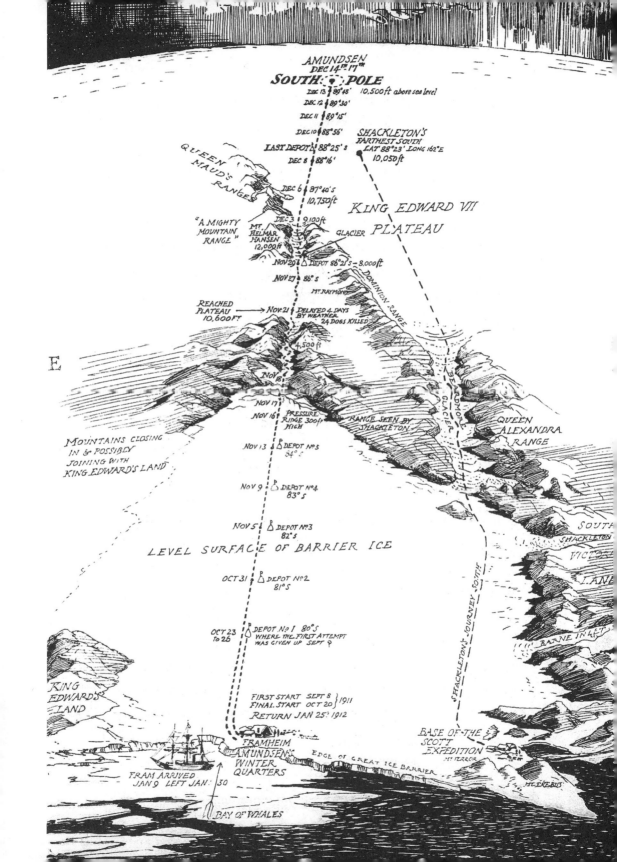

子的思念，也許這種精神狀態反而讓我們從他這份非官方筆記中，窺知其他記述沒有記載的災難事故與不體面事件，比如說史考特那份吹捧人物的記述。威爾森是個敏銳的畫家，他的醫學與動物學背景，讓他不僅擅長剝除獸皮以及保存鳥禽，而且還是個下筆精準的製圖師。

他在這趟探險旅程中所繪製的地圖是無價之寶。有一些只是筆記裡隨手畫幾筆，像是一九〇三年末鋸冰營地的睡床分配圖。大型的帳篷可睡三十人，由爐子在中間分成兩邊，一邊是六頂三人份的雪橇拖拉帳篷，另外一邊是一堆單人睡袋，威爾森一一記錄使用者的名字：斯蓋爾敦（Skelton）、羅伊茲（Toyds）、哈吉森（Hodgson）等等。補給品的箱子散放在頭腳處。這張草圖顯示出夥伴情誼、拘束以及臭味，在威爾森的日誌裡獲得證實：「沒有比這群惡棍更健康的人了，這三十個無賴，沒洗澡，沒刮鬍子，缺乏睡眠，嘴裡罵罵咧咧牢騷不斷，嘻笑怒罵，住在煙霧瀰漫的鋸冰營地裡。」

威爾森其他比較傳統的地圖則顯示出他們在這塊貧瘠大陸所行經的廣大範圍。其中一幅在地圖的西北角記錄了發現號從千里達出發的路線（如我們所見），經過開普敦，接著是克羅澤群島（Crozet Islands），然後在更進一步往南之前來到紐西蘭的利特爾頓（Lyttelton）。在一九〇二至〇三年冬天往南的雪橇路線中，在大冰障（Great Ice Barrier）來回駐紮的冬季營地也清楚標記在地圖上。這幅地圖是張潦草的樣本，是倉促之中畫出來的，並非為了流傳後世而做。有人可能會將這幅地圖誤認為蜘蛛網，地標是小小的蒼蠅。不過，這張歷史文獻出自參與了一場偉大探險的成員之手，在這個意義上，它是無與倫比的。當然，威爾森歷經了最艱困的工作環境。他在一九〇三年一月二十五日寫道：「在南極畫素描不是什麼很快樂的事，因為除了手指都凍僵，天氣冷到你很快就不曉得自己的手指是什麼東西，也不知道它們在哪裡……除此之外，你覺得渾身越來越冷，眼睛看不見，只能透過護目鏡的狹縫視野，瞇著一

隻眼繼續畫……」

這些或許可以說明為什麼他最迷人的地圖是在離開冰天雪地的七年後靠著記憶畫出來的。這張地圖所繪的區域圍繞著克羅茲角（Cape Crozier）與特羅爾山（Mt Terror），也因為它結合了隨筆筆記、回憶以及想像，這幅地圖包含了非常多的細節。威爾森尤其想要呈現他與當地居民合作的成果，以十字標記了一區皇帝企鵝在海冰上的棲地，清楚區隔出「圓點所標示的成千上萬隻阿德利企鵝的棲息地，是一塊封閉且有遮蔽的環型區域，可以完全隔絕暴風雪。」

這張地圖是從一本素描本撕下來的，以鉛筆作畫，運用古典的文藝復興技巧來標示海岸線、崖壁、火山口和水灣——在輪廓線、明暗對照法以及交叉排線法之下畫出來的這座島嶼，看起來像是一個乾癟的手掌。確實很像一幅藏寶圖。

不過這幅地圖具有很明確的目的。它是為了下一次於一九一〇年再來到這塊大陸的偉大探險而做，也就是新地號（Terra Nova）探險隊，威爾森以醫生與博物學者的身分再次加入，史考特則是船長。他在地圖上的文字看起來像是傑克・霍金斯（Jack Hawkins）的召喚：「古老的藍色冰河，我們從這裡鋸下蓋冰屋的冰，取得我們需要的所有飲用水，」他在克羅茲角的陡峭岩壁下方如此寫道。附近則是「可能是我們在雪堆邊緣的臨時小屋駐紮處」。

對於這麼一趟決定命運的航行，這是多麼仔細的一幅地圖。

當然，威爾森與史考特只是將原本遺失的補回去而已。我們也許記得，在西元前二世紀時，由馬魯斯的克拉特斯製作的十呎地球儀，以一片炎熱的海洋將世界區分為四大塊島嶼，只有其中一塊——也就是他所在的這一塊——有人居住，但是其他三塊也被認為或許同樣適宜人居。我們也看到在西元一一四年，泰爾的馬里納

斯，這位托勒密的靈感來源，在他的地名辭典中以Antarctic（南極）一詞標示出相對於北極的區域。

關於南極是如何出現的，現在，地質學提供我們更深入的了解——或者至少是更進一步的理論。南極洲可能曾經是一片蒼翠綠地，河流縱橫，住著兩棲類與大型爬蟲類。近期針對露出的岩塊之研究發現了種類繁多的化石，也暗示了這裡的環境曾經類似於亞馬遜河而不是冰天雪地，並且可能出現過恐龍以及六呎高的企鵝。這也與南極洲曾經是岡瓦納大陸（Gondwana）一部分的概念相合，岡瓦納大陸是南方的「超大陸」，起初共包含了南美洲、非洲、印度以及澳洲。岡瓦納大陸被認為原先位於赤道附近，開始逐漸向南漂移，地殼板塊變動後使它分崩離析。南美洲與非洲首先漂離開這塊大陸，而印度、澳洲與南極洲繼續向南極前進，約於一億年前抵達。岡瓦納大陸繼續分離，印度與澳洲於三千五百萬年後往北漂移，而南極洲依然在原地，於兩千五百萬至一千萬年前開始逐漸冰封。

進入現代以後，沒有一個區域能比南極洲產生更多相互衝突的假設。中世紀時，西方的主流假設是南極洲是塊迷人的富饒大陸，他們並不曉得這則波里尼西亞水手威特蘭吉奧拉（Ui-te-Rangiora）的寓言故事（也許是真實的），傳說他划著獨木舟在西元六五〇年抵達了南極洲的邊緣，看見了一大片冰凍的海洋。不過，隨著中世紀世界地圖讓位給真實的航海探險後，事情變得有點沒那麼充滿魅力了，南極洲也開始從地圖上消失。一四九七年時，瓦斯科·達伽馬圍繞南非端點好望角的旅程，徹底推翻了「這塊南邊大陸依然連在一塊溫帶地區」的可能性[2]。接著在一五三一年，法國製圖師歐隆

---

2 〔作者注〕瓦斯科·達伽馬繞行好望角進入印度洋，他以這段航程最為人稱頌，但是他並不是第一個走這條路線的人。葡萄牙船長巴爾托洛梅烏·迪亞士在十年前就已經進行過類似路線的航行，不過因為船員叛亂而迅速返回。但是葡萄牙並沒有因為他到達印度群島的消息而歡欣鼓舞——反而正好相反：他證明了一個人若想要獲得可能的新獎賞，必須要旅行多遠的距離才行。不過，從地圖學的角度來說，迪亞

司‧斐聶發表了一幅知名的木刻版世界地圖，將世界呈現為兩個心型的球體，之所以著名是因為首次將格陵蘭顯示為一座島嶼，並且以出色的精確度估算了南極洲的海岸線，如果南極洲沒有任何冰的話就會是那個樣子。而地圖上還附帶了一句頗為中肯的觀察文字：「並未徹底調查過」。

不過在接下來的三個世紀裡，繪製南極洲地圖仍然是一團混亂的猜測。它長期被認為是南方大陸（Terra Australis）的一部分，這

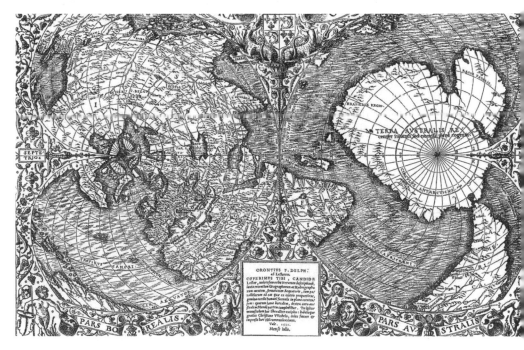

歐隆司‧斐聶於一五三一年所做的南極洲地圖，精確度極具水準，並且首次將格陵蘭呈現為一座島嶼。

士啟發了突破性的進展。德國製圖師亨利克斯‧馬提勒斯（Henricus Martellus）徹底運用了迪亞士於一四九〇年一幅地圖上的探險隊報告資料，製作了一幅也許被認為是地圖學玩笑的東西。這張地圖呈現的世界仍處於哥倫布偉大之旅之前，依然是根據托勒密的原則來畫，但是同時也清楚明瞭地包含了非洲，其最南端圍繞著一片深藍汪洋，並且為了強調這個最南的端點，他特別將它延伸至地圖的外框，彷彿在說：這才是新聞。

是南半球不斷改變形狀的一塊龐大區域，而且在不同時期被認為是包括了火地群島、澳洲、紐西蘭，以及漂流在太平洋上被水手們偶然遇到的任何東西。Australis 一詞在拉丁文中意指「南方」，在十七與十八世紀的地圖上最常出現在「未知的南方大陸」（Terra Australis Incognita）一語中，這是「尚未知曉的南方大陸」（Terra Australis Nondum Cognita）的略稱，奧特流斯讓這塊大陸在一五七〇年的世界地圖上延展於整個底部。這些地圖經常出現南極，但是在大多數出自布勞、麥卡托、楊松紐斯以及杭迪斯等人的偉大地圖集中，它的周圍不是一片雪白之地，而是深褐色或綠色的一整片海洋。整塊陸地似乎消失了，直到庫克船長的探險才有所改變。

我們已經見識探險家與製圖師有多麼厭惡地圖上的空白，在缺乏真正的知識時便開始捏造一些東西，因此我們對於這樣的情況也無須感到訝異。每隔一段時間，地圖上的南端就會出現虛構的島嶼。法蘭西斯·德瑞克於一五七八年來到這裡，當時強風吹得金鹿號（Golden Hind）往南航行，他因此碰到了實際上可能是火地群島的地方，不過他將之命名為伊莉莎白群島（Elizabethides），獻給他的女王。而德瑞克引領了風潮。在十六世紀至十九世紀之間，除了伊莉莎白群島之外還有大島、皇家公司島、斯溫斯島、煙囪島、梅西島、博伍德島以及莫雷爾的新南格陵蘭島——全都漂浮在南極洲附近，全都出現在熱門地圖上，全都由驕傲的（主要是英國人）探險家所發現，並且沒有一個是真實存在於地球上。

一七七二年至一七七五年間，詹姆斯·庫克船長展開他的第二趟偉大探險之旅，進行了也許是有史以來最勇敢、最野蠻原始的海上航行。他在濃霧中進入南極圈三次，每次都遭遇浮冰只好撤退。他的探險隊由皇家學會贊助，學會的蘇格蘭水道學家亞歷山大·道爾林普（Alexander Dalrymple）假定南方大陸並非一塊

假設的陸地,而是位於澳洲南方不遠處。(庫克船長於一七七〇年航向澳洲,在當代荷蘭地圖上替澳洲換了名字——新荷蘭〔New Holland〕——而在英國地圖上則是新南威爾斯。)

在南方某處確實有一塊陸地,但是卻比皇家學會倫敦辦公室所能想像的還要更遠、更南,也更不歡迎人類前往。庫克在第三次嘗試後寫道:「我不會說要再更往南前行是不可能的事,不過這樣的嘗試會是非常危險又魯莽的冒險……」他聽見企鵝的叫聲,可是一隻也沒有看見,還預想了冰山之外的某處存在著陸地。這個地方讓他感到害怕,因此很高興能往北航行——「我,懷抱的雄心不只是要比先前任何人都走得更遠,還要達到人類的極限。」一個多世紀之後,史考特船長總結道:「南方大陸人口稠密又豐饒的這個概念,徹底被證實為是個迷思,而且也證明了若是南方存在著任何陸地,也一定是隱藏在冰天雪地之下的一塊荒蕪之地……地球上適宜人居的極限已經清楚明瞭了。」

庫克從未聲稱自己實地見過南極洲,也並未在地圖上證實它的存在。確切來說,誰是第一個見過南極半島(Antarctic Peninsula)的人依然沒有定論,也很可能是為了海豹毛皮而出航的任何默默無聞英國水手。或者也可能是皇家海軍愛爾蘭上尉愛德華·布蘭斯費爾德爵士(Sir Edward Bransfield)與他的舵手威廉·史密斯(William Smith)。不過根據書面紀錄的記載,第一次正式看見南極洲是在庫克返航後的四十五年,主角是神話般的一位頭髮灰白的俄羅斯船長與一名來自美洲的年輕毛皮商人。

一八二〇年十一月,來自美洲的二十一歲船長納薩尼爾·帕爾默(Nathaniel Palmer),他的新英格蘭海豹獵人夥伴們認為他經驗夠老道,可以領導一艘小型平底船前往南極洋(Southern Ocean)尋找新的狩獵地。新發現的南昔德蘭群島(South Shetland Islands)附近出產大量的海豹毛皮與鯨脂,只要你的拖網漁船船身夠大,來這裡一趟就能讓所有船員一夜致富(要是能避開令人吃驚的淡藍色

冰山的話）[3]。某天晚上帕爾默在他的船英雄號（Hero）上當值，他相信自己聽見霧中傳來聲音。起初他以為一定是企鵝或信天翁，但是當隔天早晨霧逐漸散去，發現原來是俄羅斯的護航艦羅斯拓克號（Rostok）。

帕爾默登上羅斯拓克號，並且將之後發生的事情寫在一封給他姪女的信裡。他被引領前往會見護航艦的指揮官法比安·戈特利布·馮·白令豪生（Fabian Gottlieb von Bellingshausen），告訴白令豪生他在旅途中往南前進了多遠，並且看見過陸地。「他激動地站起來，懇求我要寫下航海日誌，繪製航海圖。」當他們抵達陸地時，這名俄羅斯人透過口譯官宣告道：

> 「從一名年輕男孩身上，我所看到的以及我所聽到的──他指揮一艘如此小的船，規模只等於我的護航艦的汽艇，但是他奮力穿過暴風與寒冰來到極地，尋找最南端，這正是我此行的目標；而我，指揮著我威嚴主人麾下裝備最精良的戰艦之一，已經經過三年冗長、乏味且焦慮的日夜搜尋。我該如何向我的主人回報？他對我會做何感想？但是就讓事情自然發生吧，我的憂傷就是你的喜悅；戴上你的桂冠，我誠摯祝福你健康安樂。我以你的名字命名這塊你所發現的大陸向你致意，高貴的男孩，這裡是帕爾默地（Palmer's Land）。」

帕爾默地就這樣待在地圖上直到今天，位於南極半島下半部的一條狹長型區塊，離南極大陸主體不遠。白令豪生海（Bellingshausen Sea）也位於這裡，強力的海潮拍打在南極最大島的西邊海域，白令豪生將這座島稱為亞歷山大島（Alexander

---

3 〔作者注〕一九七〇年代，根據紀錄，最「平板」的冰山之一也有盧森堡的大小。另外一個 B-15 冰山（Iceberg B-15），屬於羅斯冰棚（Ross Ice Shelf）的一部分，根據記述，其規模超過牙買加。

Island），以當時的俄國沙皇來命名[4]。

對所有依循帕爾默前往極地路線的人來說，有可能找到尚未屬於任何人的領地，實在是個誘人無比的追求目標，但有時候這樣的雄心壯志也可能反咬你一口。喜愛南極大發現這個英雄時期的人們一定很熟悉威德爾海（Weddell Sea），這片充滿浮冰的危險海域，在一九一五年時擊潰了沙克爾頓的堅忍號。這片海域是以一位英國皇家海軍海豹獵捕船船長詹姆士・威德爾（James Weddell）來命名，同行對他的印象不是徹底正直的人（他積欠貸款未還），而在地圖學方面，他的評價則徘徊在不可信賴與詐欺之間。他於一八二五年所作的地圖顯然直接抄襲帕爾默的作品，只是更動了地名，好能加入他的贊助人、夥伴或是朋友。於是斯賓賽海峽（Spencer's Strait）變成英格里旭海峽（English Strait），薩多利爾斯島（Sartorius Island）變成格林威治島（Greenwich Island），而古布斯島（Gibbs Island）變成了窄島（Narrow Island）。這些隨機的變換（超過二十個）在地圖集的地圖上維持了半個世紀。

我們還可以發現，威德爾在他的航程報告裡刻意誇大了他向南航行的距離，聲稱他比先前任何人離極地更近了緯度六度，表面上看起來他航行在暢行無阻、毫無浮冰的海裡。他的航行經驗看似如此輕鬆，激發了許多後繼的航海家也規劃類似的航線，然而他們在那裡遇到的只有無法通行的厚重浮冰，被逼得只能返航。英國海軍部地圖因此在一八二〇年代將「喬治四世海（Sea of George the Fourth），可航行」這段敘述，修改為寥寥數字的「威德爾海」。

一八三八年，南極大陸的地圖繪製迎來了一個令人欣喜的新科

---

4 〔作者注〕白令豪生的故事於一九四九年產生變化，在他過世之後。蘇聯擔心可能在戰後的土地爭奪中落敗，於是聲稱掌握了已經凍固過的南極區域，以便能與美國及英國抗衡，於是白令豪生突然之間變成了看見南極半島的第一人。

學動力。英國科學促進協會（British Association For The Advancement of Science，簡稱BAFTAS）在第八次會議上特別討論了地磁（Terrestrial Magnetism）的難題；地磁是指地球的磁力，數百年以來一直困擾著水手與他們手上的羅盤。參與那年會議的專家學者認為德國在磁學方面領先全球，如果不加以管束的話，將會導致德國在遙遠地帶的製圖、殖民以及貿易等方面的不公平霸權。相關的委員會於焉成立，由約翰・赫雪爾爵士（Sir John Herschel）這位孜孜不倦的天文學家、攝影師暨植物學家領導。墨爾本子爵（Lord Melbourne），即首相威廉・蘭姆（William Lamb），對此事一直有所知悉，也有人提出建議應該為了在南極海域觀察磁力影響而派出海上遠征隊。根據會議的決議，這支遠征隊將會特別聚焦在「水平方向、下傾與強度」，每小時測量一次。能夠越往南方進行考察越好。不過，在維多利亞女王政府裡的科學與海軍人員中，該由誰接下這個任務呢？

　　挺身而出的是船長詹姆士・克拉克・羅斯爵士（Sir James Clark Ross），這位三十八歲的英國海軍軍官，自從青少年時期與叔叔約翰・羅斯爵士（Sir John Ross）一起出航尋找西北航道開始，就對地理發現十分著迷。詹姆士・羅斯於一八三一年首次發現磁北極，這個點即是地球磁場垂直朝南的地方，磁北極會因為地球核心的變化而變動位置。如此一來，磁南極當然也是唾手可得囉？

　　詹姆士・羅斯於一八三九年至一八四三年間所做的航海日誌裡，旅程的紀事非常戲劇化，在報告偉大的地理發現時，也補充說明了他的磁極考察，幾乎可說是附帶提到。不過，在他發現像是聖赫勒納島（St Helena）及好望角這類地方之前，他於一八三九年十二月十七日停泊在千里達，此非預定計畫。他一發現有某種奇怪的現象就立刻爬回了船上：在島上，他的羅盤指針劇烈擺盪不定，三個分開的羅盤（分別距離很遠，以避免相互干擾）顯示三種度數，而且他認為沒有一個正確顯示了這座島嶼真實的地理位置。

十三個月後的一八四一年一月，羅斯完成了他最偉大的發現之一——維多利亞地（Victoria Land）。描繪他發現的地圖，就收錄在他出版的日誌裡，為我們呈現了十九世紀最驕傲、最貪婪、也最自我中心的殖民地圖學範例之一。在四年的航行中，幽冥號（Erebus）與驚恐號（Terror）的船員，以朋友、家人、英雄、政治人物以及船上夥伴的名字，替每一處在南方新觀察到的發現命名，彷彿在替海灘上的化石一一編目。「有一座高大的圓錐形山峰，位於諾斯安普頓山（Mount Northampton）北邊，以威廉·維儂·哈克特（Rev William Vernon Harcourt）為名，向他致意。」羅斯在一八四一年一月十九日這一天的日誌如此寫道。哈克特是英國科學促進協會兩位創始人之一，而在以哈克特為名的山的南邊還有一座山，以另外一位創始人大衛·布魯斯特爵士（Sir David Brewster）為名。附近其他的山被命名為拉巴克（Lubbock）、穆奇森（Murchison）還有菲力普（Phillips），分別是協會的財務主管、祕書長以及副祕書長。

　　這種事其實一點也不稀奇，只是很少在一區新發現的地方充滿這麼多公職人員。伴隨羅斯的回憶錄一起出版的這張原始地圖，得要眼睛很尖才能解讀所有的名字，它們被密密麻麻寫在海岸線兩旁，左邊是海角，右邊是山脈。看這些文字，就像在看手臂上的汗毛一樣：從北角（Cape North）我們垂直走向胡克角（Cape Hooker）、摩爾角（Cape Moore）、伍德角（Cape Wood）、艾德角（Cape Adare）、當夏爾角（Cape Downshire）、麥克柯米克角（Cape McCormick）、克里斯提角（Cape Christie）、哈列特角（Cape Hallett）以及卡特角（Cape Cotter）。

　　地圖就是這樣繪製出來的：你看見它，那麼它就是你的了（或者是你朋友的，或者是資助你出航的那個人的）。偶爾也會有一些獻給摯愛對象：「這塊陸地被發現……於一位女士的生日，我衷心戀慕的人。」羅斯寫於一八四一年一月十七日：「我將她的名字，

賜予這個極南之點——安妮角（Cape Anne）。」浪漫的地圖學，就像浪漫的刺青，雖然說不上是帶有風險的行為，也是一種恣意妄為的藝術：不過在這個例子裡，安妮的確成為他的妻子。普遍來說，女性在南極洲確實收穫不少：瑪莉皇后地（Queen Mary Land）、伊莉莎白公主島（Princess Elizabeth Island）以及亞歷珊德拉皇后山脈（Queen Alexandra Range）。阿德利地（Adelie Land）與阿德利企鵝（Adelie penguin）則是法國探險家儒勒・迪蒙・狄維爾（Jules Dumont d'Urville）以妻子之名來命名的；而瑪莉博德地（Marie Byrd Land），南極洲西部的一大塊區域，則是南極先鋒領航員李察・伊福林・博德（Richard Evelyn Byrd）海軍少將於一九二九年將它冠上他的妻子之名。

南極地圖上的名字不僅反映出人們的愛與奉獻，同時也展現人們的恐懼與厭惡。絕望礁岩（Despair Rocks）、惱怒灣（Exasperation Inlet）、無以名狀島（Inexpressible Island）、毀滅灣（Destruction Bay）、錯覺點（Delusion Point）、強風山脊（Gale Ridge）還有惡臭點（Stench Point）；在這些南方之地，探險家們忽然能看清一切。我們將詹姆士・羅斯留在另外一個嚴寒的地方——羅斯海（Ross Sea）以及「大冰障」（後來稱羅斯冰棚〔Ross Ice Shelf〕）——這裡使他永垂不朽，而所有之後跟隨他腳步踏上英勇又悲劇的極地之旅的英國探險隊，都在這裡被凍得動彈不得。

艾普斯雷・薛瑞葛拉德（Apsley Cherry-Garrard）跟隨羅伯特・法爾肯・史考特於一九一〇年踏上新地號探險隊的不幸旅程，時值二十四歲，三年後返鄉時幾乎全盲，而且牙齒掉光，隨之而來的還有創傷後壓力症候群及憂鬱症。在這趟遠征任務中，他被賦予的工作主要是收集企鵝蛋以及提供補給站所需，不過他也有其他用途：他永遠精神奕奕，而且最後還證明了他是個文采燦然生動的

事件記錄者。《世界最險惡之旅》（*The Worst Journey in the World*, 1922），他的經典探險隊記述，至今依然很受歡迎，大幅推翻我們對於冰天雪地及英雄主義年代的浪漫想像。

薛瑞葛拉德在書裡寫道，回程大家傳閱的其中一本書是羅伯特·路易士·史蒂文森的傳記，他也知道愛德華·弗德列克·奈特的遠征之旅。在他的書裡，主要的第一趟冒險是從卡爾地夫（Cardiff）出航後的四十多天，跟又一次的南千里達登陸有關（是史考特的第二次、他的最後一次），他抱怨那些陸蟹，期待著「徹底搜尋這座藏寶之島」。史考特與他的團隊來到這裡部分原因是為了做運動（他們獵殺了很多燕鷗與海燕），部分則是為了做研究（他們將許多蜘蛛裝進瓶子裡，貼上標籤註明要給大英博物館）。當他們要離開的時候，這座島對這些訪客的復仇幾乎要成功了——許多船員被巨浪沖上礁岩；在那段狂風暴雨的時刻裡，彷彿這個南極遠征隊在抵達南極點之前就要迎接世界末日了，最後他們靠著繩索逃過一劫。

薛瑞葛拉德的記敘之所以著名，還有另外一個非常顯而易見的原因——三張地圖草稿。第一張畫的是麥克默多灣

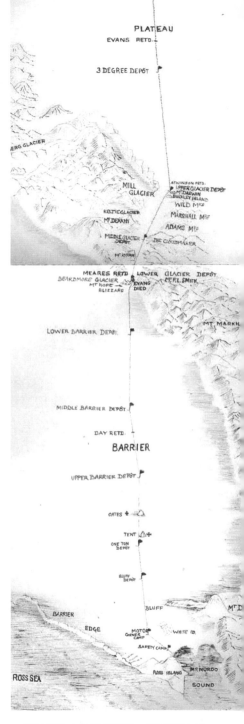

一條漫長的白色絕望足跡：薛瑞葛拉德於《世界最險惡之旅》中繪製的地圖。

（McMurdo Sound），涵蓋了作者在書中提到的地點，是非常有用的圖示，包括一座飼料庫、一個安全營、一個援救營，不過除此之外沒有特別值得注意的地方。第二張顯示的是冬天的航行路線，從伊凡斯角（Cape Evans）到克羅茲角，然後再返回尋找一顆未孵化的皇帝企鵝蛋。這就是書名的那趟「最險惡之旅」，以虛線表示，並附註了日期（六月二十八日，七月十五日，八月一日）：五個星期不屈不撓的艱困日子，三名男子在猛烈的暴風雪中拖運著沉重的補給物料，而他們這位記錄者經歷了「這種也許發瘋或是死亡反而能帶來解脫的極端折磨」。

　　不過最後這一幅地圖才是我們記住的——從南極返回麥克默多灣「安全」營的悽慘跋涉，而那裡是史考特一行人終究沒有抵達的地方。一條長長的虛線越過了山峰與冰河，看起來似乎制伏了這些地形；這是第一次，行進路線似乎能主宰大自然。但是如果我們仔細一看，就能發現事實並非如此——這是一條送葬之路。虛線上時不時會出現熟悉的名字，標記著先前並不存在的地標：「伊凡斯[5]返回」即是其中一個，這個小小的記號位於路線上兩座補給庫之間。往前約兩百五十路哩（圖上比例尺不可靠），我們在比爾德摩爾冰河（Beardmore Glacier）旁看見「伊凡斯死亡」。再往前約兩百五十哩出現另外一個垂直的記號，附帶了一條略長一點的橫線，兩者加起來即為國際通用代表墓地或教堂的十字符號，說明的文字非常簡單：「奧茲」。沿著這條虛線大約往北十一哩左右出現另外一個十字，標記的是史考特、威爾森以及鮑爾最終的長眠之地（薛瑞葛拉德是搜救隊的一員，於他們死後六個月找到他們的屍體），而在地圖上只寫著「帳篷」。

　　旅行文學作家保羅・索魯（Paul Theroux）特別指出，偉大的

5　史考特南極遠征隊最後一段征程的五人小組：史考特、艾德格・伊凡斯（Edgar Evans）、勞倫斯・奧茲（Lawrence Oates）、威爾森、亨利・鮑爾（Henry Bowers）。

探險需要優秀的作家將一切帶回家鄉——強烈的絕望，不受拘束的歡欣鼓舞，訴諸情感與人道考量，混雜了嚴謹的按部就班。這說明了為何我們能知道冰冷是什麼樣的感受，但是並不真正明白走在月球上是什麼感覺。一幅優秀的地圖草稿也能給予人們同樣豐富的收穫。我們也許能從手繪的墨線與筆尖來察覺這名業餘製圖師的情緒狀態，同時我們也清楚知道自己正在見證歷史發生。薛瑞葛拉德於其著作簡介中表達了一種責任感，要盡可能地將這些系統化的知識傳承給下一代的探險家，幫助他們的旅程更順遂，就像是庫克船長傳承給羅斯，羅斯傳承給沙克爾頓及史考特。薛瑞葛拉德主張：「探險是智識熱情的體現」，而將地圖逐漸填滿，則是反映這個領域之進展最直接、最如實的方式。

一九五九年十二月，南極洲地圖再度翻新。或者說是再一次安定下來，就在十二個國家於華盛頓特區共同簽署南極公約（Antarctic Treaty），並同意該洲只能用於科學及和平目的之後。禁止武器試驗及存放核廢料，鼓勵資訊共享，並且在南極公約五十週年續簽時，另外三十六個國家也加入簽署行列。在一九〇八至一九四〇年間，有七個國家宣稱握有這塊大陸的主權（阿根廷、澳洲、智利、法國、英國、紐西蘭及挪威），而這份公約拒絕對這些國家的宣言表示承認或是提出質疑。當開發冰下天然資源的可能性突然激起偶爾的摩擦——通常發生於英國、阿根廷以及智利之間——奪地地圖重新回鍋，顯示出大約有百分之十五的大餅尚未有主。普遍認為如果美國也聲明握有此地，那麼南極公約就算是失敗了，雖然似乎美國已經在經營這個地方。

二〇〇二年，也就是羅斯首次將南極洲放在地圖上的一百六十五年之後，以及亞孟森與史考特抵達南極點的九十三年之後，美國人在這裡造了一條永久道路。從麥克默多灣到極點的亞孟森－史考

特研究站，跨越約一千四百公里，這條路在地圖上穿過了半個南極洲。這條南極穿越線（South Pole Traverse）是以旗幟標示的一長條浮冰路線，是地表上最寒冷的人造道路。在這條路上，轉動著巨大輪子的運載工具拉著雪橇前進，上頭裝滿了食物、醫療用品、廢棄物、通訊纜線以及乘客，自從二○○八年開通使用以來，一年估計省下了四十趟的飛機往返。這是個美國企業，它還有另外一個名字：麥克默多－南極點公路（McMurdo-South Pole Highway）。

　　走完一趟大約需要四十天，不會有狗兒、馬兒或是走火入魔的探險家命喪途中，而那些在不到一百年前曾經經過這裡的人們，若是聽說居然有這樣的事，可能會驚嚇致死。這條路從維多利亞地的端點穿過羅斯冰棚，連接了跑道與直升機坪，還有一座全天候有人駐紮的研究中心，宛如一座小市鎮，科學家在這裡全年投入於冰河地質學的研究，並監控漂流冰層、天體物理學與臭氧層的狀態，另外還有一個稍微不那麼學術性的學科，稱為警戒性反對旅遊業。

　　亞孟森與史考特之後的一百多年，南極洲成為有錢人死前必做事項清單的第一名。前往南極是趟昂貴的旅程：光是購買禦寒衣物花掉的錢，就足夠你在地中海避暑一夏，而且從阿根廷南方披荊斬棘穿過狂風暴雨的德瑞克海峽時，你還會損失很多頓的晚餐。不過，現在每年有超過兩萬名旅客拜訪這塊曾經被認為無法企及的大陸，很多人所寫的遊記不只關於當地的寒冷、企鵝、不可思議的極光，還呼應了一名極地探險家的看法——羅伯特・史旺（Robert Swan），於一九八五年至八六年走到了南極點——他認為這趟經歷能讓人忘卻不好的過去，重新開始，就像小孩子的磁畫板一樣。

　　儘管大批人潮湧入南極，這裡也還有一些浪漫事蹟。某天我與作家莎拉・威勒（Sara Wheeler）約好喝個茶，談談南極洲（她將她的極地冒險寫成《白色南國：南極大陸新奇之旅》〔*Terra Incognita: Travels In Antarctica*〕一書，是現代極地文學的經典之作），她還帶來她前往南極點時放在背包中的其中一幅紙本地圖。

這張地圖由美國地質勘探局（US Geological Survey）製作，收錄了維多利亞地附近泰勒冰河（Taylor Glacier）周圍的地形資料，這塊區域首次於一九〇一至〇四年由英國探險隊進行勘查。

「那是我人生中最快樂的一段日子之一，」威勒告訴我：「我用手指在地圖上依循著前進，想要確認當時所在的位置，然後我來到這裡⋯⋯」她攤開地圖，地圖上有一半都是留白，上頭有簡單的一行字標記了製圖師努力的終點：「僅能彙編至此」。「我抵達了這張地圖的盡頭，」威勒興高采烈地說。

不過她前往探險的時期是一九八〇年代，而這張地圖是來自一九六〇年代。感謝人造衛星，南極洲已經全部繪製成地圖了。這塊區域大部分仍然未經探勘，不過人造衛星能夠看見全貌，冰凍的荒原也都有了數位座標。也許我們仍對南極洲抱有浪漫想像，是因為正是人類將它從地球上最後一片遼闊的未知之地，轉變成各處散布著老舊臨時小屋以及嶄新研究站的地方，同時我們也面臨了一個嚴肅的事實，近期在南極進行的研究有許多都指出了環境災難。地圖現在不再是空白一片，人們如今面臨的挑戰也不再是抵達這塊大陸，而是該如何保護它。

地圖大小事

查爾斯·布思認為你品行不端

你品行不端嗎？你閒晃度日嗎？你是否曾經想過自己是半個罪犯？或者你正從紫色轉為藍色？

如果你住在一八九〇年代的倫敦，創造倫敦貧窮地圖（London Poverty Map）的查爾斯·布思（Charles Booth）會替你分門別類——端看你住在哪裡來決定。如果你住在像是肯辛頓（Kensington）或路易舍姆（Lewisham）這樣很不錯的社區，那麼你住的那條街可能會是黃色，然後被標上「中上與上層階級，富裕」。如果你是住在修迪奇（Shoreditch）或霍爾本，那麼街道也會獲得一句評語，底色為黑色（「最下層階級，品行不端，半罪犯」）。

這是非常輕微的，當然，非常輕微的概括分類。不過這是一種形態學製圖，而且正是這種製圖方式改變了千萬人的生活。

布思於一八四〇年生於利物浦（Liverpool），這表示他身處一個完美的地方，得以見證工業化對一座未能有相應社會基礎建設的城市所產生的影響。當他搭乘新式蒸汽火車來到倫敦，他看見了更極端的畫面：因為大量製造以及國外貿易而致富的人們，正豎立起恐懼的心理屏障，對抗那些似乎在時代激流中生活條件倒退的人們。有錢人開始在城市裡實行前所未有的自我隔離，並且很快變得

需要仰賴新的警察力量來維持秩序。不過，窮人的問題到底有多嚴重？而居家髒亂必然會導致社會失序嗎？

受到貴格會（Quaker）成員約瑟夫·朗特里（Joseph Rowntree）的慈善熱忱以及妻子瑪麗在東倫敦所體驗到的匱乏所影響，布思決定要研究這個問題。而他身為皇家統計學會（Royal Statistical Society）的會長，無疑是適得其所。

布思從一八九一年開始研究人口普查，將這些數據依照收入與住處加以分析，得出的結論於當時樹立了一種全新的見解，說明貧困是如何影響地理區域。他更進一步研究，指出你稱之為家的地方，不只可能影響你的生活水準，也可能影響你是否循規蹈矩。布思在篇幅達數卷的報告中放滿了注解、表格及鋸齒狀的線圖，內容除了包含貧窮、住宅，還有工業及宗教影響。他也從最早期的統計研究中了解到，他的研究所帶來的衝擊，鮮少能傳達到那些真正受到影響的人。於是他將自己的研究結果以地圖方式公開發表。

布思取得了地形測量局最新的圖表（比例尺為二十五吋比一

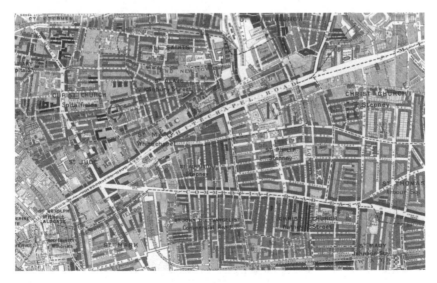

東倫敦——富人住在主要道路，而見不得光的明顯都在後街。

哩），指示他的助手親筆上色。他的第一幅哈姆雷特塔區（Tower Hamlets）地圖，上頭的街道被分為六種顏色，而大比例尺的倫敦地圖則有七種：

黑　　色：最下層階級，品行不端，半罪犯

深藍色：非常貧窮，不拘禮節，長期困頓

淺藍色：貧窮，中等家庭週薪十八至二十一先令

紫　　色：混合，部分生活寬裕，其他貧窮

粉紅色：頗為寬裕，收入不錯

紅　　色：富有，中產階級

黃　　色：中上及上層階級，富裕

　　有些街道混合了布思定義的不同顏色，不過他的研究結果依然十分清楚鮮明。超過百分之三十的倫敦人口都顯示為貧窮。他所採行的研究方法，為新型態的都市地圖學奠定了基調，以一種審美上引人入勝的方式，將某一特定的資訊放大呈現。不過布思的地圖還有其他地方值得注意：城市在地圖上看起來像是在移動，類似現今的車流行進。這些地圖不只是關乎地形學或導引──它們關乎人們。

　　這些地圖首次展出的地點是布思講課的湯恩比館（Toynbee Hall），位於東倫敦，立即獲得讚賞。《帕摩爾報》（*Pall Mall Gazette*）稱他為「社會學的哥白尼」。仔細觀看的話，便會發現這些地圖揭露的不只是倫敦的貧富分析而已。地圖上顯示了中產／商人階級群聚在城市中的主要幹道──舉例來說，芬奇萊路（Finchley Road），還有埃塞克斯路（Essex Road）及金斯蘭路（Kingsland Road）。極貧困的族群則圍繞著火車調車場與運河，還有死胡同與小巷弄；一般認為犯罪階層比較容易藏身在這些迷宮裡，便於突擊侵入者。你也不會想要住在──或是冒險靠近──沙德韋爾（Shadwell）或萊姆豪斯（Limehouse）附近的碼頭區，以現代眼光

來看，這些區域有時髦的倉庫，也是二○一二年奧運所在地。

　　布思繼續拓展、更新他的地圖範圍直到一九○三年。他並非獨自努力，而是有許多助手從各種來源收集資料，尤其是從教育委員會的督察員、「可信的」當地人士及警方。隨著地圖一同出現的文字敘述既驚人又令人折服。舉例來說，切爾西這一區大致上是藍色到黑色，房子主要被描述為潮濕、擁擠，住著從不付房租的「小偷」。西敏是深藍色，一塊骯髒的糟糕區域。格林威治是紅色，比較適宜人居一點，充滿工友、警官及監工。這些報告也察覺出我們現在也許會稱為社區仕紳化[1]的過程，以及與其相反的貧民窟的形成。布思以色彩豐富的言詞說道：「紅色與黃色階級正在離去，他們原本佔據的街道逐漸變成粉紅色……而原先粉紅色的地方變成紫色，紫色則變成淺藍色。」

　　布思研究報告中的黑色及藍色區域，著眼點並非是貧窮而是犯罪率。以伍利奇這裡的「垃圾洞」為例，在地圖上為藍色與黑色，警察不願意在單獨一人的情況下前往處理事件，而且當他們介入處理的時候，「從各個窗戶都會飛出東西砸向他們」。暗色區裡的其他地方，例如博羅大街（Borough High Street），活脫脫就是狄更斯小說《少爺返鄉》（Nicholas Nickleby）的場景：「最下層階級的年輕人和中年人四處遊蕩。發育不良的男人們。女人們無精打采，穿著破爛的裙子。一名殘障男孩裸露著一條只有一半的腿，彎向不正常的方向……」

　　布思的顏色編碼有許多限制，他自己也承認，尤其是以居住地來評判這些不具名的居民；對於東倫敦猶太及愛爾蘭人口的隔離群聚現象，也沒有做出任何努力。不過，這些地圖確實引發了生活狀況的改革與改善。一八九○年，他的第一張地圖問世後一年，

1　仕紳化（gentrification）亦有人稱「中產階級化」，指原本聚集低收入人士的舊社區，因中產階級逐漸侵入，社區獲得重整與美化得以復甦，但之後地價及租金上升，越來越多較高收入人士遷入，導致居民結構改變的一種社會發展現象。

公共衛生法修正案（Public Health Amendment Act）將地方的水資源供給以及衛生條件改善列為優先目標，而同年的工人階級住宅法（The Housing of the Working Classes Act）則使地方政府能以改善住宅條件為由購買土地，進而開始拆除貧民窟。布思指出了兩個造成貧困的因素，對於現今的我們來說已經是過於顯而易見的陳腔濫調——低收入與失業。不過第三個因素則因為太過概略而論而令人吃驚：老年人。布思認為最後這一個因素是最容易改善的，一九〇八年開始推行由雇主或政府支付的養老金制度，即歸功於他的大力提倡。

對於人們的生活方式，布思的地圖學強化了某種頗為新穎的理論，亦即我們所住的地方確實決定了我們的言行舉止。城市的規劃——其形態——本身即是不法行為的主要原因。布思提倡必須要提供更多開放的綠地，消除死胡同、小巷弄——都市計畫這個新概念的原始動力，正是根植於社會正義。

現在的人們如果仔細觀看布思的地圖（有一個可搜尋到的精美網站），會同時感到懷疑與敬畏。是否有其他地圖能更生動地描繪一個更朝氣蓬勃的城市？是否有其他地圖，其中所描繪的人們會以如此焦慮的眼神凝視它？

第十五章

皮女士與Ａ到Ｚ地圖

二〇〇六年九月，BBC新聞網站刊登了一則報導紀念菲莉絲‧皮爾薩爾（Phyllis Pearsall）的一生與成就，正是這位女士創造了倫敦Ａ到Ｚ地圖。享壽八十九歲的她若還在世，在這個月就會迎接她一百歲生日，因此很適合趁此機會來重溫她的故事，看看她如何努力奮鬥，建立一個指標性的品牌。

「要創作第一份Ａ到Ｚ地圖是非常艱困的任務，」這篇文章的起頭如此寫道。「在衛星影像或是昂貴的航空攝影普遍使用之前，皮爾薩爾每天工作十八個小時，走上三千哩路，為一九三〇年代倫敦的兩萬三千條街道繪製地圖……她完成的地圖遭到數家出版公司拒絕，於是她印刷了一萬份，賣給了WH史密斯書店（WH Smith）。」

事實並非真是如此，不過別管了——大企業的故事還更不可信呢。而由莎拉‧哈特利（Sarah Hartley）執筆的皮爾薩爾半小說式傳記裡，甚至還有一段更浪漫、更牽強的故事。哈特利寫道，一天傍晚，皮爾薩爾在她靠近維多利亞車站租來的雅房準備出門，去參加維若妮卡‧納特夫人（Lady Veronica Knott）位於梅達谷（Maida Vale）家中的晚宴派對。外頭下著豪雨，室內還停電，她只能在一片漆黑中更衣打扮。出門後，她的雨傘被吹得開花，找到巴士後卻

在哈羅路（Harrow Road）錯誤的那一頭下車，只好走很久的路。她到達的時候，賓客們談論著即使在天氣良好的白天，要能順利在倫敦找到路也是不容易的事，只有計程車司機確實知道每條路最終會通往哪裡。「在剩下的鴨肉與白蘭地梅子宴席間，這個聊天主題一直在皮爾薩爾的耳邊叨叨絮絮，並且持續了一整晚，」哈特利寫道。「就在隔天，她下定決心要找出一幅倫敦街道圖。」

在富瑤書店（Foyles），她發現由地形測量局出版的最新一幅倫敦地圖已經是十六年前的了，於是她打電話給她在紐約的父親，告訴他她要為了像她這樣的一般民眾製作全新的現代版地圖。她的父親說這件事最好還是留給專家去做吧。三十歲的菲莉絲‧皮爾薩爾開始行動，要證明他的想法是錯的。她的漫長考察──還有她沿著這座城市兩萬三千條街道的行腳之旅──都在隔天清晨開始了。

在皮爾薩爾自己寫的《從雅房到家喻戶曉》（*From Bedsitter to Household Name*）一書中，她描述了一個比較樸實的緣起，沒有晚宴派對也沒有暴雨，起因只是在一九三六年上半年時，她的製圖同事、製圖師詹姆士‧鄧肯（James Duncan）所做的一個決定，他要延後發行一幅新的美國地圖，先處理一幅擴充過的倫敦地圖。這幅倫敦地圖將會涵蓋外圍郊區，並以現行的地形測量局地圖為基礎（皮爾薩爾描述當時她在史丹福斯，一家地圖與旅遊用品店，排隊等著購買這些地圖）。鄧肯重新繪製這些地圖並添加新資訊，而皮爾薩爾走訪三十一位市鎮測量員，詢問他們最新的調查規劃，同時也拜訪了各地的房仲業者。如果她發現地圖與收集到的資料之間存在落差，她會「檢查現場」來確認地圖的準確性──亦即走點路實地勘察。她最大的任務是編列索引，將分類卡片放在鞋盒裡，但是在某個夏日悲劇發生了，一整疊T開頭的卡片被推出了窗戶，散落在霍爾本大街上。

皮爾薩爾完成了地圖，印刷了一萬份，下一個任務是尋找願意販售的商店。她發現自己很難擠進皮卡迪利人潮洶湧的哈查爾茲書

店（Hatchards），因為瑪莉王后剛去過。而在塞爾福里奇百貨（Selfridges），沒有事先預約是無法見到人的。在富瑤書店，根據皮爾薩爾所言，富瑤先生看著她的地圖說：「地圖這一行已經保持平靜許多年了……我們不打算讓新來的人破壞平衡。」在巴克百貨（Barkers），她被問到地址裡的 WC 是什麼意思，皮爾薩爾回答道：「西城（West City）？」「中西區，」問她的人這麼說。「個精確的地圖出版者！不送了！」

於是只剩下 WH 史密斯書店了。皮爾薩爾令霍爾本總公司的一名採購人員印象深刻，他訂了一千兩百五十份。那天下午談完之後，她用手推車運送這些地圖，她問這位採購人員覺得這些地圖賣不賣得出去，他這麼答道：「如果有人認為自己知道什麼東西賣得出去，那麼他根本就不懂什麼叫做生意。」

不過這些地圖確實賣出去了，而且在接下來的幾週裡，她忙著處理來自南英格蘭所有車站書報攤的訂單。FW 伍爾沃茲百貨（FW Woolworth）也訂了幾千份。到了一九三八年，《倫敦 A 到 Z》已經聲名大噪。

對皮爾薩爾的家人來說，這是很平常的生意，他們從第一次世界大戰之前就開始經營地圖這一行。菲莉絲的父親亞歷山大・葛羅斯（Alexander Grosz）是來自匈牙利的難民，他從一九〇五年開始

銷售生涯，在布里克斯頓（Brixton）販賣油燈以及電燈泡。生意做得有聲有色，開始拓展到其他銷售地點，不過一度販賣色情明信片的時候被警察勒令關閉了。

他的哥哥法蘭克‧葛羅斯（Frank Grosz）是業餘自行車冠軍，也是個業務，向各家書店出貨諸多公司所出版的地圖、地圖集以及地球儀。當亞歷山大將他的燈具商場賣給正在拓展的南方鐵路公司（Southern Railway）時，他出錢投資他的哥哥購買新地圖，並在這過程中成為一名出版商。第一幅出版的是不列顛群島的地圖，由他上亮光漆及裝上卷軸，是在「亞歷山大‧葛羅斯（Alexander Gross，英國化的拼音）的指導下製作完成」。

菲莉絲‧皮爾薩爾在她私人為父母出版的傳記裡，將她的父親描述為盛氣凌人、粗野，而且激進。不過他所秉持的信念使他走出了自己的路。一九〇八年時，他遇到了《每日電訊報》（*Daily Telegraph*）的老闆柏曼男爵（Baron Burnham），兩人討論起巴爾幹半島（Balkans）。「您是否考慮過搭配地圖來使新聞更精準？」葛羅斯問他。

「沒有一家報紙嘗試過。」

「那麼為何您不試試看呢？鄂圖曼帝國正在崩毀，巴爾幹各國已經在反叛的邊緣了。我可以提供您需要的地圖，您通知一聲，我立刻送到。」

柏曼男爵同意了，葛羅斯提供給《每日電訊報》一幅斐迪南一世（Prince Ferdinand）自封為沙皇後的保加利亞地圖，一幅波士尼亞與赫塞哥維納（Bosnia-Herzegovina）被弗朗茨‧約瑟夫一世（Franz-Josef）併吞後的地圖，以及一幅克里特併入希臘時的地圖。在一紙五年合約之下，葛羅斯搬到艦隊街，在那裡開始拓展他的地理學地圖公司（Geographia，可惜這個名字不是為了紀念托勒密，是因為一家在柏林的相館而得名。）

除了與報紙合作，葛羅斯也在飛行員之間享有盛名。當時航空

技術仍在發展初期，所有現代地圖都炙手可熱，主要的需求者是那些熱衷的業餘人士，於是葛羅斯經常到海登（Hendon）機場去討論飛行員的需求（他們尤其迫切希望地圖能標出從空中就能辨識的大型地標，例如鐵軌）。某一次拜訪時，他帶了年幼的女兒菲莉絲一同前往，一名飛行員將她抱進座艙內，想載她轉一圈。葛羅斯不願意讓她飛這一趟，於是將她抱下來，看著那名駕駛員起飛，然後飛機某處爆炸後失去控制，這名駕駛員在撞擊中身亡。

　　一九一一年發生了另外一起災難。葛羅斯的地圖經常在匆促之間生產製造，因此有很多錯誤。《每日郵報》（*Daily Mail*）提供了一萬英鎊的獎金舉辦了千哩飛行賽，賽程跨越英格蘭與蘇格蘭，這些地圖的缺點因為這場賽事而被揭露出來。葛羅斯地圖的名氣傳到了法國，其中一名主要選手傑魯‧魏德里努（Jules Vedrines）為了準備賽事，買了許多他的地圖。精彩的起飛之後，魏德里努在格拉斯哥失去了領先位置，他告訴媒體他找不到著陸的地方：「我的地圖上標記的地點是錯的！」在布里斯托（Bristol）也是一樣的情況：「我又被我的地圖害了一次。降落地點標示在鐵路的右邊……可是實際上是在左邊。」

　　不過葛羅斯的地圖在之後創下了轟轟烈烈的成功。一九一二年巴爾幹戰爭（Balkans War）爆發，使得《每日電訊報》急需一幅該區域的新地圖，地理學地圖公司非常迅速地製作了一幅，反映這一區充滿爭議的疆域分界（還包括了非常驚險地在最後一秒進行製版修正，將地中海一詞Mediterranean多餘的一個t刮掉）。葛羅斯接著開始為《每日鏡報》（*Daily Mirror*）製作世界地圖，還製作了一幅受歡迎的卡通地圖，呈現出受英國與俄羅斯擺布、正在備戰中的德國。有了這些地圖帶來的收入後，葛羅斯帶著全家搬到漢普斯特德公園（Hampstead Heath）。

　　不過在一九一八年第一次世界大戰結束時，葛羅斯發現他大部分的地圖存貨都滯銷了。只有一個品項依舊長紅——口袋版的《倫

敦街道指南》（*London Street Guide*），最初售價為兩便士，後來漲
為六便士。然後，源於他一貫的自傲，他宣布了非常瘋狂且好高騖
遠的計畫──推出新的世界地圖集。但是世界地圖集與他的報紙合
作事業不同，他在這一塊面臨了十分激烈的競爭，最終導致破產，
移居美國。

菲莉絲・皮爾薩爾自認是個畫家，不過她也下定決心要重振
父親的地圖事業名聲。她的《倫敦A到Z》比起其他競爭對手的出
版品來說，都要來得全面且精確，像是貝根（Bacon）、巴瑟羅摩
或是菲利浦斯（Philips）等地圖公司，不過他們其實都採用同樣的
地圖為基準：英國地形測量局出版的地圖。

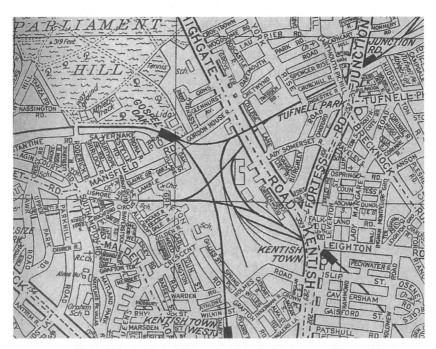

在第一本A到Z地圖集中，全倫敦都繪成地圖，並且附有索引──不過你可能會需
要一副像樣的眼鏡來幫助你找路。

這個題名是神來之筆。她的父親從紐約發來看不起人的電報：
「把妳那個街道地圖集叫作OK地圖吧，」菲莉絲回憶道。「不過我
每天每夜都忙著將兩萬三千張倫敦街道小卡依照字母順序排列分
類，在這過程中，A到Z對我來說就是唯一可能的題名了。」

當他的女兒將完成的地圖集遞給他時，他開始找裡頭的錯處：
「稍微有點頭腦的人都不會在索引裡漏掉特拉法加廣場（Trafalgar
Square）吧？」菲莉絲解釋說，因為T開頭的索引卡都掉到窗戶
外，儘管她立刻飛奔下樓到街上去撿，但是落在汽車車頂的永遠也
找不回來了。

第一本A到Z地圖集是黑白印刷，標題很累贅，擠在封面畫的
打開的倫敦塔橋（Tower Bridge）裡面：「A到Z地圖集與倫敦及郊
區指南且附門牌號碼及繪有兩萬三千條街道之大張彩色地圖（比
其他類似的地圖集索引還多了几千多條）」。當時標題「A到Z」的
「到」還不是使用破折號，而是使用英文的to並在t的短橫線加上箭
頭。一份要價一先令。

這份指南沒有序言、圖例或是詞彙表，而且地圖上大部分的文
字都很傷眼力。不過，早期的版本擁有一個非常迷人的特色，反映
出倫敦這個快速拓展的首都：菲莉絲從倫敦郡議會（London County
Council）取得了一份含有兩千多個地名變更的清單。你原本住在東
三區阿爾比恩街（Albion Street）？現在已經是英格里緒街（English
Street）了。中西二區柏若克斯巷（Broker's Alley）？現在叫作榭爾
頓街（Shelton Street）。還有許多更新單純是因為原本有太多令人困
擾的相同地名：舉例來說，原本有五條卡洛琳路（Caroline Place），
現在分別是莎莉路（Sally Place）、卡洛琳娜路（Carolina Place）、
多尼路（Donne Place）、卡洛琳巷（Caroline Walk）以及麥肯柏路
（Mecklenburgh Place）。十條查爾斯街（Charles Street），現在分別
是愛華街（Aylward Street）、史克街（Scurr Street）、葛瑞維爾街
（Greville Street）等等。有些新的市政計畫先前也都不曾出現在地

圖上，像是竣工於一九三二年的拉姆貝斯橋（Lambeth Bridge）。還有像是在查爾斯・布思地圖上被顯示為貧民窟的區域，現在已經翻修成嶄新的街道，也不曾出現在以前任何一幅地圖裡。

在一九三八至三九年出版的修訂版地圖背面，附有一份清單，告訴你還有哪些皮爾薩爾公司已經出版的倫敦相關品項：《倫敦第一地圖》（*The Premier Map of London*）、《標準倫敦街道指南》（*The Standard Street Guide to London*）、《倫敦萬全指南》（*The Ever Ready Guide to London*）與其他。有一些是摺頁式地圖，有一些附有照片，不過全都不包括郊區。但這也顯示出 A 到 Z 地圖是自然而然的產物，就像所有其他地圖誕生的方式一樣：以先前既有的東西為基礎，再加上特定目的。

一九三九年時，地理學地圖公司原本計畫推出的「戰爭地圖一覽」臨時凍結，因為政府規定比例尺小於一吋比一哩的地圖不得販售。菲莉絲在新聞部（Ministry of Information）謀得一職，讓她的父親得以聲稱自己的女兒是直接在邱吉爾的手下工作。

第二次世界大戰結束後，紙張的使用仍受到限制，倫敦也充斥著來自海外的軍隊，菲莉絲於是在荷蘭下訂印刷 A 到 Z 地圖。她從印刷廠返回倫敦的途中因飛機墜毀而受傷，不過前所未有的交易數量讓她在療養期間精神大振：二十五萬份在短短數個月之內售罄。

這些地圖每五年更新一次，在英國各地都可以看到各區域的版本，一九八〇年代開始引進彩色印刷（真正讓這些地圖具有指標性的正是這些色彩），一九九〇年代銷售達到高峰，菲莉絲的公司每年售出大約五十萬份地圖。A 到 Z 地圖的商標以及地圖本身獨樹一格的外觀——既長壽又實用——建立起品牌識別度，自然而然地誕生了相關圖案的 T 恤與馬克杯，以及一種不言而喻的倫敦自豪感。在倫敦設計博物館（Design Museum）及 BBC《文化秀》（*Culture Show*）的一個票選活動裡，A 到 Z 地圖與迷你車（Mini）[1]、協和客機（Concorde）以及地鐵地圖同列榜上。而在設計博物館官網，這項

1　Mini 是英國小型汽車品牌，隸屬於 BMW 集團。

讚譽所附帶的創始人簡介寫道：菲莉絲‧皮爾薩爾每天花十八個小時，走過倫敦兩萬三千條街道。

要到位於肯特郡柏羅村（Borough Green）的地理學家A到Z地圖有限公司（Geographers' A-Z Map Company Ltd）辦公室，你就從倫敦的維多利亞車站搭火車，然後走個一分鐘，完全不需要地圖。那棟低矮的建築既不特殊也不吸引人，不過裡頭的牆面妝點著一些美麗的鄉村風景水彩畫，令人眼睛一亮。這些畫出自菲莉絲‧皮爾薩爾之手，而在這些英格蘭田園風光旁邊的畫作則是她的其他作品──人們埋頭認真製作地圖的素描。

其中一幅素描來自一九九〇年代初期，是在她過世前幾年畫的，可以看到這家公司的第　台電腦擺在繪圖室的角落，看起來非常孤單。另外還有兩大張扶手椅，完全被一份倫敦A到Z地圖的製作素材所覆蓋，而一位名叫諾曼‧丹尼森（Norman Dennison）的男子則打趣說，自己幾乎是個活生生的展覽品，他在這家公司已經工作四十五年了，最近升遷為聯合常務董事。

與這家公司的所有人一樣，丹尼森稱菲莉絲‧皮爾薩爾為「皮女士」（Mrs. P）。「你可以從走廊的另一頭就聽見她走過來的聲音，她可不好應付。A到Z地圖其實是為了提供資金讓她能從事熱愛的繪畫工作，而且她也想重振父親的聲譽。她很詩情畫意，喜歡所有的地名，像是『心淌血巷』（Bleeding Heart Lane，位於霍爾本）。」丹尼森繼續說道：「我想她真的是早上五點起床，然後走非常多的路，不過可能不是兩萬三千條街道。最近我必須前往杜威治（Dulwich）的一所學校，很靠近她出生的庭巷園（Court Lane Gardens）。他們將學校的一棟校舍以她的名字來命名──皮爾薩爾校舍。我總是這麼告訴人們：『一九三六年的時候沒有簡單好用的地圖，所以她在某天晚上前往派對的途中迷了路，因此讓她產生了

「你可以從走廊的另一頭就
聽見她走過來的聲音⋯⋯」
皮女士攝於地理學地圖公
司總部。

製作Ａ到Ｚ地圖的想法，然後走過了兩萬三千條街道。』他們都很
喜歡聽到這樣的故事。」

　　丹尼森表示這家公司營業額最好的年份是二〇〇四年。那一年
出版了新版的Ａ到Ｚ地圖，街道數量已經從兩萬三千增加至超過七
萬，公司同時也販售其他三百五十種出版品──以諸多格式發行的
各種城市地圖與地圖集，許多都掛著Ａ到Ｚ的品牌商標。

　　二〇〇八年九月時又增加了一個新的生力軍：Ａ到Ｚ萬事通
（A-Z Knowledge Master）導航系統，這是對於不斷變動的景觀所
作出的傷感妥協。這套導航系統蒐羅了超過三十六萬條街道訊息、
郵遞區號以及焦點介紹，也包含了所有常見的瘋狂品項：諾基亞
Smart2go導航地圖軟體、立體顯像、測速照相警報，以及一張儲存
了歐洲所有大道的SD記憶卡。整套產品要價將近三百英鎊（已經
不用的標準版本要價五點九五英鎊），主要瞄準的銷售客群是倫敦
的計程車司機。

　　「慢慢走下坡了，」丹尼森說的是三年後的公司紙本地圖銷
售。「也有很多其他的東西打擊到我們的生意──石油價格，超市

開始賣石油了，所以加油站越來越少，我們的生意受到影響是因為加油站是我們主要的地圖銷售點。當然還有後來的Google Maps，還有寬頻網路，人們可以輕鬆下載地圖。我們在倫敦的業務代表說，他們看到人們手上拿著印出來的資料在路上走，或是看著自己的手機找路。」

這家公司現在的A到Z地圖銷量是巔峰期的一半，不過丹尼森也指出，裝訂成冊的地圖仍然擁有許多優勢，它們比衛星導航系統便宜又容易使用，比手機地圖更美觀悅目，而且具有更完善的索引編列。另外紙本地圖還有一項更顯著的特徵。「如果我們不使用地圖的話，我們就搞不清楚自己實際上是前往哪裡。年輕人越來越不清楚倫敦與布里斯托或新堡的地理相對位置了——人們現在只需要輸入郵遞區號而已。」

丹尼森領著我上樓，來到開放式設計的繪圖室，為我引見平面設計師伊安‧葛利芬（Ian Griffin）以及首席繪圖師馬克‧麥可康奈爾（Mark McConnell）。話題很快轉到菲莉絲身上。「她總是說沒有其他的地圖，但其實是有的，」葛利芬說。「我們以前都是拿老舊的地形測量局地圖放在下面來製圖，把主要幹道加寬，使它們突出，還有那些鄉鎮公路，然後我們加上街道號碼，這樣你在一條長長的馬路上時才知道自己靠近哪一端——再加上完整的索引，那是她主要的創舉之一。」

麥可‧康奈爾帶我參觀以前的製作過程以及老工具——描圖紙、有可換式筆尖能改變線條粗細的鋼筆。文字手寫之後是轉印：「最重要的技巧是寫圓角，有時候會是斜體，必須事先在腦中先規劃好，像下西洋棋一樣。」

他看著一幅繪有電車軌道的舊地圖，拿它與現代的地圖做比較。「倫敦是徹底重繪了，」他說：「不過我一直覺得最有趣的是倫敦並不真正存在那裡，地圖上只不過是街道與地點的名字，但是我們所知道的倫敦是有房子有商店有人，這個地方的靈魂並不在地圖

上，都被去除掉了。」

　　現在每年都會推出新版的 A 到 Z 地圖，而且在幾年前的版本裡已經有超過一萬處的修正與新增（大多數是比較枝微末節的修正，例如大樓名稱與小徑，不過光是碼頭區的一項新建設就立即增加了五百條索引）。手寫字跡與拉特雷塞轉印紙（Letraset），當然早就不再使用了。一位名叫汀姆・古法羅（Tim Goodfellow）的男子正在用電腦讓一條路彎曲，要畫新的街道現在也只要幾秒，不再需要幾天了。一點點變更就會以數位方式重新定向整塊區域，識別哪一條路需要優先顯色；在 A 到 Z 衛星導航系統裡，只要城市裡出現一個新的路障，系統就會自動重新計算從河岸街到聖保羅大教堂所需要的時間。

　　我問了古法羅他是否曾經想要將一些私人的訊息放在地圖裡——比方說，珍愛的對象的名字，很容易可以解釋成是要避免地圖被抄襲。「我們確實在每項出版品裡放入防範道路，」他說：「我們稱之為幽靈。我們會放入一點東西，然後根據那塊地區取個適合的名字，以防它看起來格格不入。假設某個社區周遭的路名都是以花為主，我們就不會放一個與石頭有關的名字。」

　　「不過你們不能憑空捏造全新的道路？」

　　「可以。假設你憑空放上去的是主要幹道，那就不對，因為你會誤導使用者，但是你可以添加一條小小的死巷。我們會接到客戶的電話說『那裡才沒有這條路』，然後我們會向他們解釋理由。通常我們之後會移除那些道路。」

　　完整的倫敦 A 到 Z 地圖——包括那些詭異的幽靈岔路在內——以單單一個檔案的形式躺在古法羅的電腦裡。它現在由米其林（Michelin）提供的法文軟體運作著。我們盯著他的大型電腦螢幕看。即使是背光照明，即使已數位化，即使是法文，地圖本身依然是個美麗的東西。

BECK

地圖大小事

最大的地圖：
貝克的倫敦地鐵路線圖

　　從哈利・貝克（Harry Beck）人部分的書信往來以及照片看起來，他不像是個喜歡開玩笑的人。他比較像是想獲得他人敬重，或者是加薪，而這兩者都是他應得的。因為正是貝克——一名工作時有時無的工程繪圖師——為倫敦地鐵設計了全新的路線圖，成為二十世紀最具利用價值的東西之一。這幅路線圖以各式各樣的形式被印製出來，比歷史上任何一幅地圖都還來得多——可能有五億次，而且這個數字還在持續增加中。貝克卻只拿了幾磅的酬勞而已。

　　倫敦地鐵路線圖非常能夠說明一名設計師如何處理問題然後加以簡化——同時也啟發它的使用者。倫敦地鐵路線圖是一幅概略的圖解式地圖，而非採取忠實於地理環境的方式製作：在現實生活中，這些車站之間當然不會是等距，倫敦市中心與郊區的相對大小也沒有這麼大，列車也並非以直線前進。但是它所避而不談的地方正是它的優點，因為它是一幅符合最廣泛地圖定義的地圖。它其實是個標記了連結與方向的電路板，沒有任何真實生活的阻礙存在其中。這座城市只有泰晤士河闖入了這幅路線圖；其餘的都只是圖像

式的詮釋而已。

　　這幅路線圖成為倫敦最歷久不衰的象徵之一，部分是因為它無所不在以及採用色碼標示，部分則是因為它很巧妙地使這個錯綜複雜的城市看起來井然有序又易於掌握，很類似一六七〇年代倫敦大火之後的地圖。雖然貝克從來沒打算要與奧特流斯或是歐杰拜之流齊名（而且他本人也從不認為自己是個地圖製作者），他卻創造了一幅持續在世界各地發揮影響力的地圖。

　　是什麼讓它如此特別？毫無疑問是它的簡潔明瞭，不過同時也是因為它所擁有的美感。之前也有其他的圖解式火車路線圖——尤其是喬治・道（George Dow）為倫敦與東北鐵路公司（London & North Eastern Railway）所做的地圖——不過沒有一幅是如此令人信服地綜合了這麼多條路線。當然之前也有很美觀的路線圖，尤其是一九二〇年代麥克唐納・吉爾（MacDonald Gill）出品的印刷精美的地圖，還有出自弗來德・史汀吉默爾（Fred Stingemore）之手宛如捲曲義大利麵式的詮釋，在貝克登場之前都還放在倫敦人的口袋裡。不過麥克斯威爾・魯伯茲（Maxwell Roberts），一名心理學講師兼地鐵路線圖狂熱者（他花了許多餘暇時間去設計改良世界各地的地鐵地圖，純粹為了個人愛好），曾經定義了幾個關鍵要素來說明所有最出類拔萃的地圖：簡潔、一致、平衡、和諧以及符合地形，貝克的路線圖符合所有標準，除了最後一項。他認為他的地圖之所以特別，不是因為它用了直線來表示，而是因為它的轉角極少。

　　不過這樣一個天才能接受別人開他玩笑嗎？顯然他很熱衷於挖苦與諷刺文學，可是他的承受度能推到多遠呢？他是否會欣賞近年來如雨後春筍般冒出的假倫敦地鐵路線圖呢？最知名的例子是一九九二年西蒙・派特森（Simon Patterson）所做的〈巨熊〉（The Great Bear），這幅作品現在堂堂掛在泰特英國美術館（Tate Britain）裡，並且在倫敦交通博物館（London Transport Museum）

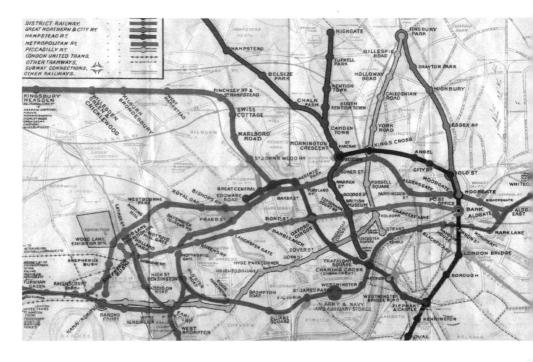

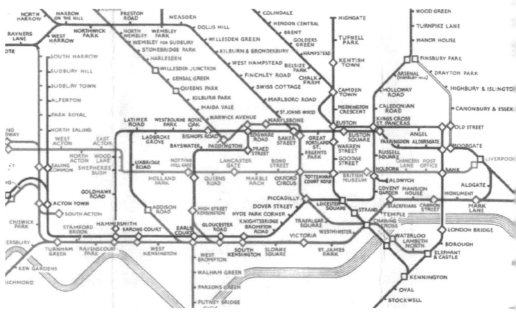

倫敦地鐵——貝克以「電路板式圖示」全面翻修地鐵地理樣貌之前與之後。

的紀念品店可以看到許多複製品。派特森將這幅路線圖視為普普藝術，他將這些車站做了風趣的名稱替換，朱比利線（Jubilee Line）上是足球選手的名字，區域線與環線（District and Circle Lines）上是哲學家的名字，而北線（Northern Line）則是好萊塢電影明星的名字。

　　還有一個比較近期的例子是〈每日郵報之道德地鐵〉（Daily Mail Moral Underground，在倫敦交通博物館買不到，但在「戳」〔The Poke〕這個戲謔網站上能看見全貌），上頭的路線與車站都反映出英國中產階級的明顯恐懼與執迷。區域線變成了一條「討厭的東西」線，包括推特站、衛星導航站、爛學生站以及二十四小時酗酒站；貝克魯線（Bakerloo line）是「醫療恐慌」線，包括肥胖站、白內障站以及深層靜脈栓塞站；北線這條「首要敵人」線也很值得一遊，因為你可以在《衛報》讀者站、單親媽媽站、失業救濟金領取者站、移民站以及法國人站之間隨意下車。

　　我們永遠不會知道貝克是否會叫這些諧仿作者在哪一站下車，因為他逝世於一九七四年，是個人電腦開始讓他的地圖能混搭成各種作品、帶來各種樂趣的二十年以前。不過有一個諧仿作品他應該是知道的，由漢斯・溫格（Hans Unger）設計，出現在一九六六年一張官方出品的倫敦地鐵海報上，是派特森作品的先驅，以藝術運動來標記某一段的路線圖，站名變成歐普藝術站（Op Art）以及抽象表現主義站（Abstract Expressionism）。

　　而在之後陸續出現的路線圖，有些是將資訊覆蓋上去而不是使之充滿混亂，是真的非常實用的地圖，包括顯示出哪些地鐵路段確實是在地下的地圖（只有大約百分之四十五），還有說明了各站之間距離的地圖，能讓乘客知道某些路段是否步行反而會比較快（舉例來說，萊斯特廣場〔Leicester Square〕與柯芬園之間相距的那幾百碼，走路幾乎永遠比搭地鐵快）。

　　也有優雅細緻、具有藝術價值的路線圖，像是河野英一（Eiichi

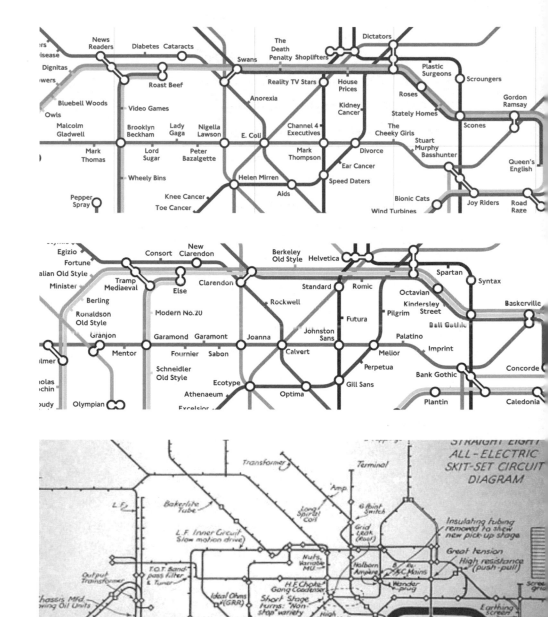

兩幅最精良的偽地鐵圖——〈每日郵報之道德地鐵〉以及河野的字體路線圖——以及貝克自己的諧仿之作。

Kono）的字體路線圖，上百種熱門字體分門別類坐落於各條地鐵線上（Futura字體站與Bell Centennial字體站位於無襯線體北線〔Sans Serif Northern line〕；Georgia字體站與Walbaum字體站是在現代字體區域線〔Modern District line〕；Arial字體站與Comic Sans字體站則在裝飾字體陸上線〔Ornamental Overland line〕）。另外還有一幅芭芭拉・克魯格（Barbara Kruger）的情緒路線圖，車站被標記了像是背叛、同情以及傲慢等名字。或者我們也還有H・普利林杰（H. Prillinger）的翻譯版路線圖，這位作者大膽想像假設德國贏了世界大戰的話，倫敦人會拿到一份怎樣的路線圖（我們就會從滑賽克盧站[1]來到國尼斯克魯茲站[2]，然後從倫敦布魯克站[3]搭到摩杰唐寧新月站[4]）。而馬克・歐文登（Mark Ovenden）所做的全球地鐵圖，是以貝克的地圖為本，創作出將世界盡納其中的版本，每一個車站就是一條不同的地鐵系統。

　　我們這位梳著一絲不苟髮型、戴著厚重眼鏡的男性怎麼會喜歡所有這些諧仿作品呢？說不定他還挺中意的。因為第一個使用貝克路線圖來製作諧仿作品的，正是貝克本人。一九三三年三月，正好是他的地圖首度面市後的兩個月，貝克（或是某個人模仿了他的風格和簽名）在倫敦交通局員工雜誌內頁開了這幅地鐵路線圖一點玩笑。人們覺得他的路線圖很像電路板圖示，所以他以地圖的形式仿製了一幅，幾乎可以讓人按圖索驥來製作一台收音機。這個貝克萊特地鐵（Bakerlite Tube）取代了貝克魯線，車站名稱換成了地線與天線。圖上還有電阻、電極和安培，路線下方則是泰晤士河流貫全圖。

1　Wasserklo，德文的「滑鐵盧站」（Waterloo）。

2　Konigskreuz，德文的「國王十字站」（King's Cross）。

3　Londonbrucke，德文的「倫敦橋站」（London Bridge）。

4　Morgentonnencroissant，德文的「摩林頓新月站」（Mornington Crescent）。

一手掌握的地圖：
旅遊指南簡史

對我們大多數人來說，使用地圖最具意義的第一次經驗是在國外——就在旅遊指南的頁面上。人們使用旅遊指南的地圖已經有不算短的時間，旅遊指南書的歷史幾乎與地圖一樣悠久。羅馬人有船旅（periplus）文件，記載了港口與海岸地標，路線圖（itinerarium）則列出出休息站，而在西元二世紀時，希臘地理學家保薩尼亞斯（Pausanias）編撰了一套令人驚豔的完整指南，介紹了古希臘世界最值得一遊的景點。

不過若要論第一本符合旅遊指南之名的文獻，我們必須看向西元三三〇年，當時一位不知名的旅人進行了一趟朝聖之旅，並寫下了〈波爾多至耶路撒冷行程〉（Itinerary from Bordeaux to Jerusalem）。這也是第一張無趣的明信片，記錄了一長串他曾待過的地方以及他花了多少時間抵達。這位作者記下了他必須更換交通工具的次數，然後發現他在歐洲一天就要換乘兩到三頭驢子。

在第一段旅程——從波爾多到君士坦丁堡——他休息了一一二次（或說是「暫歇」），換了兩百三十頭驢子，旅行了兩千兩百二

十一哩。他越是靠近目的地，情緒也就越來越亢奮。他的評論變得過度溢美，記錄的地方越是美麗，文字也就越誇大：他看見錫拿山（Mt Syna）在猶大山地（Judea）後方，「那裡有座噴泉，如果女人在那泉水裡沐浴，便會懷上身孕。」他的手稿上沒有任何地圖，取而代之的是「甲地到乙地到丙地」這樣的敘述。羅馬的道路標有里程，朝聖者若是依循我們這位作者的足跡前往，找路一點也不困難。

　　旅客利用地圖尋找道路，遠早於旅遊的概念形成之前（旅遊一詞起源於希臘字tour，意思是繞著圓形移動；中世紀英文拓展了這個字的意思，成為一趟「旅行」或是「旅程」，終結的地點與出發的地點相同）。對於朝聖者來說，赫里福德中世紀世界地圖既是地理上的旅遊也是精神上的旅行，而約翰‧歐杰拜的地帶地圖在十七世紀護送旅人穿越英國，告訴他們每幾哩的路邊就有旅店或是知名教堂。不過我們今日所熟知的遊客地圖則有不一樣的起源，與便宜的攜帶式旅遊指南以及十九世紀歐洲興起的熱門旅遊有關。

　　在一八三〇年代以前，想要進行歐洲壯遊（Grand Tour of Europe）必須雇請一位有學識的當地導遊，還得準備頗為豐厚的旅費。不過從一八三六年開始，整體情況完全不同了，你可以獨自遊歷荷蘭、比利時、普魯士以及北德，所需的裝備僅僅是一本迅速打出知名度的穆雷手冊（Murray）。這是第一本符合真正意義的現代旅遊指南，能讓旅人大膽前往想去的地方，只要他們耐得住高熱，他們可以吸收大量關於某處煙塵瀰漫的歷史遺址的資訊，而且絕對能找得到像樣的晚餐與住宿。《穆雷旅行者手冊》（*Murray Handbooks for Travellers*）除去字體極小不論，幾乎是我們會在現今火車站或是機場購買的東西：包含了適量的歷史介紹、風景與文學性的描述、詳盡的步行路線、護照與貨幣資訊、行李必備物清

單、旅舍推薦、幾幅地圖以及一些精美的全景拉頁，像是博物館平面圖或托斯卡尼山（Tuscan hills）的分布圖。另外一個主要的差異是，穆雷手冊更精良。

在短短數年之內，對於追根究柢且有學識的英國旅行者來說，旅遊指南的必要性已經等同於從福南梅森百貨（Fortnum's）購買的雨傘與應急口糧。維多利亞時期的繁盛以及鐵路的快速拓展，促使旅遊指南變得受歡迎，這些指南還成就了其他事：它們使女性得以獨立旅行，以旅客的身分，甚至是以指南作者的身分。女性也因此發現了地圖的好處，彷彿先前都不曾知道地圖的存在似的。在這之前，地圖主要都是男人的事，對於探險來說不可或缺，對於軍隊來說至關重要，對於規劃以及權力掌控來說是必要配備。但是現在女性也開始體會到地圖的價值與樂趣，不僅僅是應用於旅行中，更拿來精讀研究，啟發可能性。這是個全民熱衷地圖的年代。

約翰‧穆雷三世（John Murray III）是倫敦一個繁盛出版王朝的最後一名成員（他的父親出版了拜倫〔Lord Byron〕與珍‧奧斯汀〔Jane Austen〕的作品，因而確立了公司的聲譽），他在一八二〇年代晚期遊歷歐洲時，發現缺乏任何能幫助他善用時間的東西。在義大利時，他找到一本瑪麗安娜‧史塔克（Mariana Starke）所寫的書，特別實用（他的父親也出版了史塔克的書），可是在其他地方，穆雷發現自己只是搭著嶄新的蒸汽火車或是驛馬車到達目的地，然後就不曉得接下來可以幹嘛了。於是他決定自己來寫一本這樣的書，將好的旅遊經驗推薦給讀者，同時也嚴批那些不佳的景點或設施。他訂定了一本成功的指南需要具備的條件，點出指南書必須要忠於事實，避免花俏的敘述，並且要有所挑選。「假設我到了一個城市，例如柏林，我必須找出有哪些東西值得一看，」他說明道。因此他要提供的是一份指引，而不是一部百科全書，因為他嚴守這個原則：「不能將所有可能看到的東西全都放進書裡，使讀者暈頭轉向，不知所措。」這可說是早期維多利亞時期版本的熱門流

行清單，而且自從法國大革命與拿破崙戰爭以來，旅遊活動已經縮水二十五年了，狂熱的讀者們迫不急待要去探索新歐洲。

最初的幾本旅遊指南由穆雷親自撰寫，範圍涵蓋了荷蘭、比利時、德國、瑞士以及法國，原本也預計要介紹義大利，不過因為當時父親過世，他不得不將心力專注在倫敦的出版業務上。因此他招募了其他作者，大多數人在自己被分派到的區域裡原本就是專家[1]。多年來這套指南出了六十幾本——介紹的範圍遠至帝國主義時代的印度、紐西蘭與日本，然後回過頭來聚焦在英國的郡縣上。這套旅行者手冊立即取得成名的最大象徵——《笨拙》雜誌（*Punch*）上的一段諧仿讚歌：

> 你將旅遊手冊經營得如此之好，
> 旅店方面給建議，路線方面給張圖，
> 我將字字句句銘記於心，
> 我的穆雷。

（拜倫以「我的穆雷」稱呼他的出版商，他也是使「旅遊指南」〔guidebook〕一詞流行起來的人，這個名詞出現在他一八二三年的作品《唐璜》〔*Don Juan*〕裡，在此之前，一般人並沒有聽過。）

大多數的早期旅遊手冊都是收錄一天內可完成的行程，幾乎不怎麼搭配地圖。指南書若收錄地圖，通常都是取自可靠無虞的官方資料，加上更新後的新鐵路與其他設施的資訊。確實，沒有任何其他作品能像穆雷的地圖這樣精巧記錄了一八三〇年代中期歐洲鐵路

---

1 〔作者注〕穆雷的作者群裡，有許多人已經是其他領域的知名人士，例如在學術界或文學界。舉例來說，一八五五年的葡萄牙旅遊指南一書，作者約翰・曼森・尼爾（John Mason Neale）即是知名聖誕歌曲〈仁君溫惡拉〉（Good King Wenceslas）的作詞人。而作者群當中最知名的是理查德・福特（Richard Ford），他寫了一本特別怪異的西班牙旅遊手冊（1845），大部分資訊都是他在馬背上收集來的，最能說明這本指南獨特之處的是福特收錄的實用語句單元，其中包含了像是「我氣得快斷氣了」這樣的句子。

網的發展。不過主要的視覺享受完全出人意料，像是一八四三年的瑞士指南書介紹白朗峰（Mont Blanc）山脈的摺頁版畫，或是一八八〇年代晚期埃及指南書裡的金字塔拉頁，偶爾還有裝在黏貼於封面之信封裡的希臘實用短語手冊。

不過偉大的創意往往不會獨自獲益。德國科布倫茲（Koblenz）一名印刷商的兒子卡爾‧貝德克爾（Karl Baedeker），看到穆雷的作品立刻有了新點子。他是最早期穆雷指南書的愛好者，認為這就是他自己想要出版的東西。他配合熱門的萊茵河遊河路線發行了第一本旅遊指南，出版日期比第一本穆雷手冊還早了一年，不過他取得這本旅遊指南只是因為他買下了一間破產的出版社。而貝德克爾在自己出版的旅遊手冊裡，不只採用了穆雷標誌性的紅色書皮與金

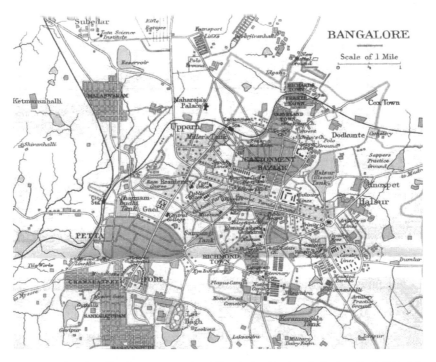

穆雷的印度班加羅爾（Bangalore）地圖，取自《印度、緬甸與錫蘭旅遊指南》（*Handbook to India, Burma and Ceylon*, 1924）。

色字體，更大量使用了穆雷的文字，有時候甚至還曲解了翻譯。穆雷在一本早期的瑞士指南中對於某處的描述是：「這些岩石……富含紅色石榴石。」而在貝德克爾的指南裡卻變成：「長滿了紅色石榴。」

儘管有抄襲的實例在，貝德克爾與穆雷仍成為朋友，彼此同意不以對方的語言出版——這項協議持續到一八六〇年代早期，直到貝德克爾一個也叫卡爾的兒子無法抗拒能夠拓展市場的機會而瓦解。但是一直到一八六〇年時，我們可以說貝德克爾使得旅遊指南的形式更臻完美，甚至超越穆雷成為萬無一失的旅行良伴代名詞。十九世紀末期，人們可以不出門就輕易環遊世界：一八八三年時，貝德克爾的旅遊指南系列擴展到俄羅斯，十年後也深入了美國。這套指南寫作嚴謹，毫不含糊，值得信賴，資訊即時，規劃的路線讓人身體疲憊但心靈滿足，專為高標準的讀者量身打造，卻又不會落入學院式的枯燥考究。閱讀這套旅遊指南令人在智識與精神層面都獲得提升。

貝德克爾的名字甚至變成了動詞，而一本「貝德克爾」逐漸意指任何全面性且可靠的指南書籍（《性愛聖經》〔*The Joy of Sex*〕一度被評為「一本貝德克爾房事技巧」〔A Baedeker of Bedroom Techniques〕）。貝德克爾風格（使用許多插入的注釋，說明一些雖然是附帶但也很重要的資訊，例如計程車資）風靡各地，而貝德克爾也建立起星級制——如今在任何藝術或是休閒娛樂的評論之前都能看得到，作為一種快速讓人了解水準的方式。他認為不可錯過的地方——例如義大利烏菲茲美術館（Uffizi）的八角形展示廳裁判室（Tribuna）——因為其中的拉斐爾（Raphael）畫作而獲得兩顆星；不過如果是他不滿意的地方，包括白朗峰在內，就連一顆星也沒有（「從峰頂望下去的風景令人失望」）。

這套旅遊指南無可避免地也招來了抨擊。在小說《窗外有藍天》（*A Room with a View*）裡，作者福斯特（E. M. Forster）評論這些旅遊指南其實關閉了人們的心靈，而不是將之打開，以一種行

貝德克爾《萊茵蘭》（*Rhineland*）中豐富的地圖與全景摺頁。

軍的方式指揮旅人走這裡、走那裡，同時也是一種防護面罩，使人們無法獲得真實的情緒。之後，對於這套旅遊指南更具傷殺力的事情是納粹利用了它們，標記出清除猶太人的區域，而系列中的英國指南，更成為希特勒在所謂的「貝德克爾突襲」（Baedeker raids）中，作為蓄意的文化摧毀行動的範本，德國的轟炸機奉命剷平那些星級的景點，以求打擊敵軍士氣。

　　不過對於地圖學愛好者來說，這些十九世紀與二十世紀初期的貝德克爾經典作品仍令人眩目不已。貝德克爾的地圖不僅在數量上遠多於穆雷，同時還包含了城市與鄉村的步行路線，而且在古代遺址以及登山步道方面更是強項。通常每一個新版本都會帶來新地圖，而且因為這些地圖經常被撕下來、捏摺，與它們原本的裝訂分家——它們以各種角度來到你手上——這也成為他們地圖本身資料以外的一項特色。從一八四六年配合萊茵河旅遊指南重新印刷的一

幅地圖開始，到了一八六六年的版本忽然增加至十七幅，而到了一九一二年有七十幅。一八五二年時瑞士只有孤零零的一幅地圖，而到了一九三〇年已經有八十二幅了。

　　這些地圖一開始只是很簡單的版畫，不過從一八七〇年開始逐漸使用兩到三種顏色。就諸多中世紀地圖的起源來看，我們可以合理判斷第一幅彩色地圖是耶路撒冷的地圖（收錄在介紹巴勒斯坦與敘利亞的指南裡）。這幅地圖所選用的色彩深植人心，因為在之前沒有一家地圖公司嘗試這麼做過。人口稠密的內陸都市區呈現赭色，讓人聯想起假日涼鞋上那些永遠洗不掉的泥土，而看來含砷的綠色以及褪色感的淡藍色，覆蓋在海岸區域以及潟湖，看起來又乾又詭異，並不吸引人[2]。

　　貝德克爾旅遊指南的經典版本在第二次世界大戰之後消失。穆雷的旅遊指南系列在這之前的幾年，即一九一〇年時，已經賣給了史丹福斯，而在一九一五年則交到詹姆士・穆爾海德（James Muirhead）及芬德利・穆爾海德（Findlay Muirhead）這兩位蘇格蘭兄弟手上。穆爾海德兄弟之前任職於貝德克爾，一直負責英文版的編輯工作，直到第一次世界大戰爆發讓他們失業為止。他們延續了穆雷及貝德克爾兩大旅遊指南的博學及百科式傳統，出版了《藍色

2　〔作者注〕在美國，最接近穆雷及貝德克爾的國產旅遊指南是由紐約的艾普頓公司（D. Appleton & Co.）所製作出版。艾普頓公司是非常成功的百科全書與小說的一般圖書出版商（最暢銷的書籍可能是《紅色英勇勳章》〔The Red Badge of Courage〕），不過該公司也很快察覺到鐵路與輪船對於民眾度假習慣的衝擊。舉例來說，該公司於一八五一年出版的《南部與西部旅遊指南》（Southern and Western Travelers Guide），將肯塔基州的維吉尼亞溫泉（Virginia Springs）及猛獁洞國家公園（Mammoth cave）等旅遊景點收錄其中，也納入俄亥俄州及密西西比諸河的地圖，還有辛辛那提（Cincinnati）、查爾斯頓（Charleston）及紐奧良（New Orleans）的平面圖，以及三幅西部、西北部與西南部的摺頁地圖。這三幅是很美的手繪地圖，作為美國西部開發的工藝品，現在它們本身即是很有價值的作品。

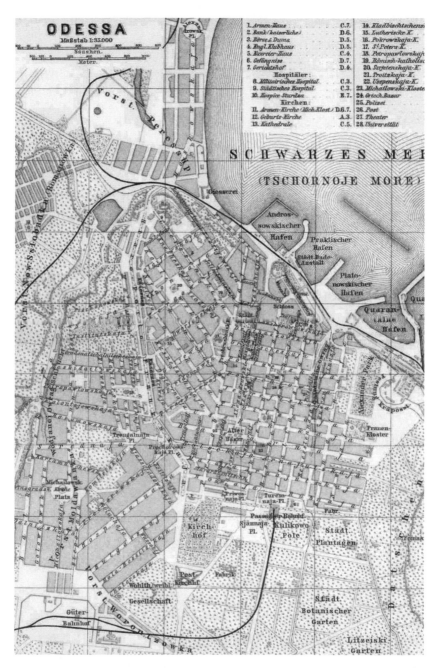

貝德克爾的敖德薩（Odessa）地圖——以黃色、赭色及黑色精細描繪——取自
《俄羅斯》（*Russland*）一八九二年版。

指南》（*Blue Guides*），在一、二十年之間作為英國使用的盎格魯法文版，直到一九三〇年代時推出了法國的法文版。

《藍色指南》——英文版與法文版——承繼了前輩的地圖傳統，雖然是以比較簡樸的方式：摺頁數量減少了，重點也變得比較學術性，地圖主要是用來呈現古蹟地點以及教堂平面圖。不過第二次世界大戰後的數十年是旅遊業與旅遊指南的蕭條期，整個窮困歐洲大部分的假期時間都待在家裡。至於貝德克爾，我們也許可以說它的黃金時期是在第一次世界大戰之前。小說家強納森・濟茲（Jonathan Keates）注意到，在東南歐一座城鎮買到的一本一九一二年的貝德克爾，裡頭吹捧著大酒店（Grand hotel）、歐洲酒店（Europa hotel）、拉德茲基酒店（Radetzky hotel）、一些古老的清真寺，還有一些在艾普碼頭（Appelkai）販賣地毯及雕花金屬藝品的好店。接著，兩年後，一輛載著奧地利大公的汽車行經塞拉耶佛（Sarajevo）同一條道路，遇到了一名身攜左輪手槍的男子，「在他槍聲的回音裡，我們聽見了貝德克爾與穆雷的可攜式天堂消逝在空氣中。」

在戰後法國，旅遊指南與地圖的前景倒是稍好一些，因為製圖業的未來交付在輪胎公司米其林手上，該公司於一九〇〇年開始出版地圖與旅遊指南，生意興隆，無人可比。這是因為沒有其他旅遊指南能像他們出版的一樣，也沒有哪本附有地圖的旅遊手冊像它們一樣具有特定目的。起初，這些地圖與指南是銷售氣胎的宣傳花招，賣給自行車手的不少於賣給汽車駕駛（事實上，在最初的幾年裡，地圖與旅遊手冊是免費分送的）。地圖於一九一〇年開始成為營運的中心，引領享樂的人們找到修車廠以及加油站，然後逐漸增加獲得認可的食宿供應處（三星級評等系統首次使用於一九三一年，原本是用於評鑑設有餐廳的飯店）。指南裡以及地圖上使用的許多圖示只有內行人才懂，包括像是傾斜的暗色方塊指的是這家飯店附設有可以沖洗底片的暗房；天平意指如果你發生意外事件，這

裡可以找到律師；而 U 字型的符號表示駕駛員在這裡可能會開進坑裡，得要鑽到車子底下修車才行。

不過十年，米其林指南與地圖不僅介紹法國，更還有其他冊別介紹歐洲廣大區域及其他地方，《大不列顛》（ *Grande Bretagne* ）、《西班牙》（ *L'Espagne* ）或《摩洛哥》（ *Maroc* ）等振奮了駕車旅行的人們，引導他們解決引擎燃油以及橄欖油的行、食問題。米其林很快也拓展到其他專業地圖上，包括像是一九一七年獨一無二的戰地指南，指引想要去法國凡爾登（ Verdun ）或是其他地方的朝聖者（系列書名為《指南、全景、歷史》〔 *un guide, un panorama, une histoire* 〕）。而在下一次大戰裡，這些地圖成為同盟國的工具，一九三九年版的《米其林法國指南》（ *Michelin France* ）於一九四四年在華盛頓特區再版，交到軍隊手上，在諾曼第登陸後使法國重獲自由，掃蕩了瑟堡（Cherbourg）與巴約（Bayeux）。

米其林編號系列──收錄了法國與其他地區的地圖，在諾曼第登陸引導軍隊前進。

就在許多歐洲人沒有錢出國玩的戰後時期，美國人帶著他們自己的全新旅遊指南，開始重新塑造旅遊業。在這些美國出品的指南中，最主要的系列是由尤金‧福多爾（Eugene Fodor）以及亞瑟‧弗朗默（Arthur Frommer）發行。

弗朗默是一九五〇年代中期駐歐洲的美國軍人，他在那裡為他的同袍編輯了一本低預算旅遊指南，書籍本身也很便宜，只賣五十分。退役後，他以一般民眾為目標提升了這本旅遊指南的內容，《一天五元遊歐洲》（*Europe on $5 a Day*）於焉誕生。他不說廢話，誠正信實，這種風格特別受到那些初次踏上歐洲的美國人歡迎，這套系列最後發展出超過五十個版本（不過預算倒是不斷上漲：至一九九四年，遊巴黎需要一天四十五元，而到了一九九七年，遊紐約一天要七十元）。

尤金‧福多爾出生於匈牙利，戰時服役於美國軍隊，不過他在一九三六年時，就已經為歐洲編寫了一本他稱之為「娛樂旅遊年鑑」（Entertaining Travel Annual）的指南。他有兩個目標：吸引那些精打細算的美國中產階級，同時以輕快活潑的方式拓展他們的文化及歷史視野，他相信他的作法是其他旅遊書籍所沒有的──為「現代的」世代提供一本不那麼傲慢自負、比較輕鬆自在的穆雷手冊。不過這些來自美國的新旅遊指南，雖然沒有它們維多利亞時代的英國前輩們那樣拘謹正式，可是在許多方面卻顯得更保守。它們將讀者們送上狹窄的歐洲旅遊路線，主要是大城市及知名觀光景點，而書裡的地圖也反映出這一點。我們能仰賴穆雷或貝德克爾概觀全面的彩色雕版地圖去橫跨歐洲大陸，現在則被未經修飾的市中心速寫所取代，只標記了主要景點與飯店。地圖上所有的藝術元素與細節全都消失無蹤，彷彿旅遊指南正在開創一個地圖學的新黑暗時代。

到了一九七〇年代，福多爾與弗朗默已經是非常主流的發行商，對於隨著嬉皮而來的新一波大眾旅遊風潮渾然不覺。突然之

間，歐洲又再度出現大量的觀光旅遊，大多數以非常精省的方式——搭便車或是利用歐洲鐵路周遊券（InterRail pass）——同時也有更多地方開始進入人們的旅遊版圖，像是印度、泰國、墨西哥及秘魯。這波新風潮也孕育了自己的旅遊指南：澳洲出版的《寂寞星球》（Lonely Planet）系列，以橫越大陸的東南亞旅遊指南於一九七四年登場；還有《羅浮旅遊指南》（Rough Guides）系列，於一九八二年開始介紹歐洲各地。

這兩套系列展現了新的觀光旅遊態度，雖然它們的讀者群難免還是比較想被當成旅人來看待，而且是有良心的旅人。這些旅遊指南略顯效能太強，無法被視為嬉皮的一環，不過它們的確擁有一種道道地地回歸真實生活的精神。除此之外，它們還能引領你前往這世界上尚未被其他旅遊指南染指的地方，甚至還能告訴你哪裡可以遇上志趣相投、想為當地做點什麼的其他旅人（第一本《希臘羅浮旅遊指南》〔Rough Guide to Greece〕是為了非核未來而做；現在則主要以生態旅遊為目標）。這些旅遊手冊以聊天的口語風格書寫，尊重當地習俗，謹慎閃避官僚主義，輔以令人放心的簡單地圖。這些地圖經常是因應需求才誕生的手繪作品——這兩家出版社在早期時都是小額資本，而且這些書裡唯一的地圖，舉例來說，一座尼泊爾村落的地圖，經常是由旅遊指南的調查員在餐巾紙上畫下來的。

隨著寂寞星球與羅浮旅遊指

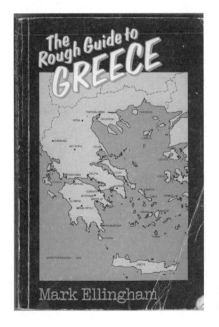

初版的《希臘羅浮旅遊指南》，封面上附帶了一幅黑暗時期地圖。

南兩家出版社逐漸發展（同時當然也有其他的競爭對手，包括像是在德國大量冒出的指南系列），人們再度敬重地圖繪製，就像是看著穆雷與貝德克爾捲土重來一樣。寂寞星球會在印度旅遊指南裡收錄一百幅地圖，而羅浮旅遊指南則會額外放入五十幅地圖，介紹那些從英屬印度（Raj）以來不曾被繪成地圖的城鎮。事實上，一如羅浮旅遊指南的創始人馬克・埃林漢（Mark Ellingham）所回憶的：「我們經常利用以前的穆雷以及貝德克爾指南作為資料來源——之後沒有比這兩套更優秀的作品了。我們要做的只是補充城市裡的新區域以及更改街道名稱。當然，還要介紹給讀者比較不一樣的注目焦點：當地的音樂酒吧、酒館、腳踏車租借處等，而不是以前的湯瑪士・庫克（Thomas Cook）旅行社社址或郵件存局候領處。」

一九九〇年代是地圖的黃金時代。寂寞星球實現目標，為世界上每一個國家推出旅遊指南，並且隨著數位製圖取代手繪的圖解式平面圖，他們推出包含更多資訊、繪圖更精良的地圖。但是與此同時，數位製圖也加速了這些地圖的衰退。

當新的千禧年展開序幕，泡沫就破滅了。突然之間，全世界的所有資訊都能從網際網路獲得，廉價航空激起人們出遊的意願，旅行經常只是玩幾天而已，而旅人們也開始自己做起功課。你可能還是會為了要去秘魯或摩洛哥而買一本羅浮旅遊指南，但是如果是要去義大利玩幾天，或是在匈牙利待一個週末，你就會利用旅遊資訊網站TripAdvisor找飯店，然後列印一張Google地圖出來。或者你也可以把Google地圖存在手機裡，不只可以看到你的飯店或是要去的景點在哪裡，還可以看到自己，地圖上的一個小點，正慢慢地接近目的地。在這樣一個新世界裡，我們為什麼還要買一本從發行日開始就跟不上最新資訊的書呢？

不過，對那些以版畫雕刻的瑞士山脈、埃及金字塔，在手中彷彿手風琴般沙沙作響的迷人石墨紙面，我們是否感到懷念呢？我想答案是肯定的。

地圖大小事

巴利無法摺疊的口袋地圖

　　地圖不是一條整齊打褶的裙子，當你買下它的時候，它可沒那麼容易就回到原本摺疊的樣子。《彼得潘》（*Peter Pan*）的作者詹姆斯‧馬修‧巴利（James Matthew Barrie），在他二十九歲時體悟了這一點，當時他尚未成名。不過我們為什麼要特別看重巴利對於地圖的看法？因為他寫下了這世界上最簡潔也最迷人的地圖指引：「右邊數來第二顆，朝著它前進，直到黎明」。

　　這個指引至少是出現在巴利的原著劇本裡，於一九〇四年首次公演。而當迪士尼的電影版本於一九五三年推出時，彼得潘口中的這段指引有了些許變動（「右邊數來第二顆星星，朝著它前進，直到黎明」），迪士尼動畫公司也繪製了一幅永無島（Neverland）的地圖（與高露潔〔Colgate〕合作），來標示這塊領地：鱷魚溪（Crocodile Creek）、海盜灣（Pirate Cove）、骷髏岩（Skull Rock）以及其他地方。這幅薄薄的紙本地圖攤開來大約三呎乘以兩呎，你需要寄回三個肥皂空包裝以及十五分錢才能獲得一幅，而且上面還有令人心碎的題字：「此幅地圖僅供收藏，無實際用途」。

　　這幅地圖應該無法讓我們這位劇作家滿意。一八八九年九月，遠早於彼得潘第一次飛翔之前，巴利討厭所有的地圖。他當時住在

愛丁堡，注意到王子街（Princes Street）上的書店間有股風潮。書店店員經常在包裝他所買的東西時推銷一本新的愛丁堡城市地圖。

「這個有什麼特別的嗎？」他問。書店店員會這麼回答他：「噢，有的，它可以放在口袋裡，便於攜帶。」

「如果聽到『可以放在口袋裡，便於攜帶』這樣的句子，你應該就要拿起你的書然後跑開，因為這是危險信號。」巴利在《愛丁堡晚報》（*Edinburgh Evening Dispatch*）上如此忠告讀者。「不過你遲疑了，然後就迷失了。」在愛丁堡，幾乎家家戶戶都有一幅就算集合全家人的努力也無法摺起的地圖，他繼續這麼說道。「你買下它的理由是什麼？你心裡明知道自己只是把一口袋的不快樂帶回家。」在這篇謾罵的尾聲，巴利提供了一串從悲慘經驗中學到的負面建議，包括像是「不要跟地圖對話」、「不要氣得對它出拳」、「不要繞著房間踢它」，以及「不要怪你妻子」。假如你湊巧就那麼走運，成功把地圖摺回去了，「不要揮舞雙手或是在屋子裡四處大吼大叫『我成功了、我成功了！』」。你要是這麼做，就會樂極生悲，沒有人會相信你能再成功一次。請忍住這種衝動，直到只有你一人獨處為止。」

高露潔－迪士尼出品的永無島地圖——可惜「無實際用途」。

第十七章

北非諜影、哈利波特以及
珍妮佛·安妮斯頓住的地方

　　電影《布偶歷險記》（*The Muppets*）出現了一個關於地圖的成功事蹟。在這部二〇一一年的懷舊作品裡，布偶科米蛙和朋友們齊聚一堂，演出最後一場秀，以求能挽救他們的老戲院。科米蛙開車橫貫美國，四處找回分散各地的布偶，但是難題浮現了。豬小姐正在法國為《時尚》（*Vogue*）雜誌工作，他們沒有錢也沒有時間從美國飛過去找她。於是福茲熊有了個主意，是他在其他電影裡看到過的：「我們應該利用地圖旅行啊！」

　　在電影裡，利用地圖旅行是最棒的旅行方式。在《布偶歷險記》裡，福茲熊按下了汽車儀表板上寫著「用地圖旅行」的按鈕，接著一幅世界地圖出現在觀眾眼前。我們看到一條粗線延伸至被指定的目的地，然後就沿著這條線被傳送，從紐約來到坎城，順利得彷彿溫度計裡的水銀。沒有誤點，不需排隊，不必檢查護照，免通關手續。沒有繞道或是方向錯誤的情況發生。這趟橫越大西洋的旅程只需要短短幾秒，不過你若是在州與州之間旅行，或者只是要前往隔壁的城市，需要的時間長短也完全一樣。有時候不是地圖，

而是以一個飛機的小圖案在地球儀上表示行進的路線。不管是哪一種，這種變換場景以及地點的形式，都是電影裡最古老的老梗手法，能匹敵以波紋狀浮動畫面呈現夢境的老套。有些人就是以這種方式來學習地理的。

　　想要找出第一部利用地圖旅行的電影，無疑是徒勞無功，因為絕對有些模糊不清的狀況，說不定會是俄羅斯電影[1]。不過，我們可以說出最知名的例子。一九四二年時，麥可‧寇蒂斯（Michael Curtiz）執導了《北非諜影》（Casablanca），這部關於愛、忠誠以及逃亡的電影，由亨佛萊‧鮑嘉（Humphrey Bogart）、英格麗‧褒曼（Ingrid Bergman）還有地圖學主演。在這之前，地圖不曾在這樣一部主流電影中扮演如此無所不在的角色。從片頭的片名直到片尾的參與製作名單，還有貫穿電影核心的幾幕重要場景，地圖都以它們的迷人魅力以及無限可能佔據了整個銀幕。不過因為電影背景是戰時，地圖也有嚴苛的限制：國境被封鎖了，要穿越的距離變遠了，而離境簽證難以入手。

　　這部電影片頭將工作人員名單放在一幅以粗線繪製的非洲地圖上，搭配沉厚演奏的〈馬賽曲〉。地圖逐漸消失，取而代之的是一顆正在雲霧裡轉動的地球。「隨著第二次世界大戰來臨，」鏗鏘有力的旁白開始敘述：「許多被困在歐洲的人們開始以充滿希望或迫切的眼神，望著美洲的自由。」地球持續轉動，鏡頭拉近至歐洲，此時出現特寫鏡頭，地球變成等高線地圖——顯然是用塑膠黏土黏在橡皮球上做成的。我們聽見旁白說「里斯本成為熱門的航運地點，但不是所有人都可以直接來到里斯本，一條艱辛迂迴的逃難路

316

1　〔作者注〕有兩部早期的英國及美國紀錄片都曾經在地圖上以動態線條來表示路線行進。英國的作品是《南太平洋食人島》（Among the Cannibal Isles of the South Pacific），片中在一幅太平洋地圖上做出這種效果，該片記錄了馬汀‧強森（Martin Johnson）與其妻子歐薩（Osa）於一九一八年至索羅門群島的探險過程；而《白色寂靜》（The Great White Silence, 1924）這部由赫伯特‧龐丁（Herbert Ponting）執導的作品，記錄了英國探險隊尋找南極點的英雄／悲劇事蹟，片中利用移動的黑線來表示亞孟森及史考特穿越羅斯冰棚的不同路線。

《北非諜影》——有些人是這樣學習地理的。

線於焉誕生。」

　　地球逐漸消失，我們開始在地圖上旅行。一條粗線標記了在陸上的行進旅程，虛線則表示海上的路線。「從巴黎到馬賽，越過地中海來到阿爾及利亞的奧蘭。接著搭乘火車或汽車或是徒步，穿過非洲的邊緣來到法屬摩洛哥的卡薩布蘭加……」，很快我們就來到這座城市的摩爾人區以及瑞克咖啡館，不過地圖依然在許多場景裡具有象徵性意義，尤其是當瑞克與官員們在雷諾警長辦公室裡談論著對愛的需求以及身負的職責。而在愛情電影裡最著名的一段台詞（「全世界有那麼多城市，城市裡有那麼多酒館，她卻偏偏走進了我的。」）也同時暗示了這顆轉動的地球有多遼闊，我們身處其中的無助感有多龐大。

　　大多數看過《北非諜影》的人都會拜倒在其魅力之下，年輕的

電影導演們當然也不例外。史蒂芬・史匹柏（Steven Spielberg）的
「印第安納瓊斯」系列，是他對童年時期週六下午時段的英雄們的
忠誠致敬，同時也深受龐德與電影中的納粹所影響。《聖戰奇兵》
（*Indiana Jones and the Last Crusade*）以印第安納瓊斯年輕時的一場
冒險開場，不過第一幕他以成人身分現身時，背景是在常春藤名校
的教室裡，牆上掛著考古挖掘地點的地圖，對他鍾愛的學生們提出
善意的建議。「對於失落城市、異國旅行以及挖掘世界，若是你有
任何想法的話，忘掉它們吧，」瓊斯教授如此說道。「我們不會照著
地圖去尋寶，而且，X標記的地點根本從來就不是埋寶藏的地方。」

　　接著觀眾就跟著地圖去找寶藏了。我們出發去尋找史恩・康納
萊（Sean Connery），來到東西被搶奪的威尼斯，而且是利用地圖
旅行。我們跟隨一條起自紐約的紅線，停在聖約翰大教堂加溫劇
情，橫越大西洋，然後盤旋過西班牙前往義大利。地圖上重疊了飛
機以及印第安納瓊斯翻閱聖杯日記的畫面。聖杯日記裡有許多記
載了古代遺址的地圖，我們可以依稀辨識出死海沿岸猶大曠野的南
部區域，但是在我們能看仔細些之前，鏡頭再度轉移到銀幕的地圖
上，這次是一條從威尼斯前往薩爾茨堡的紅色短曲線，以俯視的角
度拍攝藏身在一座城堡裡的納粹據點，接著是另外一幕電影經典畫
面——人們在桌上大幅的歐洲平面圖上運籌帷幄。

　　在電影裡，地圖和地球儀從來都不退流行。除非你拍的電影是
像《火車怪客》（*Strangers on a Train*）、《鐵達尼號》（*Titanic*）或
是《飛機上有蛇》（*Snakes on a Plane*），否則旅行的移動過程通常
令觀眾感到厭煩，而且也很少會以實際所花費的時間在電影裡呈
現。現在導演們唯一的選擇就是直接使用地圖（例如「印第安納
瓊斯」），或者採諷刺的手法（例如《布偶歷險記》）[2]。這個議題甚

2　〔作者注〕在動畫影集《蓋酷家族》（*Family Guy*）中，也有另外一段不錯的諧仿。
　　故事裡的父親彼得與擬人的寵物狗布萊恩，乘著熱氣球飛越了中東，底下的國家彷
　　彿是彩色的木板。「哈！所以從空中看下去就是像這樣啊，」布萊恩說道。

至還引起了學術討論，二〇〇九年，《地圖學期刊》（*Cartographic Journal*）花了整整一期在討論這個主題，有些論文很嚴肅（〈將戲劇隱喻應用於描繪地理的整合性媒體〉），不過，由蒙特婁大學（University of Montreal）的賽巴斯欽・卡庫德（Sébastien Caquard）提出的論文則令人驚豔。文章裡指出，我們現在視為理所當然的數位製圖的進展——數位地圖上拉遠拉近及切換視角的功能，將傳統地圖疊上照片及衛星拍攝畫面的技術——有很大一部分都是先出現在電影，電影預想了這些技術，然後啟發了真實生活中的製圖可能。

我們有許多例子可以佐證。一九三一年，弗里茨・朗（Fritz Lang）在所執導的電影《M》中使用的地圖，具有多種能視之為現代數位製圖的特色。在一九三〇年代早期的柏林，一名女孩遭連環殺手殺害，命案現場發現了一個空無一物的糖果袋。警方決定調查鄰近各家糕點糖果店，他們的搜查範圍以地圖的連續鏡頭來呈現，從傾斜的視角轉移至居高臨下的「上帝視角」，很像我們在電腦地圖或是虛擬地球儀上偏轉視角的方式。《M》也或許還是第一個將地圖配上聲音的例子——有聲電影與地圖學首次相遇，另一個數位先驅，引領了現在衛星導航系統輔有語音說明或音效的地圖功能。

至於衛星導航系統本身，最早是現身於——還能有哪裡呢？——龐德電影。在一九六四年的《金手指》（*Goldfinger*）中，龐德在金手指的車子裡安裝了發報機，利用自己駕駛的奧斯頓馬丁車上一個綠色圓形螢幕來追蹤金手指。螢幕上的畫面與聲音，非常像衛星導航系統 TomTom 或 Garmin 那般的潛艇聲納，不過這個創意持續了將近五十年：你坐進車子裡，被領著前往目的地。另外一部冷戰時期經典作品也出現在同一年。《奇愛博士》（*Dr Strangelove*）中的作戰指揮室，背景幕上顯示著威嚇的移動小點，代表了美國 B-52 轟炸機前往俄羅斯目標的路徑。這些小點及時停住了，這是個黑色幽默的指標，指出日後我們在真實的國際衝突間使用的即時遠端軍事地圖。

「禁止爭吵，這裡可是戰情室！」電影《奇愛博士》中的地圖情報控制中心。

★　　★　　★

　　賽巴斯欽·卡庫德的論點合情合理，而且事實為什麼不能是這樣呢？為什麼現代製圖不能像我們一樣受到電影影響呢？不過，要是拿這套說法與《哈利波特：阿茲卡班的逃犯》（*Harry Potter and The Prisoner of Azkaban*）相比呢？

　　二〇〇四年時，霍格華茲迎來了劫盜地圖（The Marauder's Map）這個神奇的新玩具。衛斯理家的雙胞胎將這份地圖拿給哈利看，乍看時不怎麼吸引人。「這是什麼垃圾？」哈利一邊問，一邊攤開這幅大張的長方形羊皮紙，紙上一片空白。雙胞胎解釋道：「那就是我們成功的祕訣。」喬治·衛斯理以魔杖輕敲地圖，嘴裡唸著：「我在此鄭重發誓，我絕對不懷好意。」空白的羊皮紙逐漸布滿了字跡與圖像。

　　這幅地圖——電影拍攝的效果非常忠於原著——用處在哪裡？哈利花了點時間才了解，這是一幅霍格華茲的即時地圖，在鄧不利多書房裡前進的腳印代表鄧不利多。哈利感到非常震驚。「你們的

劫盜地圖的真正複製品——摺疊的樣子很美，即使缺少神奇的魔力。

意思是，這幅地圖可以顯示出……」衛斯理雙胞胎插嘴道：「每一個人，他們所在的位置，他們正在做什麼，每一天的每一秒。」

我們彷彿看著另外一幅中世紀世界地圖，這是一個畫在獸皮上的惡作劇世界。這幅地圖很大，需要摺好幾折，攤開來的尺寸約為兩呎乘以十呎，很實際地反映出整個霍格華茲，教室、城牆、走廊、樓梯、壁櫥等。哈利利用這幅地圖找到活米村蜂蜜公爵糖果店中獨眼女巫雕像的祕道，然後找到彼得‧佩迪魯，雖然普遍認為他已經死了，其實卻還活著。每次使用完劫盜地圖，隨著「惡作劇完成」這句話，地圖再次變回一片空白；要是落入其他人手裡，它只會顯示出咖啡色墨水寫著的辱罵字句。

令人安慰的是，劫盜地圖在現代現實生活中也有對等物品。賽巴斯欽‧卡庫德指出：「劫盜地圖明確體現了數位製圖的監控潛能。」能夠知曉任何人在任何時刻位於何處的這種能力，「與軍事概念中的優勢戰場覺知（DBA）產生強烈的呼應。」到底是Ｊ‧Ｋ‧羅琳（J. K. Rowling）影響了真實世界的軍事發展，或是恰好相反，這個問題依然沒有定論。

在亨佛萊‧鮑嘉與哈里遜‧福特（Harrison Ford）於電影中驅逐納粹後不久，有兩種歷久不衰的熱門觀光方式隨之誕生。第一種

是電影景點巡禮：造訪電影拍攝的地點。人們可能會去麥迪遜看看大橋，或者去巴黎看看《達文西密碼》（*The Da Vinci Code*）中聖殿騎士團的所在地。這種旅行方式很有趣──而且許多人初次在腦海裡形成的倫敦、巴黎、紐約圖像，都是來自電影──不過人們也夠理智，曉得這些城市鮮少真的看起來會像是導演李察・寇蒂斯（Richard Curtis）、克勞德・夏布洛（Claude Chabrol）或是伍迪・艾倫（Woody Allen）眼中的模樣。而且我們也很清楚，大多數好萊塢電影並非實地取景。要環遊世界最簡單的方式，就是去一趟環球影城或是華納兄弟片場。

或者我們也可以不管電影，當個跟蹤狂。戰後第二種電影衍生熱潮即是人們想要看看電影明星的家──自從知名泰山影星約翰尼・維斯穆勒（Johnny Weismuller）住在布倫塢的北洛金漢四二三號，以及《羅馬假期》男主角葛雷哥萊・畢克（Gregory Peck）在聖塔莫尼卡的聖雷莫一七〇〇號丟垃圾開始，地圖也能幫我們達成這種追尋之旅。

一九六〇年代，位於加州榭曼歐克的萬特樂大道一三五六一點五的米塔克出版社（Mitock & Sons），販售〈影視名星住所指南〉（The Movieland Guide to the Fabulous Homes of Movie, Television and Radio Stars），這幅地圖在封面上放了露西兒・鮑爾（Lucille Ball）、戴西・阿納茲（Desi Arnaz）、利伯洛斯（Liberace）、鮑伯・霍普（Bob Hope）以及瑪麗蓮・夢露（Marilyn Monroe）等知名影星的照片。這幅地圖讓你暢行無阻，除了可以找到大明星的家，你還可以開車到他們住的地方，停在他們家大門前，而且我們可以推測，在那個純樸的年代，在大明星的住所附近閒晃也不會被警衛請走。地圖上標記了克拉克・蓋博（Clark Gable，安契諾的北佩提街四五四五號）、亨利・方達（Henry Fonda，布倫塢的虎尾街六百號）、艾羅爾・弗林（Errol Flynn，穆荷蘭大道七七四〇號）、魯道夫・范倫鐵諾（Rudolf Valentino，貝拉大街二號），還有W・

C・費爾茲（W. C. Fields）最後一個住所（好萊塢的迪米爾大道二
○一五號）。

　　顯然這是當明星仍是明星、而這些地圖（介紹聖費爾南多谷、
聖塔莫尼卡、布倫塢、貝爾艾爾以及好萊塢等區）多半還是以很原
始的手繪方式製作的年代，圖上的線條就像是我們隨手畫來指引別
人怎麼找到加油站。不過這些地圖仍然非常清楚又精確，街道名稱
以黑色大寫字體書寫，明星的住家則以紅色標示，以粗紅線表示的
日落大道，貫穿了大部分明星住處的中央地帶。這些地圖不僅幫助
我們定位，同時也是很重要的社會記錄文件。好萊塢似乎從來沒有
這麼引人入勝或是自成天地過，也未曾如此星光熠熠。幾乎沒有一
條街是黯淡無星光的，勤奮的郵差在早晨出勤投遞腳本時，還能額
外享受彷彿自己正在電影裡飾演郵差的樂趣。

　　那是六○年代的時候。二○一二年，在聖塔莫尼卡碼頭的一
間小屋販賣著另外一幅地圖：〈電影明星住宅與醜聞現場直擊〉

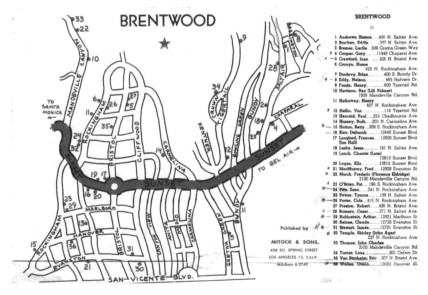

電影明星的家——純樸時代的跟蹤狂地圖。詹姆斯・史都華（James Stewart）住
在三十一號，對面是住在三十號的克勞德・雷恩斯（Claude Raines）。

（Movie Star Homes and Notorious Crime Scenes），這幅地圖與它的前輩唯一的共通點就是對於瑪麗蓮・夢露的迷戀。在六〇年代的地圖她尚在人世，而現在她已經過世了，地圖上關於她的地點增加得有些過頭──她待過的孤兒院（北艾爾森特羅街八一五號）、她與喬・狄馬喬（Joe DiMaggio）離婚後住過的地方（迪朗佩街八三三六號），以及北羅斯摩爾街的茅利塔尼亞飯店，她在這裡與甘迺迪（JFK）有過一段情。還有比這兩幅相隔五十年的地圖，更能說明社會正在向下沉淪的嗎？

「造訪頭條新聞出現的驚人醜聞場景，」地圖封面聳動地寫著。「那些不可思議的住宅，詳細資訊與價格你都能一手掌握！！這是大明星們不想要人們擁有的地圖！！！」如果封面上出現更多驚嘆號的話，那就沒有空間放其他東西了！！！！不過這幅地圖摺起來只有一張小餐桌大小，是一件格外有效確實又令人折服的作品。比如說，我們可以知道休・葛蘭（Hugh Grant）在哪裡被逮到和妓女在一起；菲爾・哈特曼（Phil Hartman），他在綜藝節目《週六夜現場》（*Saturday Night Live*）模仿柯林頓（Clinton），也是動畫情境喜劇《辛普森家庭》（*The Simpsons*）中特洛伊・麥克盧爾（Troy McClure）的配音，從這幅地圖我們也能知道他的妻子於一九九八年開槍自殺前將他槍擊斃命的地點。這幅花花綠綠的地圖看了令人痛苦，不過它的圖標非常清楚，還有一個令人羨慕的簡單圖例：紅星表示醜聞現場，粉紅星表示演員的家，周圍燃著火焰的靶心則表示名人夜店、精品店或外帶熟食店。

自一九六〇年代以來，改變最大的是馬里布（Malibu）這座城市。原本這裡住的都是比較沒那麼有名的藝人，比如丹尼斯・歐基夫（Dennis O'Keefe）、被粉絲暱稱為「土耳其軟糖」的杜亨・貝（Turhan Bey），還有格列哥里・萊托夫（Gregory Ratoff），但是現在這裡儼然是真實生活版的《時人》（*People*）雜誌，如果你想以傳統方式來繪製這裡的地圖，地圖會從付印那天起就跟不上時代。

於是嶄新的大明星地圖以沿著太平洋海岸公路、充滿八卦的九十分鐘星光之旅（StarLine tour）現身，由一名叫作瑞妮的中年女子帶著人們搭乘露天小型巴士展開旅程。

在聖塔莫尼卡碼頭的停車場裡，我們共有十二個人，包括一個來自德國多特蒙德的四人家庭，每個人必須付三十九美元才能體驗瑞妮腦海裡的地圖。我們的起點是海之家飯店，她說這裡是艾爾‧帕西諾（Al Pacino）習慣住宿的地方。瑞妮曾私下看過艾爾‧帕西諾一次，當時他開著一輛紅色法拉利敞篷車。巴士沿著海岸開著，「這裡是威爾‧羅傑斯（Will Rogers）住的地方，那個演員和牛仔，他在一九三五年死於空難。你們知道今天有誰出庭嗎？是琳賽‧蘿涵（Lindsay Lohan），因為偷手環。在左手邊的是月影餐廳，梅爾‧吉勃遜（Mel Gibson）在這裡和女士們喝酒，一小時後因為酒駕被要求停在路邊。」

十五分鐘後，我們可以在傑夫‧布里吉與包爾‧布里吉（Jeff and Beau Bridges）的房子前面拍照，不過顯然我們並沒有看到這些美麗海濱別墅最美的樣子。最迷人的景色必須從海灘上看過去，從那裡你能看見房子的陽台，或許大明星們擦了防曬油正趴在那裡。可惜我們只看到垃圾桶與車庫，還有偶爾帶著愛維養礦泉水跑過的慢跑者。

「這個咖啡色的車庫是瑞恩‧奧尼爾（Ryan O'Neal）的房子，」瑞妮說：「瑞恩在法拉‧佛西（Farrah Fawcett-Majors）過世前和她一起住在那裡。我上個禮拜看到他們的小孩。然後那是奧茲朋家族（the Osbournes）的房子——本週開始出售，你可以看到蘇富比拍賣的牌子……那是李奧納多‧狄卡皮歐（Leonardo DiCaprio）的房子——那棟藍白色的現代建築。這棟是大衛‧格芬（David Geffen）的，有三個車庫。二二一四八號，那是珍妮佛‧安妮斯頓（Jennifer Aniston）的家，很美，房子跟女演員都美。」

巴士繼續往前開：仍然算得上是某種地圖學。

地圖大小事

一場刺激逐兔的化裝舞會

一九七九年時，有一本圖畫書在十五幅彩圖中藏了線索，破解後就能在英國某處挖得寶藏。這本書本身是一幅心智圖，不過創新之處在於它要求讀者去建構出一幅真實可用的藏寶圖。

這本書叫作《化裝舞會》（*Masquerade*），書名掩飾了它為忠誠讀者們所帶來的苦惱。如果你解讀出來的地圖是正確的，你會找到一個陶盒，裡頭放著一隻精緻的金兔，腳上掛著有鈴鐺與珠寶，身體垂吊著太陽與月亮。這就是尋寶的獎賞，不過並非樂趣所在。樂趣在於尋寶的過程──你必須比其他人來得快，這場尋寶遊戲能讓你覺得再次返回童年時光。書的封底寫著「一個懂得英文、簡單數學與天文學的聰明十歲孩子和一名牛津大學教授，兩者找到寶藏的可能性是相同的。」這個尋寶遊戲成為國際熱潮，來自羅盤上各個方位的隊伍充滿希望地向英國出發。

這個想法，這些圖畫以及這隻珠寶兔子，全都出自基特‧威廉斯（Kit Williams），他是一名民俗藝術家，留著落腮鬍，對現代世界略微不信任，有點反對科技進步（這隻兔子被放在一個陶製小容器內，容器上頭覆上蠟，以避開金屬探測器）。這本書是行銷部門的夢想，輕而易舉地從介紹兒童書籍的版面躍上全國新聞，全球銷

售超過一百五十萬本。

　　書中故事並不是重點——故事是關於月亮愛上太陽，交給傳訊的兔子使者一個愛的信物，結果不知怎地迷失在星星之間。然而，很緩慢地，如果你是那種喜歡晦澀填字遊戲的人，你就會花上很長的時間盯著這些圖畫看，然後某個地點會自己浮現出來。接著你會伸手找出你的地形測量局地圖，開始縮小範圍，之後你會寫信給基特・威廉斯，滿懷希望能獲得肯定的答案。

　　不過有好長的一段時間都沒有人能找到寶藏。反而在將近三年的時間裡，基特・威廉斯在郵箱收到的地圖，比任何人曾經收到過的都還來得多——每週好幾百幅。每個人都是業餘偵探，雖然有些讀者在寫信給他之前就開始動手挖寶了，不過大多數的人都會等著基特・威廉斯的回音，告訴他們已經很接近了。這些送來的地圖與圖示均為手繪，熟練程度不一。許多人會畫一塊英國鄉間的原野和樹，附近有道路及其他地標，光是要解讀這些東西就是一項艱鉅的任務。

　　然後在一九八二年八月的某一天，威廉斯收到了一封信，信裡附上的地圖正是他一直以來在等待的地圖。「幾乎可說是小孩子畫的地圖，」他回憶道：「但是畫的地點確實就是珠寶的所在地。」寄

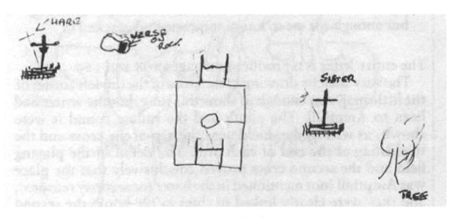

肯恩・湯瑪斯的地圖，「破解」了基特・威廉斯《化裝舞會》中的謎題。

信的人是一位叫作肯恩・湯瑪斯（Ken Thomas）的男子，他正式
出發去挖出這隻兔子——它被埋在貝德福德郡安特希爾（Ampthill）
的一座公園裡，位於M1高速公路13號交流道下。

　　肯恩・湯瑪斯告訴威廉斯，他已經花了比一年多一些的時間在
找這隻兔子，但是真正找到藏寶地點卻幾乎是無心插柳。他只解出
了幾個線索，根據線索來到這塊區域，他的狗隨意在安特希爾公園
中兩個白色石十字架基座之一撒尿，他因此注意到上頭的刻字——
結果這就是解開一切謎題的關鍵。這個解謎過程令人失望，而且也
很不尋常。破解《化裝舞會》是個大新聞，不過湯瑪斯不願曝光。

　　平裝本的《化裝舞會》揭露了解謎的方法，簡單得出乎所有人
的想像。將每幅圖畫中每個生物的眼睛與他們最長的手指或是最大
的腳趾連成一線，並延伸至邊界，將所指到的字母組合起來，你會
得到這句話：「凱瑟琳的中指在影子之上地埋著黃色的護身符正午
指著晝夜平分點光線的時分看著你」。這是一首離合詩，取每個單
字或詞組的第一個字母依序組合，即能得出：「靠近安特希爾」。
你在夏至時來到安特希爾公園，經過鎮上那個看起來與書裡非常相
似的時鐘，等待陽光灑在為了紀念英王亨利八世的王后阿拉貢的凱
瑟琳（Catherine of Aragon，書裡不只一次提到她）而豎立的高聳紀
念十字架，接著找到十字架頂端的影子落在草地上的位置，然後開
始挖掘。威廉斯想讓它成為「像是海盜地圖上的X」。

　　多麼美好。可惜的是，隨後被揭發的真相使得這則迷人的故事
蒙塵，肯恩・湯瑪斯其實叫作道格・湯普森（Dugald Thompson），
而且——威廉斯並不曉得——他的事業夥伴與威廉斯的前女友同
居。他之所以能找到兔子，靠的不是解謎和描繪地圖，而是靠著她
對於某次在公園裡野餐的記憶。真是個現代版的海盜行徑地點。

第十八章

如何製作巨型地球儀

旅途啟程了大約五哩後，彼得・貝勒比（Peter Bellerby）將衛星導航固定在汽車擋風玻璃上，點擊輸入郵遞區號。這是尋常的流程：你從一個熟悉的地方開車出發，當你開始有點緊張的時候，就讓衛星來引領你前進。貝勒比是名四十五歲的地球儀製作師，他正在前往肯特郡查特維爾（Chartwell）的路上，這裡曾經是邱吉爾的鄉間故居。從位於史托克紐英頓（Stoke Newington）的住所出發，這趟旅程要花上一個多小時，開上M11高速公路離開倫敦，接著是M25高速公路，終點則在A21高速公路——其實這些都已經不需要知道了。

那是一個晴朗又冷冽的十一月天。因為不需要專注於路線，貝勒比於是專注在他的故事上。他前往查特維爾是為了要看一個格外巨大的地球儀。他第一次見到它是在幾週之前，但是當時他的拜訪之旅完全是一團迷霧。「我讀到關於這個地球儀的文章」，他解釋著：「於是我打電話到查特維爾，問說：『你們那裡是不是有這個地球儀？』結果他們說：『沒有，我們這裡沒有地球儀。』」

貝勒比解釋在戰時這個地球儀同時給了邱吉爾與羅斯福（Roosevelt），他也了解雖然地球儀已經運送到唐寧街，邱吉爾還是

把它帶到了查特維爾。「沒有，不管怎樣，這裡沒有地球儀。」貝勒比描述了地球儀的尺寸：直徑五十吋。「沒有，沒有你說的那種東西，我們不可能有像那樣的東西在查特維爾。」

　　貝勒比接著與一名邱吉爾戰時內閣辦公室博物館（Cabinet War Rooms）的女士通話，她也否認有這個地球儀。然後他又嘗試聯絡格林威治的國家海事博物館（National Maritime Museum），依然沒有肯定的答案。他在大衛‧卡麥隆（David Cameron）大選後隨即寫信至唐寧街。「兩天後我收到回信，首相辦公室的某個人說他已經和查特維爾聯絡過了，他們回覆他『絕對沒有』。」他也詢問了首相的鄉間別墅契克斯（Chequers）以及其他地方，全都撲空。於是他寫信給皇家收藏基金會（Royal Colletion），他們也只是聳聳肩，表示愛莫能助。

　　「我在考慮要不要去華盛頓看那個羅斯福的地球儀。於是我和國際地圖收藏家學會（IMCoS, International Map Collectors' Society）的一名女士談了談，她說：『地球儀絕對是在查特維爾。我知道它

羅斯福凝視著他的地球儀——與邱吉爾的地球儀一模一樣。

就在那裡，我上個月才看過。除非他們移動了它⋯⋯』但那可不是你能搬動的東西，它會立刻分崩離析。」

於是貝勒比在一般遊客開放時間來到查特維爾，而地球儀就在那裡。「我和大門那裡的一名男子攀談，他說：『噢，邱吉爾的地球儀⋯⋯』他講了大約有十分鐘，等我自我介紹後，他顯得有點尷尬，不過他讓我免費進場，還說：『我想我們在地球儀這件事是有些保留，因為我們擔心可能會有人聲稱握有所有權。我們當然也不希望其他博物館搶走它。』」但是在我離開的時候，他說：『噢，我們已經正式擁有它，所以不會有任何問題。』」

貝勒比熱切地想要再見到這個地球儀，因為他想重製一個。或至少是他想要仿效它的概念——它的尺寸與衝擊性，它那逼近眼前的幾何學——並且以較為現代的地圖來取代它的表面，而不是沿用那份一九三〇年代製作的表面地圖，那是早於邱吉爾、羅斯福、史達林以及希特勒轉動地球的軸心之前。

貝勒比有一種落魄貴公子的氣息，看起來非常像演員史蒂芬・麥金塔（Steven Mackintosh）。他轉行製作地球儀之前從事保齡球業，在倫敦經營布倫茲貝里保齡球館。貝勒比原本是去這家保齡球館裝設木板球道，後來答應接手經營。每天晚上都大爆滿，是很熱門的聚會場所，不過三年後這股新鮮熱潮就消退殆盡了。

差不多就在他對保齡球業也失去熱情的時候，他為了替他退休軍艦設計師的父親買一份八十歲生日禮物，意外開啟一個新機會。「我只是覺得如果送他一個地球儀會很不錯。不過我找了些店，上網看了看，發現要不是上萬元的昂貴骨董的話，就是工廠製作的新品，看起來都一模一樣；大部分都在裡頭裝了發光裝置。彷彿這整個國家，沒有人在製作真正優良的手工地球儀。」

於是在二〇〇八年時，貝勒比思考著從事新的行業，希望最終

能找到真正適合他的職業。在他的成長過程中，他發現自己可能與偉大的探險家大衛・李文斯頓有血緣關係。他的曾曾祖母名叫瑪麗安・卡斯威爾・李文斯頓（Marion Carswell Livingstone），她認為這位開啟了非洲內陸的探險家應該是她的堂表兄弟。貝勒比完全沒有打算去驗證這個說法的真偽，結果因為他沒有去查證，反而有助於他的專業聲譽。

貝勒比開始著手準備父親的禮物時，地球儀的市場大致上是未開發的狀態。在李文斯頓的年代，地球儀是個很小的市場，每間教室會放一個，而大英帝國掌管了地球半數的區域。但是貝勒比相信——雖然結果證明是錯的——每個自重的公司管理者都會想要在會議室擺一個地球儀。地球儀也是很理想的退休禮物，或者是令人印象深刻的鄉間別墅家具。

時間越是逼近他父親的生日，能及時完成地球儀的機會也益發渺茫。不過現在他父親的地球儀只是他腦中數百個地球儀之一，每天他都想到更多需要地球儀的地方。地球儀為什麼不能放在航空公司的候機室裡？或是把公司商標很有品味地印在地球儀上的海洋中央？但是該怎麼做呢？這件事比他想像的更艱難，使他付出了他那輛很不賴的奧斯頓馬丁DB6。

∿∿∿∿∿∿∿∿∿

我們還有一哩路要開，貝勒比的眼神從衛星導航移到路標上。「衛星導航剛上市的時候，我心想：『怎麼會有人想要這種東西？』」他提出評論。「不過當我的女朋友替我看地圖的時候，我想著：『不，路不是這樣開的……』所以我們打算去希臘的時候，我買了一套衛星導航系統，它沒有帶我們穿越法國多開一百五十哩冤枉路，絕對是優秀得不得了。」

來到查特維爾後，我們找了找送貨或洽談公事的側門，這棟房子最近因進入冬季而暫停對大眾開放，雖然花園仍然開放參觀，卻

「想把任何東西做成圓形都是惡夢。」彼得‧貝勒比，現代的地球儀製作師。

沒見著誰在附近逛。我們見到了妮可‧戴（Nicole Day），她是查特維爾的管家之一。她陪同我們走過結實纍纍的蘋果樹與壯麗的景致，領我們走進一間邱吉爾利用花園涼亭改裝成的小畫室。

　　裡頭大致維持著他離開時的樣子。有畫架和顏料罐，牆上裝飾著他的油畫作品，還有根必須出現的抽了一半和咬了一半的雪茄，放在桌上的菸灰缸裡，彷彿它的主人只是起身去一下廁所（你會發現這些剩下一半的雪茄出現在每一個邱吉爾出沒過的重要地方）。而在畫室一角，以繩索隔開的，正是那個五十吋大的地球儀。

　　我們移開了繩索，搬開了地球儀旁邊的一把紅色皮革扶手椅，看見地球儀上有個牌子寫著請勿觸摸（實際上就在北極的位置）。妮可說如果我們真的有需要的話，可以非常輕柔地碰觸它，能夠感受到上頭被磨平的地方，包括北法及紐約，而赤道附近的地區似乎因為接合南北兩半球所用的膠水而有些損傷。不過我們絕不能試圖轉動它，要是這麼做，整個地球可能會崩潰瓦解。

這個東西在戰事中扮演了一個小角色，而我們正呼吸著它周邊的空氣，想來還真是件非比尋常的事。這裡還有邱吉爾將手放在地球儀上的照片，可以看到戰場地區有所磨損。對瓜達爾卡納爾島（Guadalcanal）發動的新一輪攻勢，英國在挪威上方的巴倫支海（Barents Sea）所取得的勝利，以及羅斯福決定阻擋隆美爾（Rommel）在北非補給線的計畫，或許都是在這裡產生初步的觸覺印象。

這個地球儀的部分歷史，也許能從裱框掛在畫室牆上的一封信推測出來。這封信來自一九四二年十二月十二日的華盛頓，寄信人是馬歇爾將軍（General George C. Marshall），美國陸軍參謀長（Chief of Staff of the US Army）。

> 敬愛的邱吉爾先生：
>
> 　時近聖誕節，諸多感恩之事。與您及您的參謀長於一年前初次會晤，自陰鬱數週以來，近來天空已頗為明朗。今日敵軍面臨我們強而有力的同盟，他將注定無望，而我們勝券在握。
>
> 　為使這場聖戰的偉大領導者能更順利走向勝利之途，陸軍部特別準備了兩個五十吋的地球儀，將於聖誕節時贈與首相及美國總統。希望您能在唐寧街十號為它尋得一處安放之所，如此一來，您或許能精確標示出為了解放世界免於恐懼與束縛，於一九四三年時在全球所做的努力。
>
> 　致以無上敬意
>
> 　您忠實的朋友

「它顯然沒有整理過，就一直是這樣。」貝勒比一邊細細觀察一邊評論道。「就有點像是我只是吹開一幅小很多的地圖，把它覆在球上。你可以看到上頭的城市很少，讓我覺得這是件有點急就章的作品。」妮可提出她的見解：「要是你知道自己很快就會打亂這些疆界，那又何必在地圖上放那麼多細節呢？」

事實上，在經過多年無人聞問之後，這個地球儀在一九八九年進行過修復。它被送到大英博物館接受大衛・貝尼斯寇伯博士的照顧，他就是以睡衣繩解決中世紀世界地圖發霉問題的人。不過他能為這個地球儀做的事情可多了：顏色褪了，表漆磨損了，而且還有凹痕，也許是在邱吉爾不同住所間輾轉搬遷造成的。

這個地球儀的比例尺是一比一千萬，因此有了一條十三呎的赤道。它是以一幅在戰前就完成的標準地圖為基礎，對於戰時的疆界爭奪狀況並無特別的考量。上頭大約有一萬七千個地名，要是有些美國的村鎮又小又沒人聽過，那是因為每個在戰略情報局（OSS）製作這幅地圖的人，都想要把自己的家鄉放上去的緣故。

將地圖變成一個地球儀該怎麼做呢？這種施行已久的傳統作法可以追溯到十六世紀。印刷出來的地圖切割成三角形圖塊，這些有一頭的角特別尖銳的三角形區塊，在幾世紀以來成為製作地球儀的必要元素。這些三角形圖塊長約三呎，寬度從四點五吋逐漸變小為零；如果它們是以鋼鐵製作，就會是致命的利矛。南北半球各包含了三十六塊十度寬的三角形圖塊，要將它們固定在地球儀上需要非常精準的技術。這項任務交由芝加哥的韋伯卡斯特羅公司（Weber Costello）執行，是另外一家傑出的芝加哥製圖公司蘭德麥克奈利的競爭對手。首選的球體材質是鋁，但是在戰時無法取得，於是他們轉而使用層壓製成的櫻桃木作籠。為避免溫度變化造成的熱漲冷縮，以每六吋的距離使用合釘將兩半固定起來，在球體內部栓緊以維持穩固，接著，南半球裝上北半球後，將兩個極點以桿子鎖緊。

這個地球儀重量約七百五十磅，要是它的製作時間早個十年的話，它就會在一池水銀上轉動著。不過因為水銀被認為對健康有害，於是底下的平台改以三顆硬質橡膠球取代，封在基座的鋼板裡，用以舉起地球儀，彷彿像是蛋杯一樣。在查特維爾，邱吉爾的

地球儀基座漆成黑色，狀態良好。不過一般認為基座裡面的橡膠球已經開始腐朽了，顯然「簡單之舉」早已不復存在。

　　即使在最好的情況下，運送這種尺寸的地球儀依然是艱困的任務。但是在戰爭期間，大多數的直通航道都限制通行，而且那時候是冬天。起初的計畫是從緬因州以包機載送至格陵蘭島，然後及時在聖誕節前到達英格蘭。但是緬因州的天候過於惡劣，於是修改路徑，經南美、聖赫勒拿島、迦納首都阿克拉再到直布羅陀，這表示這個地球儀將會歷經它所包含的幾乎半數區域，由美國陸軍上尉B・沃威克・戴芬波特（B. Warwick Davenport）全程護送。當這個地球儀終於在十二月二十三日抵達唐寧街十號時，它早已不是驚喜了。「戴芬波特，你到底鬼混到哪裡去了？」地球儀送進門的時候，邱吉爾不耐地哼著氣說（根據戴芬波特公開發表的說法，被這樣一位知名人物羞辱他感到非常興奮）。聖誕節的時候邱吉爾與地球儀合照，一手拿著雪茄，另一手放在北半球靠近日本的地方，隔天他發給馬歇爾將軍一封電報：「在這過去艱辛的一年裡我們堅定前行，看著地球儀上遍布全球的行動很有意思，這些行動將帶來最終勝利。」

　　這個地球儀當今的魅力——歷史性、裝飾性、教育性以及紀念性——除了本身的價值以外，對於一九四二年末的邱吉爾來說，或許並不具備上述所說的魅力，甚至對十五世紀末最早的德國地球儀來說亦付之闕如，在當時，地球儀被視為上帝的分子，將知識、發現與狀態盡納其中。當然，它也曾經是舉足輕重的航海工具，而且在科學的航海工具發明之前，地球儀是設計來說明地球如何繞著其軸心自轉。

　　對貝勒比來說，查特維爾的地球儀只是個中繼點。他想要製作一個像這樣具有視覺衝擊效果的東西，因為他知道，即使是在這麼

一個知識普及又處處偏見的世界，人們第一次看見巨型地球儀的讚嘆之情依舊存在。他自然而然地將自己製作的地球儀稱為〈邱吉爾〉（The Churchill），比起它的原版範例，新的版本將會擁有最新的三角形圖塊、更多政治與人口統計學的資訊。它將採用玻璃纖維來製作，基座則是鋁，看起來會像是形狀符合空氣動力學的短艙，我們可以在勞斯萊斯的飛機引擎上看到的那種。

　　新版地球儀的更新部分出自貝勒比的主意，部分則是來自他客戶的想法。貝勒比一開始只稱呼他為德州富豪大衛，他願意付貝勒比兩萬五千英鎊，製作一個地球儀讓他擺在家裡。兩人建立起堅定的友誼，雖然過程中也不乏試煉。貝勒比賣給大衛的第一個地球儀——五十公分的正常尺寸〈佩拉諾〉（Perano）——不怎麼令大衛滿意。貝勒比說明：「他打開包裝，然後他說：『這是我見過最美麗的地球儀，可惜有些受損。』」內部強化用的支桿斷了　根，一些用來減少地球儀內部聲響的內部覆層不見了（灰泥剝落）。這個地球儀還有一些鑽孔的洞以及可能是小刀造成的痕跡。

　　「發生的原因可能有兩種，」貝勒比認為：「也許是因為氣壓所以在空中爆炸，但我認為這個不太可能發生。或者是被人用某種儀器探測過。」這裡說的「被人」指的是美國海關人員。

　　在我們從查特維爾開車回倫敦的路上，貝勒比說他現在必須要停止談論邱吉爾的地球儀，然後開始製作了。自從他開始想像自己是個地球儀製作師之後的三年裡，他體會到這是件棘手的事。他問我：「你知道嗎？想把任何東西做成圓形都是惡夢。」

　　把東西做成圓形——尤其是地圖——至少從一四九二年起就是個難題了，當年紐倫堡的馬汀・貝海姆做出來了，或至少是委託製作了現存最古老的地球儀。貝海姆是個很有野心的商人，他知道葡萄牙人開啟了新的貿易路線後，他想利用地球儀向他的德國贊助者

說明，建立一條向西通往中國的新路線所具有的潛在價值。這個地球儀所顯示的世界，恰好是哥倫布拿著他的羅盤尋找日本的時候，它因此成為連接中世紀製圖以及地理大發現黃金時代這兩者之間的無價歷史及科學橋梁。地球儀上，陸地表面間最大片的空白是由哥倫布「填滿」的。

貝海姆這個地球儀直徑二十吋，在一個優雅的金屬框架裡以正確的軸心轉動著。它在某些地方有輕微的氣泡，但是除此之外保存得非常美，也許是因為自從製作完成後它幾乎不曾離開紐倫堡。當它完工的時候，尚未有人在真正的地球上航行一周（還要再三十年之後），不過貝海姆所展現的地圖知識卻非常驚人：美洲不在這個地球儀上，但是北極圈與南極圈已經出現，在這兩極之間還分布著馬可波羅、恩里克（Henry the Navigator）以及其他義大利與葡萄牙探險家在亞洲與非洲周遭的發現。

這個地球儀所包含的細節令人折服。它蒐羅了一千一百多個地名，十一艘曾被雄性人魚、海蛇與海馬晃動的船艦，超過五十面旗幟與盾形紋章，而且還盡可能地放入了諸多錯綜複雜的掌權君王。為表敬意，地球儀上的四位聖者以全身畫像出現，在他們之間還出現了豹、大象、鴕鳥、熊以及我們的老朋友——用一隻巨足擋著陽光的獨腳人。貝海姆

貝海姆的〈地球蘋果〉地球儀。

稱他的地球儀為Erdapfel，意指〈地球蘋果〉。

貝海姆與他的主要繪圖師喬治·格洛肯東（Georg Glockendon）也難免犯錯，以現在眼光來看，這些錯誤與他們能正確呈現那麼多資訊同樣耐人尋味。西非的形狀畫錯了，維德角被放在錯誤的地方，許多地名出現了兩次。另外還有些令人好奇的疏忽：例如並未提到安特衛普、法蘭克福或是漢堡，這些都是關鍵的貿易與航運中心。若是考慮到這個地球儀如此陶醉於當代的地理大發現敘事，這一切就更匪夷所思了。「冰島上有健美的白人，」其中一段文字這麼寫著：「他們是基督徒。以高價賣狗但把小孩送給商人是他們的習俗，是為了上帝，因此剩下來的孩子才有麵包吃。」這則資訊很可能具有政治傾向，試圖替綁架冰島孩童送去當奴隸的這種海盜行為做辯護。

關於冰島的說明文字還記錄了　則與長壽相關的早期飲食指南：那裡有「從未吃過麵包的八十歲男人，因為那裡不長小麥，他們吃魚乾代替麵包。」

地球儀在十六世紀成為某種風潮，是一種代表權力的簡單象徵。小型地球儀尤其受歡迎，圓形的地球經常包裝在一個天空的外殼裡。雕刻的銅版以及手工上色的手稿版本，到了十八世紀依然是慣用的技法，雖然那時將印刷出來的三角形圖塊攤開覆在球體上的技術已經便宜許多（因此幾乎每個歐洲的教室裡都有一個地球儀）。

各國的製造商在地球儀的地圖與風格上各有風情——舉例來說，由十七世紀晚期義大利的文森佐·柯洛聶尼（Vincenzo Coronelli）所出品的地球儀特別具有裝飾性，而數十年後在德國由製圖師荷曼（Homann）及多普梅爾（Doppelmayr）所製作的地球儀，則逐漸傾向精確性與科學性。不過最大的不同點還是在於選擇子午線。在教室之外，地球儀最大的功用即是應用於航海，以船隻

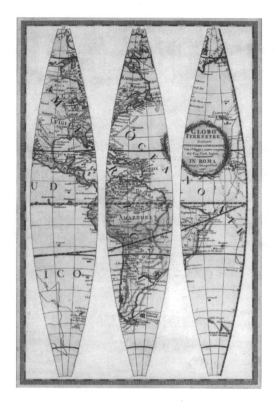

取自一七九〇年卡西尼經典地球儀〈地球〉
（Globo Terrestre）的三張三角形圖塊。

家鄉的港口或首都為起點來計算經度。所以在卡西尼的法國地球儀子午線通過巴黎，而第一批美國地球儀則是穿過華盛頓。倫敦的地球儀選擇的是格林威治，這個地點於十九世紀末才成為全球通用的標準。

一八五〇年時，在狄更斯創辦的雜誌《家常話》（*Household Words*）中的「繪製的廉價」專欄裡刊登了一篇文章，談論地球儀的普及性與製作方法。這篇文章說明了當時所有地球儀採用的簡單製作方式──文中宣稱就像製作火柴一樣有一套固定流程。據這篇文章估計，每年約售出一千對地球儀（陸地的與天體的），球體尺寸從兩吋的口袋大小到三十六吋的龐然巨物皆有，售價自六先令至五十鎊不等。「每年售出的地球儀數量反映了教育上一定程度的進步」，這篇文章如此推論道，雖然地球儀不像地圖，地球儀──更耐用但也更昂貴──不太常被取代，因此在那個大英帝國似乎是逐月拓展版圖的年代，它們也成為一種較不精確的教學工具。

狄更斯詳細描述了地球儀的製作過程──疊上多層的紙並上膠風乾，為軸心正確定位──顯然這些技法在艾蓮‧艾莉莎‧費茲（Ellen Eliza Fitz）身上沒有遺失，她是來自新布倫瑞克（New

Brunswick）重要的美國地球儀製作師，於一八七六年出版了一本
不太可能大賣的暢銷書《地球儀指南》（*Hand-book of the Terrestrial
Globe*），大致上遵循狄更斯敘述的樣板。她說明道：「地球儀是用
層層黏貼的紙做出來的，八層或是十層成功貼在事先準備好的模子
上，一根在正確長度凹折的棍子，兩端各有連結極點的短金屬線，
上下半球各一個端點……」

　　地球儀吸引了其他成功女性進入這個行業，尤其是長島（Long
Island）的伊莉莎白・蒙特（Elizabeth Mount），她的「聯合諸國」
地球儀約製作於一八二〇年，現在被視為一項製圖史上的關鍵里
程碑之作。不過第一位成功的地球儀商人是美國的詹姆士・威爾
遜（James Wilson），他在一八〇〇年代早期於佛蒙特及奧巴尼
（Albany）建立起龐大的事業。在威爾遜之前，美國的地球儀人多
數都是從英國進口的（包括湯瑪士・傑佛遜在就任總統期間特別喜
歡的款式）。威爾遜是個自學自立的典範，年輕時很欣賞由山繆・
蘭恩（Samuel Lane）製作的一個英國地球儀，他相信透過嘗試錯
誤能使他製作出自己的地球儀。他的故事在現代至少有一個相似的
版本。

　　隆冬時節，貝勒比在倫敦北部史托克紐英頓的工作室冷得像是
在冰島，或者是像格陵蘭。工作室擴大了一倍，作為店面來吸引路
過的行人，商店的正面幾乎全是玻璃，所以路人能看見裡頭正在進
行的古老技法。不過人們通常不會因為一時心血來潮就買下精品地
球儀，因此貝勒比與他的小型團隊很少在工作時被打擾。

　　三個主要的工作區（前廳、儲藏室、庭院的單坡簷屋）顯示出
現代地球儀的製作工序已經與維多利亞時代的最先端工藝有了極大
的不同。除了處於各製作階段的地球儀，還可以看到半成品的支
架、包裝材料、一袋袋的石膏粉、金屬條、來自其他製造商的老舊

地球儀、鑿子以及其他工具。地圖與草稿釘在牆上，已上色且未乾的三角形圖塊在夾子下擺盪。幾乎所有東西都覆著一層白色粉塵。

貝勒比不是地理學家、歷史學家，也不是製圖師，他是透過嘗試錯誤的過程來學習製作地球儀。二〇〇八年，在他開始著手製作〈邱吉爾〉的兩年前，他的企圖比較謹慎合理：〈英國〉（Britannia）。這是他的第一個地球儀，直徑五十公分的款式，要價兩千三百九十英鎊。他先買下一幅繪有淡藍色海洋的彩色政治地圖的版權，在電腦上將這幅地圖分析出海岸線，只留下最重要的河流與地名。接著他花錢請人寫了一個電腦程式，將長方形的地圖轉化為三角形圖塊。他回憶當時的狀況：「那真是個惡夢。」但是考驗他的並不是只有製作三角形圖塊而已。「剛開始的時候真的很難做出球型。我們做出來的就是不夠圓，在赤道這一圈都有很大的突起。我還必須要學會怎麼在超出想像之外的高溫下控制這些紙張。整張地圖彷彿要改變方向了。大概已經花了六萬或是七萬英鎊，然後我就想：『天啊，我們連最基本的事情都做不好。』」

他說他嘗試了「大概有兩百種」黏貼三角形圖塊的方法，才找到能固定的方式。「我可以告訴你其中一個祕訣，」他說：「不是所有紙張都能延展。能延展的紙張也只在一個平面上延展。我有一張紙，上頭印刷了橫向的三角形圖塊，要是改變印刷的方向就會裂開。」他使用現代墨水，深信它們能在UV表漆以及無酸膠之下維持兩個世紀。

〈英國〉是以字體設計師詹姆士・莫斯里（James Mosley）所設計的字體來命名，他某天恰巧經過貝勒比的工作室，然後提出了建議──經過大量討論以及拜訪國家海事博物館之後──他的字體完全符合貝勒比正在尋找的樣子。第一版（地球儀是以像書籍的方式「出版」的）看起來有點太過現代，彷彿是一幅從學校教室牆上拆下來的地圖然後製作成球體。它看起來不像能吸引到貝勒比所瞄準的市場──會議室，還有退休禮物。這個地球儀需要骨董的色

澤，傳家寶般的模樣。地圖可以是當代的作品——包括白俄羅斯、烏茲別克以及統一後的德國——但是會以一種彷彿一切在克里米亞都還有待拚搏的方式來著色。

貝勒比接著將注意力轉回到〈邱吉爾〉，他想在海洋的空白處填上資訊。地球儀的尺寸越大，太平洋的面積也就越大，於是他計畫在海洋上填滿各式各樣的資訊，包括最普及的宗教信仰（基督教、伊斯蘭教、印度教），最多人使用的語言（華語、英語、印度語、西班牙語、阿拉伯語），以及一個以人口數多寡來排列的城市表格，為首的是孟買與上海。他還打算放一張龐大的名單，列出世界上的領導人與國家元首，可能的話還有歐洲共同體（European

地球儀的尺寸越大，太平洋上的空白處也越大。畫家瑪莉・歐文（Mary Owen）正在貝勒比的工作室為〈邱吉爾〉上色。

Community）及聯合國安全理事會（UN Security Council）的成員
國。二〇一一年初的埃及、突尼西亞以及敘利亞有許多變動必須考
慮進去，除此之外，如何將這些資訊印在有弧度的表面上也是個特
殊問題，每兩個或三個字母就必須要預先留好字距。

　　「我每天都有一大堆的編輯工作要做，」貝勒比說明道：「我必
須要修改蘇丹，確認有沒有哪裡的國界有所變動。我們在二〇〇八
買了自己用的地圖，上面有太多荒謬的錯誤了，所以我現在不信任
任何公司賣的地圖。沙蘭港（Dar es Salaam）已經不再是坦尚尼亞
的首都了，而特拉維夫（Tel Aviv）成為以色列的首都。我們現在
談的可是一百五十個不怎麼小的錯誤。地圖上還把澳洲的塔斯馬尼
亞（Tasmania）當成一個國家！」

　　我第一次見到貝勒比是在倫敦柯芬園的旅遊用品商店史丹福
斯，他帶來一些他的地球儀作為展示用，不過這些地球儀擺在便宜
且大量生產的款式旁邊，顯得格格不入。那是一個忙碌的星期六下
午，人們比較想買地圖和旅遊指南，不過他確實和一位名叫詹姆
士·畢賽爾－湯瑪斯（James Bissell-Thomas）的男子聊起來，他是
從懷特島來的。畢賽爾－湯瑪斯散發一種權威感，看到貝勒比的地
球儀時並沒有太過高興的樣子，因為他自己也是地球儀製作師（在
葛利佛斯與湯瑪斯公司〔Greaves & Thomas〕）。他開始針對某幾點
嚴厲斥責貝勒比，尤其是用來遮蓋與保護十二片三角形圖塊在南北
極相接端點的紙帽或「小圓頂」的尺寸（也因此無可避免地遮掩了
南北極）。

　　貝勒比驚訝於對方砲火的力道，他在反擊時表示，他相信他所
製作的地球儀品質優越，能使所花費的金錢更具價值。我後來發現
這場小爭論有點草率魯莽。在英國土地上的同一點同時有兩位地球
儀製作師，這已經很罕見，而他們正互相爭奪一個狹小的專門市

場。這可不像是十九世紀，當時英國幾家製造商，在製作地球儀提供給辦公室及學校這方面領導全球。現在學校和辦公室對地球儀已經沒有興趣了，他們有Google地圖，而這裡只有兩位正統的英國訂製地球儀製作師，在經濟衰退期爭奪一個逐漸萎縮的市場，而且他們之間的距離揮拳可及。

在他們於史丹福斯的會面之後數週，我寄了電子郵件給畢賽爾－湯瑪斯，提議拜訪他位於懷特島的工作室並且聊一聊，他在回信裡提到他「有一點擔心」我和貝勒比的交情。他宣稱貝勒比打開了他的地球儀並抄襲他的製作方式，那種製作方式已經有四百年沒有人使用過了。「儘管如此，」畢賽爾－湯瑪斯謹慎說道：「我很歡迎他加入地球儀製作的世界⋯⋯」

某一次參觀貝勒比工作室的時候，他告訴我生意很好，很快就要搬到更大的工作室去。他環視四周，開始一一盤點他的貨品。「這個要出貨到多塞特郡，那個應該是要去台灣。至於第四版〈邱吉爾〉，我想要把洋流加上去，因為下訂的人，他是個德國人，才剛剛完成一趟大規模的航海之旅。他想要把這個地球儀放在屋子裡，一邊轉著地球儀，一邊跟孫兒們說：『我們那時候就在這裡，走的是這條路線，然後信風的方向是這樣。』」

貝勒比接著思考他最不喜歡的一個角色——銷售。他認為他只是需要一篇好的評論，就能取得他所追求的銷售力道，進而促成所有訂製業成功的萬靈丹，也就是等待名單。《金融時報》（Finacial Times）的《如何消費》（How To Spend It）雜誌有意報導他，再次讓貝勒比思索起地球儀真正的市場究竟有多大。

貝勒比認為自己有了答案。市場的大小取決於你準備要走到多低的層級。不見得是指價格，而是設計。如果他同意在地球儀的赤道裝鉸鏈，使它們變成飲品櫃，他是否會覺得自己想成為全球最優

秀地球儀製作師的渴望已經向現實妥協？他是否準備好在太平洋的空間上賣廣告？如果他能打進一流航空公司的候機室，他是否會樂意將錯綜複雜的路線地圖層層堆疊在他的作品上？（最後這個難題的答案是：絕對樂意，只要航空公司那些關鍵人物願意回他電話。）

　　白天稍早時，他終於以兩千八百英鎊的價格委託他人製作第一個〈邱吉爾〉球體。他考慮過以鋁來製作，但是當他知道鋁可能會在一世紀後降解，就改而選用耐用度逐漸提升的玻璃纖維。負責製作球體的是一名主要替一級方程式賽車造模的男子，而基座則是由一名在伯明罕附近的奧斯頓馬丁車廠工作的男子負責。貝勒比身為一個愛車人，很高興見到他們來訪，但是他更興奮的是在那一週去拜訪一家叫作奧尼翠克（Omnitrack）的公司。奧尼翠克專精精密的腳輪，因此也解決了地球儀最大的難題之一──如何能在不毀損地球儀或使出吃奶力氣的情況下優美地轉動〈邱吉爾〉。

　　他轉動著為藝術家印卡・秀尼巴爾（Yinka Shonibare）所製作的小型地球儀，藉以展示這些腳輪如何發揮作用。地球儀被放在三個小型的三角支桿上，每一根的中間都有一顆小塑膠球。當貝勒比以手指輕輕轉動地球儀時，他流露出來的欣喜就像是一個小孩突然抽開陀螺的繩子。地球儀發出摩擦的聲響，保持轉動的時間比預期的還長上許多。「辦公室玩具」一詞躍入他的腦海裡，他決定下一個要挑戰的大型計畫就是直徑不到二十公分的小型地球儀。

　　他的熱情很快就轉化為實際的成功。到二〇一一年六月，貝勒比握有一張二十五人的等待名單，各有各的需求尺寸，第一個〈邱吉爾〉開始製作三角形圖塊，所以他搬到一棟新建築裡，那是附近一個由馬廄改建的倉庫。這個地方或許有他以前工作室的十倍大，原先是供貨給五金行的倉庫。這裡下雨時會漏水，但是這是成功的代價；在四年內，貝勒比走了好長一段路實現他的夢想，打造了一家訂製地球儀的工廠，重新恢復這個具有五百年歷史的傳統。

地圖大小事

邱吉爾的地圖室

　　邱吉爾的地球儀並非贏得第二次世界大戰的關鍵──不過他的
地圖室則確實讓他避免吃敗仗，這間地圖室位於一個層層戒備的地
下辦公區的中心位置，就靠近唐寧街後方，正式名稱為戰時內閣辦
公室，當時則叫作邱吉爾戰情室，要是有哪個地方可以宣稱是邱吉
爾的指揮中心，這裡就是了。

　　這裡是十足低科技的一個地方。原先是工務部（Office of
Works）的一處設施，公務人員向這裡訂購行政物資，在一九三八
年九月的慕尼黑危機之後，這個地下碉堡以極快的速度搖身一變供
戰時使用。啟用不到一年的時間，已經備有適切的臥室與走廊上的
上下層臥舖、一組BBC廣播設備、一間戰情室以及一間地圖室，
全都位於強化橫樑下。

　　有三十至四十人在這裡全心投入戰事的運籌帷幄，地圖室每天
向邱吉爾、主要幹部以及國王彙報。有四樣東西支援這項工作：小
組成員的大腦、一排稱為「美麗合唱」的彩色電話、貼在牆上及躺
在抽屜裡的大量地圖，以及分隔盤裡可能是全世界最充足的彩色地
圖圖釘。這些圖釘以特定的代碼標記出英國及同盟國每一條戰艦、
商船、護航艦隊的一舉一動──紅色是英國，咖啡色是法國，黃色

是荷蘭，黃色且有十字架的是瑞士，白色是德國——它們讓牆上的地圖成為一場貨真價實的桌遊〈戰國風雲〉（Risk）。

地圖上還有其他符號：紙船與海豚，後者釘在海洋上表示強風將至。「發動猛攻的時候，最讓我痛心的莫過於護衛艦隊的船隻數量持續減少。」地圖室的一名軍官如此回憶道。「必須從地圖上拿下紙船符號，擦掉潦草寫上的總數，然後換上一個比較小的數字，這幾個步驟很可能就在短時間內一直重複。」

地圖不只放在地圖室裡而已；邱吉爾臥室裡主要的那一幅以海岸防禦為重點，以簽字筆標記出永久的與暫時的瞭望哨與防禦屏障、適合坦克進攻以及易受漲潮影響的區域。一大塊簾幕遮擋住整張地圖，避免訪客看到，而當邱吉爾拉開簾幕時，它宛如一扇窗，他肯定曾懼怕過會在上頭看到被入侵的景象。

暱稱為湯米的司令官湯普遜（Thompson），是邱吉爾的個人助理，他曾說過邱吉爾在倫敦的時候，沒有一天不進地圖室或是附屬的會議室，經常在早上四、五點的時候打電話過去，比他手下的將軍更早獲得情報。邱吉爾熱切地展現了英國本土主義者應該如何念那些地圖上的外國地名。地圖室主任理查·皮姆（Richard Pim）司令官，將魏斯夏恩（Walshavn）念成魏爾夏文（Valsharvern），邱吉爾立刻糾正他：「不要唸得這麼像BBC，這個地方是魏斯－夏恩。」

皮姆是個經驗豐富的海軍，在戰爭期間幾乎不曾離開過邱吉爾的身邊，除了在一九四〇年五月的時候，他負責以幾艘汽艇將三千五百多名士兵從法國敦克爾克帶回英國。在邱吉爾成為首相之前，他在英國海軍部的圖書館裡架起了他的第一組地圖桌，之後還在邱吉爾的海外旅程中設立了可攜式的地圖室。除了地圖上所展示的情報，地圖本身則不具重要性，許多是來自第一次世界大戰時的作品。我們習慣邱吉爾在戰爭結束時向我們發布消息，但是向邱吉爾宣告消息的人是皮姆。這位首相這麼回覆他：「這五年來你一直向

邱吉爾與他的地圖首長，理查‧皮姆。

我報告壞消息，有時候糟的不得了。現在你扳回一城了。」

　　一九四三年底，皮姆在前往德黑蘭會議（Tehran Conference）的船上設立了地圖室（在會議上，邱吉爾、羅斯福及史達林共同討論在歐洲開啟第二戰線的議題），他推估當時的邱吉爾已經在戰時旅行了十一萬哩。四年內，他在海上待了七九二小時，在空中飛了三三九小時。當戰爭結束時，英國地理學家法蘭克‧迪‧范恩‧杭特（Frank A. de Vine Hunt）製作了一幅獨一無二的地圖，呈現出邱吉爾在一九四一年至一九四五年間所歷經過的旅程——共計十九趟——這也是與戰爭相關的圖表中最具震撼力與敘述性的作品之一。它是一張地圖，一則故事，一幅拼圖，詳細記載了邱吉爾旅程的諸多箭頭皆標有數字，觀看者會忍不住沿著它們細看，同時也會忍不住思考這些旅程的意義。

　　戰情室現在開放遊客參觀，地圖室可說是重點所在。這裡保留了一股肅穆的氣氛，彷彿西方世界的自由仍懸而未決，而且還大致

保留了邱吉爾與他的司令官們於一九四五年八月離開這裡時的模樣。發給每個人的配給方糖還放在小盒裡，櫥櫃上擺著尚未開封的盒裝地圖圖釘，一幅一九四四年七月的「機密」巴爾幹半島地圖就攤開在桌上。

在其中一張桌子的中央有一本地圖集，在戰事的最後一年，邱吉爾與他的下屬肯定經常翻閱，它的特色是呈現了美國對戰役的看法。《凝視世界：全球策略時運地圖集》（*Look at the World: The Fortune Atlas for World Strategy*）由紐約的克諾普夫出版社（Knopf）於一九四四年六月出版，根據編者宣稱，這本地圖集所呈現的世界，不僅要「展示美國人奮戰的詭異地點，以及貿易航線經過的遙遠島嶼及海岬」，還要說明為什麼美國人要在這些奇怪的地方奮戰——舉例來說，解釋為什麼會出兵到格陵蘭、冰島以及阿拉斯加。

這本地圖集以極點為中心，採「完全正方位等距投影」，因此北美洲位於北半球的中心附近，右上有上方的亞洲及側邊的非洲。跨頁的設計特別強調了地球的曲率，主製圖師李察・艾迪斯・哈里森（Richard Edes Harrison）在序論中解釋道，這樣的設計反映出戰爭的關鍵新機械——飛機；繪製一系列航空戰爭地圖，並且放大陸地上軍隊移動所面臨的複雜戰情以及本身的脆弱之處，完全是合情合理的嘗試。哈里森希望讀者能諒解這種非常規投影法帶來的閱讀干擾，麥卡托在在四百多年前也曾經做過一樣的事情。

每個跨頁上的評論文字都是獨到的紀錄，呈現出美國如何看待自己在戰爭中的角色，還包括它在地球上的定位。這不是一本立場公正的地圖集（如果真有這種東西存在的話），而是謹慎明智的政治地理宣揚之作。「西方文明的搖籃，地中海沿岸的世界，美國人於一九四二年十一月七日以迅雷不急掩耳之勢在此發難。」這段文字出現在一幅拱形的歐洲地圖下方。阿爾卑斯山「也許在大部分德國人的想法裡是個歐洲的堡壘」，但是飛機「不將任何地中海區域

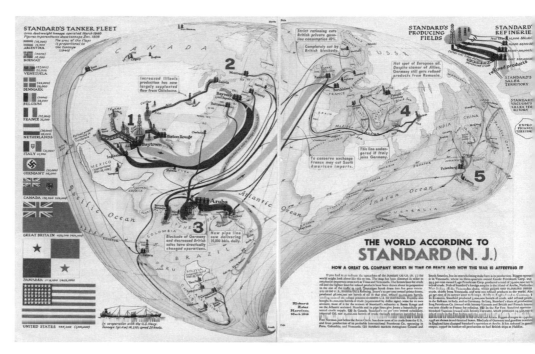

哈里森的戰時地圖之一，呈現出標準石油公司（Standard Oil）油輪的行進路線。

的山峰放在眼裡」。

　　哈里森希望這個平面地圖與地球儀的綜合體，能讓同盟國握有敵軍所缺乏的優勢。他寫道：「德國人，儘管善於執行，但是他們對於地圖的想法是出了名的傳統。要說他們具有『地理見識』的話，他們的地圖或是戰略可都沒有表現出來。」難怪邱吉爾視這本地圖集為不可或缺的東西。

第十九章

最大的地圖商，最大的地圖賊

「出個價吧！」我問 W・葛拉漢・阿瑞德三世（W. Graham Arader III）賣不賣一些他最珍貴的收藏品，他這麼回答我。「所有東西都賣！」

我倒是有點意外。W・葛拉漢・阿瑞德三世是全球最大的地圖商（最富裕、最知名、最好鬥也最浮誇，最令人害怕也最令人厭惡），而我正在他的臥室，看著掛在牆上的地圖，想著在阿瑞德三世的世界裡任何東西皆可出售，可能只有他的妻子與七個孩子例外（其中一位叫作 W・葛拉漢・阿瑞德四世）。阿瑞德三世這棟位於中央公園邊緣的六層樓市區宅邸，每一吋都覆在地圖之下——他的床及壁爐上方、書桌及每扇門上。我認為牆壁是覆蓋了地圖壁紙而不是油漆粉刷，不過不是很容易區分。唯一沒有覆蓋地圖的地方則覆滿了他的其他興趣，稀有的博物學作品。

他擁有哪種地圖呢？所有種類他都有！或者至少是各種具有價值、美感而且稀有的地圖，這也意味著主要是十九世紀美國以及十六世紀歐洲的地圖，所有名家之作。他位於麥迪遜大道的家，也是他的展示場，不過他在全國還有另外四間藝廊。這些展示場所清晰呈現出地圖學發展的經典歷史——奧特流斯、麥卡托、布

勞、費雪、斯彼得、洪第烏斯、歐杰拜、卡西尼、約翰・西涅克斯、卡爾頓・奧斯古德（Carlton Osgood）、赫曼・摩爾（Herman Moll）以及李維斯・伊凡斯（Lewis Evans）——這些名家作品所描述的故事，簡潔總結了五百年來的貿易與權勢發展。在這裡，大型篇幅蝕刻著威尼斯絲路、荷蘭帝國的發展、鄂圖曼帝國蘇萊曼大帝（Suleiman the Magnificent）與西班牙腓力二世（Philip II of Spain）的疆域、美洲的誕生、大英帝國海軍的巔峰以及其後的衰落。

聽阿瑞德說話，你很快就會相信他握有美國歷史上每一幅至關重要的地圖。「是啊，我有那幅梅利威勒・路易斯（Meriwether Lewis）和威廉・克拉克（William Clark）[1]用來規劃探勘路線的地圖，」他說：「我有傑佛遜和麥迪遜簽署的路易斯安那購地宣言（Louisiana Purchase Proclamation）……沒錯，我是第 名。就算排在我後面的五十名地圖商加起來，我的收藏品都比他們的還要好。這些東西價值應該有十億，或是五億。我坐擁這麼多東西真是不好意思啊。」

現在是上午十點左右，身材高大、腰圍壯觀的阿瑞德剛打完壁球還穿著短褲。他去沖澡的時候，我和他的幕僚之一艾力克斯・肯（Alex Kam）聊天，他說他正在努力建置一個收藏家的新資料庫，尤其是網路上的，「因為如果你只著重在這些年來花大錢的人，他們年紀也有點大了。」肯發現美國有許多新的買家特別喜歡買自己家鄉的地圖，「他們想回頭看看當時的自己」。史帝夫・賈伯斯（Steve Jobs）是個知名的例外，他著迷其他類型作品，總是付給阿瑞德大筆報酬，購買比利時水彩畫家皮埃爾－約瑟夫・雷杜德（Pierre-Joseph Redouté）所畫的植物作品。「他真的非常喜愛雷杜德的玫瑰，」肯在賈伯斯於二〇一一年逝世後在部落格上寫道，就

1　美國傑佛遜總統派遣這兩人於一八〇四年至一八〇六年間組織探險隊進行官方首次的美國西部探勘。

在同一個月裡，其中一幅十九世紀畫在羊皮紙上的這些小小玫瑰，在阿瑞德藝廊（Arader Galleries）以美金三十五萬售出。根據肯所述，賈伯斯「太愛這些玫瑰了，他要我們收集並買下全世界每一幅雷杜德的原版玫瑰畫作。」

阿瑞德沖完澡回來，說他沒太多時間了，因為他必須去參加一場「五百萬元的拍賣會」。他說他同時身兼買家與賣家，不過多數時間是賣家。「我其實沒得選擇。我要是一時忘記自己商人的身分，一切就完了。我每個月有四十五萬美金的固定開銷。」

阿瑞德告訴我，他名字中的 W 指的是華特（Walter），這也是他父親與祖父的名字。他的父親是海軍的航海官，是專業的地圖研究者。當他在一九六〇年代成為賓夕法尼亞聯邦（Commonwealth of Pennsylvania）的商務部長（Secretary of Commerce）時，收藏地圖成了他的嗜好，但是根據他的兒子阿瑞德表示，他比較注重的是地圖的美感而不是用途。

阿瑞德從十八歲開始替他買地圖，在進入耶魯大學就讀前在英國待了一年。他向這一行的知名人士購買地圖，包括圖里以及麥格斯兄弟（Maggs Bros，最早期的倫敦骨董商之一，一世紀以前因為買下並展示拿破崙的陰莖而聲名狼藉）。阿瑞德迅速購入許多荷蘭與法蘭德斯大型地圖集的頁面，在一九七〇年代，這些東西也許要價八十英鎊，若以今日幣值來估算的話約為八千英鎊。在耶魯讀書的時候，他深受圖書館地圖部主任亞歷山大・維耶特（Alexander Vietor）的吸引，開始在宿舍賣地圖，據他說，主要是賣給耶魯醫學院的猶太醫生們。接著他開始在骨董展售會上賣地圖，他很驚訝地發現自己是在場唯一的地圖商。

阿瑞德發現了兩件事：他具有便宜買進地圖的天分，然後與意志不堅的客戶投其所好東扯西聊之後，再將地圖以高價賣給他們；地圖業界是一塊已經成熟的沉睡之地，只待鬧鈴響起。於是，他

「出個價吧！」：Ｗ・葛拉漢・阿瑞德三世在他家中的地圖集收藏室。

開始進行一項與他名字相稱的事業：四處搜括[2]。他說他買的是那些
「價值被嚴重錯誤低估」的地圖，然後讓它們增值十倍。

　　一九七〇年代及一九八〇年代時，珍稀地圖價格暴漲（說價值
會令人有點遲疑），很難說究竟有多大部分能歸功於阿瑞德，以及
有多大部分是他趁勢而起；兩者很可能相輔相成。他的策略就是購
買最棒又最稀有的地圖，這就表示鮮少有人能與他的收藏匹敵（他

2　阿瑞德（Arader）與英文中的「一名劫掠者」（a raider）發音近似。

習慣對那些較次級的品項嗤之以鼻：「普通得跟泥土一樣！」）。他大量買進，有時候橫掃整個拍賣會與某人的全部資產，他還夢想著可以跟其他幾個最重要的同業，一起將所有尚未收藏在任何機構的重要地圖全部買下。

這件事無法以他計畫的合作方式實現，所以他打算自己來——如此一來他就變得不受歡迎，非常不受歡迎。「葛拉漢可以說跟所有同業敵對了，」另外一位美國的重要地圖商告訴我：「我猜在這世界上除了他自己，他沒想留點餘地給別人。他對每個人採取了極端的堅壁清野態度，他一直用各種名字來叫我，像是『一窩毒蛇』。究竟我個人是怎樣才會被叫作一窩毒蛇，我還真搞不清楚。」

我們很容易看出阿瑞德的行事作風如何冒犯到其他人。我發電子郵件給他，請求採訪，他立刻將我的信件內容貼上部落格。他在回信中寫道他發現幾乎所有其他地圖商都「不誠實、褻瀆且缺德……這四十年來，除了我自己以外，我只能找出**兩個**誠實的地圖商。」

我們也許可以說阿瑞德是地圖界的費尼爾司‧泰勒‧巴納姆（P. T. Barnum）[3]，他不介意出名，而且還是《富比世》（*Forbes*）與《財富》（*Fortune*）雜誌熱愛的報導對象。他更是口出名言的高手：「太陽王路易十四——沒錯，他建立了凡爾賽，但他是個混蛋！」一九八七年時，《紐約客》（*New Yorker*）雜誌的人物簡介將他描述為「不是學者卻知識淵博，令人印象深刻」，一針見血。他告訴我他每天讀一本書。他從咖啡桌上拿起一本，內容是關於緬因州海岸線外的沙漠山島（Mount Desert Island，他才剛買了一幅緬因州的原版手稿地圖）。他說在他的房子裡有超過五萬本的地圖參考書，聲稱這裡就是全世界最優良的地圖史圖書館，藏書量比大英

---

3 費尼爾司‧泰勒‧巴納姆（P. T. Barnum，1810-1891），美國知名的馬戲團經紀人及演出者，展出各種奇異的人事物與表演。

圖書館或國會圖書館還多（這一點有爭議，但是他經常做出這種堂皇又籠統的發言，令人難以查證）。「買下真正重要的作品後，我會再買一百至三百本相關書籍，聘請哥倫比亞大學的教授來我家指導我。」

他環視自己的臥房。「法國－印地安人戰爭、美國革命（American Revolution）、巴黎和約（Treaty of Paris）、路易斯安那購地以及一八一二戰爭（War of 1812），很少有人能告訴你這些期間在位的英王是誰，」他說：「是喬治三世（George III）。如果你掌握了這些核心，收集地圖時會感受到極大的興奮感。你會了解為什麼腓力二世能夠使歐洲臣服於反宗教改革。反革命是因為現金，硬幣，來自墨西哥城令人難以置信的大量黃金。而這些宗教戰爭，這些加劇的憤怒，在兩百年間很大程度地搞垮了歐洲……這整個房間所說的故事，正是腓力二世那一桶桶黃金所造成的一切。」

阿瑞德經常炫耀他這些浮誇的知識，不過也只是強化了一件地圖愛好者早已經知道的事：了解地圖就是了解一個人在世界上的位置。「我以前只看得見漂亮的地圖，但是現在我看見的是整個歷史的動盪局勢，」他說：「而且我對於這些歷史瞭若指掌——我的意思是，你必須真的是哪裡的一名教授，才能跟我正面交鋒。」

阿瑞德對教授有偏見，就像許多成功的富裕商人一樣，他渴望自己是因為學識而非生意人的敏銳直覺獲得敬重。於是，他的野心改變了。「擁有這一切真的很棒，但我希望能將它們全都分送出去，死時不帶走一毛錢。」他說：「我六十歲了。一個人到了六十歲的時候，如果目標還只是著重在賺錢，那就太愚蠢了。」他給我看了來自波士頓東北大學（Northeastern University）教務長的謝函，感謝他慷慨無私捐贈地圖。

接著他走到電腦前，搜尋一個檔名叫作「阿瑞德：我的夢想」的文件。「找到了。這是他們現在在教的課程——每天有不同組的地圖。我現在的想法是將博物館、圖書館還有抽屜裡的地圖與版畫

拿出來，運用我的影響力及我的資源來教導年輕人。」他說他給予學生們「大量珍貴的材料」，因為他希望「六十個有著明亮眼神的孩子能夠天天看著這些地圖，擁抱歷史與地理，然後能去構思、去研究。」

「將地圖投入教育，」肯補充說道：「這是現在最炙手可熱的事！」

✂ - - - - - - - - - - - - - - - - -

地圖業界整體來說並非無禮又不和善。我拜訪過幾位地圖商與收藏家，發現大部分都很彬彬有禮，學識淵博又熱情洋溢。不過他們有一個共通點，就是都不喜歡W・葛拉漢・阿瑞德三世。

強納森・波特（Jonathan Potter）是個溫文儒雅的倫敦地圖商，他認識阿瑞德四十年了，在談到阿瑞德的時候他是最寬厚的人之一：「他為地圖業貢獻非常大。他帶領許多收藏家進入這個領域。但是我想不出太多沒被他批評攻擊過的人。」

確實如此。大多數以前曾與阿瑞德交好的人，現在都只談他們怎麼鬧翻的。威廉・瑞斯（William Reese）正是其中一位，他是全球數一數二的美國地圖專家，上次我與他見面時是因為文蘭島地圖。瑞斯比阿瑞德年輕幾歲，兩人在耶魯大學短暫相逢（他也是阿瑞德稱為「一窩毒蛇」的人）。二〇一一年九月，我造訪他位於康乃狄克州紐哈芬的辦公室，他對於阿瑞德最近的慈善之舉相當冷嘲熱諷。他告訴我他捐給耶魯十萬美元，協助館藏地圖建立數位目錄，他曾向阿瑞德提議請他也捐出十萬美元，結果阿瑞德揶揄了他的信，還貼在部落格上。

瑞斯來自馬里蘭州，不過他有許多親戚在走路可達耶魯的地方長大。他對地圖的職業興趣是他對古書愛好的副產品，不過他也表示從年輕時就很喜愛地圖。「我是那種會搭著從大西洋岸飛到太平洋岸飛機時，拿著一張全國道路地圖跟著前進的人，彷彿我們在地

面上做這件事一樣。」

　　他進入地圖業界的幸運經歷，聽起來就像是在閣樓找到一幅林布蘭畫作那些神祕故事一樣。一九七五年，他在一場大型展售會上四處瀏覽，展售的商品來自近期逝世的書本收藏家歐圖・費雪（Otto Fisher）。瑞斯原本是要去看畫框，但是他在地毯展售區發現了有意思的東西。那是一幅被包在咖啡色牛皮紙捲起來的地圖。「我感到非常興奮，」他回憶道：「我很確定我知道那是什麼。」他有修中美洲考古學的課，認為那幅畫了十六世紀墨西哥山谷的地圖，是畫在無花果樹樹皮製作而成的紙上。他花了八百美元買下。他帶回家後，將年代篩檢至一五四〇年。他注意到背面還有另外一幅地圖。他決定將這件文物提供給耶魯，當時他是耶魯美國歷史系的二年級生。「我拿給校方看，我們全都毫無表情地坐著。他們問：『那麼，你想用什麼交換呢？』那時候在耶魯念書一年要花五千美元，於是我說：『我要一萬五千美元。』」

　　校方同意了。瑞斯立刻想著：「該死！」它現在掛在耶魯的貝尼克古籍圖書館裡，旁邊不遠就是古騰堡聖經。「那時候它可能價值約兩萬五千美元，」瑞思想著：「現在或許是二十或三十萬了。但是我不在意，因為它徹底為我鋪好了人生道路，我走出那間辦公室時感覺飄飄然，想著：『我可以靠此維生。』」

　　我問瑞斯，美國有多少認真的（學者與有錢人）地圖收藏家，答案令我訝異：「非常少」。「你的現在位置」因素又再次出現——大多數收藏家只收集個幾年，主要著眼於他們出生或是居住的地區。其他人則只收藏世界地圖。「他們從中世紀世界地圖開始著手，」瑞斯說：「然後開始拓展。我會將大多數收集地圖的人定義為真正的業餘人士，狂熱者。他們的收藏活動經常由他們的牆面空間來決定——只要牆上滿了，他們就收手了。」

　　很少有人能達到下一個階段，也就是將地圖收存在抽屜裡。瑞斯相信在美國只有「幾十位」非常認真的地圖收藏家，而全球則可

能只有幾百位，各式機構不計。地圖收藏家的數量不多，有一個非常簡單的理由：真正重要的作品非常稀少。「就地圖來說，有個風險，那就是在最最頂級的地方可能很快就不再是市場，」瑞斯說：「它們都被搶購一空了。」

　　但是在本世紀的頭幾年，優質地圖的供應發生了一件非常奇怪的事情：人人都想入手但先前一直不在市場上的地圖，突然開始出現了。瑞斯注意到這個現象是因為珍稀的十七世紀美洲地圖，尤其是出自法國探險家山姆・德・尚普蘭（Samuel de Champlain）之手的作品，他是第一位正確畫出五大湖的人。地圖商們突然開始出售那些幾十年來不見蹤影的地圖，雖然它們迅速消失在私人收藏的行列裡，卻在地圖市場上創造了罕有的流動性。

　　當然，這個現象也是有理由的：這些地圖被偷了。

　　二〇〇六年九月，一名叫作愛德華・富比士・史邁利三世（Edward Forbes Smiley III）的五十歲男子，被判入獄服刑四十二個月以及將近兩百萬美元的罰金，他承認從哈佛、耶魯、大英圖書館及其他機構盜走九十七幅地圖。這是所有人記憶所及最大的地圖竊盜案，震驚了各家圖書館，不只因為地圖的損失（許多圖書館直到史邁利被逮捕才發現地圖失竊），更因為他們信任史邁利，樂於有他相伴。或者說，至少他們很欣賞他的鑑賞能力：史邁利從一九七〇年代晚期便是地圖商，也被其他同業認為是「自己人」。

　　但事實上他確實是個慣犯。他用美工刀的刀片切割書本與地圖集的頁面，之後再加以修整作為掩飾。他偏好這種方式甚於另外一種經典的地圖竊賊伎倆：將棉線球放在嘴裡滾動，接著把解開的棉線放在想偷的地圖頁面裝幀邊緣，然後闔上書本，口水中的酵素短時間內就會分解書籍的裝訂，直到薄弱得能夠移除。

　　瑞斯記得他在一九八三年與史邁利的交易——這是他第一次也

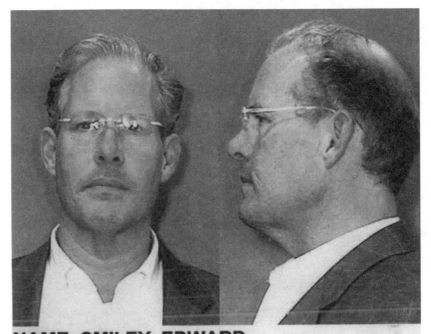

NAME: SMILEY, EDWARD
DOB: 4/13/1956   SEX:MALE   RACE:WHITE
HGT: 601   WGT: 230

令人難以接受的地圖業界臉孔：愛德華‧富比士‧史邁利三世。

是唯一一次信任史邁利。瑞斯以五萬美元的價格賣給史邁利一本美
洲海岸地圖集，但是史邁利的支票被拒付了（他說最後他還是有
拿到錢）。之後他們倆人的交集只在拍賣會與地圖展上，而他們下
一次交手是在二○○五年，耶魯大學找來瑞斯為失竊的館藏估價。
（史邁利是在耶魯的貝尼克古籍圖書館被逮捕的，當時一名圖書館
館員在地板上發現一個X-acto廠牌的美工刀刀片；他逃出圖書館大
樓時，公事包與西裝外套口袋裡被搜出了幾幅珍稀地圖，包括一
幅約翰‧史密斯船長〔Captain John Smith〕於一六三一年所做的地
圖──這是第一幅提到新英格蘭的地圖。）

為了讓瑞斯能夠進行審計，圖書館的地圖部門關閉了一整個學期。瑞斯遇到的其中一個難題是，館藏地圖沒有徹底製作成電子目錄，史邁利在計畫要竊取哪些地圖時，可能也仰賴了這個狀況。「史邁利偷走卡片目錄中的卡片，藉以掩飾他的竊行，」瑞斯說：「不過這個伎倆行不通，因為館方已經於一九七八年以微縮膠片的方式將所有卡片目錄歸檔，而他並不知道這件事。」

✂ - - - - - - - - - - - - - - - - - - -

史邁利一案，對於主要的研究機構如何保護他們的珍寶產生了適度的衝擊。他們盡量加強保全措施，通常還增加了監視攝影機的涵蓋範圍。不過有許多圖書館員覺得很不自在，因為現在必須監視那些他們信賴了數十年的讀者們，而且新的保全措施也與圖書館作為公民場所讓知識自由傳遞的觀念背道而馳。在史邁利傳奇的年代，一名館長如此說道：「我們處於一個非常脆弱的行業。」

開始有地圖以後，小規模的地圖竊案也隨之發生；在地圖開始具有價值及裝飾性之前，它們只是實用而已。二十世紀後半發生的這些重大強盜事件之所以引人注目，不只因為他們展現出的膽大妄為以及運用冷戰時期的技巧，還因為竊盜的規模之大和連續犯案的行徑。竊賊們反覆造訪同樣的寶庫，彷彿銀行的金庫門大大開著，而保險箱的鑰匙就擺在桌上。

舉例來說，一九六三年三月時，牛津大學與劍橋大學的數個學院發現，在過去的十個月裡，有一名叫作安東尼・約翰・史卡爾（Anthony John Scull）的男子一直帶著逍遙法外的興奮之情，自由自在地用剃刀切割館藏的地圖集。他竊取了超過五百幅地圖與印刷稿，大多數來自劍橋的國王學院（King's College）。遭竊的品項包含了所有的偉大作品，而在那個時候，所有這些偉大作品都尚未置於周全的監視防護之下：史卡爾偷走了托勒密、麥卡托以及奧特流斯。那時候就連珍稀地圖都還沒能賣得高價，但是地圖商以及一些

拍賣會肯定會感謝史卡爾提供的貨源。遭竊地圖的總價值估計為三千英鎊（現在或許是三百萬英鎊），但是損傷更為慘重的是那些被破壞的地圖集與書本。

在美國，最奇異且宛如電影情節的誇張故事或許是一九七三年的「黑袍案」，兩名美國本篤會的神父從著名學院的圖書館竊取地圖集，並收藏在他們位於皇后區的修道院裡。接著還有斯堪地那維亞半島的竊案，由兩名英國竊賊聯手出擊，他們是麥爾文・佩利（Melvin Perry）以及彼得・貝爾伍德（Peter Bellwood），他們認為——事實也確實如此——一九九〇年代末最佳的地圖竊盜地點是哥本哈根的皇家圖書館（Royal Library）。在他們飛往丹麥之前，貝爾伍德與佩利兩人都曾經從大英圖書館與其他機構偷盜而被判刑。（貝爾伍德技巧很高明：某一次他交給圖書館館員一張五百面額的丹麥克朗，說是他『在地上撿到的』，因而取得館員信任，然後成功偷走了奧特流斯與斯彼得的作品。）

另外一起知名的案件，同樣發生在一九九〇年代，犯案者為吉伯特・布蘭德（Gilbert Bland）。在巴爾的摩的約翰霍普金斯大學（Johns Hopkins University）皮博迪圖書館（Peabody Library）裡，他被一名讀者撞見正在撕取地圖集的頁面，在這之前，他已經四處竊盜了兩百五十幅地圖。布蘭德在他與妻子於佛羅里達經營的店裡出售這些贓物，這些存貨是他從十九間圖書館裡偷來的，範圍橫跨德拉瓦州到英屬哥倫比亞。他的辯詞是：「我就是想要這些地圖。」布蘭德成為一本娛樂性書籍的主角，是由麥爾斯・哈維（Miles Harvey）所執筆的《迷路的地圖》（*The Island of Lost Maps*），阿瑞德也是其中的要角。哈維稱布蘭德為「地圖業的艾爾・卡彭（Al Capone）[4]，美國史上最偉大的地圖竊賊」，不過這是在史邁利與他的

---

4 艾爾・卡彭（Al Capone，1899-1947），美國知名罪犯與黑幫老大，被稱為「美國黑道頭號人物」、「芝加哥地下市長」等，其犯罪行為與經歷曾被拍成多部好萊塢電影與電視影集。

刀片現身之前的事。

✂ - - - - - - - - - - - - - - - - - -

　　除了守衛越來越森嚴的圖書館，身為一個熱切想學習地圖知識的人還能去哪裡呢？參加一系列由阿瑞德及他的同僚所舉辦的個人講習如何？就在我拜訪他之前不久，阿瑞德開始買廣告宣傳提供高中生與大學生參加的暑期課程，參加者能學到關於地圖買賣的知識。課程費用為一週一千兩百美金，內容包括阿瑞德所歸納的買賣關鍵四步驟：「第一：介紹。第二：藝術品的存在。第三：可以擁有藝術品。第四：賣出藝術品。」成功申請到課程的學生，還可以參加教你如何與客戶維繫關係以及如何善用網路做生意的講習。「我有很多客戶向我施壓，要我雇請他們那些囂張跋扈的孩子，」

阿瑞德說：「所以現在他們得付錢了，孩子來我這裡（跟我一起工作），整個暑假什麼事也不用做，獲得價值五千美元的教育──沒這種好事了！」

　　我向阿瑞德討一些他說給學生們聽的金玉良言，他要我去看他的部落格，他談了一些簡單的建議：手寫感謝函；不要用電子郵件轟炸你的客戶，而是要對他們可能會特別感興趣的品項，適時提供恰當的智慧建言。

　　還有一些建議是關於辨識那些偽裝成「原本色彩」的假地圖。二〇一一年六月，阿瑞德帶著四名實習生（最後一批免費的成員）離開他家，前去看一看即將在蘇富比展開的拍賣會。他們停駐在編號八十八號的拍賣品項前面，這是一份由荷蘭地理學家歐福特・達波（Olfert Dapper）所做的十七世紀經典非洲研究，內含多幅地圖。

　　「它擁有你能想像得到最驚人的原色造假，」阿瑞德指出：「我們全都被騙了──透過紙張，這些氧化綠色近乎完美。我的第一反應是非常興奮，強烈渴望將這本看起來非常動人的書帶回家。但它其實不是。」

阿瑞德的興奮之情迅速轉為暴怒。他看出偽造者如何巧妙地複製綠色的氧化部分，而這通常就是判定是否為當代顏料的關鍵。「保護自己的唯一方法是，到世界上偉大的圖書館裡看看那些地圖集原本的顏色，」他如此指點實習生，並誓言揪出那些最惡劣的罪犯。「但願這些卑鄙小人有人會忍不住來告我，那麼我們就可以利用法庭找出最終的答案。我已踏上征途！注意了。」

第十九章　最大的地圖商，最大的地圖賊

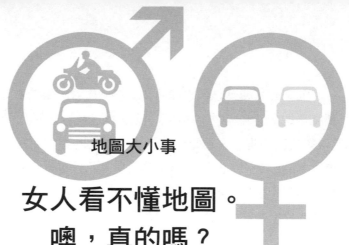

地圖大小事

女人看不懂地圖。
噢，真的嗎？

　　一九九八年時，芭芭拉‧皮斯（Babara Pease）與亞倫‧皮斯（Allan Pease）這對澳洲夫妻自行出版了一本有趣又文雅的書：《為什麼男人不聽，女人不看地圖：在馬桶坐墊是否掀起之外》（*Why Men Don't Listen & Women Can't Read Maps: Beyond The Toilet Seat Being Up*）。雖然這本書在一年內失去了一些關於馬桶坐墊的部分，卻成為全球暢銷書（一千兩百萬本），很快變成人們會在公車站與辦公室談論的書籍之一。這是本兩性戰爭研究，有點像是約翰‧葛瑞（John Gray）的《男人來自火星，女人來自金星》（*Men Are From Mars, Women Are From Venus*），只不過這本書談得更深入，進入了瘋狂之地。書裡解釋了為什麼男人無法一心二用，為什麼女人無法平行路邊停車，還有「為什麼男人喜歡色情圖像而女人卻不怎麼買帳」。

　　而在地圖方面，皮斯夫婦的發現非常明確。「女人的空間技能不好，因為她們在演化過程中甚少追逐東西，除了男人，」他們斷言道。「走進任何一家購物中心的多層停車場，你會看到女性購物者鬱悶地走來走來，想要找到她們的車子在哪裡。」皮斯夫婦的確加強了某種自從哥倫布攤開他的航海工具以來就一直存在的刻板印

象：男人，無法自在地向路人問路，正好在看懂那些折疊起來的路線指引上表現較優。

但是，上述所言都是真的嗎？

在皮斯夫婦將他們的成功轉變為小型家庭工業的前幾年，學術界早就開始出版他們自己的性別相關地圖研究。事實上，學術界在這方面已經進行了一世紀，不過從一九七〇年代晚期開始以不尋常的急迫狀態出現。一九七八年時，我們有《空間能力的性別差異：可能的環境、基因與神經因素》（*Sex Differences In Spatial Abilities: Possible Environmental, Genetic and Neurological Factors*），作者是堪薩斯大學（University of Kansas）的J‧L‧哈里斯（J. L. Harris）；一九八二年時，J‧麥達斯（J. Maddux）在美國地理學家協會（Association of American Geographers）發表了一篇論文：《地理學：最受既存性別差異認知能力影響的科學》（*Geography: The Science Most Affected by Existing Sex-Dimorphic Cognitive Abilities*）。

各家的研究方式與研究結果各有不同，不過確實大多數的心理學研究在空間技能、導航以及地圖這類議題上，似乎都傾向於認為男人的確看起來表現較好。一般也認為這個結果可以解釋為什麼一九九〇年代攻讀地理學博士的男性遠多於女性，男女比達到四比一。或許也可以解釋為什麼在一九七三年《地圖學期刊》上，一名叫作彼得‧史翠格（Peter Stringer）的男子在發表的報告中表明，他在研究地圖上不同背景色的時候只募集女性參加，因為他「預期女性會比男性更難去閱讀這些顏色」。

但是，如果在這些大鳴大放的偏見之外，其實有足以解釋一切的單純理由呢？如果男人與女人同樣可以完美解讀地圖，只是以不同的方式呢？如果女人在閱讀地圖上有困難的唯一理由，是因為這些地圖是由腦中只有男性使用者的男性所繪製的呢？地圖是否能有不同的繪製方式以符合女性的長處呢？

一九九九年時，加州大學（University of California）地理學、

心理學及人類學教授共同進行一項研究。他們廣泛分析了關於空間技能與地圖閱讀的既有文獻，至今已超過一百篇論文，同時進行了一系列新實驗，共有七十九位聖塔巴巴拉的居民參加（四十三名女性與三十六名男性，年齡介於十九至七十六歲之間）。

　　文獻裡最有力的結論——男人比女人擅長判斷電腦螢幕上兩個移動影像的相對速度，並能成功判斷 2D 與 3D 的影像翻轉——這個結論被認為在真實世界的情境並不是非常實用。所以新的實驗採用了一點點步行以及繪製地圖草圖，必須針對口頭指引做出反應，以及閱讀虛構的地圖。其中一幅地圖畫的是一座虛構的主題樂園，**遊樂地**，尺寸為八點五吋乘以十一吋，圖上繪有蟒蛇坑、紫象雕像以及冰淇淋攤等地標；受測者會有一點時間研究這幅地圖，地圖收回後，他們必須自己畫出這幅地圖，畫出越多地標越好。他們還拿到另外一幅叫作**北達科塔大盆路**的虛構地圖，必須完成類似的任務，

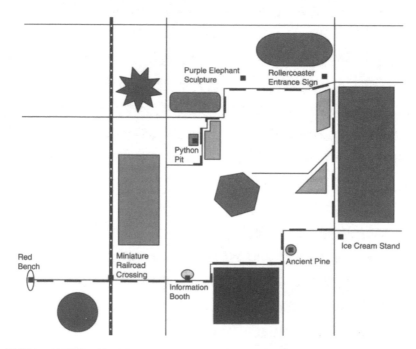

遊樂地，地圖學、性別差異以及冰淇淋，最終在此相遇。

而實際上這是聖塔巴巴拉市翻轉後的地圖。受測者也被領著在校園一角步行，在交給他們這塊區域的地圖之前，要他們寫出剛才走過的路線。

這些研究人員總結道，雖然男人在某些項目表現較好（估測距離以及辨識傳統的定向羅盤方位），女人則在其他項目較為拿手（注意地標、口語描述測試）。而在使用地圖方面，不管是虛構的地圖還是真實的地圖，女人都瓦解了皮斯夫婦的書名；她們與男人一樣擅長看地圖，只是她們的閱讀方式略有不同。

同時也有越來越多的證據顯示女人知道怎麼看地圖。一九七七年時，《實驗心理學期刊》（*Journal of Experimental Psychology*）發表了一個實驗，發現二十八名男性受測者中有二十名認為自己「很有方向感」，而十七名女性中卻只有八位這麼認為。但是到了一九九九年，情況產生了變化，至少在聖塔巴巴拉這裡，男女兩性的受測者對於自己的肯定皆有提升。從十項分類來看（包括「知道自己在哪裡對我來說不重要」、「分辨左右對我來說不是問題」、「我很擅長指路」），兩性之間統計下來並沒有顯著差異，而且都對自己極有信心。男性在「我很擅長判斷距離」這項顯然較有自信，但如果是在「我很擅長看地圖」這種較大的議題上，兩性之間依然沒有顯而易見的差異。

那麼，我們所理解的問題到底是什麼？這個問題是，雖然女性在找路方面沒有困難，可是教她們怎麼找路的告知方式可能是有問題的。一九九七年十二月，在早期英國版的《康泰納仕旅遊者》（*Condé Nast Traveller*）雜誌中有一位作者提摩西・納遜（Timothy Nation），他寫了一篇短文探討當我們漫步倫敦街頭的時候，為什麼尋找知名地標作為找路的方式，竟然遠比乖乖照著地圖或是指南針走還要簡單。這是因為地圖只遵循街道的線條──它們是往下看的。但是當我們走路的時候，通常都是往上看、四處看。地圖這種平面的、2D的、向下看的繪製方式，很適合男性所使用的認知策

略，而這就是普遍陷女性於不利地位的原因。

提摩西・納遜的本名是麥爾坎・葛拉威爾（Malcolm Gladwell），當時他還尚未因為他的暢銷書《引爆趨勢》（*The Tipping Point*）及《決斷兩秒間》（*Blink*）而出名；他仔細研究了一九九〇年紐約哥倫比亞大學（Columbia University）所做的一項迷宮及老鼠的知名實驗。這項研究發現，尋找食物的時候，公老鼠找路的方式與母老鼠不同。當受測空間的幾何樣貌改變時──放入隔板，做成新的牆面──公老鼠的反應速度會變慢，但對母老鼠則沒有什麼影響。但是，如果改變的是受測空間的地標──移動桌子或椅子──結果則會相反，母老鼠開始感到困惑。大新聞來了：男性對廣泛的空間線索反應較佳（大片區域及平面線條），而女性則仰賴地標與固定位置的物件。

這是個怪異的結果嗎？可能是，但是近二十年來有其他幾個實驗也得出了類似結果。最新的一個實驗是二〇一〇年美國心理學會（American Psychological Association）發表的一項西班牙與英國的實驗，他們將更多的老鼠放在三角形池子裡去找一個隱藏的平台。又一個類似的實驗結果──母老鼠善於利用位置的線索，而公老鼠只是賣力跑來跑去。

探討男性與女性的類似實驗持續進行，也一再得出相似的結果。現在幾乎沒有心理學家可以反駁兩性在尋找方向上的差異。人們比較無法確認的是這些差異從何而來。不過，或許我們可以回到以狩獵採集維生的非洲草原。在這套理論裡──是個貌似可信的理論──男性與女性的大腦隨著他們的空間技能而演化，只是以不同的方式進行。男人必須在大片區域的追蹤與追逐中獲勝，而女性通常是負責植物的根莖與莓果，需要的是依靠記憶力的糧食搜尋技能，而這種記憶力仰賴的則是地標。

不過，傳統的地圖，這種2D的平面，原本即是獵人設計給獵人用的。女性採集者不太看這些地圖。但是如果是3D的地圖──

不論是紙上標有地標的全景圖或是螢幕上的數位製圖——眼前的道路似乎立刻變得比較好懂了。

　　一九九八年時，社會心理學家詹姆士・戴伯斯（James Dabbs）與他在喬治亞州立大學（Georgia State University）的同事一起進行了更深入的實驗，發現兩性在空間策略上的不同可以延伸到口語的溝通上。戴伯斯發現，男性在指路的時候習慣使用指南針上的方位，例如北方或南方；女性則著重於建築物以及其他一連串途中會經過的地標。

　　所以，也許皮斯夫婦終究是對的也說不定，或至少是對了一半。男人不聽是因為他們不需要聽太多；女人看不懂地圖是因為那些是不對盤的地圖。有什麼東西可能可以挽救這段問題重重的婚姻呢？也許儀表板上的導航小盒子可以？

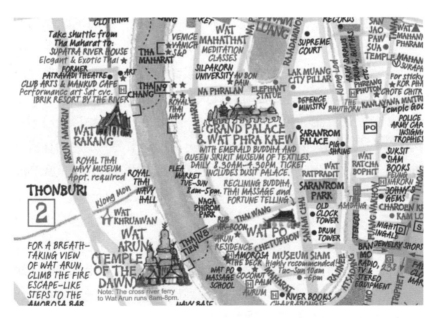

為女人而做的地圖？曼谷的南希・錢德勒（Nancy Chandler）製作了近二十年來非常受歡迎的「3D」泰國地圖。地圖看起來很擁擠，還有點混亂，但是它們擁有手繪的地標與實用的文字，另外還以不同顏色標記不同的景點。而且，沒錯，錢德勒表示她的地圖絕大多數的購買者與使用者都是女性。

第二十章

把車開進湖裡：衛星導航系統如何將世界裝進盒子裡

現在是一九八〇年代初期，你坐在飛機裡，即將展開你的假期。起飛後，飲料也上了，現在要開始播影片。《豆豆先生》（*Mr Bean*）還沒有開拍，機上娛樂也還在發展初期，所以能有的選擇只侷限在一部與動物有關的家庭影片，在懸吊在乘客頭上的一整排小螢幕裡播放著。播完後，接著是另外一部影片，但是你以前已經看過了：一架短短圓圓的飛機飛越天空，正從你出發的地點前往目的地。半小時之後你瞄了一眼螢幕，它還在高空中。這大概是我們能看到的最無趣的一則資訊。

詩人賽門·阿米特吉（Simon Armitage）曾經寫過他在飛往日本的十二小時廉價航空旅程中所看的這部影片。螢幕上的飛機以緩慢到可怕的速度越過海洋與陸地，就像高爾夫球果嶺上的慢動作鏡頭一樣。阿米特吉看著影片，越發感到絕望；三小時後，坐在他後方的一位男士大喊道：「快點進洞！」

螢幕上的飛機——當然，這根本就不是影片，而是顯示我們在地球上方的即時縮影——其實格外引人注目，若是不提它無聊至極

飛機上又在播那部影片了……

的單調的話。螢幕上也顯示了地面速度以及機艙外溫度等數據，不過我們忍不住一直盯著看的是那架飛機，略為搖晃地飛往挪威的史塔萬格（Stavanger）以及其他鮮少出現在我們腦海中的地點，這幅地圖是用來延伸飛行的冗長乏味，而不是凸顯飛行的驚異奇妙。對於我們大多數人來說，在衛星導航系統與手機應用程式發明前搭飛機旅行，是我們第一次看見會動的地圖。

這些會動的地圖最初由一家美國公司航展（Airshow Inc）提供給乘客使用，不過它們的基礎科技——一種利用迴轉儀及加速計的校準系統——是起源自飛機的駕駛員座艙。這項技術稱為慣性導航（inertial navigation），這幅地圖帶領我們前去度假已經超過半個世紀。

慣性導航根源於軍事研究，尤其應用於飛彈導引。在第二次世界大戰前，飛彈發射的方式差不多就像霍雷肖·納爾遜[1]發射砲

---

1 霍雷肖·納爾遜（Horatio Nelson，1758-1805），英國著名海軍將領，因戰爭先後失去右眼與右臂，在一八〇五年的特拉法加戰役戰勝法西聯合艦隊，確立英國海上霸主的地位，但他也在戰鬥中遭法艦步槍手擊斃身亡。

彈——具毀滅性的速度勝於地理學上的優勢。不過之後德國與美國發明出以方向舵及尾翼（德國人將之應用於V2火箭，使他們從地毯式轟炸轉向稍微精準一些的目標式攻擊）來引導武器，技術持續精進，精進到英語中的「火箭科學」（rocket science）一詞，也轉變為用以描述複雜難懂事物的一種詞彙。不過它的基礎原理是我們都能理解的。起飛的時候記錄好一個定點，電腦會根據空中移動感測器來維持固定路線。這項系統的核心與哥倫布和麥哲倫橫越大海時所使用的「航位推算」法，其實相距不遠。

不過，機上椅背後的移動地圖在一九八〇年代已經初展身手，而現在提供的是3D圖像以及即時的衛星資料，觀看這些地圖的感覺就像望向窗外一樣美好。慣性導航依舊用來導引我們的飛機，雖然在上個十年時加入了另外一項更為精準的科技。這項科技同時也讓航海的船長及汽車駕駛拋棄他們傳統的指路方式——燈塔、紙本地圖、直覺——轉而投向堅毅可靠、無可爭辯，而且絕對萬無一失的進階三邊測量法（trilateration），稱之為全球定位系統。

這些年來我們擁有精良的全球定位系統，厲害到幾乎可以指引任何東西前往任何地方，讓人類免於把事情搞砸。郵輪歌詩達協和號（Costa Concordia）於二〇一二年一月在義大利托斯卡尼海岸觸礁，導致三十二人死亡，人們怪罪的不是全球定位系統，而是疏忽的船長。太空梭發現號（Discovery）於二〇〇六年升空，前往國際太空站，全球定位系統不僅記錄它的軌道，更（首次）指引它回到佛州卡納維爾角（Cape Canaveral）的基地。人們在世界上任何地方走失，身上沒有地圖但是有手機的話，托全球定位系統的福，他們所在的位置能被定位出來並獲得救援。而且只要你允許手機應用程式取用你的所在位置資訊，全球定位系統就能帶你到離你最近的提款機。

好一個驚奇。好一個潛在災難。

全球定位系統在我們的生活中佔有如此重要的地位，也因此若是失靈的話，後果慘重。系統故障不只會打擊到數位地圖製圖師與iPhone使用者，全世界的電力、石油以及天然氣的產量彷彿也會同時停擺。失去全球定位系統的話，所有緊急措施及交通控制系統也會受到影響，例如運輸與航班導航，以及所有的通訊信號標。維持準確時間以及預測地震的功能也會受到影響。彈道飛彈的指引及攔截系統也會因此故障。從道路交叉口開始的大塞車會迅速使全世界陷入黑暗，然後一切停擺，所有事物都會靜止下來。我們會變成實際上的盲人，無法替船隻裝貨，無法餵飽自己。只有那些懂得如何耕地的人，就像在中世紀時那般，才有存活的機會。

而另一方面，擁有全球定位系統的快樂日子是，我們能享受衛星導航系統品牌TomTom的Go Live 1005 World，它是裝在儀表板上的衛星導航裝置，售價約三百英鎊，內含六十六個國家的詳盡道路地圖。它是天文學、地理學以及科技成就之集大成，裝在一個附有五吋高解析度觸控式螢幕的塑膠與玻璃盒裡，提供即時交通路況報導，如果再多付個幾鎊，還能享有電視動畫人物荷馬‧辛普森（Homer Simpson）為你大喊：「你已經抵達目的地，你可以抬頭挺胸，因為你是個天才！」這東西可以帶領托勒密逃到避難所[2]。

我們購買TomTom產品（或是Garmin、Strabo、Mio，或者搭載Google地圖的手機）不是為了地圖而是為了指路訊息，這似乎是個有點老派的概念。在數位時代來臨以前，如果我們迷路了而且

---

2 〔作者注〕如果你想要的話，你也可以選擇英國喜劇演員史蒂芬‧佛萊（Stephen Fry）來播報：「現在，可能的話，請你迴轉。理想狀態是請勿在無法做到時這麼做。上帝保佑。」或者，你也可以選擇一位叫作「一路到底安妮（All-The-Way Annie）」的角色：「搭渡輪。噢，讓我們一起搖擺這艘船吧，寶貝！」在某段期間內，你也可以購買BBC著名汽車節目的「極速對決版」（Top Gear Edition），節目主持人傑若米‧克拉克森（Jeremy Clarkson）會稱你為「駕駛家」，並且評論道：「七百碼之後，假設這輛車能開那麼遠的話，你就會抵達目的地，在三十二顆衛星以及我的協助之下。做得好！」不過現在因為與BBC的合約問題，已經沒有克拉克森的聲音可以選擇了。

手上沒有地圖，我們會向當地人問清楚一步步該怎麼走——在教堂左轉，然後在市政廳再左轉——衛星導航在更大規模上做的正是這樣的事。衛星導航之所以迷人，不是因為它擁有道路地圖——艾普頓（Appleton）、米其林、AA公司以及蘭德麥克奈利都可以在一世紀以前就賣你這些地圖，它之所以迷人是因為它是一種語言、一種符碼，而對於那些一直看不懂地圖的人來說，它是一種解放。

在我們思考衛星導航的功效如何之前，或許我們應該先想想當它失靈的時候會發生什麼問題。二〇一〇年，在德國巴伐利亞的一位駕駛人依照衛星導航的指示在高速公路上迴轉，結果撞上一輛一九五三年的勞斯萊斯銀晨。這台勞斯萊斯是限量七百六十輛之一，或許可以解釋為什麼它的車主立刻心臟病發。他復原了，但是他的勞斯萊斯沒有。幾個月後發生了另外一起案件，瑞士一名小貨車駕駛人羅伯特·列格勒（Robert Ziegler）根據衛星導航系統的指示開上一條狹窄且路況不良的山路，結果無法調頭或倒退，必須出動直升機救援。接著是在英國諾福克郡一位小型出租車駕駛人的悲傷故事，他聽從衛星導航指示開進了河裡。他的老闆快活地告訴報紙記者：「他在車子裡，褲管都捲起來了，魚就在車頭燈附近游來游去！」

這類的例子實在太多，讓人不禁納悶，到底要等到什麼時候，駕駛人才會停止把自己的生命交付給這些會動的地圖，然後再度開始自己動腦開車。是在通常走鄉村小道只要四十五分鐘現在卻要花一小時的時候嗎？是在當你想去康乃狄克州的紐哈芬，結果卻沒頭沒腦開往印第安那州紐哈芬的時候？還是在我們厭倦與裝滿貨物的車子一起塞在小村莊，結果卻被導引到一條火車迎面駛來的軌道上的時候？

衛星導航是給笨蛋用的軍事軟體。打開系統，輸入郵遞區號，然後系統以特定的字句精確地告訴你如何一步步到達目的地。它去除了開車的樂趣與苦惱，去除了閱讀地圖的挑戰與獎賞。這個小盒

衛星導航失靈的時候，第九十七號事件：羅伯特‧列格勒的小貨車，被領著開上一條瑞士路況不良的山間小路。

子讓我們忘記地圖能有多大張（以及，或許應該要有多大張）。健行的時候，手上這個小小的全球定位系統裝置已經開始抹除地形測量局的大張地圖被風吹亂時的樂趣與惱怒，而衛星導航已經消滅大本螺旋線圈裝訂的道路地圖集或是 A 到 Z 地圖。不過，衛星導航同時也讓我們的大腦更難處理路線資訊。一幅大張的地圖非常適合讓我們辨識出自己從哪裡出發、要往哪裡去、走什麼路線抵達。

如同我們所知，衛星導航起源於一九六○年，作為一種引導洲際彈道飛彈的改良技術。這項計畫的官方名稱為導航之星

（NAVSTAR），直到一九七〇年代為止，仍僅限於美國國防部[3]使用，之後才部分開放給民間使用。在二〇〇〇年以前定位仍不夠精確（大約只到二十五公尺），當時的總統柯林頓（Bill Clinton）表示，既然冷戰已經結束，該是解除全球定位系統最後軍事限制的時候了，電子地圖的現代時期於焉展開。

全球定位系統的運作方式非常巧妙，複雜程度超乎常理，不過它的核心仍是一套舊式的三角測量法。要覆蓋整個地球，最少需要十八顆軌道運行衛星，雖然或許最多有三十二顆衛星可以操作。這些衛星同時經由無線電信號及電子編碼從所在位置發訊，每一個終端使用者——可以是在鄉間散步的人、飛行員或駕駛人——透過他們（越來越小型）的測算電子儀器來接收訊息。數個地面工作站（在夏威夷、阿松森島〔Ascension Island〕及其他地方）接收這些編碼，遠端監控這些衛星的運行狀況與準確度。

解釋全球定位系統運作原則的經典說明，同時也是最淺顯易懂的方式，就是想像自己飄浮在一個零重力的房間裡，你用捲尺測量自己與最近一面牆之間的距離，然後再以同樣方式測量另外一面牆，然後是你與地面之間的距離。你可以因此計算出自己與這些固定牆面、地板及天花板之間的相對位置。軌道運行衛星以及全球定位系統的接收器，基本上就是這個畫面的放大版，無線電訊號則取代了捲尺的功能。

衛星導航的非軍事概念於一九八〇年代初期開始盛行，不過當時是在船上而不是車子裡。使用五顆衛星的美國海軍「子午儀」（Transit）系統商品化，是一九八一年倫敦國際遊艇展（International Boat Show）的焦點話題，當時每套系統售價不到

---

3 〔作者注〕如同南極洲一樣，全球定位系統實際上由美國運作。不過現在有幾個其他的全球導航網絡正處於不同的執行階段，包括俄羅斯的格羅納斯系統（Glonass）以及歐洲的伽利略系統（Galileo）。中國政府因為擔心依賴外部系統以及外部影響，發射了自己的衛星以建立自己的導航系統，提供區域性的定位資訊，現已發展成北斗衛星導航系統（Compass），涵蓋範圍已超越亞洲，迎向更廣大的世界。

兩千英鎊。豐田汽車（Toyota）於一九八三年發表了導航電腦（Navicom）裝置，雖然這套系統一開始是以慣性導航（迴轉儀及加速計）為基礎而不是全球定位系統。其他日本公司於一九九〇年代初期將新的衛星導航技術引入汽車工業，早期的款式使用光碟片，通常是個裝設在行李廂的大盒子。

二〇〇五年是分水嶺，在前一年賣出二十五萬個獨立裝置的一家荷蘭公司，忽然發現無法應付需求量了。二〇〇五年時，該公司賣出了一百七十萬個導航系統盒，在六年內賣出了超過六千五百萬個。車內數位地圖終於來臨了。人們希望被引導，他們願意相信默默無名的公司帶領他們前往他們之前自己可以找到路的地方。手機也面臨了同樣的轉型。

🪑　🪑　🪑

荷蘭人已經不是第一次站在地圖革命的第一線了。由於某些連身處其中的人也無法說明的原因，荷蘭人近來逐漸掌握新數位地圖世界的霸權，一如布勞以及洪第烏斯王朝曾經在三百五十年前掌握沉重紙本地圖的霸權一樣[4]。

要抵達這個新帝國的核心，我們可以在達姆拉克大街的街底右轉，沿著普林斯漢德里卡德街走，經過水濱隧道的入口，左轉進入卡庭柏格斯特拉特街，經過火車軌道後再左轉，沿著皮特漢卡德街走，在第二個紅綠燈的穆古克卡鮑爾音樂廳之後右轉，在高架橋

---

4 〔作者注〕在美國，數位導航地圖的霸者是芝加哥的航技公司（Navteq，是 Garmin 以及其他衛星導航品牌的地圖供應商），以及地圖網站 Bing Maps 與 MapQuest。航技公司現在隸屬於芬蘭公司諾基亞（Nokia），但是自一九九〇年初期至二〇〇七年則是隸屬於飛利浦（Philips），當然，這也是一家荷蘭公司。埃鐵克（Etak），汽車衛星導航系統的先驅者之一，顯然是以波里尼西亞觀測天體的導航方式來命名，最初是一家於一九八三年發跡於加州的美國公司，不過在二〇〇〇年時則由泰利地圖公司（Tele Atlas）收購，也是荷蘭公司。最後，衛星導航能找出最短路線的這項關鍵功能，憑靠的是一位名叫艾茲赫爾‧W‧戴克斯特拉（Edsger W. Dijkstra）的男子於一九五〇年代所建立的演算法，而他恰巧也是荷蘭人。

之前右轉，接著你會來到迪呂特卡德街一五四號，TomTom的總公司。在這裡你可以找到哈洛德·葛登（Harold Goddijn），該公司的執行長以及一九九一年公司創立的元老之一。

葛登，五十出頭，外表整潔講究，原本在英國掌上型電腦公司賽易昂（Psion）工作，當時他負責的項目之一是編寫軟體。一開始他的職務是簿記，以及翻譯忙碌的主管所購入存在軟磁碟中的軟套裝體，然後把它們從電腦同步到曾被稱為個人數位助理（PDA）的東西上。提供地圖是個很自然的發展，但是隨之而來的問題卻很龐大。一九九〇年代時儲存資料的代價高昂，小型裝置無法提供規劃一條穿過任一國家的隨機路線所需的處理器效能總量。一九九〇年代中期，全球定位系統尚未公開給大眾使用之前，葛登向一家叫作汽車導航資訊的公司（Automative Navigation Data，這是另外一間荷蘭公司，先前花了數年時間將現存的印刷地圖數位化），購買早期的數位地圖檔案，提供給賽易昂產品的使用者一套利用歐洲道路網絡，可用手捲動路線的原始規劃方式。

這些器材加上地圖，只涵蓋了所有道路的百分之十五，而一步步的即時語音導引，仍然只會出現在好萊塢的未來故事電影中，不過葛登很快就發現市場迫切渴望這些東西。駕駛人可以利用寫在PDA上的指示，規劃一條從倫敦到巴黎的簡單路線，雖然拿本舊式的線圈裝道路地圖集來做這件事會簡單得多，不過使用可攜式器材的概念，看起來是個金光燦燦的未來。

確實如此。短短數年間一切都拓展了──記憶體、處理器運算效能、路線精確度以及全球定位系統──而在十年之內第一部可信賴、語音導引、知道你在哪裡也曉得如何帶領你前往他處的獨立衛星導航系統，開始出現在大街上。「我們收到來自人們的大量電子郵件，他們忍不住想告訴我們他們現在有多麼自由自在，他們有多高興我們製作了這些產品，」葛登表示：「這是個跟情緒很有關係的話題。坐在車子裡迷路會讓人非常緊繃，而且也是不幸的肇因。

「這是個跟情緒很有關係的話題。」TomTom 的創始人之一及執行長，哈洛德‧葛登，手上拿著他的早期產品。

每個人都曾經遭遇過這種狀況。先生與妻子之間的爭執一直被拿來開玩笑，不過這裡頭有值得我們注意的東西。『左轉……不對……我就跟你說吧。』這些都是真實發生的情況。」

　　葛登表示他很訝異自己的產品這麼成功，供應量追不上需求量。「如果你走進銀行然後告訴他們：『現在是二〇〇一年，我的營收大約是七百萬歐元。但是明年會變成四千萬歐元，然後再下一年是一億八千萬，再來是八億、十四億。』——他們才不會相信你呢。」

　　不過他無法確實解釋為什麼突然之間這些會動的地圖開始橫掃全球。理由不會是它很可靠，因為沒有什麼東西可以比紙本地圖更可靠。也不會是價格，因為舊式地圖便宜太多了。也許是安全——比起紙本地圖，衛星導航比較不會讓駕駛人分心，但是它也可能以另外一種方式讓駕駛人走岔，這項器材造成的各種災難事件逐週增

加中。也或許是因為內建的測速攝影機，這意味著擁有衛星導航的英國高速公路駕駛人，如果在中間線道時速超過標準的七十七哩的話，他們會聽到小小的警示嗶嗶聲。它也許可以帶你更快抵達目的地，但是衛星導航持有人會告訴你，如果是大多數開慣了的路線的話，沒有這東西他們還抵達得更快。當然，誘因也不會是荷馬‧辛普森或是傑若米‧克拉克森。

所以，或許是因為它能抑制車內對於路線爭議的次數（換句話說，爭吵，通常發生於一位男性及一位女性之間）。又或者是因為，那些真心認為自己壓根兒沒有方向感又看不懂地圖的人，現在終於有其他的事情可以擔心了。又或者單純是因為我們已經失去了閱讀傳統地圖的樂趣與挑戰，享受有人替我們看地圖的這件事。換句話說，是惰性。

「就某程度來說，是真的，」葛登承認：「閱讀地圖有種魔力，而且地圖擁有更多資訊。在航海方面也是同樣的情形：如果你想成為一名水手，你必須要上航海課程，這是理所當然。你學習如何看地圖，怎麼規劃航線，怎麼做航位推算。很美的技術，可是現在沒有人用了，因為有了全球定位系統，而且很管用。於是這項技術開始生鏽，人們也不在意。汽車導航也是這樣。看著地圖是件非常浪漫的事，不過開車的時候卻很危險。你必須老是要停下來看。我不認為接下來的十年或是二十年人們還會繼續使用紙本地圖，這種想法不切實際。這樣的發展是好是壞？我不曉得。我們會繼續走下去。」

不過，已經開始有徵兆顯示我們並非全然滿足於這種新生活。二○○八年，衛星導航的需求量開始減緩，甚至倒退，市場逐漸接近飽和邊緣。TomTom 面臨了免費地圖日益增加的挑戰，例如Google、OpenStreetMap 以及其他提供免費地圖的網站。為了減緩

使用者的流失，TomTom的產品增加了越來越多新功能，有些功能很花俏，包括可以在推特上發推文顯示你的目的地。使用者或許能從這項叫作「歷史交通」的功能中受益——由TomTom的中央電腦向駕駛人收集來的不記名路線與交通時間資料，作為改善未來導航的參考。

TomTom為了鞏固市場，以將近三十億美元的價格收購了該公司的主要數位地圖供應商泰利地圖公司（Tele Atlas），這也是一家荷蘭公司。泰利地圖公司依然以傳統方式製作許多地圖，實地走一遭，然後記錄下所見的景觀，雖然現在不是以羽毛筆及六分儀來繪製地圖，而是坐在車裡；車頂架上攝影機、雷射器材以及3D成像器，全部都能精準定位區域，不過卻容易忽略一些稍微偏離道路但在數位時代之前非常重要的地標，例如巨石陣。

產生的這些地圖對於我們看待事物的方式也帶來了影響。我們看著儀表板上的地圖，或是邊走邊看手機地圖時，我們也就比較少環視四周或是抬頭東張西望。我們旅行了數百哩，也許是到達一個國家的另一端，或者甚至是橫越了一塊大陸，卻完全不曉得自己是怎麼穿越這些地方——在現代來說是完全有可能發生的事。這是衛星導航系統的勝利，而地理、歷史、方向導引、地圖、人類溝通以及與周遭世界相連結的感覺，全都一敗塗地。

地圖大小事

火星運河

　　派翠克・摩爾爵士（Sir Patrick Moore）的住宅位於賽爾西鎮（Selsey），三面臨海。從薩賽克斯郡的齊徹斯特市（Chichester）開車要十五分鐘，計程車司機說：「噢，對了，你要是進到屋子裡，裡頭全是望遠鏡。」

　　摩爾是英國最知名、無疑也是最特殊的天文學家，他所生存的宇宙就繞著他的書房轉。他的書房收納了關於太空與探險的藏書，包括將近一百本他自己的著作——談論月球地貌製圖的書，談論海王星與諸多其他星球的書，他所寫的關於許多地球以外世界的小說。書房裡擺放著一些小型地球儀及望遠鏡、一台伍德斯托克打字機，還有許多獎牌、勳章以及旅行時帶回來的紀念品。而佔據了其他所有空間的，是《仰望夜空》（*The Sky at Night*）的紀念物，這是他為BBC主持了超過七百集的節目，近來增加了其他的觀星幫手，包括一頭螺旋捲髮的皇后樂團吉他手布萊恩・梅（Brian May）。

　　我前去拜訪摩爾的時候，他八十八歲，與星座數目相同。「我已經沒辦法走到花園去仰望天空，」他憂傷地說：「我也沒有辦法再彈鋼琴了。」他穿著一件深紅色的寬大袍子，背上的舊傷益發疼痛（二次世界大戰時，他是英國皇家空軍的一員），關節炎也痛楚

難當。他的雙手雙腳都已浮腫，通常掛著單片眼鏡的那隻眼睛半闔著。我害怕他是顆瀕臨死亡的行星，但是他坐在加了厚墊的旋轉椅上，依然是一股讓其他事物繞著他旋轉的力量：每個月有一天，《仰望夜空》的製作團隊會把他的辦公室打造得像個天文館，帶來更多地球儀，使花飾鉛條窗透進來的光線變暗，讓摩爾看起來像是個斜著眼的朧腫業餘人士，就跟好多個月以前我們首次在深夜電視節目看到的他一樣，在無意中見識到他那古怪的熱情。

　　我之所以拜訪他，是想跟他談談火星的地圖，兩分鐘之內，我手上拿滿了他所寫的相關主題的書，包括《火星任務》（*Misson To Mars*）、《火星之險》（*Peril on Mars*）、《你能在火星打板球嗎？》（*Can You Play Cricket on Mars?*）、《火星之頂》（*The Domes*

派翠克・摩爾在自宅的書房裡，天體儀以及地球儀環繞著他——還有超過一百本他自己的著作。

of Mars）以及《火星之聲》（*The Voices of Mars*）。這些書的寫作年分橫跨超過五十年，但是它們有一項共通點（除了都與火星相關以外）：它們幾乎是彼此矛盾。《派翠克‧摩爾的火星指南》（*Patick Moore's Guide to Mars*），寫於一九五〇年代晚期，與寫於一九九〇年代晚期的《派翠克‧摩爾談火星》（*Patrick Moore on Mars*）就大不相同，彷彿寫的是一個平行宇宙一樣。

「啊，紅色行星！」我問摩爾他這輩子見過的變化時，他這麼喊道。「在水手號（Mariner）太空船（在一九六〇及七〇年代）抵達那裡以前，我們以為我們已經很了解火星了，但其實我們根本什麼都不懂。地圖必須重畫，地圖上的地名也必須更改。我還記得有一次在大學裡演講，我跟那些學生們講的東西，後來幾乎全都變成錯誤的知識！」

摩爾並不孤單。上個世紀時，全宇宙的地圖集徹底翻新，望遠鏡及火箭帶領我們前往前所未有的鄰近地帶。不過火星的製圖歷史是個與其他星球不同的傳奇故事，不只是因為這個星球距離我們平均一億四千萬哩遠，搭乘太空船需費時超過七個月（平均而言，月球只有二十三萬九千哩遠，需時四天），還因為它相對來說迷你的尺寸（約地球表面積的三分之一），讓人難以進行精確的觀察；當伽利略在七世紀初期首次透過他的望遠鏡看到火星的時候，因為太難觀察了，所以無法做出什麼有意思的評論。不過，讓火星如此耐人尋味的原因，並非是天文學家無法看見上頭有什麼，而是他們看見了什麼，或者，他們認為自己能夠看見的東西：運河，幾百條運河，或許還是數千條運河，另外還有植被，足夠養活整個飢餓的火星人國度。火星上有生命？這可不是科幻小說作家或是好萊塢幻想出來的理論，而是出自天文製圖師們。

一九四六年時，摩爾才剛飛越過德國，再往亞利桑那州飛去。當時他二十三歲，非常著迷於旗桿市（Flagstaff）那個偉大天文台的故事，就像許多在他之前以及在他之後的天文學家一樣。十六年前，

帕希瓦爾・羅威爾正在觀測椅上觀測火星，透過那部位於亞利桑那州旗桿市天文台的二十四吋折射式望遠鏡。

這個天文台首次觀察到冥王星[1]，雖然帕希瓦爾・羅威爾（Percival Lowell）並非發現者（他當時已經逝世），不過冥王星（Pluto）的頭兩個字母則是取自他名字的縮寫，是他建立了旗桿市這座天文台，裝設了令人振奮的二十四吋折射式望遠鏡，主要是為了觀測火星。旗桿市天文台在天文學界持續佔有重要地位，但是有一段時間它被認為是個有點瘋狂的地方，以摩爾的話來說，它的負責人是

---

1 冥王星於一九一九年首次被攝影記錄下來（羅威爾逝世於一九一六年），但當時並未發現冥王星的存在，直到一九三〇年才正式被發現。

「聲稱火星上絕對住著能夠建立遍布整個星球灌溉系統的生物。」

　　羅威爾並不瘋狂，他是個很嚴謹的天文學家（他是美國藝術與科學院〔American Academy of Arts and Sciences〕的成員，在此之前是外交官，負責韓國及日本的美國事務）。但是在一八九四年時，他開始著迷於像這樣的理論：火星陷入危機；火星快要耗盡水資源了；火星上住著智慧生物；我們之所以知道火星上有生物，而且是智慧生物，是因為他們建造了又長又直的運河，能從融化的冰帽運送水。羅威爾開始在一八九五年發表這些理論，他所繪製的地圖出現在全國性的報紙上，成為熱烈討論的議題。火星狂熱者的形象就此建立。科幻小說找到了看似可信的跳板，赫伯特・喬治・威爾斯（H. G. Wells）、雷・布萊伯利（Ray Bradbury）以及其他人的無邊無際想像，找到了廣大的讀者群。似乎每個人都想要相信這些地圖所呈現的生命跡象，即使將來地球可能被殖民。

　　羅威爾是第一位給予這些運河適切且逼真的背景故事的天文學家，不過他並不是第一位看見這些運河或是畫下它們的人。這項榮譽歸於義大利人喬凡尼・斯基亞帕雷利（Giovanni Schiaparelli），沒有人比他更勤於替火星上的每一處命名。他也在自己所畫的火星地圖上描繪了長長的相連直線，不過他並沒有清楚辨明這些是水路或是某些其他的現象；此外，他稱它們為 canali，單純意指水道，可以是自然的產物而非火星人用鏟子挖掘出來的東西；有些人甚至相信，這些「運河」只是觀測者充血眼睛的血管在望遠鏡中的倒影而已。

　　火星上幾乎看不見的生命跡象開始進入我們的世界——實際存在的時間為七十年，從羅威爾於一八九五年發行的著作《火星》（Mars）開始，到水手四號（Mariner 4）飛行器於一九六五年送回它所拍攝的第一批照片，並且記錄了火星上薄薄一層且非常不適宜生存的大氣——讓我們開始思考在大型望遠鏡及太空探測任務之前，火星地貌是如何被畫成地圖的。那時的火星主要是個充滿鬼魅

喬凡尼．斯基亞帕雷利的火星地圖，製作於一八七七年的米蘭——介紹了火星上的「水道」。

形狀與陰影的地方，經常因為沙塵而朦朧一片，而且易受季節轉變的影響，它既遙遠又不甚重要，得以吸收我們可能強加在它表面上的任何臆想或是稀奇古怪的命名。

　　在托勒密之前就有人研究火星的天體運行了，哥白尼與第谷．布拉赫仔細計算出它的運行軌道。不過我們所知的第一批火星地圖，可能是由弗朗西斯科．馮塔那（Francisco Fontana）製作於一六三六年的那不勒斯，它們可說是慘不忍睹，地圖上包含的東西幾乎只有星球中間畫上的一個黑色陰影點。馮塔那稱這塊陰暗的區域為「藥丸」，結果只不過是普通的錯視而已。不過，一六五九年有了真正的進展，荷蘭人克里斯蒂安．惠更斯（Christiaan Huygens）畫出了我們現在稱為西爾蒂斯大平原（Syrtis Major）的草圖，這是一塊三角地帶，面積約莫等於非洲。最先觀測到火星極冠的是喬凡

尼·卡西尼（Giovanni Cassini，住在法國的義大利人，他開啟了法
國三角測量的製圖盛世），接下來，每十年都產生了更為精良的望
遠鏡以及更精準的製圖，直到十九世紀初期，德國天文學家威廉·
比爾（Wilhelm Beer）以及約翰·馮·梅德勒（Johann von Mädler）
首次嘗試以麥卡托投影法繪製一幅完整的火星地圖，並且在火星中
央的經度零度畫下本初子午線[2]。

　　比爾以及梅德勒拒絕在他們的地圖上為關鍵區域命名，不過其
他人可就沒這麼戒慎恐懼了。英國業餘天文學家理查·普羅克特
（Richard Proctor）所做的火星地圖秉持了帝國傳統，將大多數普遍
認為是海洋、島嶼以及大陸的區域，以功績卓越的英國天文學家來
命名，這些名稱持續沿用，直到斯基亞帕雷利於一八七七年製作了
他自己的網格地圖，在火星表面附加了超過三百個地名，大多數
的靈感來源是地球上的地理學及經典神話，於是普羅克特的赫雪爾
二世海峽（Herschel II Strait）變成了示巴灣區（Sinus Sabaeus），
而柏頓灣（Burton Bay，以愛爾蘭天文學家查爾斯·柏頓〔Charles
Burton〕命名）變成了印度運河口（Mouth of the Indus Canal）。一
八七七年無疑是個適宜觀測的年分，火星離地球與太陽都很近；火
星的兩顆小衛星火衛一（Phobos）及火衛二（Deimos），也是在這
一年首次被觀測到。斯基亞帕雷利的地圖無可避免也充滿錯誤，他
最大的問題在於觀點；他將我們現在所認知的火山稱之為湖泊。不
過他的地圖還是立基於科學原則，而且基本形狀也大致準確。有意
思的是，他的火星地圖形式，看起來像是維多利亞時代的想像之
物，就像埃拉托斯特尼於西元前一九四年所繪製的地球地圖。

　　接著是運河來到我們眼前。在《世界最險惡之旅》中，艾普斯
雷·薛瑞葛拉德提到一八九三年時，就在南極洲英雄主義的黃金時

2　〔作者注〕這是發生在一八三○年代的事；穿過格林威治天文台的地球本初子午線，
　　還要再等半個世紀才為國際間接受。

期開始之前，一般認為「我們對於火星這顆星球的了解，還多於我們對地球中這一大塊區域的了解」，不過這個看法並不正確；最大的不確定性仍在蔓延。天文學家以及一些記者來到旗桿市，希望能看到斯基亞帕雷利以及羅威爾曾見過的景象，有些人也的確觀測到一些依稀的痕跡，還有乾燥的植被跡象。不過其中最具影響力的是希臘天文學家尤金尼歐斯·安東尼亞第（Eugenios Antoniadi），他在一九三〇年於巴黎畫下了太空時代來臨前最為詳盡的火星地圖，並且結論道火星上並沒有智慧生命的跡象。然而，他並沒有完全把話說死，而是說這些運河「具有真實的基礎」，因為在反覆的觀察中都可以看見明顯的「條紋」。這種引人入勝的看法一直盛行到一九六五年，美國發射了探測飛行器，美國太空總署開始將地圖拼湊起來，粗顆粒的照片顯示出一片貧瘠且岩石遍布的景觀，覆著一層薄薄的沙塵，看起來沒有任何形態的生命或是運河存在。

美國太空總署第一本官方《火星地圖集》（*Atlas of Mars*），出版於一九七九年，主要使用的是水手九號（Mariner 9）以及維京號（Viking）傳回的影像。水手九號是第一艘於一九七一至七二年完整繞行火星的太空船，維京號則在七〇年代中期登陸火星。不過這本地圖集也仰賴了美國地質調查局（United States Geological Survey）製圖團隊的噴槍繪圖能力，該團隊於旗桿市的羅威爾天文台（Lowell Observatory）駐點。沒有哪張現代地圖，當然也不是指那些月球地圖，仰賴了如此多的照片馬賽克以及繪圖技法的詮釋，來追求「真正的」準確度，雖然現在我們擁有火星漫遊者號（Mars Exploration Rover）持續巡邏傳送回來的大量新影像，但火星最新的地圖與模型依舊是用電腦拼綴而成[3]。

3　〔作者注〕許多美國太空總署的工作人員求學時受到人類探險故事啟發，為了紀念這些事蹟，近期的兩個火星微型探測器因此被命名為亞孟森以及史考特。至於火星地表上的固定地名，則有一套命名標準：大型火山口以已故的科學家命名，小型火山口則以地球上的小城鎮命名。

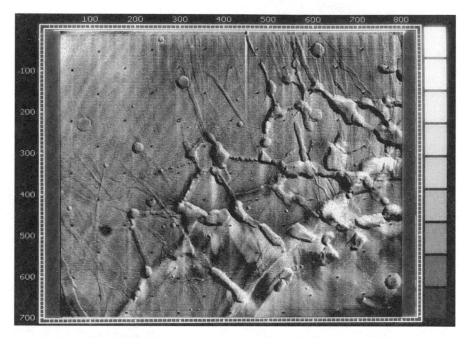

來自水手九號的第一批火星影像之一，可以看見溝槽、火山口以及平頂的台地。這幅影像大約涵蓋了四百公里。

「就某些理由來說，我很遺憾那裡沒有運河，」摩爾告訴我。「不過這就是科學。每個人都可以有自己的論點。我們很感激現在的數位精確度及新的命名，還有那些早期在地圖上被認為是深色海洋但其實是大型的深色火山。在過去五十年裡，我們重新認識了火星上的大氣、顏色和塵雲，比宇宙中任何其他星球了解的還多。當然我們也應該高興能夠去了解一個某天我們也許會造訪的地方，儘管它有著無法容忍的極低溫，它也許以前真的曾經孕育過生命，可能在地表下還埋藏著水。不過火星的製圖過程向我們展現了地圖學的真正浪漫之處，或許只有科學家才能毫無條件地接納它所有的真實。」

第二十一章

過關前進直往無界天際

對於少數有幸握有閒暇時間又渴望逃離眼前環境的人來說，刻劃著深長運河的火星地圖依然可以納入每日的例行公事。或許還有月球地圖、遭佔領的法國地圖、一幅重塑二〇〇三年伊拉克戰事經驗的地圖，以及一座墮落都市的景觀地圖，那裡是你開著車四處對路人為非作歹的自由城（Liberty City）。對於想要知道最精巧、最美麗的地圖都到哪裡去的地圖迷來說（如今博物館及圖書館已經將所有古老地圖盡收囊中，剩下的則落在手機應用程式以及即時 3D 地圖手裡），他們應該從這裡開始找起——電玩遊戲，英勇無畏的製圖未來。

事情怎麼會是這樣呢？電玩遊戲難道不是備受輕視與嘲弄的對象？尤其是那些焦慮的父母，害怕自己的孩子將人生精華時光都浪費在電玩上。電玩難道不是會令人成癮、無須思考、重複性高而且還充滿暴力？這些說法也許都是真的，雖然可能不像一九九〇年代電玩風靡全球時那般嚴重。現在我們也許會認可電玩的其他貢獻，而且，電玩根本不是文化低谷，有很正當的理由可以說明電玩是我們所擁有最具創造力的螢幕娛樂。它們難道不是拓展了充滿創意的年輕心靈？電玩派定了一系列的挑戰，豈不是要求玩家進行新型態

的探險並解決難題，而且在每級過關的時候獲得成就感？電玩不是也鼓勵玩家要努力不懈、保持耐心，而且還推廣了互助合作的精神？更重要的是，對於一名身處二十一世紀的年輕製圖師來說，電玩世界難道不是一個更具挑戰性或關鍵性的工作產業？

証據一：《無界天際》（*Skyrim*）。這是《上古卷軸》（*Elder Scrolls*）系列的第五作，這套系列起自一九九四年，是有史以來最受歡迎的數位角色扮演遊戲（二〇一一年十一月發行當月銷售一千萬套，銷售額達六億兩千萬美元）。它是個「開放世界」遊戲，你可以選擇去追求各式各樣的冒險與技能，也可以單純優遊其中，忘情投入溪谷山林的蓊鬱景致，或者進入凍原的冰天雪地，不論走到哪裡，都可以享受環繞四周的不可思議氛圍。遊戲有一個核心故事——在一個惡托邦的中世紀北歐國家，你與惡龍及其他敵人進行日常戰鬥——不過令人著迷的是它的地理樣貌，3D 的夢幻奇境既熟悉又陌生，一幅像素化的中世紀世界地圖，有著各種朝聖路線以及觀看角度。這裡絕對是一個沒有地圖集就無法一展身手的地方。

的確，這個遊戲附有一幅摺疊地圖，印製在質感精良的人造羊皮紙上，不過在你進入遊戲半小時之後，這張地圖的功用更像是收集材料的情緒板。厚達六百六十頁的官方遊戲指南能提供你適當的幫助，裡頭包含了兩百二十頁地圖，讓你知道這個遊戲的複雜度、參與製作的上百位數位製圖師，以及你可能會沉迷於天際省這個世界裡的無數日子（比起《上古卷軸四：遺忘之都》〔*Elder Scrolls IV: Oblivion*〕故事發生的國家賽洛迪爾〔Cyrodiil〕，天際省當然更加鉅細靡遺，而賽洛迪爾自然也比《上古卷軸三：魔捲晨風》〔*Elder Scrolls III: Morrowind*〕故事的核心島嶼瓦登費爾〔Vvardenfell〕更為詳盡。）

天際省是個國家，位於尼恩（Nirn）星球上的泰姆瑞爾（Tamriel）

天際省的3D如夢世界——這套電玩的主要魅力在於其中刻劃的地理樣貌與地圖。

大陸（記住這點：等你玩了一段時間後，地球才是奇怪的地方）。天際省分割成九個領地，不過各個領地之間的疆界在遊戲過程中並不嚴謹。這些領地的名字，例如海芬加領（Haafingar）、邊境領（Reach）以及東陲領（Eastmarch），每個領地都有自己的主要地區（需要進入探索的大型空間，例如吸血鬼的藏匿處摩瓦斯的巢穴〔Movarth's Lair〕），以及次要地區（很少需要深入探索，像是裂痕領〔Rift〕的澤尼撒爾神廟〔Shrine of Zenithar〕）。這些地點布滿營地、礦坑、堡壘、巢穴、藏身處以及土窖，全都擁有自己的名字與目的——販馬、糧食補給、藏有待宰敵人的危險區域，如果你想要獲得新技能並恢復戰鬥能力的話。

　　就以單單其中一幅地圖來說：邊境領佔據了天際省整個西部，以其遺跡來看，應該曾經是個人口更為繁盛、充滿更多笑聲的地

方，不過後來發生了某些可怕的事。根據遊戲指南所言，「西卡爾斯鎮（Karthwasten）與老赫洛登（Old Hroldan）兩地提供了某種程度的安全庇護，而刀鋒護衛（the Blades）的藏身處天堂神廟（Sky Haven Temple）是另外一處安寧的高臺，周邊圍繞著險峻的地勢與更難纏的敵手。陽光莊園堡壘（Fort Sungard）以及破碎塔據點（Broken Tower Redoubt）都是需要探索的要塞，還有兩個獸人要塞（莫爾卡茲古〔Mor Khazgur〕與杜什尼克〔Dushnikh Yal〕）等著你來發現。東北方有希雅陲領（Hjaalmarch），不過邊境領大多與白河領（Whiterun）接壤。」

你也許喜歡這些東西，也可能不喜歡，不過這些地圖所展現的想像力充滿原創性，令人印象深刻。就像一本古老的布勞地圖集一樣，天際省的製圖也應歸功於許多雙手：貝塞斯達遊戲工作室（Bethesda Game Studios）一個三十或四十人的團隊；遊戲指南裡的地圖則歸功於一家叫作九十九命（99 Lives）的公司。如果你是個製圖師，怎麼會不想接受這樣的挑戰呢？而如果你是個玩家，怎麼會不想相信自己正獨自漫遊在那個自由無際的世界，只憑靠一張地圖與自身的機智解救自己？這場冒險發生在未曾詳盡製圖的疆域，是最新、最宏偉也最被低估的製圖里程碑之一。

在《無界天際》發售之前，最熱門的電玩地圖是《俠盜獵車手四》（Grand Theft Auto 4, GAT4）。玩家們引頸期盼這套遊戲於二〇〇八年發行，就像上個世代期盼最新的披頭四專輯發行一樣，而且首日銷售打破所有紀錄。《俠盜獵車手》全套系列銷售已突破一億套，遊戲的三位主要開發者（一位蘇格蘭人，兩位英國人）也都躋身家財萬貫的富豪之列，也許他們在一九九七年開業後不久，將公司命名為搖滾之星遊戲公司（Rockstar Games）時，就一直以此

為目標了。

　　這的確是一款玩起來令人激動興奮的遊戲，任何不玩的人都會被它惹惱，這個事實也使得玩起這套遊戲更加刺激（「使保守黨及自由黨從一九八八年開始在仇恨裡團結」，《俠盜獵車手》一段線上預告片如此驕傲宣告）。《俠盜獵車手》系列確實引發了諸多惡評——真實世界裡的犯罪行為顯然受到這套遊戲的啟發，遊戲裡隱藏了一個色情遊戲，國會裡有人質疑這套遊戲——上述情況反而使銷量更加長紅。它的確是一款暴力的成人遊戲，但核心卻是非常簡單的官兵捉強盜概念：你偷了一台車，然後智取那些追捕你的人。不過就像《無界天際》一樣，它既是個關於追尋的遊戲，也是個關於方向導引的遊戲。身為玩家，你可以自由自在地奔馳在一連串粗略偽裝過的反烏托邦都市環境裡——倫敦、紐約、邁阿密、舊金山，以及即將發行的《俠盜獵車手五》裡的洛杉磯——彷彿你真正駕車穿梭於一個活力洋溢的城市裡。

　　《俠盜獵車手四》裡頭的許多車輛都裝設有衛星導航系統，操作方式大致與真實的衛星導航一樣——輸入地址，然後出發。在《自由城指南》（*Liberty City Guidebook*）裡寫道：「全球定位系統之所以被發明出來，是因為真正的男人不問路。現在當你以每小時一百五十哩的速度開過最後一個彎道然後剎車之後，你可以取得自動重新規劃的路線。」不過你也可能花些時間走路、搭地鐵，在地鐵站，你能取得可以派上用場的大型摺疊地圖。地圖上將城市劃分為五個行政區，一個比一個更令人想敬而遠之。中央區域是阿爾岡琴（Algonquin），非常近似曼哈頓。曼哈頓有中央公園，這裡有中間公園（Middle Park），而阿爾岡琴的東方車站（Grand Eastern Terminal）就位在中央車站所在位置附近。網格狀街道劃分依然存在，不過所有街道都以珠寶命名，而大街編號則被加爾維斯敦（Galveston）、法蘭克福（Frankfort）、俾斯麥（Bismarck）以及

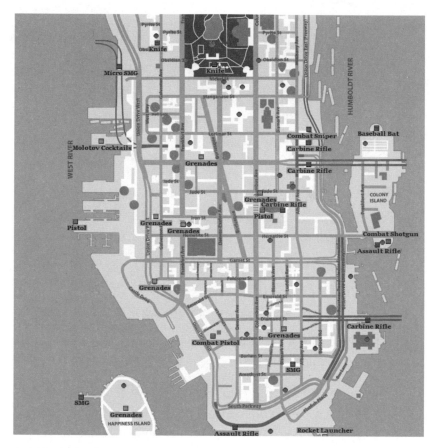

自由城是個**非常**糟糕的旅遊城市：這裡是以曼哈頓為範本的阿爾岡琴。

奧爾巴尼（Albany）所取代[1]。遊戲設計師們知道它們的製圖史：哥倫布從一個圓環晉級成一條獨立大道，如島嶼般狹長，從南方城鎮的紫晶街（Amethyst Street）延伸到高地區的維斯普奇廣場地鐵站（Vespucci Circus）。至於其他行政區，你可能會想住在布洛克區（Broker），這裡有著布魯克林風格的褐石建築以及林蔭街道，提供了海灘、木棧道以及短暫歇息。

---

1 分別為美國德州、肯塔基州、北達科塔州以及紐約州的市鎮名。

穿梭在《俠盜獵車手》的世界有兩種方式——如何穿越各種都市荒原，以及如何駕馭這套遊戲本身的架構。不論哪一種皆是由控制器來進行，在Sony的PS3，就是指那整個把手般的儀表板，上頭有不同按鈕可以控制加速、剎車、轉向、頭燈、遊戲廣播以及手機操控，當然還有攻擊配備，這是裝設在車裡的。如果你採取徒步，有按鈕與操縱桿可以走路、跑步、跳躍、攀爬梯子以及當然也會有的攻擊配備。剛開始你會玩得跌跌撞撞，不過很快就會了解到謹慎善用地圖，才是能幫助你走得更遠的必備技能。精明的玩家會學到這件事：越熟悉環境，就越能從環境獲益（追逐你的人不知道的小巷、能節省八秒時間的捷徑）。這是非常原始的技巧，不過還有哪裡可以提供如此震撼的教育？

在電腦發明以前的類比世界裡，地圖與遊戲也挺一拍即合的。兩者的聯合關係可以回溯到至少一五九〇年時，當時英格蘭與威爾斯的郡縣都呈現在一疊牌卡上（我們不能確定遊戲規則，不過很可能是最早期的紙牌遊戲《頂級王牌》〔*Top Trumps*〕）。紙牌上方的四分之一空間呈現了郡縣的名稱、花色與價值，中間部分則是該郡縣的地圖，最下方的四分之一則是各種房產，包括了長度、寬度以及與倫敦的距離。（我們不清楚在遊戲中距離倫敦近或遠才是有利的。）

另外一種有著熟悉的五十二張牌的紙牌遊戲，於一六六九年由吉里‧迪拉波謝爾（Gilles de la Boissière）在巴黎出版。這套《濃縮在紙牌遊戲的地理表》（*Les tables geographiques reduites en un jeu de cartes*）確實很國際化，以小幅插畫描繪某一國家或州，包括美洲、維吉尼亞、佛羅里達、墨西哥及加拿大。一年後出版了變化版，每組花色代表一塊大陸：美洲是梅花，亞洲是方塊，歐洲是紅心，接著是一個在今天會引發憤怒與痛苦的選擇，非洲是黑桃（也

許造成了「黑得像黑桃A一樣／黑得徹底」〔as black as the ace of spades〕這句毀謗種族的俗語）。

　　不過，地圖最自然的歸處，莫過於另外兩種在十八世紀中期逐漸受到歡迎的消遣娛樂：拼圖（jigsaw）與棋盤遊戲（board game）。一般認為第一幅拼圖是刻在木頭上的地圖，由英國製圖師約翰‧史皮爾斯布里（John Spilsbury）於一七六〇年代製成。這個點子大受歡迎，尤其還能使學校的地理課變得容易接受，他不僅利用世界地圖去印製、切割出一條自己的道路，還運用了四塊大陸以及不列顛群島。幾年前，J‧傑弗里（J. Jeffreys）也製作了類似的寓教於樂遊戲《歐洲之旅》（*A Journey Through Europe*）或《地理遊戲》（*The Play of Geography*），利用骰子與遊戲規則在一塊地圖板上前進。

　　超過兩百年以來，我們持續玩著這種遊戲的衍生版本，像是

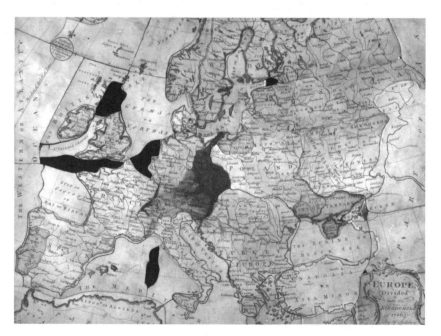

蘇格蘭與荷蘭在史皮爾斯布里的某幅拼圖裡不見蹤影，取自一七六六年。

一九二六年的《林肯公路》（*Lincoln Highway*），玩家在美國地圖上的海岸之間移動彩色的小棋子（這款遊戲由美國汽車俱樂部〔Automobile Club of America〕背書，遊戲盤上的每條路都精確無比，可以直接使用於實際的旅途中），還有一九三三年的《韓狄克・馮・盧恩的廣大世界》（*Hendrik van Loon's Wide World*），代表飛機與輪船的小物件比賽完成遠距離的航程。

接著是《征服世界》（*La Conquête du Monde*），由法國電影製作人艾伯特・拉摩里斯（Albert Lamorisse）於一九五〇年代中期所發明，之後由美國遊戲製作公司帕克兄弟（Parker Brothers）裡一名叫作艾伍德・利夫（Elwood Reeves）的業務將之重新命名。「征服」一詞已經出現在太多其他遊戲名稱裡，於是這位業務將他每一個孫子、孫女的名字首字母串起來命名——最初的名字還附帶了驚嘆號——《戰國風雲》（*Risk!*）。

一九六〇年代早期某一版的規則說明書中有一條簡單的聲明：「你即將開始玩這個已經出現多年、最不尋常的遊戲」——還有一個同樣簡單的目的：「本遊戲的目標就是佔領遊戲盤上每一塊領地，同時排除所有其他玩家。」你有軍隊，你有骰子，然後漸漸地，如果你有時間，這個遊戲希望你能吞沒整個世界。遊戲需要的設定時間就跟其他遊戲玩完一輪一樣長，玩這個遊戲的同時，它也可能併吞掉你吃晚餐和早餐的廚房餐桌。遊戲盤是一幅大型彩色世界地圖，雖然上頭顯然有些錯誤。六塊大陸分屬不同顏色，每塊大陸也包含了數塊不規則的領土（舉亞洲為例，包含了西伯利亞、雅庫茨克〔Yakutsk〕、伊爾庫茨克〔Irkutsk〕、阿富汗、中國、中東以及堪察加半島〔Kamchatka〕）。「這些領土的大小與邊界並不精確，」規則說明書上如此解釋道。「標示祕魯的領土還包括了玻利維亞〔Bolivia〕這個國家……也請注意，格陵蘭、巴芬蘭〔Baffinland〕以及一部分的加拿大本土，共同構成了標示為格陵蘭的這塊領土。」

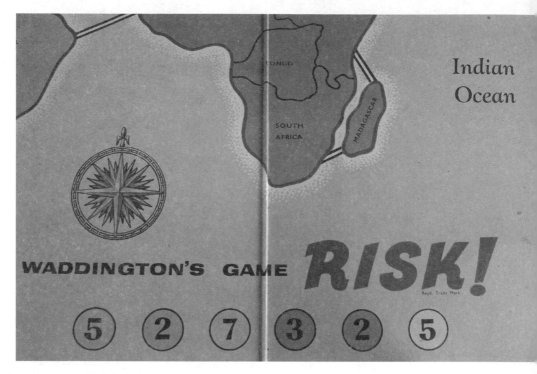

將世界掌握在手中的漫漫長夜正等著你。

　　《戰國風雲》在它所繪的諸多省分裡都是暢銷遊戲，雖然有些國家對於它的緩慢進展感到厭倦，並且修改遊戲規則來加快遊戲進行的速度。在英國，這款遊戲由華丁頓（Waddington）製造，這家公司自一九三五年起便與帕克兄弟公司處於一種特殊關係，在這一年，英國發行了字彙遊戲《詞彙》（*Lexicon*），而美國則還以顏色，發行了《地產大亨》（*Monopoly*）。

　　《地產大亨》由美國費城人查爾斯・布雷斯・達羅（Charles Brace Darrow）設計，誕生於一個樸實的白色盒子裡，帝國大廈上含糊寫著具教育功能的宣言，不過它很快就會引發所有人內心最糟

糕的貪婪。對於容易受影響的人來說，它也迅速成為適當的都市地理入門簡介。這個遊戲在全世界造成轟動，街道名稱簡簡單單就能在地化：我們走到聖查爾斯廣場（St Charles Place）、海濱木棧道（Boardwalk）以及其他在大西洋城（Atlantic City）內或是鄰近的地點，還有梅菲爾（Mayfair）、和平街（Rue de la Paix）、勝利公園（Parco della Vittoria）以及瓦茨拉夫廣場（Wenceslas Square）[2]。這個遊戲盤提供了一種厚顏無恥的腐敗印象，收租和旅行都簡單的很，打破了真實距離與相對距離，就像倫敦地鐵路線圖一樣。至於「免費停車」（Free Parking），顯然是在這個比較單純的宇宙裡的產物。

不過《地產大亨》的遊戲盤也有其神祕的地圖歷史，而且是一幅可能擁有生命轉變的地圖。在一九三〇年代晚期，華丁頓公司不只製作紙牌和棋盤遊戲，他們還印刷供戰時使用的絲質地圖。男女飛行員會將這些地圖縫在外套裡或是封在鞋跟裡，帶著它們飛過歐洲：這種地圖在搜查過程中不會起皺、損壞或是洩漏機密，還可能幫助這些飛行員在完成降落傘任務或是被俘虜之後返回家鄉（以愛丁堡的巴多羅買〔Batholonew〕出版社所印製的世界地圖為基準，針對需求切割成不同國家）。

美國人也製作類似的地圖，不過只有華丁頓公司的地圖與遊戲部門以如此獨特的方式結合。在英國政府神祕的戰爭資訊局「逃離與侵略」MI9單位[3]的許可之下，絲質地圖被嵌入《地產大亨》遊戲盤的兩處之間，遊戲配件被設計成能納入一個指南針，真正的錢幣混入遊戲紙幣裡，然後這些遊戲由可疑的慈善機構送到歐洲的戰俘營，例如酒館老闆運動協會（Licensed Victuallers Sports Association）以及受刑人休閒時間基金會（Prisoners' Leisure Hours

---

2　梅菲爾位於倫敦中部，和平街為巴黎知名的購物街，勝利公園位於莫斯科，瓦茨拉夫廣場位於布拉格。

3　MI9為英國軍事情報局軍情九處，負責祕密幫助在納粹德國佔領區裡的軍人與受傷的盟軍，並協助被德國俘虜的英國士兵逃離。

Fund，紅十字會能獲得特殊進入許可是有條件的，他們必須承諾不協助逃獄）。不是所有遊戲都經過這樣的調整；這些特殊的遊戲在遊戲盤上的戰略據點留有標記，而且在「免罰款出獄卡」上做記號，更是具有極大的誘惑力[4]。

《地產大亨》無可避免地有了線上版，你可以跟來自你永遠不會去的地方、永遠不會見到面的人們一起玩遊戲。不過內含地圖的電腦遊戲自一九六一年底就出現了，一群麻省理工學院的年輕駭客試圖炫耀一下一部新進機器的威力，它是來自迪吉多電腦公司（Digital Equipment Corporation）的程序數據處理器（PDP-1）。當時的「駭客」一詞別有所指，比較像是現在人們說的「電腦怪咖」。這些學生對於他們這台新機器的效能非常自豪（既然它要價十二萬美金，這也理所當然），不過他們覺得現有的應用功能有點無聊，包括一台早期的文字處理器。於是他們決定要開發一套遊戲，成為現在所有電腦射擊遊戲的始祖：《星際戰爭》

---

4 〔作者注〕《地產大亨》的故事帶有神話以及龐德的味道，不過其中的精巧之處卻是出自英國軍情九處MI9以及美國相等的機構軍事情報處X組（MIS-X，美國戰爭部軍事情報處X組，負責協助在敵佔區被俘虜的美國士兵逃走及營救。體制以英國的軍情九處為本）。這個祕密的關鍵物品是一封來自MI9官員克萊頓‧哈頓（Clayton Hutton）船長寫給諾曼‧華生（Norman Watson）的信，華生是約翰華丁頓（John Waddington）公司的主管，這封信於一九四一年三月底寄出，信上寫道：「如果你能為我製作今天談到的遊戲，我會很高興，遊戲中必須包含以下地圖：一個遊戲必須包含挪威、瑞典以及德國，另外一個要包含北法、德國以及邊界線，還有一個要包含義大利。同時我也寄給你一包小型金屬器械。如果你能在每個遊戲裡悄悄藏匿一個的話，我會很高興。」
這裡沒有特別提到《地產大亨》，不過另外一封信則提及「免費停車」（《地產大亨》遊戲盤上標示玩家必須停在這裡的一格，用來顯示這裡面有一幅地圖）。
《地產大亨》在戰前就已經惹惱了德國人。柏林版本的遊戲盤上最昂貴的區域是施瓦能島（Insel Schwanenwerder），德國政治家戈培爾（Goebbels）曾駁斥過這一點，而施瓦能島是許多納粹首領居住的地方。因為害怕納粹德國（Third Reich）會與資本主義及鋪張浪費聯想在一起，製作商施密特公司（Schmidt）收到停販這套遊戲的建議；之後同盟國的轟炸攻擊襲擊了這家公司，摧毀了所有剩餘套數的遊戲。不過這套遊戲在德國市場上捲土重來，德國統一已經改變了整體的樣式。

（*Spacewar!*，為什麼這麼多早期遊戲的名字都有一個驚嘆號跟在後面，我們很難知道確切的理由！或許跟遊戲開發者對這些遊戲的敬意有關。）

《星際戰爭》是一套單純的雙人對戰遊戲，雙方各自操控太空船，利用飛彈擊落對方。遊戲中有一顆星星會產生引力，使太空船偏離航道，不過早期的版本少了點東西——提供適當空間感與速度感的真實背景。因此另外一套叫作《昂貴星象儀》（*Expensive Planetarium*）的程式闖了進來，這是一幅麻州上方夜空的地圖。這套遊戲複製到其他也擁有PDP-1的機構，人們第一次體驗到電腦遊戲引人成癮的魔力。

此後，幾乎所有螢幕遊戲都需要某種地圖，使遊戲能順暢進行——可以是像《太空侵略者》（*Space Invaders*）和《毀滅戰士》（*Doom*）中為射擊者提供的簡單背景幕；可以是多關卡平台遊戲的配置，像是《超級瑪利》（*Super Mario*）或《波斯王子》（*Prince of Persia*）；也可以是模擬遊戲的廣大周邊計畫，例如《模擬市民》（*The Sims*）或《農場鄉村》（*Farmville*）；或者是提示用的地圖集，幫助玩家在開放世界面臨挑戰時更游刃有餘，比如《迷霧之島》（*Myst*）及《無界天際》。這些地圖有時候隨遊戲出現在盒子裡，但更多情況下它們本身即是遊戲，對於景觀的製圖詮釋就是最終極的挑戰。如此一來，地圖持續述說故事的方式，宛如中世紀世界地圖，而最真實的例子就在《龍與地下城》（*Dungeons & Dragons*）的神祕魔幻世界裡。

《龍與地下城》是一套角色扮演遊戲，裡面有地下城主（Dungeon Master）、精靈、巫師，還有那些自傲、堅持不懈的忠誠玩家們，不論世界上的其他人將他們視為是不會在月下起舞的獸人。那些因為《魔戒》心智圖而首度啟發想像力的玩家們，一點也不難理解這

套遊戲的魅力及玩法（獲得生命經驗、擊退對手、能熟練操控某些技能）。

如同《無界天際》一樣，真實世界被徹底遺棄。一些軍隊戰爭的戰略遊戲也分享了《龍與地下城》的奇幻小說靈感來源，但《龍與地下城》不一樣，附身在虛構角色的解放快感，可以延伸到與朋友一起玩遊戲以外的時光（最終或許會進入紅極一時的《第二人生》〔Second Life〕裡的線上虛擬化身）。基本的（電腦時代前）《龍與地下城》遊戲，是由加里·吉蓋克斯（Gary Gygax）與戴夫·阿尼森（Dave Arneson）於一九七四年創作出來的，這個遊戲需要一幅地圖才能過關斬將，雖然這幅地圖比較像是一片未標記的網格，多面體的骰子在上頭滾動，代表遊戲進行的棋子移動著。

一九八〇年，美國藝術家達琳·佩庫（Darlene Pekul）設計了一幅三十四吋乘以四十四吋的多圖幅法蘭尼斯大陸（Flanaess）地圖，這塊大陸是歐瑞克王國（Kingdom of Oerik）的東部地區，是為了《龍與地下城：灰鷹世界》（D & D: World of Greyhawk）的戰役設定所做的作品。在每格一公分大小的六角網格地圖上，佩庫以吉蓋克斯原本的世界為基礎，創造出完全可行的平行宇宙。例如，杰夫大公爵領（Grand Duchy of Geoff），包括了法師之谷（Valley of The Mage）在內，還有奧伊特樹林（Oytwood）以及角木林（Hornwood），而科奧蘭王國（Kingdom of Keoland）則位於加凡河（Javan）與榭爾多瑪河（Sheldomar）兩條河的中間，帶有一種顯而易見的貴族氛圍，有許多的男爵、公爵與伯爵領地。這幅地圖上的地名鮮少出現在《泰晤士地圖集》之中，經常是將吉蓋克斯的孩子們、朋友們或是他喜歡的事物名字加以重新排列組合，或是取同音異義的字來作為地名：席琳（Celene）、弗蘭（Flen）、厄尼斯特（Urnst）、林斯（Linth）、紐特拉（Nuthela）。不過這裡的大海依舊湛藍，森林依舊蒼翠，而地圖的頁緣則列出顏色以及符號的圖例，就算放在地形測量局的圖表上也不會顯得太過突兀：紅色圓點表示

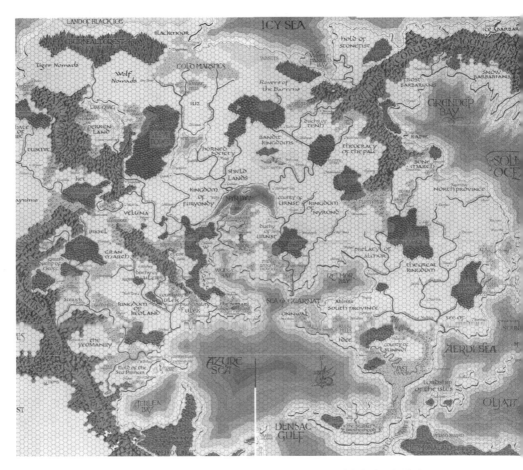

不會在月下起舞的獸人：歡迎來到法蘭尼斯大陸，神祕之源以及創作者孩子們的名字集大成。

城堡，紅色方形表示有圍牆的城鎮，河上加三條短線意指急流。

　　從餐桌上轉移到電腦上是個非常自然的過程，程式設計師可以消除許多遊戲中令人疲累的計算過程，因此也更加速了這種轉變。《魔域》（*Zork!*）以及《阿卡拉貝斯：末日世界》（*Akalabeth: World of Doom*）是一九七〇年代將角色扮演遊戲結合尋寶的早期作品，比較依賴標點符號及其他的文字圖解，而不是我們現在習慣的立體影像。不過發展的速度飛快，在《創世紀》（*Ultima*）以及《巫

術》（*Wizardry*）裡的黑白線稿，很快就讓位給《坍塌隧道逃生》
（*Tunnels of Doom*）裡更快的繪圖技術與色彩，第一批家用電腦的
撰寫程式功能，以及電視與電腦遊戲商店裡熱烈交流的夾鏈袋包裝
軟碟，都促進了這些技術的發展。

　　於是一整個世代潛在的電視閱聽者以及比例模型玩家全都消失
了，變成以更為現代也更為刺激的方式來消磨時間與金錢。如此一
來，在沒有敲鑼打鼓宣告也幾乎毫無抗拒的情況下，一整個世代的
家長感到疏離了，（在手機應用程式興起的多年之前）地圖偷偷地
以一種嶄新的方式進入年輕人的生活。如果《無界天際》不是一本
巨大、可供遊戲的想像地圖集的話，那它又是什麼呢？托勒密和埃
拉托斯特尼難道不會認為它是一件奇蹟之作嗎？

第二十二章

繪製大腦圖

愛因斯坦（Albert Einstein）逝世於一九五五年四月，一名病理學家在一天內取下他的大腦切片。唯一的人或問當然是這個：天才的大腦和普通人的大腦看起來會一樣嗎？結果顯示他的大腦有某些部分小於正常尺寸，有些則比較大；有些區域幾乎不存在，而這些區域則由其他顯然曾經熱烈活躍過的區域來彌補。這些研究結果導致了一時的喧騰，因為我們對人類人腦的了解仍然還在粗淺的階段。我們能精通相對論及量子力學，就在完全不理解我們的大腦是如何理解它們的狀態下。

不過這種狀態正逐漸改變中，感謝科技的進步，大腦成像的發展進入了一個令人興奮的階段，我們可以確實看見那些二十年前還只是純粹紙上談兵的東西。部分也要歸因於愛因斯坦本身的貢獻。現在我們正要開始掌握的是我們如何——以及在哪裡——能夠閱讀地圖。

人們得知愛因斯坦不會開車時總是不禁莞爾，他很可能滿腦子想著其他事情。不過每次他搭計程車的時候——比如說從他在普林斯頓（Princeton）的辦公室前往一小時車程距離的紐華克自由國際機場（Newark Airport）——有一件事他相對來說非常確定：開車

載他的那個人的大腦肯定比他的還大。或者至少是大腦裡的某個部分比較大，那個能夠成功選擇出最快捷路徑的大腦區塊，將交通狀況、最新設置的路障以及當天的時段全都納入考量。愛因斯坦的計程車司機們之所以擁有較大的大腦（好吧，那些比較厲害的司機們），是因為他們記下了一整大幅紐澤西州（New Jersey）的地圖，無意識間將這幅地圖分解成一套由分子、細胞、神經元組成的系統，並以正確無誤的順序將之重組，將他們車上這位寶貴的乘客送往他的下一項任務。

一九三〇年代早期，當愛因斯坦來到倫敦的皇家阿爾伯特音樂廳（Royal Albert Hall）演講的時候，也是同樣的情形：計程車司機的腦子裡塞滿了全部的A到Z地圖。人們認為計程車司機大腦的某塊區域一定比有些人要來的大，舉例來說，那些經常在出門前往商店時迷路的人們（顯然又是一個愛因斯坦例子）。不過一直到很近期才證實了這個理論，這是一則優美的科學故事，結合了日常實用地圖以及更宏大的概念，關於我們如何閱讀和記憶地圖：軟體與硬體。

二〇〇〇年，一位名叫艾蓮娜・馬圭爾（Eleanor Maguire）的年輕女性與一群倫敦大學學院（University College London）的同事，在《國家科學院院刊》（*Proceedings of the National Academy of Sciences*）發表了一篇論文，使讀者思考起艱澀又隱約帶有神祕色彩的一項認證，「知識測驗」（The Knowledge）。倫敦的計程車司機太熟悉這項考試了，它是一連串惡魔般令人挫敗的路線，在取得執照前必須嫻熟於心。以前這套路線共有四百條，即使現在只有三百二十條（路線四：從貝吉路SW4到聖馬丁劇院WC2，或者是路線六十五：聖約翰伍德站NW8到布朗普頓聖堂SW7，每一條都曲折得讓你想念曼哈頓的網格系統），平均需要兩到三年的學習時間。的確，大約只有半數的知識測驗學員能撐到最後並獲得徽章（他們也必須學會優遊在兩萬五千多條街道巷弄之間，還得記下大約兩萬個「常去地點」）。

馬圭爾是認知神經科學家，因此她關注的重點在於習得的行為如何影響大腦的結構、功能以及傳遞。不過她之所以對計程車司機以及心智圖感興趣，其中也有一個私人理由。「我是個徹底的路癡，」她解釋道：「我很納悶，為什麼有些人這麼擅長找路而我卻這麼遜？我到現在還會在神經成像中心（Centre for Neuroimaging）裡迷路，我已經在這裡工作十五年了。」

她這篇開創性論文——〈計程車司機海馬迴的方向導引相關結構改變〉（Navigation-Related Structural Change in the Hippocampi of Taxi Drivers）——因為其關鍵的研究發現而登上全世界的頭條新聞：大腦裡記錄著倫敦 A 到 Z 的計程車司機，比起那些沒有經歷知識測驗培訓的人，具有明顯較大的右海馬迴後緣（這部分負責空

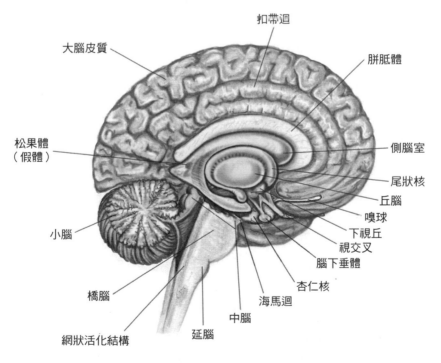

大腦成像圖。如果你的右海馬迴後緣比這個還大，那麼你很可能是一位倫敦的計程車司機。

間感知與記憶）。對公共運輸局（Public Carriage Office，授予黑色
計程車執照的單位）來說，這則新聞是如此便利，也或許令人訝
異，他們開始將這項研究結果應用在招募廣告，繼計程車司機弗
萊德・郝斯戈（Fred Housego）在一九八〇年贏得BBC《金頭腦》
（*Mastermind*）益智節目的冠軍之後，這是最佳的宣傳手段了。不
過研究結果也為看不懂地圖或是找不到路的人帶來希望。或者是，
對那些自稱路痴的人，例如馬圭爾。反過來說，她的論文也表示空
間感知與學識並非遺傳的天賦，而是經由學習得來。任何擁有正常
腦容量且不具腦部疾病的人，都可以跟著指南針走、看懂地圖、記
得路線，以及找到走回他們停車地方的路。透過學習一大堆的地
圖，證明了大腦具有可塑性。

　　二〇〇一年，馬圭爾的研究發表後一年，一項關於愛因斯坦兩
處大腦切片的研究顯示了一件同樣耐人尋味的事。愛因斯坦左側海
馬迴的神經元比右側的大上許多——意即，與計車程司機相反邊的
海馬迴。這表示海馬迴與新皮質之間具有較強的神經細胞連結，新
皮質是大腦中與分析及創新思考有關的部分，不過大腦中與記憶強
化相關的部分則沒有顯著的細胞增長。

　　然而，這種「可塑性大腦」研究的方法論確實留下了一些懸而
未答的問題。只有十六名計程車司機參與這項研究——皆為男性，
右撇子，平均年齡四十四歲，且平均執業十四點三年——而且我們
也無法確定他們是否在開始開車以前就擁有較大的海馬迴，因此成
為計程車司機，所以比較能夠在腦中保存大量的地圖資訊，同時也
產生去利用這項天賦的天職衝動。

　　由於大家對馬圭爾的初步成果迴響熱烈，於是她與她在倫敦大
學學院的同事設計了更進一步的研究計畫。二〇〇六年時，她畫出
計程車司機以及倫敦公車司機海馬迴的灰質，許多圍繞在她先前研

究的疑點都煙消雲散了。這兩種司機同樣具有開車的才能與壓力，不過公車司機只需要記下相對簡單的重複路線即可。作為實驗對照組的公車司機，與計程車司機的開車年資相同。再一次，只有計程車司機在右海馬迴後緣有明顯增大的情形。在倫敦地標的記憶測試中（習得的資訊），計程車司機也比公車司機表現更好，不過在短期記憶上就比較差，這個結果也反映在公車司機具有較大的海馬迴前緣這件事上。

這項研究的言外之意十分重要，代表我們在理解空間技巧與記憶的運作方面有了令人興奮的進展。它開啟了通往其他領域的大門，包括有可能修復因為阿茲海默症而導致的記憶遺失、癡呆，以及意外事故造成的腦部創傷。也就是說，新的腦部成像提供了關於大腦架構以及功能的資訊，使臨床治療有望。當這項工作完成時，繪製原生質的脈動團塊，也許就掌握了根絕某些最難以理解疾病的關鍵，進而杜絕最深沉的痛苦與不幸。

歷史說來可長了。我們是穴居人，我們學會直立行走，而且大腦突然變得很大。不知怎地，在過去的四百萬年來，我們從南猿演化成巧人，再演化成直立人、古智人，再到現代智人，而朝向這種演變的末了時，我們的大腦膨脹了，很可能比所有其他生物的膨脹幅度都來的大，因此我們能執行的任務也有了巨幅成長。舉例來說，我們可以想像在自己以外的其他世界，我們可以設想前世來生，我們可以仔細思量自己在宇宙中的角色以及自身的死亡。對某個重約三磅的東西來說真是挺不錯的，（我們認為）這也是在動物世界裡獨一無二的能力。

我們可以執行的任務之一即是探討大腦的擴張是怎麼發生的。相關的理論有幾個，其中最重要的是語言發展理論。從某個時間點開始，我們能發出可辨識且能重複出現的聲音，然後賦予這些聲音

意義與詞彙。我們也發展出文法,原因不明。即使是最原始的溝通形式都能讓最基礎的任務變得簡單些,於是我們這種使自己能為他人理解的天賦持續擴展(顯然至今也依舊持續擴展)。我們的咽部也擴大了,能力也增長了,為了因應這些變化以及可能性,大腦靠它自身的可能性為本而相應擴大。

神經生理學家威廉‧卡爾文(William Calvin)讓另外一派理論變得普及,他懷疑腦部的急速發展並非由生理所引發,尤其是因為我們能丟擲東西、殺宰生物的能力引發了神經組織的擴張。最成功的狩獵採集者能夠誘捕目標,精確且有效率地加以處置,要能做到這些,他們需要力氣、空間感知、熟練度以及時機判斷的綜合能力。這些都是負擔很重的能力,因此需要更大的顱部計算空間。

第三個理論由理查‧道金斯(Richard Dawkins)於其《解析彩虹》(Unweaving the Rainbow)一書裡提供了清晰的審視,是他對科學想像的頌揚。道金斯想要找出重塑我們大腦容量的奇兵,它帶來猝然巨變的方式,就好像個人電腦的成長與體積縮減以及電晶體降價碰巧同時發生。當然,我們大腦容量的發展速度遠比電腦的發展速度要慢上許多,不過這個譬喻讓人很難抗拒:道金斯想要找到大腦發展歷程中的某個革命性事件,就像滑鼠以及圖形使用者介面(Graphical User Interface)的發展催生了蘋果的Mac系統和微軟的Windows系統一樣。他可能找到了。

讓我們回到非洲草原的狩獵採集者,追蹤是一項無價的技巧。能夠看懂足跡、動物糞便以及被踩踏過的植物線索,最終的獎賞是食物,不過這種知識本身並不夠,追捕專家必須也是投擲尖矛專家,還需要與其他專家交流線索的能力。如果當時語言尚未產生,追捕者或許會以比手畫腳的方式來表達打算殺一頭羚羊——靜靜觀看,然後鬼鬼祟祟偷偷靠近,接著是突如其來猛衝——不過用動作來表示獵物的精確位置難度倒是高了些。道金斯認為有另外的溝通方式。「他可以在該區域的地圖上指出目標在哪裡,然後籌畫調

度。」追捕者「徹底熟稔追蹤痕跡的概念，在地上想像著實境大小的地圖，還有動物行進的時間軸。首領抓著一根棍子，在塵土上畫出這樣一幅實際模型：平面上的行進路線圖，還有比這更自然的情況了嗎？」

當然，這也是洞穴壁畫的起源——描繪人類與動物的日常生存情態，代表性的圖形用來標記其他事物，並且引入了比例尺及箭頭指標和空間差異的概念。[1]

至於在大腦方面，我們也許找到了腦部變大以及變得精密的原因。道金斯以這個問題作為結論：「是不是畫地圖這件事，使我們的祖先能跨過那個其他人猿跨不過的關鍵門檻？」

二〇〇〇年十一月，馬圭爾的大學同事克里斯·克拉克（Chris Clark）在大英圖書館發表了關於大腦成像的演講，是該館舉辦的地圖特展系列活動之一。

克拉克原本是會計師，後來職涯大轉彎，進入神經科學領域，現在是倫敦大學學院兒童健康中心（Institute of Child Health）底下的成像與生物物理學小組（Imaging and Biophysics Unit）組長，研究重點是多種發生於兒童身上的神經疾病，包括自閉症與腦性麻痺。腦部圖——尤其是與特定功能相關之結締組織所組成的白質——他希望有一天可以提供足夠的線索，能解釋為什麼有些腦部功能會失靈，並且讓我們能了解治療效果是如何影響腦部運作，最

1〔作者注〕二〇〇九年時，來自西班牙薩拉戈薩大學（University of Zaragoza）的考古學家公開了他們宣稱是世界最早的地圖——在西班牙北部亞邦提（Abauntz）一個洞穴裡找到的一塊石板。石板上的雕刻可以追溯到約西元前一萬四千年，大小約七吋乘以五吋，看起來像是描繪了山峰、河流以及搜尋食物與狩獵的區域。「我們確信這是一幅速寫，是周遭區域的地圖，」領導這個研究團隊的皮拉·烏翠亞（Pilar Utrilla）表示。「不論製作的人是誰，這個人想將河水的流向、洞穴外的山峰以及該區域找到的動物都記載在石頭上。」

終能恢復其功能。

　　在大英圖書館裡，克拉克以現代科學腦部圖的起源作為演講的開場白，從一九〇九年的布洛德曼圖開始講起。柯比尼安·布洛德曼（Korbinian Brodmann）是德國解剖學家，他以顯微鏡檢視了染色的腦皮質切片，根據特有的細胞組成（他稱之為細胞結構板塊），定義出五十二個區域。舉例來說，第四區是主要運動皮質，第十七區是主要視覺皮質。布洛德曼發現的每個區域都有編號，不過只有一些有名字，而定義過功能的區域又更少了。（最值得注意也最廣為人接受的是語言／說話能力中心，稱為布洛卡區〔Broca's Area〕，這個左前緣區域是以一名法國解剖學家來命名，他在一八六〇年代早期的解剖過程中，發現了語言障礙患者身上的機能障礙以及其他損害；其中一名患者叫作譚，這也是這名患者唯一會講的字。）

　　布洛德曼所做的革命性區域劃分有一個熱門的自然界先驅，雖然比較是以偽科學為基礎而非源自高深的神經解剖學。顱相學（Phrenology）——以最直接的意義來說，這是關於頭骨表面區域的研究，作為行為特質以及個人能力的指標——在維多利亞時期的另類科學發展中風行一時，以我們現代的眼光來看那些區域分布圖會覺得很好笑，不過當時的人們卻覺得極具啟發性。一旦你接受這種說法：所有人類思想與情感都是在大腦中以某種方式產生（不是在心裡或是經由以太／宗教管道），那麼將特定的屬性以及價值定位在特定的區域言之成理；布洛德曼做的正是這樣的事情，但以更為複雜精密的形式。比較不合理的是認為藉由頭蓋骨上的突起團塊，這些屬性可以被測量、判斷以及區分——等同於藉由感受引擎蓋來評估一台車的引擎。[2]

---

2 〔作者注〕像這樣初期的腦部圖型態，對那些具有種族淨化及社會清洗傾向的人來說，無可避免地派上了用場；有同情心的醫生會說擁有較大額葉或是顳葉的人比較優秀，這正是納粹德國時期殘忍無情的實際狀況，以及胡圖族（Hutus）與圖西族（Tutsis）之間最早期的衝突來源。

於是，主要的顱相學擁護者，如德國生理學家弗朗茲・約瑟夫・加爾（Franz Joseph Gall）以及美國紐約的富勒兄弟（Fowler），促使維多利亞腦部圖廣為流行，複雜、具想像力且帶有古怪的魅力。經典的頭顱陶瓷像如今帶著冷諷意味展示在精神分析師的候診室裡，呈現出最簡單的頭蓋骨元素：國家、抱負、動物、自我完善、道德、反思以及感知。這些元素就像是世界地圖上的諸國一樣（或者像迪士尼主題樂園的區域分布），經常也被分割為各個區塊。所以感知之中包含了秩序、個體以及邪惡的可能事件（事實上只是指能夠回想起事件的能力），而自我完善這一區則包括了謹慎、自尊以及堅定。

主要的美國顱相學傳道人奧森・史貴爾・富勒（Orson Squire Fowler）以及羅倫佐・奈爾・富勒（Lorenzo Niles Fowler），他們旅經美國、英國以及愛爾蘭，到處演講、推銷他們的《美國顱相學期刊》（*American Phrenological Journal*）與其他著作。如果是在現代，他們會因為這些憑空推測而被趕出城去，不過在一八七六年時，他們的《圖解新自我講師》（*Illustrated New Self Instructor*）印到第十一版，他們的讀者顯然認為富勒兄弟帶來了驚人發現。這本書可以用來找到理想丈夫或是發現當地的精神病患，書中超過一百幅插圖讓這些任務更加簡單，呈現出各式各樣的分區形式。就像布洛德曼圖一樣，頭部的每一個部分都分配了號碼與功能；不過與布洛德曼圖不同的地方是，富勒兄弟的圖表上有頭髮。富勒兄弟的第四區位於後腦勺下半部，代表了常居性，亦即傾向於住在自己家鄉附近。頭上若有大塊突起，表示具有較強烈的愛國心，如果沒有突起則表示這個人遊手好閒。展現男女情愛的類似標記，則是在頭骨的最底部（此區膨脹時表示具有強烈的性衝動，凹陷時表示冷淡）。

幸好在醫療科學上，是布洛德曼的研究在上個世紀奠定了腦

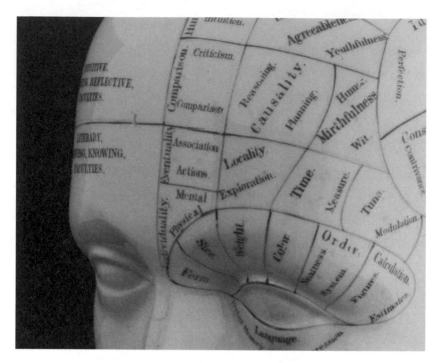

富勒兄弟的顱相學瓷像，繪有腦部各功能區域。怪異的是居然沒有性或是購物的區域。

部圖的樣板，逐漸提升為一幅神經拼圖，顯示出大腦的功能與連結（布洛卡區被標示為第四十四區與第四十五區）。不過直到一九九〇年代，我們才開始能夠有效畫出這些區域負責的功能，或許能在臨床上派上用場。這種使能科技（enabling technology）——艾蓮娜・馬圭爾在計程車司機研究以及克里斯・克拉克在兒童健康研究所使用的——是一種偉大的鑑識掃描工具，稱為核磁共振造影（Magnetic Resonance Imaging，MRI），以及更進階的專門工具擴散磁振造影（Diffusion MRI）與功能性磁振造影（Functional MRI）。

克拉克演講完幾個月後，我在他布倫茲貝里的辦公室與他見面。他給我看了更多的投影片——大腦切片呈現地形測量局風格的輪廓圖，細細長長的圓柱圖像，稱為軸突，還有顏色鮮明的一捆捆

軸突，稱為軸突束。接著是一幅擴散圖，顯示出大腦分子以隨機的方式在水中運動。再來是愛因斯坦的圖像，他發展出愛因斯坦係數，建立了「時變性」的關係，意即隨著時間增加，分子的移動會距離它們的起始位置越來越遠。

這個論點的重要性在哪裡？因為水在皮下組織結構的運動——運動速度越慢，圖像上該區域顏色越深——指出了集中結構或許隨著時間過去就能成像。在一九九〇年代初期，擴散磁振造影使得腦部成像產生革命性變化，病患中風後數小時即可顯示腦部損傷結果。神經纖維追蹤術接著提供了使腦部連結成像的方法，得以針對阿茲海默症以及正常狀態下的老化等等所謂的「外星手症候群」進行研究。

讓我們能收集到這些影像的核磁共振掃描器，是個彷彿來自異世界的東西。對於臨床及實驗目的來說，它具有 項極大的優勢：與其他的診斷造影方式不同，例如X光，核磁共振被認為不會給患者帶來任何風險。

「你應該要看看《人類大腦成像》（*Human Brain Mapping*）期刊，」克拉克對我說。我看了。二〇一二年三月號所刊載的文章，談論了躁鬱症患者服用（以及未服用）鋰鹽藥物後的海馬迴變化，以及中風患者在接受定向刺激後局部腦部活化的結果。這些並非是理論上的議題而已，而是可能很快就能應用於療程。克拉克的研究也已經有了實務應用，他所領導的小組經常受託為病患在手術前提供擴散影像，尤其是在治療癲癇上，癲癇病患對於藥物無法產生反應，會需要移除某部分的顳葉。這是個有效的手術，不過也是個非常精細的手術，因為外科醫生必須要避免傷害到鄰近的視覺通路麥耶環（Meyer's Loop），免得導致視野損傷。神經纖維追蹤術在引導外科醫生進行這項手術上，扮演了關鍵的角色，一如它在移除腫瘤上的功效；在這種神經傳導路徑的指向性成像產生之前，要切割與脊髓相連的運動皮質，風險高出許多。克拉克表示，當患者將自

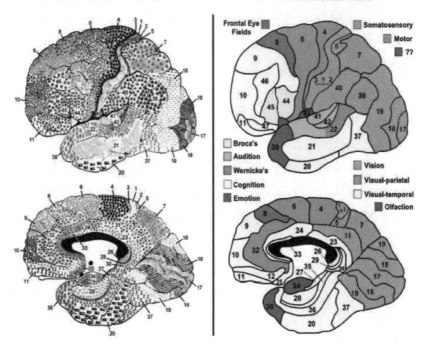

布洛德曼的腦部圖——在大腦中的特定部分，某些細胞特徵是群聚在一起的。

己交付在以他的造影成果為輔助的手術刀下時，他確實是「有點不確定感」。「科學的傳統文化是持續對於我們所做的事情存疑。這是正確的嗎？錯誤的來源是什麼？我們能否改進現存的做法？」

帶著所有的理論與技術，我們將前往哪裡呢？某個令人倍感興奮的地方。腦部圖的進展已經反映出「人腦連接體計畫」（Human Connectome Project）的人類基因組發展，這是個美國的大型計畫，最終將完整呈現大腦的生理架構迴路。「人類基因組計畫」（Genome Project）是要呈現出是什麼構成了我們，而「人腦連接體計畫」則是要用神經識別來展現出我們如何處理及儲存資訊，並且解釋我們的言行舉止。這種「思想解剖」必須要捕捉超過一百五十兆的神經連結，為了這項任務，美國麻省總醫院（Massachusetts

General Hospital）的神經成像部門，在二〇一一年底懷著興奮之情購入了一台新的掃瞄儀器（取代的新機台具有「四倍的鐵磁線圈以及四倍的水冷卻層！」）。他們希望能從二〇一二年年中開始，為一千兩百人進行大腦成像，約有一半的人數會是雙胞胎。

加州大學洛杉磯分校（UCLA）的神經心理學家暨人類大腦成像機構（Organisation of Human Brain Mapping）主任蘇珊・布克海姆（Susan Bookheimer）說道，大腦連結是「炙手可熱」的研究。不過布克海姆與她的同事不太願意訂出時間表，說明「人腦連接體計畫」完成後什麼時候會有實務應用。當然，即使這項計畫完成了，也還有其他更宏大、更困難的問題等著解答。舉例來說，關於意識以及人類存在之目的等問題。如何製作這個星球3D影像的永恆問題。

尾聲

即時且不間斷，
無處不在的自我地圖

　　Google 地圖的總部位於加州山景城（Mountain View），在這個
掌控世界的最前線，包含了各種你以為不會出現在標準辦公室的娛
樂事物──桌上足球、乒乓球、空氣曲棍球桌、種類豐富的免費優
質點心。總部園區還有野餐區、植物園、腳踏車道、按摩室、洗車
中心、乾洗店、托兒所、海灘排球場、狗狗美容中心、牙醫駐點的
醫療區、美髮沙龍，以及能帶你到任何地方的無碳公車服務，採用
個人保全辨識系統。總部也有一些視覺幽默之舉，像是在戶外飲食
區擺放了巨大的甜甜圈，以及 Google 地圖大樓外的巨大紅色地圖
圖釘。

　　Google 地圖大樓裡頭還有其他小玩笑，包括在隔間上方懸吊
著綠色路牌。「歡迎來到地球，」語氣像是道格拉斯・亞當斯[1]。「多
數時候都無害！」或者剛好相反：「現在正離開地球。請在出發前

1　道格拉斯・亞當斯（Douglas Adams，1952-2001），英國作家，最知名的作品為科幻
　　小說《銀河便車指南》（*The Hitchhiker's Guide to the Galaxy*）。

確認氧氣供給以及輻射防護。你們全都快回來！」然後是道路指示牌木柱，有兩根，每根高達五呎，刻意鑿切成像是一百年前的老東西，也許是從中西部的登山步道拿來的，或是你會用來拴馬的柱子。不過它們其實是二十一世紀的最初幾年製作出來的，當時Google地圖終結了道路指示牌的需求，使自己成為地圖界最新的革命，自從——事實上，打從西元前三三〇年亞歷山大圖書館開門營運以來，我們很難想出還有哪個類似的歷史事件。

道路指示牌上所指出的方向是總部的各個會議室，讀起來像是現已經無用卻又不可或缺的事物：埃拉托斯特尼、馬可波羅、萊夫‧艾瑞克森（Leif Ericsson）、法蘭西斯‧德瑞克、奧特流斯、瓦斯科‧達伽馬、維斯普奇、麥哲倫、李文斯頓、史丹利、路易斯和克拉克、沙克爾頓、亞孟森、阿波羅十一號的太空人巴茲‧奧爾德林（Buzz Aldrin）。有一天，或許他們還會在牌柱上加一小塊板子，寫著詹斯‧拉斯穆森（Jens Rasmussen）以及萊斯‧拉斯穆森（Lars Rasmussen），這對兄弟正是將Google地圖帶到這個世界的人；或者，加上一塊寫著布萊恩‧麥克科連頓（Brian McClendon）的牌了，他是創造Google地球的主要推手。

我和麥克科連頓一起站在Google總部這座稱為液態銀河（Liquid Galaxy）的八面螢幕地圖牆前面。他以一種彷彿星球垂掛在細繩上的全知全能，一如麥卡托或者上帝曾經享有的，在他協助製作出來的螢幕世界裡急速俯衝。「這真的很酷。」他一邊說一邊拉遠視角，直到看見一顆旋轉的藍綠色地球，然後又將焦點縮小至堪薩斯州羅倫斯市（Lawrence）的一座籃球場，那是他的家鄉。

當我於二〇一一年春天拜訪Google總部的時候，有一件嶄新的大事——走進建築裡。當時，建築內部地圖（麥克科連頓表示，要獲得許可走進私人住家拍照，真的需要好一番交涉）還在早期階

整個廣大的世界盡在掌握之中：Google總部的液態銀河地圖牆。

段，不過這也代表了這間公司的──以及製圖上的──抱負：比先前任何人都更詳盡地描繪地球上各個地方，並且提供更詳盡的資訊，多於大多數人們原本認為所需的量。這個野心讓人想起路易斯‧卡羅在最後一本小說《塞爾維與布魯諾二》（*Sylvie and Bruno Concluded*）所呈現的荒謬景象：最終極的地圖其比例尺是一哩比一哩；或者是豪爾赫‧路易斯‧波赫士（Jorge Luis Borge）的奇想意見〈科學的嚴謹〉（On Exactitude in Science），發表於一九四六年，不過據稱是寫於一六五八年，讓人想起這樣的時期：「製圖師公會製作了一幅帝國地圖，其大小相當於該帝國，而且這幅地圖能與各個地點重合。」

　　當然，這一次，這整幅徹徹底底的世界地圖並非要畫成巨幅作品，而是要能夠符合手機大小。而且它也不是真的用畫的，而是以街道視角與衛星視角拍成照片後再經過電腦處理、算圖並像素化。它是應用科學的產物，本身客觀而不帶感情，以事實為依據，而且

比起我們曾經使用過的任何地圖都還要精確、即時。這樣一幅地圖非常有用：根據研究公司康斯柯爾（comScore）的分析，在二〇一二年第一季，每個月大約有六千萬人使用Google地圖，該公司是至今為首的巨頭，在線上電腦地圖方面具有百分之七十一的市占率。在智慧型手機上，Google在五千萬名手機地圖使用者中占比百分之六十七。二〇一二年夏季，Google估計全球已經有百分之七十五的人口都在他們的高解析度地圖的涵蓋範圍內；約五十億人口可以說他們能看見自己的家。不過還有很長一段路要走。

布萊恩・麥克科連頓，四十八歲，穿著Google的polo衫制服、牛仔褲和運動鞋，看起來很年輕（事實上他看起來有點像是年輕版的比爾・蓋茲），他是第一個承認自己不是製圖師的人，儘管他負責Google地圖、Google地球、Google海洋、Google天空、Google月球以及Google火星。我們可以從他的職稱獲得線索：工程部副總裁。他的雄心壯志是一部可立即取用的全球數位即時地圖集，不只能展示傳統地圖集所顯示的東西（主要城市、地質樣貌、海岸線、比較數據），還能呈現出每條街上的每棟房子以及每條車道上的每台車。接著就是建築物的內部了，比如說，能夠執行羅浮宮導覽，還有宇宙的3D成像，以促進更精細的距離與高度判斷，然後是衛星導航能帶給我們的所有道路規劃以及即時交通資訊。不要忘了那些使用Google的手機應用程式，藉以在我們的電腦及手機上共同協作其他小花招，例如照片定位、朋友的確切行蹤，或是（終極的商業夢想）一個具有先見之明的手機應用程式，能夠在我們路過某家店的前幾秒就提醒我們那家店正在提供購物優惠。這些都只是立基於城市，不過杳無人煙的荒野也將被完整製成地圖，還有極地與沙漠，Google會為先前不存在於地圖上的地方命名，就像舊時的製圖師一樣。可別讓麥克科連頓開始針對海底的珊瑚製作分布圖，或是月球上無邊無際生成的隕石坑。

如此一來，Google不只能呈現整個世界，更握有不去呈現的權

力；Google 掌握了控制資訊的權力，那是十八世紀最瘋狂的歐洲暴君夢想得到的力量。這種野心和權力，才誕生不到十年，已經與 Google 於一九九八年創立的最初目標相距甚遠，他們當時想建立一個搜尋引擎，能以熱門度與實用度來排列網頁（五年前根本不需要這樣一家公司，因為在一九九三年全世界只有一百個網站）。不過現在「搜尋」已經不再是掌權的東西了，真正握有大權的是將搜尋結果與地圖相結合。

　　二〇〇五年春天，Google 創立者之一樹爾蓋・布林（Sergey Brin）寫了一封信給股東們，他在信中明確表示公司正專注於新的方向，因此當時推出了（或是即將執行）數項新服務，包括 Gmail、Google 影片以及 Google 學術搜尋。還有 Google 地圖，會在網站上提供路線規劃與駕駛指引，而 Google 地球則是一套可供下載的軟體，提供了將近六千萬平方哩連接起來的衛星影像。Google 地圖對於熟悉 AOL 地圖搜尋服務（MapQuest）以及多重地圖網站（MultiMap）的人來說沒有什麼稀奇，雖然預先算圖的地圖圖磚出現在螢幕上的速度加快，整合好的地圖出現在 Google 搜尋結果也相當便利。不過 Google 地球的問世帶來了網路令人驚嘆的時刻之一。沒有人，可能除了阿姆斯壯和他的朋友以外，曾經有機會以這種方式來觀看地球，在擺脫重力影響的狀態下俯衝、拉遠或拉近鏡頭，屏息留意那些我們曾經在假日造訪過的地方，以及就算我們長生不老也永遠不會前往的地方。

　　那麼人們會從哪裡開始搜尋起呢？完全與十三世紀末觀看中世紀世界地圖的人們一樣，也就是從自己居住的地方。麥克科連頓告訴我：「屢試不爽，而且每推出新版，人們就會去確認一下，說一說自己的家鄉或房子看起來是什麼樣子。」這是人類的天性之一——想要了解自己身處於這個宏大系統的何處。不過同時也象徵

了Google與其數位同業所展示出來的新型態製圖：自我地圖（Me-Mapping），即時將使用者置於任何事物的中心。

　　Google於二〇〇四年買下了鑰匙孔（Keyhole）軟體，這是Google地球的前身，麥克科連頓是開發者之一。他表示他知道在一九九〇年代晚期時，自己正在著手的是未來無可限量的東西，當時他與他在前公司矽谷圖形公司（Silicon Graphics）的同事們，開始將地球的圖像與加州迪士尼樂園的馬特洪峰（Matterhorn）及周邊地區的圖像相結合，在一台要價二十五萬美金的設備上拉遠、拉近鏡頭。鑰匙孔軟體從馬特洪峰開始，前進到舊金山灣區（Bay Area），並且放大一家購物中心的空拍影像。商業上的突破發生於二〇〇三年，當時CNN開始利用這套軟體報導伊拉克戰爭。麥克科連頓和他的同事於二〇〇四年四月向Google的創立者榭爾蓋·布林以及賴利·佩吉（Larry Page）展示鑰匙孔軟體，在二十四小時內即獲得出價。

　　Google的直覺完全正確。Google地球在二〇〇五年六月二十八日推出免費服務時，引起了極廣大的迴響，使得Google的整個電腦系統幾乎要熔化了（最初幾天嚴格限制下載數，趕緊布署新的伺服器來因應需求）。到了該年年底，Google地球在千百萬部個人電腦上成為主要的地理工具，最早期的使用者會呼朋引伴，一起感受這種輕微的暈眩感。從來沒有一部地圖集可以如此有趣。

　　我問麥克科連頓他覺得十六世紀那些偉大的探險家們能不能了解這種可伸縮鏡頭的世界型態。「噢，他們肯定能夠完全了解。」事實上，比起Google地圖的早期使用者，他們對這個世界的了解還稍稍多了一些。二〇〇五年時，Google只能繪製出美國與英國的地圖，沒有任何歐洲大陸或是中美、南美的地圖。他們展示的地圖是向行之有年的大公司取得授權，像是泰利地圖公司及航技公司（Navteq），另外還有一些政府機構，Google並沒有屬於自己的地圖。Google的世界緩慢地填滿：二〇〇七年時，依然沒有巴基斯坦

或阿根廷，也沒有亞美利戈‧維斯普奇首先在五百多年前就已經觸及的地方。不過到了二〇〇九年，這種情況改變了，大量購買衛星影像促使 Google 幾乎掌握了全世界。

麥克科連頓表示，有人認為衛星會使人類製圖遭淘汰，不過衛星也有其嚴苛的侷限：它們無法追蹤當地細節資訊，無法為事物命名，無法在空間感知與真實世界的議題之間做出連結。衛星也許已經看到南極洲，但是它們永遠沒有辦法定義南極的邊界或陰鬱。在真正的荒野裡——極地、沙漠、叢林，甚至是已開發國家無人居住的地區——漸漸地，Google 的員工不只開著車頂上架著攝影機的車子出發，還開始使用裝有攝影機的背包，並在飛機機翼裝設攝影機，他們也用知識武裝自己，去面對關於邊界衝突以及與命名相關的熱門爭議。

隨著 Google 地圖日漸強大，Google 發現開始遭遇到未曾預見的阻礙，經常是政治地理與社會方面的問題，而在以往的年代裡，這些問題很少絆住那些一心想拓土開疆的製圖者。「我們命名了一些地方，結果有三個不同國家聲稱自己具有主權，」麥克科連頓表示：「然後他們會有兩個或三個不同的地名。我們經常遭不同國家大吼大叫。以前我不認為我們有這麼重要，結果我們卻是比其他任何事情都重要，需要進行爭論。當尼加拉瓜入侵哥斯大黎加的時候，他們責怪 Google 地圖說就是因為邊界畫得不對他們才這麼做。他們說他們就是去 Google 地圖顯示的地方。」

我與麥克科連頓碰面的那天，他說他想做一個似乎比較沒有爭議性的新計畫：畫出全世界的樹木分布。這是一個瘋狂的目標。據估計全世界約有四千億棵樹，Google 認為他們已經收錄了其中的十億棵。「我們還有很長的路要走——弄清楚怎麼偵測這些樹木，加以定位，分辨品種。」

二〇一二年六月底，麥克科連頓在舊金山的年會發表演講，對象是 Google 的工程師與媒體。「這裡有龍，」他以這句經典的錯誤

註記作為開場白。「以前的製圖師在畫地圖的時候，如果他們不曉得確實的邊界在哪裡，就會在地圖上寫這句話，警告那些觀看地圖的人『不要去這裡，你可能會摔下懸崖』。不過我們Google的目標是，盡我們所能移除地圖上的龍。」

麥克科連頓的同事索爾‧米切爾（Thor Mitchell）載我前往Google。米切爾在昇陽電腦（Sun Microsystems）工作了很長一段時間後，於二○○六年進入Google，現在負責Google地圖應用程式介面（API）部門，該部門主要是提供一套工具，讓Google以外的人能夠開發應用Google地圖的軟體程式。這些程式可以是在你的手機上建置定位裝置，或是利用地圖在你的網站上顯示餐廳、鞋店等位置，進而提昇生意。

我們曾在「2.0時代」研討會（Where 2.0）上見過，這是於加州聖塔克拉拉（Santa Clara）舉辦的會議，為期三天，鄰近聖荷西（San Jose，實際上非常近，參與會議的人都開玩笑說他們知道怎麼走去聖荷西）。與會者來自八十個國家，全部都是地圖與定位服務業界人士，他們發表的內容充滿諸如此類的詞彙：「接近感知」、「跨平台實境」、「資料集分層」以及「打卡以外的豐富語境」。許多資深大咖也有貢獻，包括諾基亞、臉書以及IBM，還有相對來說比較資淺的公司，包括酷朋（Groupon）以及四方（Foursquare）（在數位地圖世界裡，「資深」的意思是三年或是以上）。

不過那週的大消息不是來自既定的講者們，而是由兩位與會者亞拉斯戴爾‧艾倫（Alasdair Allan）以及皮特‧沃丹（Pete Warden）所帶來的驚喜報告。艾倫是英國艾希特大學（University of Exeter）的資深研究員，他剛剛完成福島核災的分析研究時，想要「找一些很酷的東西來做」。他研究了一下他的MacBook Pro電腦的隱藏資料後發現，他用iPhone撥出的每一通電話都被電腦記

錄了經緯度座標。這些資訊並未加密,所有人都可以看到。他不懷疑蘋果電腦存有任何不法意圖,不過這種個人隱私被侵犯的可能性讓他覺得不安。電信業者必須記錄客戶的電話,好能監控使用方式並寄發帳單,但這是另外一回事——對某個人的行蹤進行長達將近一年的公開追蹤。艾倫與沃丹很輕易地將這些記錄下來的座標轉換到地圖上,他們的報告裡有一張螢幕截圖尤其令人震驚,顯示了從華盛頓特區前往紐約市的一趟火車之旅,艾倫的位置每幾秒就被記錄一次。當然,艾倫和沃丹並非特例:我們全都被追蹤了,而且全都——至少有這個可能性——被畫成了地圖。

數位地圖閃閃發光的榮景也有其他不利的發展。因為這種新型態的數位製圖,實際上只是位元、原子及演算法的集合體,如果我們所有的無線網路以及全球定位系統裝置除了發送也能接收,那也是一點也不會令人訝異。有些資訊是我們主動提供的,比如在使用照片分享軟體或應用程式時開啟了定位功能,或者是當我們讓衛星導航系統回傳路上的交通資訊,不過也有些資訊完全是在我們不知情的情況下被取走。

在我們開車前往 Google 總部的路上,我和米切爾談到 Google 街景的 3D 驚奇表現,這個廣為流行的網路應用服務提供了全世界的城市全景地圖。當這項服務於二〇〇七年推出時,只涵蓋了美國五座城市,但是到了二〇一二年,已經拓展到超過三十九個國家、三千座城市。數十億張由車頂攝影機拍攝的照片被組合起來,形成了由游標引導的流暢地圖,為使用者提供步行或開車的指引,Google 的攝影車開過了無與倫比的五百多萬哩路,補強從其他公司買來的那些地圖。不過這樣的做法現在也受到涉及個人隱私的嚴密審視。

二〇〇八年初至二〇一〇年四月之間,為 Google 地圖收集資料的攝影車在開過房屋住宅的同時也帶走了個人資訊。如果 Google 的車子開過時你正在上網,Google 會精確地記下你的通訊習慣,可

以是電子郵件、網路搜尋或是銀行交易。除了拍照以外，這些車子也特意裝載了一組程式，可以獲取當地的無線服務訊息，據稱是為了改善當地的搜尋服務。不過實際上卻不只如此，還有另外一組程式能取得所謂的個人「負載資料」（payload data），引起美國聯邦通訊傳播委員會（Federal Communications Commission）及其他歐洲機構針對盜取資訊的指控進行調查。雖然沒有證據顯示Google利用了這些個人資訊，不過這家公司的一位發言人則承認「在軟體裡加入收集負載資料的程式是我們的錯」。Google在創立之初即公開聲明過的一項使命是：「不做非法之事。」

　　不過Google地圖還有另外一個問題要面對：一個叫作Apple地圖的東西。二○一二年六月，蘋果公司宣布最新的手機系統將不再使用Google地圖，會以蘋果公司自己提供的服務取而代之。實際上蘋果公司不需要在自製地圖取得領先地位，因為該公司已經向衛星導航系統公司TomTom取得了泰利地圖公司的地圖授權。蘋果公司的企圖顯而易見：地圖是新的戰場，而蘋果公司不想再仰賴或是推銷競爭者的地圖。

　　不過，蘋果公司的地圖服務會有什麼不同之處，他們又期許自己如何與這個領域中的巨人相抗衡呢？蘋果公司宣稱，他們的遠大目標是要在數位地圖領域帶來新的使用享受，就像他們經常在別的服務裡所提供的。該公司允諾了更簡單的使用方式，能與其軟體和硬體流暢的結合運作，並且加強了像是3D影像、語音導引以及即時交通等功能。蘋果公司打算要加入有關公共運輸、商業大樓以及娛樂場所的即時資訊，也能讓使用者訂位或透過iPhone的點數購物。

　　有兩件事情在此同時發生了——整合與獨佔。地圖的科技潛能持續令人驚豔，也逐漸成為西班牙征服者時代的樣子——被守衛

著、私有的，以及能通往更多財富的無價航線。對於蘋果公司不再採用 Goolgle 地圖，Google 以疲憊的聳肩作為回應，意思是「祝好運——這是個艱辛的世界。」Google 也在一場記者會上表示，他們每年在地圖服務上投資幾十億，為了達到目標，他們在八年間建立起一支由雪車、船艇與飛機組成的大軍。Google 允諾推出一項稱為旅遊導覽（Tour Guide）的新服務，能讓使用者「飛」越3D城市。同時針對大量使用 Google 地圖工具的網站大幅降價，從每一千次地圖下載要價四美元，調降至每一千次五十分。

這不是 Google 地圖第一次碰上嚴峻的競爭。蘋果公司發布消息的時候，線上目錄網站程控網路（ProgrammableWeb）列出了兩百四十家提供自有地圖平台的公司，這個數字比二○○九年時翻了兩倍以上。有些公司規模很大，提供更廣泛的服務。二○○九年微軟推出了 Bing 地圖，是該公司先前虛擬地球（Virtual Earth）服務的升級版，加入新版的「鳥瞰」視野以及更廣大的全球範圍（由諾基亞的美國子公司航技公司提供這項服務的基礎地圖，同時也是 Yahoo 地圖的供應商）。

在蘋果公司的發表會後數天，出現了另外一個不容小覷的主要對手。亞馬遜的電子書閱讀器 Kindle 以及預計推出的亞馬遜智慧型手機，都將受益於手持地圖技術，而根據二○一二年六月走漏的消息，該公司近來買下了一家製作3D地圖的新創公司，顯示他們已經順利啟程上路了。

在時代2.0會議上，微軟 Bing 地圖的主要建構者布萊瑟・阿圭拉・以・阿爾卡斯（Blaise Aguera y Arcas）以一種嶄新的方式宣傳他的產品。他宣稱這是「一種資訊生態」，提供了「一幅空間畫布……一個平面，能結合各式各樣不同的事物」。

從某種意義上來說，這是一種新的藝術視野，不過換個角度

講，也不過是以一種新的堂皇語言來形容在別處行之有年的東西——地圖混搭（mash-up）。在音樂製作上一直可以看到這種混合，尤其是將某首歌的一小段融入另外一首歌裡，這是一種極致的取樣型態。現在地圖上也可以看到這種混搭，是數位時代最熱門的製圖趨勢。

這些個人化的眾包添加物，或許會讓地圖變得具有破壞性、諷刺性，或者單純只是在實用性上翻新。程控網路網站列出了最熱門的混搭作品（二〇一二年中期，從超過六千七百件作品裡挑選出來），包括一幅標記出BBC新聞所報導過地點的世界地圖，美國新聞（US News）列表的全美五十大醫學院的學校網站（幾乎有五分之四位於芝加哥東部），還有許多航運船艦以及飛機的追蹤系統（你可以觸碰手機螢幕上的船隻或飛機，然後得知它們是做什麼的、來自哪裡、要往哪裡去）。

其他還有一些就只是消磨時間的娛樂：地點不明確的「九十九大美女」，由男性雜誌《問男人》（Askmen）的員工流著口水投票選出（輔以照片及影片的紅色地點標誌，不出所料大多位於加州，不過也有些美女來自德國、巴西及捷克）。稍微有點建設性的是幾個搖滾樂團的巡迴路線圖，你可以跟著規劃全美跨洲開車之旅的粉絲，聽聽途中當地歌手的表演（把游標移到馬里蘭州的巴爾的摩，你可以聽到法蘭克・札帕〔Frank Zappa〕、動物共同體樂團〔Animal Collective〕、痛苦指數樂團〔Misery Index〕及其他藝人的表演）。上述這些地圖大多使用Google地圖以及Bing地圖作為基本資料，而這些即使在五年前也全都是不可能做到的。

最令人讚嘆的一個例子是推特趨勢地圖（Twitter Trendsmap，trendsmap.com），在世界地圖上以層疊的橫條即時顯示最熱門的推特話題。地圖上的話題活躍度會根據每一天你查看的時段而有所不同，不過你通常可以看到一大堆關於運動、政治怒火以及小賈斯汀的關鍵字。舉例來說，在二〇一二年夏天的某個歐洲早晨，兵工

廠[2]、范佩西[3]、溫布敦以及夏德[4]等全都出現在英國，而西班牙則覆滿了寫著班奇亞[5]、希格斯粒子[6]、國家報[7]、粒子等的黑色橫條。同時，印度充斥著政教分離、奧運、帕仕音響以及發現，而昏昏欲睡的巴西則覆蓋著卡西亞斯[8]、喇叭聲、帕卡恩布[9]以及寶林諾[10]。

推特地圖奇異地讓人聯想起六十年前的一項計畫，當時英國節（Festival of Britain）的參加者會看到一幅叫作〈他們在談些什麼？〉的地圖，這是在不列顛群島所做的對話習慣區域調查。由C・W・貝肯（C. W. Bacon）為《地理雜誌》（*Geographical Magazine*）以及埃索石油（Esso）精心設計（綴有許多漩渦狀的文字框和教科書般的插圖，與一二五〇年馬修・帕里斯的作品相距不遠），地圖上顯示出每個人都談論天氣，不過如果你往北愛爾蘭去，那裡的人們還會談論「絕不投降」，而在樸茨茅斯（Portsmouth），人們則談論樸茨茅斯足球俱樂部（Pompey）獲勝的可能性。如果你從愛丁堡到亞伯丁（Aberdeen），經過蘇格蘭的東岸，你可以跟當地人談談新礦坑、高爾夫、比特犬咬回來的東西，還有哲學、神學以及魚。

這類地圖持續在類比世界裡發光發熱，它們被合理地歸類為藝術而不是工程學，擁有十分豐富的歷史。我們已經看過一些關於動物的經典作品（老鷹和章魚，還有倫敦地鐵圖的巨熊），不過幾乎

---

2 兵工廠（Arsenal）是英格蘭超級聯賽的足球俱樂部之一。

3 范佩西（van Persie），荷蘭足球運動員，成名於兵工廠足球俱樂部（van Persie）。

4 夏德（Shard）是英國最高的摩天大樓，位於倫敦，二〇一二年啟用。

5 二〇一二年五月，西班牙政府宣稱將發債籌資一九〇億歐元為西班牙銀行班奇亞（Bankia）紓困，引發歐債危機擴散疑慮。

6 希格斯粒子（Higgs）是粒子物理學裡標準模型預言存在的一種基本粒子，在二〇一二年現身。

7 國家報（El Pais）是西班牙發行量最大的一份報紙。

8 卡西亞斯（Casillas）為西班牙足球運動員，被公認為全歐洲最佳守門員之一。

9 帕卡恩布（Pacaembu）是巴西聖保羅市的一個體育場。

10 寶林諾（Paulinos）為宗教組織。

在任何你想得出來的領域都有類似的例子。有園藝學的地圖（一六七七年時，波希米亞被畫成一朵玫瑰的形狀，由巴伐利亞雕刻師克里斯多夫・維特〔Christoph Vetter〕所做，布拉格位於中央，而維也納則在根部），也有譬喻式的地圖，像是〈生命之途〉（Paths of Life，由B・強森〔B. Johnson〕製作於一八〇七年的費城，圖上呈現了「謙遜區」、「賭博流沙」以及「貧困迷宮」），另外還有與男女情愛相關的作品，盛行於維多利亞時代的明信片（其中一幅描繪了真愛河的流域，流經「夢幻自在高原」、「溫柔渡口」以及「憂鬱山脈」，之後安頓於「聖壇灣」以及「婚姻海」）[11]。

最為人稱頌的作品也許是索爾・斯坦伯格（Saul Steinberg）的「曼哈頓看世界」——這幅地圖出現在一九七六年某期《紐約客》雜誌的封面，從此成為海報與明信片上無數變化款的主題。就某方面來說，它是數位3D地圖以及鳥瞰地圖的先驅，觀看者的視角飛越繁忙的第九與第十大道，越過哈德遜河（Hudson River）來到澤西市（Jersey），接著是不合理的望遠鏡視角，越過堪薩斯城（Kansas City）以及內布拉斯加州（Nebraska），來到太平洋。有幾個隱約引人注目的地點，被標記在交叉排列的麥田裡瞬間躍入眼

斯坦伯格的「曼哈頓看世界」。

11〔作者注〕類似的地圖集錦，可以參見法蘭克・雅各斯（Frank Jacobs）令人垂涎的《奇怪地圖》（*Strange Maps*, Viking Studio, 2009），也可以瀏覽他的部落格：http://bigthink.com/blogs/strange-maps。

簾──西邊的拉斯維加斯、猶他州（Utah）、德州以及洛杉磯，芝
加哥則在東邊──然後在很遠很遠的地方，小小的粉紅色調錯覺，
標記著中國、日本以及俄羅斯。這幅地圖的訊息很單純：任何事情
都可能發生，發生在這個自我沉醉的紐約市。這是一幅自我地圖，
出現在 iPhone 使這種地圖成為必備物之前。

　　這幅諷刺作品也多次成為其他諷刺作品的主題，而最優秀的現
代類似作品，我們能肯定的說同時也是最無禮的作品，可以在遊歷
甚廣的保加利亞平面設計師楊柯・斯維克夫（Yanko Tsvetkov）的
作品裡得見。斯維克夫以化名阿爾發設計師（Alphadesigner）發表
作品，創作了也許是全世界最冒犯也最憤世嫉俗的地圖集，全部帶
有刻板印象，不過有些倒是很有趣。他以麥卡托投影法所畫這幅
作品〈美國人眼中的世界〉（The World According to Americans），
將俄羅斯簡單標記為「共產黨」，加拿大則是「素食者」。他也製
作了〈終極偏執者的超大尺寸世界曆〉（Ultimate Bigot's Supersize
Calendar of the World），其中包括了〈希臘人眼中的歐洲〉（Europe
According to the Greeks）。在這幅作品裡，大部分的歐洲居民居住
在「吝嗇的工作狂聯盟」，英國則被分類為「喬治・麥可」[12]。

　　這些數位作品儘管苛刻，我們應該覺得鬆了一口氣，因為這些
地圖依然很有趣，刨根問底並且一針見血，它們經常也是僅此一件
的手繪作品，古怪又具啟發性，揭露了最真實的真相。由《文字》
（Word）雜誌為格拉斯登伯里音樂節所製作的壯觀地圖包括了這些
地點：「拋售龍舌蘭酒的男人」、「凌晨四點漫無目標的跋涉（單測
雙向行駛）路線」、「通往納尼亞之途」以及「正在做愛的人」。

　　或者來看看〈新簡易倫敦地圖〉（New Simplified Map of
London）。它是由線上相片分享網站 Flickr 裡一位以奈德（Nad）為

---

12 喬治・麥可（George Michael）是八〇年代紅極一時的英國創作歌手，兩度獲得葛萊
　　美獎，曾因公共猥褻罪名被捕、嗑藥撞車入獄。

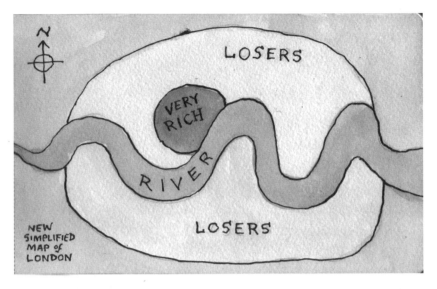

奈德所做的〈新簡易倫敦地圖〉。

名的神祕使用者所做（不過可以想見是當地人），收錄在該網站「記憶中的地圖」圖片集裡。

　　對於數位地圖的工整性以及程式化的簡易性，或許還有另外一個類似的正向反應。二十一世紀初期，現代藝術世界以前所未見的姿態擁抱了地圖製作，由諸多藝術家宣告了這項趨勢，例如阿里傑羅・波堤（Alighiero Boetti）、珍妮・霍爾澤（Jenny Holzer）、傑瑞米・戴勒（Jeremy Deller）、史丹利・唐伍德（Stanley Donwood）以及寶拉・雪兒（Paula Scher），還有投注最多熱情的倫敦藝術家暨陶藝家葛雷森・佩里（Grayson Perry）。

　　葛雷森・佩里於二〇一一年在大英博物館舉辦了《不知名工匠之墓》（The Tomb of the Unknown Craftsman）特展，展出了壺罐、掛毯及畫作，昭示我們已經進入一個手工尋路的嶄新黃金時代，儘管經常帶有神祕色彩以及高度自傳特色。

佩里先前曾經畫過一幅巨大且複雜的現代中世紀世界地圖，稱為《無有鄉地圖》（*Map of Nowhere*），描繪了在理想王國進行朝聖之旅的靈魂，前往標記為微軟以及星巴克的聖殿，經過了可以歇腳的休息處，例如「放肆狂飲」以及「全部都要」。佩里對於宗教永遠抱持猜疑，他的地圖中心不是耶路撒冷，而是「懷疑」。他在大英博物館的展覽更進一步，強調出他熱愛那些顯現情緒與非理性的地圖，以及那些作為經驗物件的地圖，展示出司空見慣之事。

最重要的一件展覽作品是一條掛毯，長度超過二十呎，寬度九呎，題名為《真實與信念地圖》（*Map of Truths and Beliefs*）。掛毯的中心描繪的是這座博物館本身，各個主要展示間以來世為名（天堂、涅槃、地獄、英靈殿、星界、亞法隆，以及五百年來第一次回到地圖上的，樂園）。這件刺繡作品涵蓋了一些就算在任何時期的其他地圖上也鮮少聚集在一起的地標：納許維爾（Nashville）、廣島、摩納哥（Monaco）、矽谷、牛津、吳哥窟以及溫布利（Wembley）。圖上還有一些出自這位藝術家個人肖像學的人物與符號（有城牆的城市、遊歷各處的水手、孤立的堡壘），就算出現在墨水描繪的中世紀牛皮地圖也不會格格不入，只要它們不是伴隨著直升機、露營車以及核電廠的話。不過它們與任何其他東西一樣具有神祕的資格出現在這幅作品裡。

傍晚時分在博物館的座談結束後，我問佩里他對地圖有多熱愛。他表示，他認為所有孩童在失去對事物感到驚奇的能力之前都著迷於地圖。「我開始意識到，地圖是可以被掌控於股掌間的東西，」他說：「我也意識到地圖能告訴我們關於個人的故事，而不是那些官方說法。」

博物館的禮品區販售了印有葛雷森・佩里作品的絲巾，成為一串增長中的地圖相關商品清單的一員，而這些商品全都與指引方向沒有什麼關係。從大英博物館走一小段路可以來到柯芬園的旅遊用品店史丹福斯，店內陳列的禮品項目，讓人感覺到地圖學已經達

你能掌控於股掌間的物品：葛雷森·佩里站在他的《真實與信念地圖》的一部分前面。

到前所未見的時髦層級。傳統的紙本地圖出現在「小小世界」巧克力的包裝紙上，全球暖化主題的馬克杯（加入高溫液體後海岸線會消失），以及一匹巨大的八圖幅世界地圖壁紙。世界地圖浴簾自從出現在影集《六人行》（*Friends*）以及《慾望城市》（*Sex and the City*）之後就變得十分搶手，因此發行了畫有紐約地鐵圖的新浴簾。而我們又該如何解釋鉛筆上顯然毫無用處的地圖圖樣？或是扁平小酒壺上印著傳統地圖集的部分圖片？

　　我們應該以未來作結而非過去，於是我們再次回到網路世界。最大的開放原始碼地圖混搭是開放街圖，該網站的抱負是要涵蓋整個世界，其各個當地的提供者也許會認為這比較算是一部地圖百科（Mapipedia）（不應與維基地圖〔WikiMapia〕混為一談，那是另外一個集體合作的地圖計畫）。

開放街圖始於二〇〇四年，作為在泰利地圖公司和航技公司以外的選擇項目，樂於跳脫受到嚴格控制的格式以及費用侷限。它是真正由人們為了人們而做的地圖，志願者以全球定位系統裝置記錄下他們負責的區域，下定決心不僅要畫出其他地圖上會出現的道路與地標，還要加入那些主要的大公司沒有考慮過或是認為多餘的東西——公園裡的長凳擺放處、新開幕的商店、巧妙的自行車道。它經常也是我們能取得的最即時更新的地圖，逐漸地不只受惠於一般人所提供的在地資訊，也因為空拍攝影以及官方授權的地理勘查大型資料庫而更加茁壯。這是個善意的地圖，或許也是我們能取得的最民主的地圖。

在更強烈的急迫性下，同樣的精神大舉進入即時互助地圖網烏沙希迪（Ushahidi）的地圖裡。這個地圖平台起源於二〇〇八年，原是作為監控肯亞暴動情況的一種手段，至今已發展成人權推展工作與緊急行動的主要製圖網站。烏沙希迪網站的標語聽起來陳腐卻真誠——每次一幅地圖，改變這個世界——而且能證明其影響力的一點是聯合國利用該網站災難地圖的即時性，對敘利亞屠殺事件以及日本、印度的自然災害做出應變。

烏沙希迪的力量不只存在於它的製圖工具，更存在於當地人們運用這些工具的能力。數位製圖帶來的偉大發展之一是全球通用的便捷使用方式，非洲是最顯而易見的例子，肯亞當地的基貝拉貧民窟（Kibera）居民以及剛果雨林的村民已增加了全球能見度，經由簡單的全球定位系統與這個他們或許能將自己放入地圖中的堅不可摧平台，使他們的權利與傳統得以為人所知。

所以我們又回到我們起始的地方，也就是地圖開始讓我們之所以為人的地方。不過非洲已經不再黑暗，極點也不再空白，我們相當確定自己住在一個存有超過三塊大陸的星球。越來越多人使用越來越多的地圖，超過人類史上的任何一個時期，但是我們並沒有忘記地圖的美麗、浪漫或是固有的實用性。我們也沒有遺忘它們的故

事。

　　當然，關於迷失，還有許多能說的。以現在來說這是一件越來越困難的事，不過那也是一個我們能忍受的缺失。我們永遠可以關掉手機，只要我們需要地圖，它們就會一直在那裡，認知到這個事實令人頗為安心。我們是尋覓的靈魂，在很久很久以前就賦予地圖作為指引以及啟發的價值，至今在 Google 活躍的時代裡依舊鮮明。我們凝視地圖的時候——來自任何時期、任何形式的任何地圖——它們就是歷史，就是我們自己，任何其他東西都無可比擬。

尾聲　即時且不間斷，無處不在的自我地圖

謝詞

　　我想對每一位協助過本書撰寫的人表示誠摯謝意，而願意撥出時間受訪或是回答顯然是非常基礎的問題的人，尤其感激他們的支持。有些人的名字已經出現在本書正文裡，有些則沒有，所以我想感謝威廉・瑞斯、總鐸彼得・海恩斯、多明尼克・哈博、克里斯・克拉克、葛拉漢・阿瑞德、理查德・葛林（Richard Green）、凱特・貝倫斯（Kate Berens）、彼得・貝勒比、保羅・林南（Paul Lynam）、布萊恩・麥克科連頓、索爾・米切爾、麥特・迦連剛（Matt Galligan）、茱莉亞・葛雷斯（Julia Grace）、諾曼・丹尼森、汀姆・古法羅、哈洛德・葛登、馬克・麥可康奈爾、伊安・葛利芬、克里希達・芬奇（Cressida Finch）、強納森・波特、艾力克斯・葛羅斯（Alex Gross）、妮可・戴、法蘭西斯卡・索恩貝里（Francesca Thornberry）、喬治・堤爾里・漢佳（George Thierry Handja）、馬西默・迪・瑪丁尼（Massimo De Martini）。

　　我也很感謝許多人惠賜額外的建議與幫助：我的經紀人蘿絲瑪莉・史考勒（Rosemary Scoular）、愛蓮諾・弗拉（Eleanor Farrell）、莎拉・威勒、貝拉・巴沙特（Bella Bathurst）、馬克・歐文登、麥克斯威爾・魯伯茲、克萊爾・摩根（Clare Morgan）、拉夫・肯特（Ralph Kanter）與派翠莎・肯特（Patricia Kanter）、查理・朱爾（Charlie Drew）、傑克・朱爾（Jack Drew）、東尼・梅

特舍（Tony Metzer）、大衛・羅伯森（David Robson）、露西・弗萊施曼（Lucy Fleischmann）、蘇珊・賀吉特（Suzanne Hodgart）、克莉絲汀娜・尼爾森（Kristina Nilsson）、羅希・堤克納（Rosie Tickner）、迪娜・雅克（Deanna Yick）、南・羅斯（Nan Ross）、海倫・法蘭西斯（Helen Francis）、凱羅・安德森（Carol Anderson）、戴安・珊穆（Diane Samuels）以及我的孩子班・加菲爾（Ben Garfield）與杰克・加菲爾（Jake Garfield）。

如果沒有圖書館館方的耐心協助與博學知識，像這樣的一本書是不可能完成的，感謝倫敦圖書館、大英圖書館、英國皇家地理學會富立閱覽室（Foyle Reading Room）以及紐約市立圖書館。這些圖書館的資源——文獻與地圖——是本書的核心支柱。

網路上豐富的資源為現在的地圖學學生帶來無可估量的助益，在我的研究過程裡特別受益於兩個網站。第一個是大衛・隆西地圖典藏（David Rumsey Map Collection，www.davidrumsey.com），由超過三萬幅地圖所組成的一場可拉遠拉近的地圖盛宴，能提供諸多小時的愉快時光。第二個網站是東尼・坎普貝爾（Tony Campbell）的 www.maphistory.info，恰如其分地將自己標記為線上地圖學的大門，在這裡你不只能找到迷人的故事，還有通往其他知識性網站、學會、期刊以及研討會的連結。

有幾位朋友讀了本書初稿後給予評論，除了其中一個人以外，其他人的名字已經在先前提過了。我想特別感謝安卓・巴德（Andrew Bud），一個不可多得的摯友以及忠誠的讀者，若不是有他指出書中的一些錯誤，我可能會在許多夜裡無法成眠，同時也感謝他所建議的一些至關重要的新方向。

我想，以任何作者希望合作的對象而言，沒有比馬克・埃林漢更自信的權威或是更仔細勤勉的編輯了，在拉拔這本書的過程中，他的貢獻是無價之寶。普凡爾（Profile）出版社的工作團隊仍然是令人愉快的合作對象，我想感謝安卓・法蘭克林

（Andrew Franklin）、佩妮・丹尼爾（Penny Daniel）、史蒂芬・布洛（Stephen Brough）、西蒙・謝爾默丹（Simon Shelmerdine）、彼得・戴爾（Peter Dyer）、尼亞・穆雷（Niamh Murray）、克萊爾・波曼（Claire Beaumont）、艾蜜莉・歐福德（Emily Orford）、安娜－瑪莉・費茲傑拉德（Anna-Marie Fitzgerald）、凡倫提娜・詹佳（Valentina Zanca）、露絲・奇力克（Ruth Killick）以及蕾貝卡・葛雷（Rebecca Gray）。最後，我對於納森・柏頓（Nathan Burton）所設計的超吸睛書封以及詹姆士・亞歷山大（James Alexander）創意無窮的設計深表感謝。如果沒有他們，這本書將會失色許多。

圖片出處

445

國家圖書館出版品預行編目資料

地圖的歷史：從石刻地圖到Google Maps，重新看
待世界的方式／賽門‧加菲爾（Simon Garfield）
著；鄭郁欣譯. —— 二版. —— 臺北市：馬可孛羅文化
出版：家庭傳媒城邦分公司發行, 2019.03
面；　　公分. ——（Historia歷史學堂；MU0021）
譯自：On the map: why the world looks the way it does
ISBN 978-957-8759-56-5（平裝）

1. 地圖學　2.世界地理

609.2　　　　　　　　　　　　　　　　108000728

【Historia歷史學堂】MU0021

地圖的歷史：從石刻地圖到Google Maps，重新看待世界的方式（二版）

On the Map: Why the World Looks the Way it Does

作　　　　者❖賽門‧加菲爾（Simon Garfield）
譯　　　　者❖鄭郁欣
美 術 設 計❖兒日
總 編 輯❖郭寶秀
責 任 編 輯❖李雅玲、邱建智

發　　行　　人❖凃玉雲
出　　　　版❖馬可孛羅文化
　　　　　　　104台北市中山區民生東路二段141號5樓
　　　　　　　電話：02-25007696
發　　　　行❖英屬蓋曼群島商家庭傳媒股份有限公司城邦分公司
　　　　　　　104台北市中山區民生東路二段141號2樓
　　　　　　　客服服務專線：(886) 2-25007718；25007719
　　　　　　　24小時傳真專線：(886) 2-25001990；25001991
　　　　　　　服務時間：週一至週五9:00～12:00；13:00～17:00
　　　　　　　劃撥帳號：19863813　戶名：書虫股份有限公司
　　　　　　　讀者服務信箱：service@readingclub.com.tw
香港發行所❖城邦（香港）出版集團有限公司
　　　　　　　香港灣仔駱克道193號東超商業中心1樓
　　　　　　　電話：(852) 25086231　傳真：(852) 25789337
　　　　　　　E-mail：hkcite@biznetvigator.com
馬新發行所❖城邦（馬新）出版集團
　　　　　　　Cite (M) Sdn. Bhd.(458372U)
　　　　　　　11 Jalan 30D/146, Desa Tasik, Sungai Besi,
　　　　　　　57000 Kuala Lumpur, Malaysia
　　　　　　　電話：(603) 90563833　傳真：(603) 90562833
輸 出 印 刷❖前進彩藝有限公司
初 版 一 刷❖2014年1月
二 版 二 刷❖2021年11月
定　　　　價❖550元（如有缺頁或破損請寄回更換）

城邦讀書花園
www.cite.com.tw